André Pacheco Teixeira Mendes

POR QUE O LEGISLADOR QUER AUMENTAR PENAS?

POPULISMO PENAL NA CÂMARA DOS DEPUTADOS

ANÁLISE DAS JUSTIFICATIVAS DAS PROPOSIÇÕES LEGISLATIVAS NO PERÍODO DE 2006 A 2014

André Pacheco Teixeira Mendes

POR QUE O LEGISLADOR QUER AUMENTAR PENAS?

POPULISMO PENAL NA CÂMARA DOS DEPUTADOS

ANÁLISE DAS JUSTIFICATIVAS DAS PROPOSIÇÕES LEGISLATIVAS NO PERÍODO DE 2006 A 2014

Del Rey editora

Belo Horizonte
2019

www.editoradelrey.com.br

Editor: Arnaldo Oliveira

Editor Adjunto: Ricardo A. Malheiros Fiuza

Diagramação / Gráficos: Alfstudio

Revisão: Sirlene Santos Simões

Capa: Alfstudio

EDITORA
Rua dos Goitacazes, 71 – Lojas 20 a 24
Centro - Belo Horizonte-MG
CEP 30190-909
Comercial:
Tel.: (31) 3284-3284 | 3293-8233
vendas@editoradelrey.com.br
Editorial:
editorial@editoradelrey.com.br

M538p

Mendes, André Pacheco Teixeira
Por que o legislador quer aumentar penas?: populismo penal legislativo na Câmara dos Deputados. Análise das justificativas das proposições legislativas no período de 2006 a 2014 / André Pacheco Teixeira Mendes. – Belo Horizonte: Del Rey, 2019.
xi, 286 p.: il.

ISBN: 978-85-384-0531-3

1. Direito penal – Brasil 2. Pena (Direito) – Legislação – Brasil 3. Projetos de lei 4. Prisão – Brasil I. Título

CDU (1976) 343.24(81)

Ficha catalográfica elaborada pelo bibliotecário Junio Martins Lourenço CRB 6/3167.

Dedicatória

O QUE O VENTO NÃO LEVOU

No fim tu hás de ver que as coisas mais leves são as
[únicas
que o vento não conseguiu levar:

um estribilho antigo
um carinho no momento preciso
o folhear de um livro de poemas
o cheiro que tinha um dia o próprio vento...
(Mario Quintana, *A cor do invisível*)

Dedico este livro
ao meu pai, Raimundo (*in memoriam*) e
a minha mãe, Maria Emília.
O carinho e a admiração
são tão profundos,
que o vento não consegue levar.

Agradecimentos

vão é tudo
que não for prazer
repartido prazer
entre parceiros
vãs
todas as coisas que vão.[1]

Vão é chegar até aqui e não dizer obrigado. Devo agradecer repartindo *obrigados* entre parceiros e parceiras. Mostrar-se grato é um exercício de reconhecimento. Reconheço que esse trabalho só foi possível porque pessoas queridas estiveram próximas. Por mais que a caminhada tenha sido *solitária*, jamais estive *sozinho*.

"O trabalho de uma tese de doutorado é regado a suor e lágrimas". Palavras lancinantes do meu professor orientador, José Maria Gómez, em nosso encontro inicial para discutir essa tese. Reguei. Aqui está. Mestre, referência, amigo, obrigado pela acolhida generosa e pela orientação firme. E por todas as palavras de afeto. Houve muito suor. Lágrimas, ainda não.

Meu pai se foi sem dizer adeus. Respirou até o fim a democracia. Deixou-me ideais e fibras que me acompanham. Ajudaram-me a percorrer essa jornada. Minha mãe, fonte i-n-e-s-g-o-t-á-v-e-l de bondade. Sensibilidade. Lê o mundo e as pessoas como poucos. Eu, assim como muitos, só tenho a agradecer aos meus pais.

---

1 LEMINSKI, Paulo. **Toda poesia**. 1a. Edição. São Paulo: Companhia das Letras, 2013, p. 371.

Meus amigos, Marcelo Fernandes, Rodrigo Maier e José Antônio Fonseca. Que sempre me perguntavam se eu precisava de alguma ajuda. Apoiaram-me. A ajuda...estava no *perguntar*.

Meus alunos de graduação da Escola de Direito do Rio de Janeiro da Fundação Getulio Vargas (FGV Direito Rio) que colaboraram comigo na enorme pesquisa e análise dos projetos de lei: Ana Heymann Arruti; Ana Luiza Aucar Pinheiro; Beatriz Nunes Valim; Fernanda Souza Guilhermino; Giulia Schettino Rigolon; Helena Antunes Teich; Isabella Ali Pontual Braga; Larianne Pinto Sampaio; Letícia Lima Brito; Leticia Pereira Carneiro dos Santos; Lily Borges Santos Castilho; Luiza Maria Montebrune Ribeiro; Marcos Patrick Nunes Alves; Renata Aguiar Bittencourt; Thaís Salvador Heitor de Almeida. "[...] Até lá, observe-se a mais estrita disciplina. A sombra máxima, pode vir da luz mínima".[2] No calor da enorme manipulação de dados da pesquisa empírica, as alunas trouxeram muita sombra ao meu trabalho. Cada uma, com um pouquinho de luz.

Sem o apoio do meu colega de trabalho na FGV Direito Rio, professor Thiago Bottino, creio que essa empreitada não poderia ter sido exitosa. Obrigado pela parceria.

Meus colegas de doutorado Deo Campos, Rogério Pacheco Alves, Letícia Dyniewicz, Taiguara Líbano, Odair Freitas, Carolina Altoé, Silvia Loureiro que tornaram o curso uma experiência riquíssima, multidisciplinar e criativa.

Saúdo especialmente o Programa de Pós-graduação em Direito da PUC-Rio. Agradeço ao professor João Ricardo Wanderley Dornelles, a professora Victoria-Amália de Barros de Sulocki, a professora Silvana Batini Cesar Góes - querida colega da FGV Direito Rio -, e ao Ministro Rogerio Schietti Cruz, pelas ricas discussões e substantivas ponderações na ocasião da minha defesa de tese de doutorado.

Todas as coisas vão. A memória de vocês fica. Meu sincero obrigado.

---

2 *Ibidem*, p. 177.

Prefácio

Conheci o professor André Pacheco Teixeira Mendes quando ele iniciava sua vida acadêmica e profissional. André cursava o Mestrado da PUC-Rio, onde também fizera a graduação e atuara no Programa de Educação Tutorial em Direito (PET-Jur), um dos programas mas bem sucedidos de formação de quadros acadêmicos de excelência. Em 2008, André se juntou à equipe da Escola de Direito do Rio de Janeiro da Fundação Getulio Vargas (FGV Direito Rio), atuando no programa de dependência acadêmica e trabalhando conteúdos de Direito Penal com os alunos de graduação.

Nesses dez anos de convívio, observei o crescimento profissional e o desenvolvimento acadêmico de André Mendes. Na FGV Direito Rio, ocupou importantes funções de gestão acadêmica, como a Coordenação dos Trabalhos de Conclusão de Curso e, desde 2011, a Coordenação do Núcleo de Prática Jurídica (NPJ), cujos resultados para a formação humanística e profissional dos alunos são impressionantes. Sua atuação à frente do NPJ da FGV Direito Rio consolidou a iniciativa pioneira de intervenção nas principais questões jurídicas nacionais por meio de memoriais de *amicus curiae*, elaborados por alunos e professores, sempre sob sua atenta coordenação. Da mesma forma, as clínicas jurídicas da FGV Direito Rio (realizando assessoria jurídica em áreas como mercado de capitais, novas tecnologias, direitos fundamentais e organizações sociais) são hoje uma referência no país e seus resultados promovem impactos profundos na sociedade brasileira.

Obviamente, esse sucesso não se deve apenas à sua excepcional capacidade de gestão de pessoas e projetos, sua liderança, seu carisma ou seu incansável comprometimento com o trabalho. Sem uma densa base acadêmica e um olhar multidisciplinar sobre a realidade jurídica brasileira, que traduzem um pensamento teórico de alto nível, tais resultados não existiriam. André não apenas **pensa** o direito para a sociedade brasileira, mas o **aplica** na transformação e desenvolvimento dessa sociedade. Um idealismo que se traduz em ações concretas. Ações que transformam seus alunos, seus colegas, a Escola onde leciona Direito Penal desde 2010 e a sociedade na qual estamos inseridos.

Sua formação acadêmica não deixa dúvidas acerca da sua liderança intelectual. Após concluído o doutorado na PUC-Rio (cuja tese o leitor tem agora em mãos), André Mendes foi admitido como *Academic Visitor* na renomada faculdade de Direito da University of Oxford, para desenvolver pesquisas diretamente com o Professor Julian Roberts, do *Centre for Criminology* no período de 2017/2018. Com mais de 30 anos de experiência em pesquisas empíricas sobre imposição de penas, aliado aos 10 anos em que serviu no Conselho de sentenças da Inglaterra e Wales, Roberts é hoje a maior autoridade do Reino Unido na área de *sentencing*.

Certamente, o presente trabalho que tenho a honra de apresentar credenciou André Mendes para esse período de pesquisa junto a uma das maiores autoridades mundiais no tema da aplicação de penas. Apoiado em pesquisa empírica com rigorosa metodologia, o autor produziu uma importante análise crítica e foi capaz de produzir conhecimento a partir de dados concretos da produção normativa brasileira em matéria penal. Caracterizada, essencialmente, como demonstrou o autor, pelo recurso à imposição de penas.

O trabalho do professor André Mendes ajuda a compreender nosso país e as transformações aceleradas pelas quais passa nossa democracia no que tange à produção legislativa em matéria penal. A expansão do controle penal – fruto do que Denninger chamou de substituição do paradigma de liberdade em segurança[1] – tem íntima relação com o fenômeno do "populismo penal", desenvolvido ao longo do trabalho, que resulta em proposições legislativas contingentes, inúteis, discrepantes, indevidas e inexequíveis (capítulo 2).

Longe de ser uma questão restrita ao cenário brasileiro, e sim um tema que está na agenda do debate penal mundial, o populismo penal está indissociavelmente ligado aos traços populistas da política contemporânea. "O populismo penal é um discurso sedutor. Tem o poder de enfeitiçar com seu canto todos quanto o ouvem. Os *afortunados* políticos sentem-se irresistivelmente impelidos a adotá-lo", afirma André Mendes (capítulo 3).

---

[1] DENNINGER, Erhard: **'Security, Diversity, Solidarity' instead of 'Freedom, Equality, Fraternity'**. Constellations, Vol. 7, nº 4, Oxford: Blackwell Publishers Ltd., 2000.

Esse canto sedutor é propagado pelos meios de comunicação, em um processo de mudança tanto quantitativa quanto qualitativa, produzindo uma "espetacularização da punição" e uma "glamourização da punição" como indica o autor, fenômeno que já se demonstrou ser capaz de influenciar não apenas a produção legislativa, mas o próprio devido processo legal na apuração dos fatos[2].

Assim como André Mendes aponta que "A atividade jornalística é imprescindível ao ambiente democrático, mas é problemático compreender o fenômeno cultural a partir da narrativa midiática" e que "Essa relação comunicacional vai favorecer o conhecimento anti-intelectual fundado no senso comum que vai caracterizar o populismo penal" (capítulo 3), Garapon já alertava para o fato de que "O direito penal oferece-se como um sentido sempre possível, como último recurso quando a ideologia abandonou o espaço social. Numa democracia sempre inquieta, mais casuística que dogmática, as categorias penais são promovidas a um bem futuro devido à sua simplicidade e forte teor em adrenalina. Reclamar vingança, chorar ou indignar-se não exige nenhum diploma"[3] e "O que faz o consenso é menos o ultraje às leis do que o sofrimento intolerável da vítima, com o qual o parlamentar apenas pode identificar-se, lançando-se numa inquietante série de promessas. Assim, a emoção, que é o principal recurso dos meios de informação, acaba por afetar o discurso político e inspirar leis"[4].

Os cidadãos não são estimulados pelos meios de comunicação a analisar criticamente os efeitos da intervenção violenta do Estado na esfera de liberdade individual nem o uso político do medo do crime para a legitimação de medidas autoritárias. Ao contrário, acostumam-se a enxergar a reação punitiva como única medida capaz de gerar alívio. A fixação na punição – e preferencialmente a punição imediata e especialmente intensa – desvia as atenções da população do debate sobre as verdadeiras causas da criminalidade e impede a busca de outras soluções mais eficientes e menos simbólicas.

---

2 SCHREIBER, Simone: **A publicidade opressiva nos julgamentos criminais.** Rio de Janeiro: Renovar, 2008.

3 GARAPON, Antoine: **O guardador de promessas.** Lisboa: Instituto Piaget, 1996, p. 101.

4 *Idem*, p. 107-108.

Ferrajoli afirma que "o Direito Penal constitui a mais violenta expressão do poder estatal sobre a liberdade individual" [5]. Ora, no contexto em que o ideal de segurança assume papel preponderante nas justificativas dos legisladores - os argumentos de "punir com rigor", "proteger a sociedade" e "frear a criminalidade", como André Mendes revela no capítulo 4 - o resultado é um sistema punitivo hipertrofiado, simbólico e desformalizado, com objetivo de aumentar o poder do Estado contra eventuais "inimigos". Ainda que esse poder aumentado se faça sentir sobre todos os cidadãos, já que a intervenção punitiva deixa de ser a *ultima ratio* para se tornar regra.

Nesse contexto, o impossível não recordar as palavras de Giorgio Agamben: "O totalitarismo moderno pode ser definido, nesse sentido, como a instauração, por meio do estado de exceção, de uma guerra civil legal que permite a eliminação física não só dos adversários políticos, mas também de categorias inteiras de cidadãos que, por qualquer razão, pareçam não integráveis ao sistema político"[6]. Daí a importância da sinalização feita por André Mendes acerca da seletividade do sistema penal relativamente aos bens jurídicos objeto dos projetos de lei propostos pelo legislador brasileiro (capítulo 4).

Na "Nota aos leitores brasileiros" da sua obra "As prisões da miséria", Loïc Wacquant aponta para o fato de que "desenvolver o Estado penal para responder às desordens suscitadas pela desregulamentação da economia, pela dessocialização do trabalho assalariado e pela pauperização relativa e absoluta de amplos contingentes do proletariado urbano, aumentando os meios, a amplitude e a intensidade da intervenção do aparelho policial e judiciário, equivale a estabelecer uma verdadeira *ditadura sobre os pobres*"[7].

Quase dez anos depois, tendo o Brasil ignorado as palavras do professor francês, especialista no tema do Estado penal, André Mendes confirma, com dados concretos, a expansão do discurso punitivo fruto do populismo penal em nosso país. E alerta: "Toda atenção é necessária no momento em que o populismo penal parece vicejar na sociedade brasileira. E se mistura com o trágico sistema penal subterrâneo e suas práticas de extermínio institucionalizadas. Uma combinação explosiva entre política populista e violência estatal

---

5 FERRAJOLI, Luigi: **Direito e Razão: Teoria do garantismo penal.** São Paulo: RT, 2002, p. 267.

6 AGAMBEN, Giorgio: **Estado de exceção.** São Paulo: Boitempo, 2004.

7 WACQUANT, Loïc: **As prisões da miséria**. Rio de Janeiro: Jorge Zahar Editor, 1999, p. 10.

que perfazem uma institucionalidade penal excludente. Que corrói o sistema constitucional de direitos e garantias. Que dilacera vidas" (capítulo 5).

O trabalho do professor André Pacheco Teixeira Mendes revela-se uma obra atual e fundamental para se entender as transformações que o país atravessa. E, não obstante sua densidade, é uma leitura agradável, graças à habilidade do autor de escrever de forma a cativar a atenção do seu leitor. Honrado por ter sido convidado a escrever essas palavras de apresentação, deixo o leitor saborear essa vigorosa obra acadêmica.

Rio de Janeiro, setembro de 2018.

Thiago Bottino
Mestre (2004) e Doutor (2008) em Direito pela PUC-Rio.
Pós-Doutor pela Columbia Law School (2014).
Professor Visitante na Columbia Law School (2018).
Professor e Coordenador do Curso de Graduação em
Direito da FGV DIREITO RIO. Vice-Presidente do IBCCRIM.

Sumário

[...] o condenado à prisão penetra num universo alienante, onde todas as relações são deformadas. A prisão representa muito mais do que a privação da liberdade com todas as suas sequelas. Ela não é apenas a retirada do mundo normal da atividade e do afeto; a prisão é, também e principalmente, a entrada num universo artificial onde tudo é negativo. Eis o que faz da prisão um mal social específico: ela é um ***sofrimento estéril****.*

Nem todo sofrimento é um mal. Há sofrimentos benéficos, que fazem progredir no conhecimento de nós mesmos, abrindo novos caminhos, nos aproximando dos outros e nos tornando melhores. O encarceramento, porém, é um sofrimento não criativo, desprovido de sentido. Tal ***sofrimento é um nonsense****.*

(Louk Hulsman, *Penas perdidas*)

1

INTRODUÇÃO

Vivemos um tempo de sociedade das sociedades. De cultura das culturas. Sociedade do risco, do espetáculo[1], do consumo, da informação. Cultura do narcisismo, do medo, do controle, da punição. Ninguém está seguro. Viver é arriscado. É falar de corda na casa de enforcado. A vida vivida, é agora vida representada. Conectada e virtualizada. Os mundos real e virtual parecem fundir-se. Viver é representar-se nessa fusão. Tudo é consumível. Objetos, mercadoria, afetos, gente. A conectividade nos bombardeia com informação. Informação não é conhecimento. A sociedade do perigo, do espetacular, do consumo que transforma tudo em objeto, da informação massiva, imprecisa e seletiva, vai forjar uma nova cartografia do social.[2] Uma sociedade de indivíduos fragmentados. Deprimidos, toxicômanos e panicados.[3] De subjetividade hiperautocentrada. De pessoas que não se descentram de si mesmas. Que não reconhecem no outro sua diferença e singularidade.[4] Que anula e nega o outro. Uma cultura narcísica do eu ***e o*** mundo. Não do eu ***no*** mundo. Tomando o outro como objeto, e não como sujeito de direitos, é possível violá-lo. Tenho medo do outro. Medos inflados, criados, aumentados pela sociedade conectada

---

1 "Toda a vida das sociedades nas quais reinam as modernas condições de produção se apresenta como uma imensa acumulação de *espetáculos*. Tudo o que era vivido diretamente tornou-se uma representação". DEBORD, Guy. **A sociedade do espetáculo**. Trad.: Estela dos Santos Abreu. Rio de Janeiro: Contraponto, 1997, p. 13.

2 BIRMAN, Joel. **Mal-estar na atualidade**: a psicanálise e as novas formas de subjetivação. Rio de Janeiro: Civilização Brasileira, 1999, p. 23.

3 *Ibidem*, p. 244.

4 *Ibidem*, p. 25.

pelas mídias. A mídia produz realidade. Realidade representada. Distorcida. Espetacularizada pela "relação social entre pessoas, mediada por imagens".[5] É preciso controlar os indivíduos na sociedade fragmentada. Controlar suas violências. É preciso punir para controlar. Normalizar. A punição vai separar as pessoas já separadas do mundo. A pena é para o outro. O diferente. Indesejável. Para a não pessoa. Para o inimigo. Os medos, ansiedades e desencantos clamam por punição. A prisão funciona![6] O político atende. A política criminal responde. Populismo penal. "Uma resposta política simples para um problema social complexo".[7]

Nosso tema é o fenômeno contemporâneo que tem sido identificado como *populismo penal*. Com o declínio do Estado do bem-estar social e a ascensão do *Estado penal*, as práticas e discursos punitivistas emergem como solução para a reconfiguração social e os problemas que lhe acompanham. A partir dos anos 1970, o modelo neoliberal de Estado vai apresentar um paradoxo. Vai pretender resolver "com um 'mais Estado' policial e penitenciário o 'menos Estado' econômico e social que é a *própria causa* da escalada generalizada da insegurança objetiva e subjetiva em todos os países".[8]

Nessa linha, diversas transformações sociais, políticas e culturais tomarão lugar. Forma-se uma *nova cultura do controle do crime*. E o populismo penal será uma de suas características. O populismo penal *legislativo* será uma das expressões dessa nova cultura punitivista. E é precisamente essa expressão que constitui nosso objeto de investigação.

Nosso tema fica delimitado pela análise do populismo penal legislativo no Brasil, no âmbito da Câmara dos Deputados no período de 2006 a 2014. Essa

---

5 DEBORD, Guy. **A sociedade do espetáculo**, *op. cit.* 14.

6 *Prison works* é um dos lemas retóricos do movimento punitivista "lei e ordem". Cf. PRATT, John. **Penal Populism**. Routledge: London and New York, 2007, p. 14; GARLAND, David. **La cultura del control**: crimen y orden social en la sociedad contemporánea. Traducción de Máximo Sozzo. Gedisa Editorial: Barcelona, 2005, p. 31, 49, 51, 187, 195, 223, 227, 310. ROBERTS, Julian V. *et. al.* **Penal Populism and Public Opinion**: Lessons Form Five Countries. New York: Oxford University Press, 2003, p. 46. DOWNES, David and MORGAN, Rod. **Overtaking on the left? the politics of law and order in the 'big society'**. In: The Oxford Handbook of Criminology. Fifth Edition. Oxford University Press: United Kingdom, 2012, p. 190.

7 ROBERTS, Julian V. *et. al.* **Penal Populism and Public Opinion**, *op. cit.*, prefácio, p. vii.

8 WACQUANT, Loïc. **As prisões da miséria**. Trad.: André Telles. Rio de Janeiro: Jorge Zahar Ed., 2001, p. 7.

delimitação se inscreve na compreensão segundo a qual vivemos um período que é resultado de uma nova cultura do controle do crime, que apresenta o populismo punitivo como uma de suas características, e a afetação do legislador como uma de suas manifestações. Com esse trabalho, queremos buscar evidências do populismo penal na atividade legislativa brasileira, conforme a imagem que criamos abaixo:

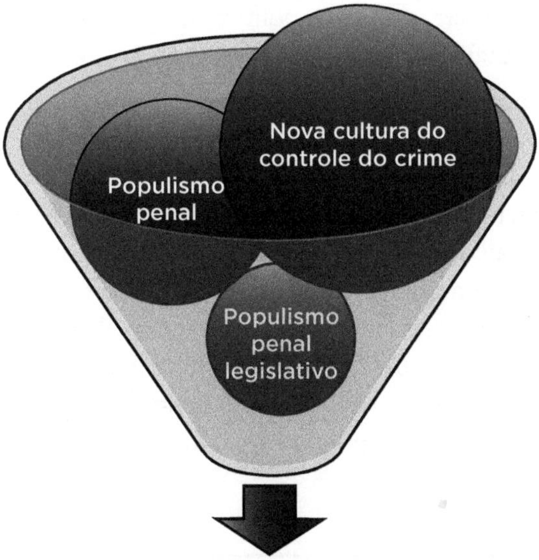

Evidências do populismo penal legislativo
na Câmara dos Deputados de 2006 a 2014

Por que buscar essas evidências? Nossa temática se justifica na medida em que o desenvolvimento de política criminal populista se revela ineficaz para o fim de resolver os problemas que pretende atacar. As providências resultantes de decisões populistas punitivas são irracionais, uma vez que se mostram incapazes de alterar a realidade sobre a qual pretendem incidir.[9] Algumas pesquisas interessantes cuidaram de tratar do tema da relação entre produção legislativa em matéria penal e racionalidade.[10] A propositura de projetos de lei

[9] Sobre a racionalidade na elaboração legislativa, cf. ATIENZA, Manuel. **Contribución para una teoría de la legislación**. Doxa. N. 06 (1989). ISSN 0214-8876, pp. 385-403.

[10] Por exemplo, BRASIL. **Série Pensando o Direito nº 32/2010: Análise das justificativas para a produção de normas penais**. Secretaria de Assuntos Legislativos (SAL) do Ministério da Justiça. São Paulo, setembro de 2010; GAZOTO, Luís Wanderley. **Justificativas do**

(doravante *PL*) e a edição de leis irracionais (totalmente ineficazes) consolida o populismo penal. Qual a consequência? Um modelo que gera mais encarceramento intensifica a seletividade do sistema penal, empobrece o debate criminal e, sobretudo, consolida a sociedade dividida entre "amigos" e "inimigos", "homens de bem" e "monstros".[11] Nesse particular, discursos que categorizam indivíduos, produzindo verdadeira hierarquia entre seres humanos, tem contribuído para "legitimar" a absurda política de extermínio que identifica a atividade policial brutalizada em nosso país.

Como veremos, o populismo penal vai se caracterizar por um conjunto de práticas e discursos que reivindicam maior rigor penal, em nome de um suposto público homogêneo. Mas qual a racionalidade das medidas que resultam dessa engenharia prática e discursiva? O endurecimento penal reduz o crime e produz mais segurança? Os números mostram que não. Por que então o legislador insiste em querer aumentar penas? Nosso problema de pesquisa aponta justamente para essa indagação. A pergunta de pesquisa deve apresentar dois requisitos: contribuir para o conhecimento existente e possuir alguma importância para o mundo real.[12] O fenômeno do populismo penal já vem sendo explorado na literatura política, sociológica e jurídica. Por meio de uma

---

congresso nacional brasileiro ao rigor penal legislativo: o estabelecimento do populismo penal no Brasil contemporâneo. 2010. 377 f. Tese (Doutorado em Sociologia)-Universidade de Brasília, Brasília, 2010; PAIVA, Luiz Guilherme Mendes de. **A Fábrica de Penas**: racionalidade legislativa e lei dos crimes hediondos. Rio de Janeiro: Revan, 2009; CALLEGARI, André Luis, e WERMUTH, Maiquel Ângelo Dezordi. **"Deu no jornal"**: notas sobre a contribuição da mídia para a (ir)racionalidade da produção legislativa no bojo do processo de expansão do direito penal. In: Revista Liberdades - nº 2 – Instituto Brasileiro de Ciências Criminais: setembro -dezembro, 2009, pp. 56-77.

11 Já em 1982, o holandês Louk Hulsman observara o impacto dessa tendência cultural maniqueísta no sistema penal: "as posições dramáticas e tradicionais e parte da mídia tendem a perpetuar a ideia simples – e simplista – de que há os bons de um lado e os maus de outro". [...] "Assim, o policial, o juiz, o legislador, mesmo sendo frequentemente questionados em suas práticas pessoais e coletivas, geralmente são vistos como representantes da ordem e, portanto, do bem. E, em face destes símbolos da justiça, do direito, e da consciência reta, os 'delinquentes' são vistos como pertencentes a uma espécie aparte, como anormais sociais que, afinal, deveriam ser facilmente identificáveis, já que não seriam como os outros". HULSMAN, Louk & CELIS, Jacqueline Bernat de. **Penas Perdidas**: o sistema penal em questão. 1ª ed. Tradução: Maria Lúcia Karam. Editora Luam, 1993, p. 56-57.

12 EPSTEIN, Lee. **Pesquisa empírica em direito**: as regras de inferência. São Paulo: Direito GV, 2013, p. 71. Disponível em <http://bibliotecadigital.fgv.br/dspace/handle/10438/11444>. Acesso em 23 de julho de 2015.

pesquisa empírica queremos produzir um conhecimento original acerca do comportamento populista de nosso legislador (contribuição para o conhecimento). Além disso, lançar luz sobre os riscos dessa atividade legislativa populista punitiva (importância para o mundo concreto).

Nossa hipótese, portanto, é que nosso legislador está inscrito nessa cultura punitivista. Ele: (i) aposta nas finalidades retributiva e dissuasória da pena, as quais tem caracterizado o populismo penal; (ii) ignora dados, estudos e estatísticas relativos aos crimes cujas penas quer aumentar, confirmando uma espécie de *epistemologia do senso comum* no qual se assenta o populismo penal; (iii) escolhe crimes que tem apelo junto ao público para endurecer penas (principalmente crimes de *sangue*), aprofundando o caráter seletivo do sistema penal; (iv) propõe PLs ineficazes para resolução dos conflitos, consubstanciando medidas legislativas contingentes, inúteis, desproporcionais, indevidas e inexequíveis; (v) apresenta PLs de forma responsiva à mídia, buscando dar respostas para uma sociedade insegura, insatisfeita e clamante por punição; e (vi) está espalhado pelos diversos partidos políticos, indicando que o populismo penal é um fenômeno suprapartidário. Aderindo ao populismo penal, o legislador espera votos.

Nesse contexto, os objetivos[13] da nossa pesquisa dirigem-se (i) à coleta de dados nos PLs para testar a hipótese; (ii) ao resumo dos dados para, compreendendo-os, testar a hipótese e responder à pergunta de pesquisa[14]; e (iii) a partir dos dados, fazer inferências do fenômeno do populismo penal em nosso legislador. Os dados serão coletados a partir dos PLs e das justificativas apresentadas pelos parlamentares nas proposições. Os dados serão resumidos de acordo com uma categorização que nos propusemos a estabelecer. E as inferências serão realizadas com base nas referências teóricas que elegemos para esse trabalho. Isso nos conduz à explanação acerca da metodologia que adotamos para nossa pesquisa.

Para testar a hipótese segundo a qual nosso legislador vem apresentado traços do populismo penal, iremos buscar evidências *quantitativas* e *qualitativas* desse fenômeno a partir da análise das justificativas das proposições legislativas. Uma pesquisa empírica que se pretende original e inédita. Essa análise

---

[13] *Ibidem*, p. 23.

[14] Resposta que traduz conhecimento *provisório* e *retorquível*, como deve ser o estatuto epistemológico do conhecimento científico. Sobre o tema, cf. SANTOS, Boaventura de Sousa. **A crítica da razão indolente**: contra o desperdício da experiência. 5ª Ed. São Paulo: Cortez, 2005. "Todas as ciências são ciências sociais", p. 89 a 94.

deve considerar algumas premissas teóricas, razão pela qual dividimos nosso trabalho em duas partes. No plano teórico (capítulo 2 e 3: princípios limitadores do poder punitivo, penologia e populismo penal), abordaremos o que o saber jurídico-penal, moldado a partir do iluminismo, produziu em termos de *princípios* do Direito Penal e *finalidades* da pena. Em seguida, trataremos da nova cultura do controle do crime que caracteriza o nosso tempo, bem como da categoria do populismo penal propriamente dita. No plano prático, capítulo 4, realizaremos a análise dos dados coletados, a fim de demostrar o viés populista punitivo do legislador brasileiro no período de 2006 a 2014.

Sendo assim, no item 2.1, indicaremos alguns princípios limitadores do poder punitivo estatal, os quais são sistematicamente inobservados pelo legislador populista punitivo. Os parlamentares apresentam PLs que se podem reputar ineficazes, fazendo letra morta da principiologia limitadora da intervenção penal. São também violadores dos direitos e garantias consagrados na Constituição, produzindo excessiva tensão com o modelo constitucional garantista de direitos fundamentais. O referente teórico para os princípios são os autores Alessandro Baratta, Eugenio Rául Zaffaroni e Claus Roxin. Penalistas comprometidos com o ambiente democrático e críticos do poder *mágico* atribuído a um direito penal simbólico.[15]

No item 2.2, pontuaremos as 5 (cinco) finalidades da pena reconhecidas na literatura penal e criminológica: (i) retribuição, (ii) prevenção geral positiva e (iii) negativa, (iv) prevenção especial positiva e (v) negativa. Não se trata de promover uma ampla reflexão sobre a penologia. Tampouco apontar as diversas críticas que se tem dirigido ao "discurso oficial da teoria jurídica da pena".[16] Como forma de limitar a extensão desse trabalho à luz do problema de pesquisa, cuidaremos apenas de apresentar as finalidades da pena, bem assim (i) para evidenciá-las nas transformações da cultura do controle do crime e (ii) identificá-las nos discursos parlamentares expostos nas justificativas dos PLs.

---

[15] Cf. BARATTA, Alessandro. **Funciones instrumentales y simbólicas del derecho penal:** una discusión en la perspectiva de la criminología critica. *In:* RAMÍREZ, Juan Bustos (Dir.) *et. al.* **Pena y Estado**: Función simbólica de la pena. Santiago de Chile: Editorial Jurídica ConoSur, 1995, pp. 37-55; ZAFFARONI, Eugenio Raúl, ALAGIA, Alejandro & SLOKAR, Alejandro. **Derecho Penal**: Parte General. 2ª ed. Buenos Aires: Ediar, 2002, p. 352.

[16] Cf. CIRINO DOS SANTOS, Juarez. **Direito Penal**: parte geral. Curitiba: ICPC; Lumen Juris, 2006, p. 453-488.

No capítulo 3, para contextualizar o populismo penal, faremos uma descrição das alterações na denominada cultura do controle do crime dos fins do século XX ao início do XXI. O referencial teórico fundamental para esse diagnóstico da reconfiguração da cultura penal é o trabalho do sociólogo David Garland.[17] Em seguida, tomaremos como objeto descritivo o fenômeno do populismo penal. Aqui, o referencial teórico principal será a obra *Penal Populism*,[18] do criminólogo neozelandês John Pratt.

Estabelecidas as premissas teóricas, partiremos para o plano prático, no capítulo 4. Nele, desenvolveremos a pesquisa empírica relativa à análise das justificativas das proposições legislativas no período de 2006 a 2014 na Câmara dos Deputados. No item 4.1, "notas metodológicas", explicaremos detalhadamente o caminho que percorremos para formar a base de 191 (cento e noventa e um)[19] PLs que foram analisados, ajustando-se ao escopo da nossa pesquisa: **aumentos de pena de crimes já existentes**. O trabalho de levantamento, coleta, depuração e análise foi enorme. Um total de 758 (setecentos e cinquenta e oito)[20] PLs da Câmara dos Deputados foram avaliados. Referindo-se ao período de 2006 a 2014, os 191 PLs apresentaram-se distribuídos no tempo conforme o gráfico abaixo:

PLs que aumentam penas de crimes já existentes apresentados de 2006 a 2014

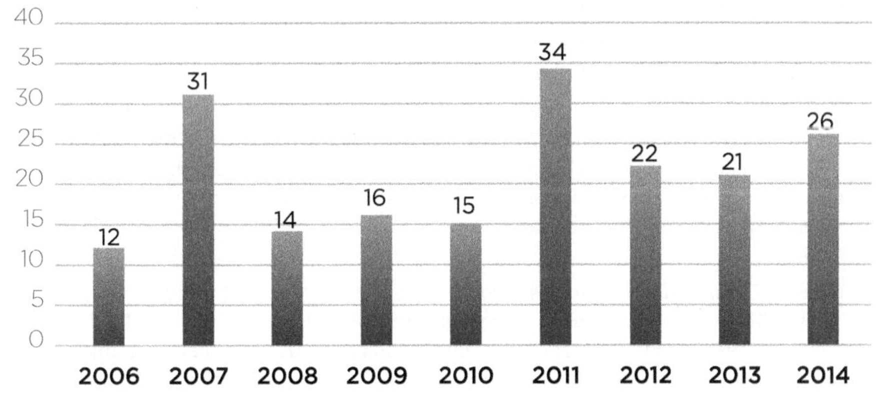

[17] GARLAND, David. **La cultura del control**, *op. cit.*

[18] PRATT, John. **Penal Populism**, *op. cit.*

[19] Tabela com relação dos PLs encontra-se no anexo deste trabalho, item 7.2.

[20] Tabela com relação dos PLs encontra-se no anexo deste trabalho, item 7.1.

Os picos nos anos de 2007 e 2011 sugerem que o legislador (Câmara dos Deputados) presta contas à sociedade apresentando os PLs punitivos logo no início da legislatura. 2007 é o ano inicial da 53ª legislatura (2007-2011).[21] 2011 é o ano inicial da 54ª legislatura (2011-2015).[22] O ano de 2015 é o primeiro da atual 55ª legislatura[23], com o que estudos futuros poderão confirmar esse padrão de responsividade do político ao assumir o mandato parlamentar. E quantos desses 191 PLs foram aprovados? Transformados em norma jurídica? Apenas dois. O PL-2592/2007[24] e o PL-643/2011.[25] A maioria das proposições é apensada[26] à outra, mostrando a insistência do representante com respeito aos mesmos temas.

Com relação aos anos que analisamos, 2006 a 2014, é importante assinalar três informações a respeito da intervenção penal na realidade brasileira nesse período. Esses dados concretos devem estar presentes na reflexão de qualquer um que se proponha a pensar políticas públicas em matéria penal no Brasil. Principalmente diante do fenômeno do populismo penal. Em primeiro lugar, todos os crimes violentos apresentaram aumento no número de pessoas presas

---

21 Informação disponível em <http://bd.camara.gov.br/bd/handle/bdcamara/3145>. Acesso em 21 de julho de 2015.

22 Informação disponível em <http://bd.camara.gov.br/bd/handle/bdcamara/5144>. Acesso em 21 de julho de 2015.

23 2015 a 2019. Cf. <http://www2.camara.leg.br/a-camara/conheca/camara-destaca/55a-legislatura>. Acesso em 21 de julho de 2015.

24 BRASIL. Câmara dos Deputados. Projeto de Lei n. PL-2592/2007. Autoria de diversos Deputados. Altera os arts. 173, 174, 175, 191, 202, 203, 292, 302, 303, 306 e 308 da Lei nº 9.503, de 23 de setembro de 1997, que institui o Código de Trânsito Brasileiro, para dispor sobre sanções administrativas e crimes de trânsito. Disponível em <http://www.camara.gov.br/proposicoesWeb/fichadetramitacao?idProposicao=380428>. Acesso em 21 de julho de 2015.

25 BRASIL. Câmara dos Deputados. Projeto de Lei n. PL-643/2011. Autoria do Deputado Efraim Filho, DEM/PB. Dá nova redação ao art. 334 do Decreto-Lei nº 2.848, de 7 de dezembro de 1940 - Código Penal e acrescenta- lhe o art. 334A. Disponível em <http://www.camara.gov.br/proposicoesWeb/fichadetramitacao?idProposicao=494004>. Acesso em 21 de julho de 2015.

26 Apensação é o procedimento pelo qual uma proposta tramitará em conjunto com uma anteriormente apresentada sempre que versarem sobre a mesma matéria, ou matéria análoga ou conexa. Ver art. 139, I, do Regimento Interno da Câmara dos Deputados. BRASIL. Congresso. Câmara dos Deputados. **Regimento Interno**. 15ª Edição. Brasília: Câmara dos Deputados, 2015. Disponível em: <http://bd.camara.gov.br/bd/bitstream/handle/bdcamara/18847/regimento_interno_15ed.pdf?sequence=40>. Acesso em 21 de julho de 2015.

nesse período. Em segundo lugar, o crime que representou o maior aumento foi o de tráfico de drogas. E em terceiro lugar, o número de operações da Polícia Federal tem aumentado sensivelmente ao longo dos anos, especialmente nesse período.

Como veremos no item relativo à *análise quantitativa dos PLs quanto à norma penal a ser alterada*, os números do Departamento Penitenciário Nacional (Depen) indicam que o sistema penal tem prendido mais indivíduos autores de crimes violentos. Por esse motivo, é preciso estar alerta ao recurso discursivo da *impunidade* em falas populistas. No caso do crime de tráfico de drogas, é evidente que a incidência do Direito Penal não tem tido nenhum efeito de redução dessa conduta. E quanto ao consumo das drogas, qualquer efeito útil da intervenção penal é menos perceptível ainda. Por fim, note-se abaixo o incremento no número de operações deflagradas pela Polícia Federal a partir do ano de 2003[27]:

Número de operações deflagradas pela Polícia Federal por ano (2003 a 2014)

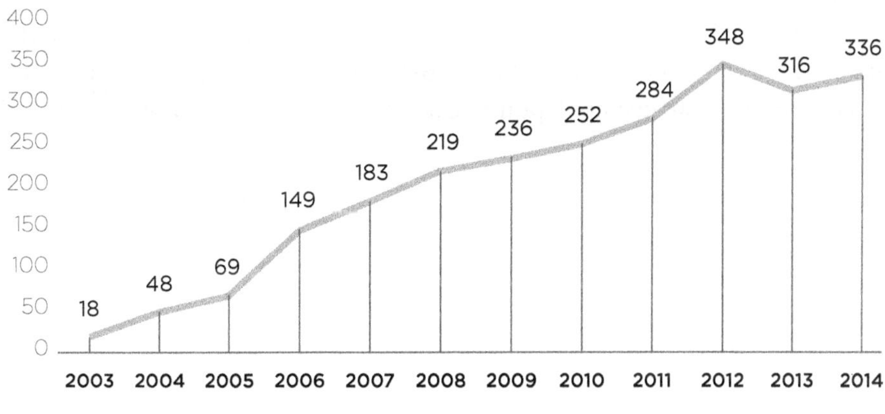

[27] Gráfico redesenhado com base em: http://www.pf.gov.br/imprensa/estatistica.

Nesse mesmo contexto, observe-se a elevação no número de pessoas presas nessas diligências da Polícia Federal[28]:

Número de pessoas presas nas operações da Polícia Federal por ano (2003 a 2014)

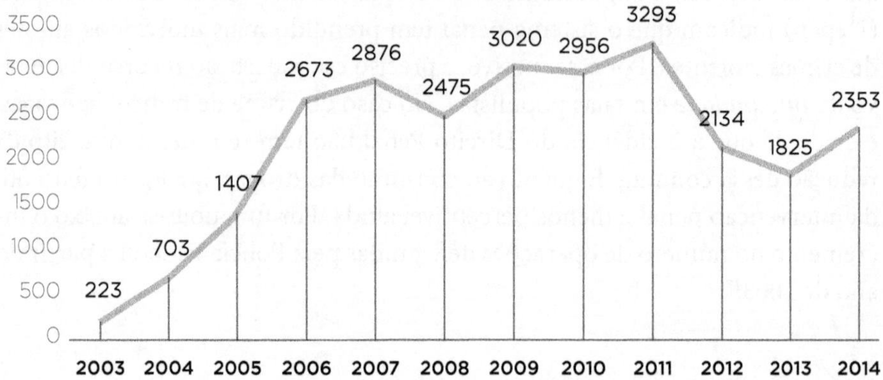

Discursos de endurecimento da lei penal devem ser confrontados com dados de realidade. O criminólogo norueguês Nils Christie observa que "as cifras do encarceramento não são moldadas pelo delito, senão pela cultura geral".[29] E a cultura na qual vivemos é punitivista. O quanto tem sido nosso legislador?

---

28 Gráfico redesenhado com base em: http://www.pf.gov.br/imprensa/estatistica.

29 CHRISTIE, Nils. **Una sensata cantidad de delito**. 1ª ed. Buenos Aires: Editores del Puerto, 2004, p. 165.

2

PLANO TEÓRICO - PRINCÍPIOS LIMITADORES DO PODER PUNITIVO, PENOLOGIA E POPULISMO PENAL

2.1. Quais os limites do legislador? Princípios implícitos do direito penal para limitação do poder punitivo estatal: o legislador não pode tudo

bem no fundo

no fundo, no fundo,
bem lá no fundo,
a gente gostaria
de ver nossos problemas
resolvidos por decreto

a partir desta data,
aquela mágoa sem remédio
é considerada nula
e sobre ela – silêncio perpétuo

extinto por lei todo o remorso,
maldito seja quem olhar pra trás,
lá pra trás não há nada,
e nada mais

mas problemas não se resolvem,
problemas têm família grande,
e aos domingos saem todos passear
o problema, sua senhora
e outros pequenos probleminhas.[30]

---

[30] LEMINSKI, Paulo. **Toda poesia**. 1ª edição. São Paulo: Companhia das Letras, 2013, p. 195.

O Direito Penal é uma técnica de definição, comprovação e repressão do desvio.[31] Crime, processo e pena vão formar os objetos fundamentais do direito e processo penal. A definição do desvio se expressa na atividade legislativa, por meio da qual o legislador vai definir crimes (condutas proibidas) e cominar penas (punição correlata).

Em todas as democracias contemporâneas, o Direito Penal será regido por princípios constitucionais (explícitos e implícitos) para garantir o indivíduo em face do poder punitivo (*ius puniendi*) do Estado.[32] A função dos princípios será justamente a de limitar o poder punitivo estatal. Nesse sentido, o legislador não pode tudo. Ele deve observância aos princípios. O saber jurídico-penal moderno de tradição iluminista e liberal, amadurecido desde o século XVIII, foi responsável pela gestação do modelo garantista clássico, fundado em princípios como o da legalidade, lesividade, responsabilidade pessoal, contraditório e presunção de inocência.[33]

Considerando que nosso objeto de investigação é o fenômeno do populismo penal legislativo, devemos registrar alguns dos princípios em relação aos quais o representante político está adstrito. São princípios que o populismo penal parece jogar no lixo.

A literatura relativa à principiologia penal é vasta.[34] Não nos incumbe dissertar sobre os diversos princípios penais senão assinalar alguns poucos que devem constituir o pano de fundo da reflexão em torno das proposições legislativas. Quando analisarmos os projetos de lei no plano prático, a

---

31 FERRAJOLI, Luigi. **Derecho y razón: Teoría del garantismo penal.** Tradução: Perfecto Andrés Ibáñez, Alfonso Ruiz Miguel, Juan Carlos Bayón Mohino, Juan Terradillos Basoco, Rocío Cantarero Bandrés. Madrid: Editorial Trotta, 1995, p. 209.

32 CIRINO DOS SANTOS, Juarez. Direito Penal: parte geral. Curitiba: ICPC; Lumen Juris, 2006, p. 19.

33 FERRAJOLI, Luigi. **Derecho y razón: Teoría del garantismo penal**, p. 33.

34 Para citar alguns: ZAFFARONI, Eugenio Raúl, ALAGIA, Alejandro & SLOKAR, Alejandro. **Derecho Penal**: Parte General. 2ª ed. Buenos Aires: Ediar, 2002, p. 107-142; TOLEDO, Francisco de Assis. **Princípios básicos de direito penal**. 5ª ed. São Paulo: Saraiva, 1994; MIR PUIG, Santiago. **Direito penal**: fundamentos e teoria do delito. Tradução: Cláudia Vianna Garcia e José Carlos Nobre Porciúncula Neto. São Paulo: Editora Revista dos Tribunais, 2007; 82-107, CIRINO DOS SANTOS, Juarez. **Direito Penal**, *op. cit.*, p. 19-32; BARATTA, Alessandro. **Principios de Derecho Penal Mínimo.** *In*: Criminología y Sistema Penal (Compilación *in memoriam*)», Editorial B de F, Buenos Aires, Argentina, 2004.

inobservância dos princípios defluirá naturalmente da leitura das justificativas parlamentares.

Sendo assim, pontuaremos brevemente cinco princípios implícitos que deveriam conter o poder punitivo, impedindo leis penais de emergência, inúteis, discrepantes, indevidas e inexequíveis.

2.1.1. Princípio da resposta não contingente: leis penais de emergência

A solenidade e formalidade da lei penal traduz um ato que deve apresentar uma resposta aos problemas sociais fundamentais que se revelam gerais e duradouros na vida social. Não deve a lei penal ser produto de uma decisão emergencial frente a um fato de grande repercussão. Não deve operar como mera resposta à fenômenos emergentes. A resposta estatal não pode ser contingencial, sem considerar a profundidade e extensão dos problemas. A resposta interventiva penal deve ser para questões amplas e persistentes. Dessa forma, como destaca Baratta, "o procedimento que conduz a essa resposta deve compreender um exaustivo debate parlamentar e deve estar acompanhada de uma profunda análise no âmbito dos partidos políticos e de uma ampla discussão pública".[35]

Na mesma linha, Zaffaroni enuncia o *princípio da limitação máxima da resposta contingente*[36] como estratégia de contenção do poder punitivo. A edição de leis penais de emergência, as quais se estabelecem sem amplo debate, consulta e elaboração responsável, ocorre geralmente sob o impacto emocional de fatos notórios, ou em consequência da demanda de grupos de pressão de matriz punitiva. É nesse momento que as agências judiciais devem agir para conter o afã punitivo, seja pela via da análise crítica e limitadora do campo de

---

[35] (Tradução nossa) "El procedimiento que conduce a esta respuesta debe comprender un exhaustivo debate parlamentario y debe estar acompañado de un profundo análisis en el ámbito de los partidos políticos y de una amplia discusión pública". BARATTA, Alessandro. **Principios de Derecho Penal Mínimo.** *In*: Criminología y Sistema Penal (Compilación *in memoriam*)», Editorial B de F, Buenos Aires, Argentina, 2004, p. 308.

[36] ZAFFARONI, Eugenio Raúl, ALAGIA, Alejandro & SLOKAR, Alejandro. **Derecho Penal**, p. 138.

incidência da norma penal de emergência, seja pela via extrema da declaração de inconstitucionalidade da lei.[37]

Como exemplo de virtual violação ao princípio da resposta não contingente, podemos mencionar o PL-7154/2006, de autoria do Deputado Moroni Torgan, PFL/CE, encontrado em nossa pesquisa. O projeto indica em sua justificativa: "A recente onda de criminalidade vista na cidade de São Paulo nos põe a pensar em medidas que possam solucionar, de maneira definitiva e rápida, o déficit de nossas leis penais".[38] O parlamentar referia-se às mortes de policiais e civis (grande maioria) que ocorreram em maio de 2006, episódio esse que ficou conhecido como "crimes de maio", sobre o qual comentaremos neste trabalho. A proposição é claramente emergencial, dirigida aos fatos de enorme repercussão. Prevê pena de caráter perpétuo aos reincidentes em crimes dolosos contra a vida, mostrando-se flagrantemente inconstitucional, por violar o art. 5º, XLVII, da Constituição da República.[39]

2.1.2. Princípio da idoneidade: leis penais inúteis

O princípio da idoneidade obriga o legislador a realizar um cauteloso estudo acerca dos efeitos socialmente úteis que se pode esperar da pena.[40] A criminalização de condutas operada pelo Direito Penal traduz limitações a direitos de liberdade individual.[41] De outra parte, a imposição de pena (fundamentalmente

---

[37] *Ibidem.*

[38] BRASIL. Câmara dos Deputados. Projeto de Lei n. 7154/2006. Autoria do Deputado Moroni Torgan, PFL/CE. Acrescenta o § 3º ao art. 75 do Decreto-Lei nº 2.848, de 1940, para estabelecer a pena de caráter perpétuo aos reincidentes em crimes dolosos contra a vida. Disponível em <http://www.camara.gov.br/proposicoesWeb/fichadetramitacao?idProposicao=326499>. Acesso em 21 de julho de 2015.

[39] "Art. 5o. [...] XLVII - não haverá penas: [...] b) de caráter perpétuo; [...]". Disponível em <http://www.planalto.gov.br/ccivil_03/constituicao/ConstituicaoCompilado.htm>. Acesso em 8 de julho de 2015.

[40] BARATTA, Alessandro. **Principios de Derecho Penal Mínimo**, *op. cit.*, p. 309-310.

[41] Costumamos afirmar que o Direito Penal é um grande "não". A técnica de criminalização de condutas por meio de *tipos penais* consagra a proibição de *modos de agir*, e não *modos de ser*, como o autoritário *direito penal do autor*. "Não matar", "não ofender a integridade física", "não prestar informação falsa à autoridade fazendária", "não trazer consigo droga para consumos pessoal", "não praticar ato obsceno", são vedações impostas pela lei penal que restringem nossas liberdades. Algumas dessas proibições penais, como "drogas" e "ato obsceno", podem deixar de compor o campo penal em virtude de alterações culturais, valorações morais, decisões políticas e abordagens jurídicas.

a privação de liberdade) representa inexorável tensão entre necessidade de punição e resguardo de direitos fundamentais do autor do crime.

Por essa razão, a escolha legislativa pela intervenção penal deve ser idônea a proporcionar utilidade por meio da punição. Deve passar por um rigoroso controle empírico baseado nos efeitos de normas semelhantes em outros países, de normas análogas no mesmo ordenamento jurídico, buscando evidências concretas de que seja muito provável extrair efeitos úteis da alteração legislativa proposta.

O princípio da idoneidade também é reconhecido como *princípio da utilidade da intervenção penal.*[42] Destina-se, portanto, a evitar leis inúteis, buscando a avaliação sobre as condições (idoneidade) que a lei penal teria de reduzir ou impedir os delitos relativos às condutas que pretende regular.

Por exemplo, o PL-3375/2012, de autoria do Deputado Márcio Marinho, PRB/BA, criminaliza a conduta de "Realizar tatuagem em criança ou adolescente. Pena - detenção de (1) um a 2 (dois) anos e multa".[43] De que maneira essa intervenção penal seria socialmente útil? O parlamentar tenta se justificar:

> A realização de tatuagens em crianças e adolescentes vem se banalizando em nossa sociedade. Hoje, tal conduta é permitida, desde que haja autorização dos pais ou responsáveis.
>
> A tatuagem contem (sic) diversos riscos à saúde, desde o contágio por doenças transmissíveis pelo sangue, até a intoxicação por tintas inadequadas, além de se caracterizar em modificação praticamente definitiva ou de dificílima remoção nos corpos de pessoas muito jovens, ainda em formação. Nesse sentido cremos ser imprescindível impedir completamente essa prática.
>
> Dessa forma se faz necessário a ação do Estado para que, no cumprimento de sua função constitucional, efetive a proteção integral à criança e ao adolescente, criminalizando essa conduta que não respeita a integridade dos corpos desses jovens que na maioria dos casos, se arrependem profundamente de tatuarem seus corpos após se tornarem adultos.

---

[42] MIR PUIG, Santiago. **Direito penal**: fundamentos e teoria do delito. Trad.: Cláudia Vianna Garcia e José Carlos Nobre Porciúncula Neto. São Paulo: Editora Revista dos Tribunais, 2007, p. 92.

[43] BRASIL. Câmara dos Deputados. Projeto de Lei n. 3375/2012. Autoria do Deputado Márcio Marinho, PRB/BA. Acrescenta o art. 132-A ao Decreto-lei n.º 2.848, de 7 de dezembro de 1940, Código Penal. Disponível em <http://www2.camara.leg.br/proposicoesWeb/fichadetramitacao?idProposicao=536259>. Acesso em 21 de julho de 2015.

O projeto prevê regulação penal revestida de paternalismo, sobrepondo-se à liberdade de crianças e adolescentes, ao consentimento dos pais e ignorando outros mecanismos não penais de intervenção para lidar com a prática responsável de tatuagens. A proposição é potencial violadora do princípio da idoneidade, trazendo proibição de efeito socialmente útil extremamente duvidoso.

2.1.3. Princípio da proporcionalidade: leis penais discrepantes

O princípio da proporcionalidade é objeto de extensa reflexão e estudo, principalmente no âmbito do Direito Constitucional. Aqui, nosso apontamento é breve, e nem de longe pretendemos uma descrição robusta do tema.[44]

A pena tem um custo social. Não somente do ponto de vista do custo econômico, mas também do ponto de vista dos efeitos negativos que a pena tem sobre os indivíduos, sua família e o ambiente social.[45] Deve-se considerar que a *violência penal* pode ter o efeito de agravar e reproduzir os conflitos mesmos que a intervenção penal pretende resolver (lesão a bens jurídicos).

Nesse sentido, do ponto de vista do direito penal, o princípio da proporcionalidade, desdobrado em três subprincípios, resulta na formulação de três questões, que exprimem o teste de proporcionalidade:[46] 1. *princípio da adequação*: a pena criminal é um meio adequado (entre outros) para realizar o fim de proteger um bem jurídico? 2. *princípio da necessidade*: a pena criminal (meio adequado entre outros) é, também, meio necessário (outros meios podem ser adequados, mas não seriam necessários) para realizar o fim de proteger um bem jurídico? 3. *princípio da proporcionalidade em sentido estrito*: a pena criminal cominada e/ou aplicada (considerada meio adequado e necessário), é proporcional à natureza e extensão da lesão abstrata e/ou concreta do bem jurídico?

---

[44] Sobre o princípio da proporcionalidade em matéria penal, cf. ZAFFARONI, Eugenio Raúl, ALAGIA, Alejandro & SLOKAR, Alejandro. **Derecho Penal**, *op. cit.*, p. 130-131; BARATTA, Alessandro. **Principios de Derecho Penal Mínimo**, *op. cit.*, p. 310-312. Cf. também o exame da proporcionalidade realizado, de forma didática, no voto do Ministro Gilmar Ferreira Mendes nos autos do RE 635.659/SP, em julgamento que trata da (a)tipicidade do porte de droga para consumo pessoal. Disponível em: <http://www.conjur.com.br/2015-ago-20/leia-voto-ministro-gilmar-mendes-re-posse-drogas>. Acesso em 12 de setembro de 2017.

[45] BARATTA, Alessandro. **Principios de Derecho Penal Mínimo**, *op. cit.*, p. 310.

[46] CIRINO DOS SANTOS, Juarez. **Direito Penal**: *op. cit.*, p. 27.

O legislador deveria realizar esse teste no momento de seleção das condutas para criminalizar, bem como das penas a definir, e bem assim das penas a aumentar. Como veremos, não é isso que ocorre.

Por exemplo, o PL-1532/2007, de autoria do Deputado Flávio Bezerra, PMDB/CE, aumenta a pena para quem usa compressor, cilindro ou aparato de mergulho autônomo para qualquer tipo de pesca ou captura de organismos marinhos. Na justificativa, o parlamentar argumenta que o uso de equipamentos improvisados para pesca (lagosta) por meio de mergulho em condições precárias tem gerado diversos acidentes:

> Tal equipamento é responsável por inúmeros acidentes sofridos pelos pescadores, que decorrem da falta de manutenção no barco, no estouro das mangueiras e da precariedade na instalação e manutenção do compressor que é feito a partir de adaptação num botijão de gás de cozinha.[47]

E acrescenta que o agravamento da pena vai impedir crimes. Ironicamente, o político quer resolver o problema dos acidentes com pescadores (vítimas) tornando crime suas condutas. Ou seja, convertendo-os em autores do crime. Vítimas de uma questão socioeconômica mais complexa[48], a intervenção penal vai transformá-los em criminosos a pretexto de resolver o problema. Qual a proporcionalidade e utilidade dessa medida penal? É virtual violadora dos princípios, produzindo uma discrepância em relação à realidade sobre a qual pretende incidir. Encontraremos diversas proposições legislativas como essa, por isso a importância de estabelecermos essas premissas teóricas.

2.1.4. Princípio da subsidiariedade: leis penais indevidas

Pelo princípio da subsidiariedade, o Direito Penal deve ser chamado a agir apenas quando não for possível resolver o conflito por meio de um outro ramo do Direito menos gravoso. Se a situação conflitual puder ser resolvida com o emprego de normas civis, administrativas, tributárias, eleitorais, sanitárias,

---

47 BRASIL. Câmara dos Deputados. Projeto de Lei n. 1532/2007. Autoria do Deputado Flávio Bezerra, PMDB/CE. Dispõe sobre as alterações dos art. 34 da Lei nº 9.605, de 1998 e do artigo 19 do Decreto nº 3.179, de 1999, e dá outras providências. Disponível em <http://www.camara.gov.br/proposicoesWeb/fichadetramitacao?idProposicao=359094>. Acesso em 21 de julho de 2015.

48 Ninguém mergulharia com auxílio de botijão de gás improvisado se realmente não precisasse, em termos de trabalho e subsistência, diante do risco flagrantemente inerente à atividade.

trabalhistas, bem como medidas extrajurídicas, então as normas penais não devem atuar.

O sistema penal impõe as sanções mais gravosas aos indivíduos, com o que sua intervenção não pode ser generalizada senão reservada aos fatos mais graves. Uma pena só pode ser cominada ou aumentada se puder provar que não existem modos não penais de intervenção aptos a responder a situações nas quais são ameaçados os bens jurídicos objeto de tutela penal.[49] Não basta que a medida penal seja incontingente, útil e proporcional à lesão, é necessário também que seja o último recurso (*ultima ratio*) do qual o Estado lança mão para resolver conflitos e conferir segurança.[50]

Isso importa em reconhecer no Direito Penal a "alta capacidade destrutiva de seus instrumentos, desde a cominação até a execução da pena, passando por sua própria imposição".[51] Por essa razão, tais ferramentas só devem ser manejadas quando não houver outros remédios menos desestabilizadores. O sistema de justiça criminal há de ser o último dos remédios. Nunca o primeiro.

Por exemplo, o PL-3190/2012, de autoria do Deputado Walter Feldman, PSDB/SP, vai contemplar como crime a conduta de quem "negar a ocorrência do genocídio praticado contra o povo armênio entre os anos de 1915 a 1917".[52] Aqui, estamos diante de um caso no qual já há, inclusive, um modo penal de intervenção. O Direito Penal já prevê respostas para o preconceito e discriminação de raça, cor, etnia, religião ou procedência nacional. Há também a proteção pelos crimes contra a honra. Revela-se desnecessário especificar o *povo armênio*, por mais respeito e reverência que se possa ter.

---

49 BARATTA, Alessandro. **Principios de Derecho Penal Mínimo**, *op. cit.*, p. 310.

50 ROXIN, Claus. **Que comportamentos pode o Estado proibir sob ameaça de pena? Sobre a legitimação das proibições penais**. *In*: Estudos de direito penal. Trad.: Luís Greco. Rio de Janeiro: Renovar, 2006, p. 33.

51 HASSEMER, Winfried & MUÑOZ CONDE, Francisco. **Introducción a la criminología y al derecho penal**. Tirant Lo Blanch: Valencia, 1989, p. 71.

52 BRASIL. Câmara dos Deputados. Projeto de Lei n. 3190/2012. Autoria do Deputado Walter Feldman, PSDB/SP. Altera o art. 20 da Lei nº 7.716, de 5 de janeiro de 1989, para definir como crime a conduta de negar a ocorrência do genocídio praticado contra o povo armênio entre os anos de 1915 a 1917, cominando a pena aplicável. Disponível em <http://www.camara.gov.br/proposicoesWeb/fichadetramitacao?idProposicao=534417>. Acesso em 21 de julho de 2015.

De todo modo, veremos que o populismo penal vai banalizar as ferramentas penais. Vai expandir suas fronteiras. Pretender tornar o Direito Penal a primeira e mais rápida resposta ao crime. E invariavelmente por meio de proposições legislativas que violam a subsidiariedade, produzindo leis *indevidas*.

2.1.5. Princípio de implementação administrativa da lei: leis penais inexequíveis

Um princípio pouco referido na literatura penal é o da implementação administrativa da lei. A justiça penal funciona de forma desigual. Há enorme descompasso entre recursos administrativos e programa legislativo. O Estado não consegue nem de longe implementar os comandos da lei penal, deixando de promover a persecução criminal de uma infinidade de delitos. Isso vai resultar no atributo estrutural do sistema penal conhecido como *cifra oculta da criminalidade*,[53] que corresponde aos crimes que não chegam às instituições penais.

Toda vez que uma nova lei criminaliza uma conduta, ela passará a integrar o programa legislativo já implementado de forma débil pelo Estado. A inflação legislativa em matéria penal vai aumentar a cifra oculta da criminalidade e empurrar o sistema penal para atuar de forma ainda mais seletiva (não pega todos os crimes, nem todas as pessoas, ao contrário, seleciona). Sendo assim, a política criminal deve dimensionar os programas de ação legislativa com base nos recursos disponíveis para o sistema penal. O legislador deverá sempre medir o impacto das alterações legislativas propostas, pois deve haver adequação entre o programa legislativo desenhado e os recursos existentes para sua implementação. As leis devem ser exequíveis.

Por exemplo, a redução da idade de imputabilidade penal[54] produziria mais encarceramento, é certo. Essa alteração legislativa não teria então um enorme

---

[53] Discorreremos sobre o tema no item 4.2.5, correspondente à análise quantitativa dos PLs quanto à norma penal a ser alterada (bem jurídico).

[54] Sobre o tema da redução da maioridade penal, cf. nossa entrevista disponível em <http://www.ihu.unisinos.br/entrevistas/543244-reducao-da-maioridade-penal-mais-uma-disputa-em-jogo-entrevista-especial-com-andre-pacheco-teixeira-mendes->. Acesso em 4 de julho de 2015. "Redução da maioridade penal? Todos perderemos. Entrevista especial com André Pacheco Teixeira Mendes". Destacamos dois trechos: "Posições severas em matéria penal são frequentes na população em geral. Muitas vezes imbuídas por sentimentos de justiça, por vezes infladas por narrativas da mídia que colocam verdadeiras lentes de aumento em episódios de violência. É um fenômeno comum em outros países também. Sendo assim, é muito importante que as pessoas possam acessar dados, números e reflexões que

impacto no sistema penitenciário? Haveria vagas suficientes? O programa de ação legislativo (diminuição da maioridade penal) poderia ser implementado diante dos recursos disponíveis?

Cremos que não. O Brasil conta hoje com um déficit de 250.318 vagas no sistema prisional, segundo dados divulgados pelo último relatório do Departamento Penitenciário Nacional (Depen).[55] Uma unidade prisional em São Paulo tem a capacidade média de custodiar 805 (oitocentos e cinco) pessoas.[56] Seria necessária a construção de cerca de 310 (trezentos e dez) estabelecimentos penais no país. Esse número seria o mais otimista, considerando que a capacidade média varia entre as Unidades da Federação. No Tocantins, por exemplo, a capacidade média das unidades é de apenas 53 (cinquenta e três) indivíduos. Somando-se as médias das regiões do país[57], temos que a capacidade média nacional é de 244 (duzentos e quarenta e quatro; ou 244,6 mais exatamente). Portanto, para compor o déficit de vagas nas prisões brasileiras, seria necessária a construção de cerca de 1.025 (novecentos e quarenta e seis) unidades prisionais! Esse número representa mais do que a metade das unidades atualmente existentes no país: 1.420 (mil quatrocentas e vinte).[58] Ninguém pode considerar essa política de construção de presídios uma medida racional

---

tragam diferentes olhares, diferentes visões sobre o tema. A redução da maioridade penal é uma medida simples para um problema complexo." "A redução da maioridade penal é expressão do denominado populismo penal: o legislador adota práticas penais que lhe rendem voto, mas que não reduzem o crime. Ou seja, simplesmente aumentar a pena de um crime, criar um crime novo, punir a pessoa mais jovem não melhorará os índices de criminalidade, nem deixará as pessoas mais seguras. O jovem sairá pior do que entrou. Perderemos todos nós".

55 BRASIL. Levantamento Nacional de Informações Penitenciárias. (Dez/2014) Departamento Penitenciário Nacional - Ministério da Justiça: Infopen, Dezembro de 2014, p. 18. Disponível em <http://www.justica.gov.br/seus-direitos/politica-penal/documentos/infopen_dez14.pdf>. Acesso em 17 de setembro de 2017.

56 BRASIL. Levantamento Nacional de Informações Penitenciárias. (Jun/2014 Departamento Penitenciário Nacional - Ministério da Justiça: Infopen, Junho de 2014, p. 25. Disponível em: < http://www.justica.gov.br/noticias/mj-divulgara-novo-relatorio-do-infopen-nesta--terca-feira/relatorio-depen-versao-web.pdf>. Acesso em 30 de julho de 2015.

57 A região Sudeste apresenta a maior capacidade média das unidades prisionais (485 vagas), seguida da região Sul (317 vagas), da região Centro-Oeste (148 vagas), da região Norte (145 vagas), e, por fim, da região Nordeste (128 vagas). *Ibidem*, p. 25.

58 *Ibidem*, p. 24.

e realizável. Nem mesmo o modelo de privatização ou PPP (parcerias público-privadas) dariam conta da exequibilidade da medida.[59]

E é precisamente a correta aplicação do princípio da implementação administrativa da lei que vai bastar para reduzir a esfera de intervenção da lei penal.[60] Pois as leis penais, os programas legislativos a ela subjacentes, devem ser exequíveis.

Em vista de todo o exposto, esses cinco princípios limitadores da atividade legislativa vão constituir as premissas teóricas sobre as quais devemos nos debruçar para perceber o **populismo penal e suas proposições legislativas contingentes, inúteis, discrepantes, indevidas e inexequíveis.** A multiplicidade de problemas da vida social, individual e coletiva não se resolvem por decreto.

2.2. Para que serve a pena criminal? Teoria dos fins da pena

As finalidades da pena são objeto da chamada penologia. A literatura penal tem definido como *modernas teorias da pena*[61]*:* a Teoria da retribuição, a Teoria da prevenção especial e a Teoria da prevenção geral. Essas abordagens teóricas pretendem oferecer a resposta para a pergunta sobre "para que serve a pena criminal". E elas são generalizadas no mundo, isto é, os dois maiores sistemas jurídicos[62] contemplam as mesmas finalidades da pena, conforme sugere nosso quadro a seguir:[63]

---

59 Sobre os inconvenientes da privatização de presídios no Brasil, cf. CIRINO DOS SANTOS, Juarez. **Direito Penal**: *op. cit.*, p. 503-505.

60 BARATTA, Alessandro. **Principios de Derecho Penal Mínimo**, *op. cit.*, p. 314.

61 Sobre o tema, pormenorizadamente, cf. ROXIN, Claus. **Derecho penal,** p. 78-103; BACIGALUPO, Enrique. **Derecho penal:** parte general. 2ª Ed. Buenos Aires: Hammurabi, 1999, p. 29-43; ROXIN, Claus. **Problemas Fundamentais de Direito Penal**. 2ª ed. Lisboa: Veja, 1993; ZAFFARONI, Eugenio Raúl. **Manual de derecho penal**: Parte General. Buenos Aires: Ediar, 2000, p. 53-62; CIRINO DOS SANTOS, Juarez. **Direito Penal**, p. 453-464; JAKOBS, Gunther, **Sobre la teoria de la pena**. Bogotá: Universidad Externado de Colombia, 1998; HASSEMER, Winfried. **Persona, mundo y responsabilidad**: bases para uma teoria de la imputacion en derecho penal. Traducción: Francisco Muñoz Conde y María del Mar Díaz Pita. Santa Fe de Bogotá: Editorial Temis, 1999, p. 105-123.

62 Cf. <http://www.juriglobe.ca/eng/syst-onu/index-alpha.php>. Acesso em 8 de julho de 2015.

63 Como reconhece a literatura criminológica, cf. TREADWELL, James. **Criminology**. Sage Publications: London, Thousand Oaks and New Delhi, 2006, p. 99-100; ROBERTS, Julian V., ASHWORTH, Andrew. **Sentencing: theory, principle, and practice**. In: MAGUIRE, Mike, MORGAN, Rod & REINER, Robert. The Oxford Handbook of Criminology. Fifth

Sistema *civil law* (Alemanha, França, Itália, Espanha, Brasil)	Sistema *common law* (EUA, Inglaterra, Canadá, Austrália, Nova Zelândia)	A aplicação da pena pretende produzir:
Retribuição	*Retribution*	Reparação, compensação, expiação (da culpa)
Prevenção geral positiva	*Denunciation*	Confiança, reforço nas instituições (efeito simbólico)
Prevenção geral negativa	*Deterrence*	Dissuasão, "coação psicológica" (desincentivo racional)
Prevenção especial negativa	*Incapacitation*	Neutralização, incapacitação (prisão é custódia)
Prevenção especial positiva	*Rehabilitation*	Reabilitação, recuperação, reinserção, reeducação

A ideia da pena como retribuição do crime segue o princípio da *lei de talião*: *olho por olho, dente por dente*.[64] Trata-se de estabelecer a medida justa da pena diante do crime cometido.[65] A sobrevivência da tese retribucionista no direito penal está associada à influência do idealismo alemão de Kant (1724-1804) e Hegel (1770-1831) no pensamento jurídico-penal. Assim, de acordo com Hegel, deve-se retribuir o mal injusto do crime com o mal justo da pena. Kant, por seu turno, "define a justiça retributiva como *lei inviolável*, um *imperativo categórico* pelo qual *todo aquele que mata deve morrer*, para que cada um *receba valor de seu fato* e a *culpa do sangue* não recaia sobre o povo que não puniu seus culpados".[66]

Edition. Oxford University Press: United Kingdom, 2012, pp. 866-894; MARSH, Ian, COCHRANE, John & MELVILLE, Gaynor. **Criminal Justice**: An introduction to philosophies, theories and practice. Routledge: London and New York, 2004, p. 8-24.

64 ROXIN, Claus. **Derecho penal,** p. 82.

65 BACIGALUPO, Enrique. **Derecho penal,** p. 81.

66 CIRINO DOS SANTOS, Juarez. **Direito Penal**, p. 454-455; cf. também ROXIN, Claus. **Derecho penal,** p. 82-83.

Para a Teoria da prevenção especial, a pena dirige-se a um autor individual. Tem a finalidade de prevenir delitos futuros deste autor em especial.[67] O foco é o indivíduo. Para executar o programa de prevenção especial são concebidas duas dimensões: positiva e negativa. A prevenção especial *negativa* produz segurança mediante o encarceramento, na medida em que neutraliza o sujeito que delinquiu. A prevenção especial *positiva* é a expressão da ideologia "*re*", pois pretende *re*educar, *re*ssocializar, *re*inserir o infrator, mediante o trabalho de psicólogos, assistentes sociais e demais funcionários que acompanham a execução da pena de prisão.

Franz Ritter von Liszt (1851-1919) foi expressivo representante da função preventivo-especial da pena, a qual cuidou de aperfeiçoar no século XIX: *intimidar* os que não precisam de reeducação[68]; *reeducar* os reeducáveis; e *inocuizar* os não-reeducáveis.

De acordo com Liszt, a *ciência total do direito penal* seria composta por três partes: *parte dogmática*, que corresponderia a postulados estritamente jurídicos; *parte científico-criminológica* que, recorrendo à antropologia e sociologia criminais, estudaria as causas do crime, bem como os efeitos da pena; e, por fim, uma *parte político-cultural*, que cuidaria da valoração da dita ciência total do direito penal.[69] Enquanto a parte dogmática teria como fundamento as ciências do espírito (sociais), as partes da criminologia e da política-criminal fundamentar-se-iam nas ciências naturais.[70] "As ciências naturais guiariam, portanto, a tarefa de investigação científica e a de sua aplicação em políticas concretas para permitir a 'evolução' e a 'melhoria' social."[71]

No seu *Programa de Marburgo* (1882), Liszt destacou que o direito penal seria o instrumento idôneo de *luta contra o delito*, isto é, a partir da tarefa de investigação científica da criminologia (como parte da ciência total do direito penal), seria possível aplicar tais conclusões científicas na formulação de políticas criminais (como parte da ciência total do direito penal) para combater o

---

67 ROXIN, Claus. **Derecho penal,** p. 85; BACIGALUPO, Enrique. **Derecho penal**, p. 34.

68 Para os que não carecem de reeducação, a pena assume caráter preventivo-geral negativo: **intimidação.**

69 Cf. ANITUA, Gabriel Ignacio. **Histórias dos pensamentos criminológicos**. Tradução: Sérgio Lamarão. Rio de Janeiro: Revan; Instituto Carioca de Criminologia, 2008, p. 367.

70 ANITUA, Gabriel Ignacio. *Op. cit.*, p. 368.

71 *Ibidem.*

crime. Em outras palavras, com as descobertas das causas empíricas do crime, seria possível aplicar tais descobertas em políticas criminais concretas destinadas a resolver o problema da delinquência.[72]

Essa compreensão conduziu o penalista alemão a atribuir à pena criminal uma função preventivo-especial, ou seja, aplicar a pena para neutralizar ou corrigir o criminoso. Nesse sentido, os efeitos da prevenção especial do crime dependeriam da categoria do delinquente: delinquente ocasional, delinquente corrigível ou recuperável; e delinquente incorrigível ou irrecuperável. Para o delinquente ocasional, a pena tem uma função meramente de intimidação, já que ele não necessita de correção/recuperação; para o delinquente corrigível, a pena cumpre o papel de corrigi-lo para ressocializá-lo; e para o delinquente incorrigível, a pena deve apenas neutralizar seu comportamento criminoso, excluindo-o do convívio social, já que não há como recuperá-lo.

Tais ideias influenciaram profundamente o direito penal europeu, sendo certo que os postulados da criminologia positivista foram por ele incorporados. O encantamento do direito penal pelas ideias científicas e, nessa linha, a influência das ciências naturais no domínio das ciências sociais, sob a égide do monopólio do conhecimento científico, contribuiu para a formulação da tese da prevenção especial positiva. O direito penal quer *melhorar as pessoas* segundo critérios morais próprios do Estado, partindo da investigação científica da existência social de delinquentes corrigíveis/incorrigíveis.

Ao contrário da prevenção especial, que tem seu foco no indivíduo, a prevenção geral vai ter seu foco na coletividade, na generalidade das pessoas.[73] A prevenção geral também quer prevenir delitos futuros, mas não atuando **especialmente** sobre o condenando senão **geralmente** sobre a comunidade. Atribui-se a Feuerbach (1775-1833) a forma tradicional da prevenção geral como intimidação penal, a qual atua como verdadeira *coação psicológica*: pune-se para que as pessoas sejam desestimuladas e dissuadidas da ideia da prática de crimes. Essa seria a forma *negativa* de prevenção geral. Encontramos em Jeremy Bentham (1748-1832) um exemplo genuíno de prevenção geral

---

[72] Sobre o "Programa de Marburgo", cf. ANITUA, Gabriel Ignacio. *Op. cit.*, p. 367-369.

[73] ROXIN, Claus, *op. cit.*, p. 89: "Finalmente, la tercera de las teorías penales tradicionales no ve el fin de la pena en la retribución ni en su influencia sobre el autor, sino en la **influencia sobre la comunidad, que mediante las amenazas penales y la ejecución de la pena** debe ser instruida sobre las prohibiciones legales y apartada de su violación." (Grifo nosso)

negativa, "enquanto esta serve para obter a dissuasão de realizar outra vez o ato pelo qual se castiga, tanto por parte do culpado como daqueles que não o fizeram mas que poderiam ser tentado a imitá-lo."[74]

Para Bentham o ser humano é um calculador de prazeres[75]: "A natureza colocou o gênero humano sob o domínio de dois senhores soberanos: a dor e o prazer."[76] Nesse contexto, o crime se apresenta como um ato que se pensa deva ser proibido em razão de algum mal que ele engendra ou tende a engendrar[77], ou seja, um ato que se pensa deva ser proibido em razão da dor que produz ou pode produzir.

O autor reconhece a inevitabilidade da prática de crimes[78], reconhece que há ações prejudiciais por parte dos indivíduos, ações humanas que resultam em dor. Como agir, pois, para preveni-las? A solução é a ideia mesma da punição: pune-se para prevenir; "[...] o fim principal das penas é prevenir delitos semelhantes. A questão passada é apenas um ponto: o futuro é infinito."[79] Dessa forma, a função da punição resume-se à prevenção de futuros delitos, de tal forma que o *castigo* atue sobre as inclinações dos indivíduos a fim de desviá-los do mal e de lhes impor a direção mais útil. O castigo corresponde à noção de "dor vinculada a um ato"[80], noção essa sem a qual não se pode ter a noção de direito e dever.[81]

Nessa linha, a punição no modelo benthaniano parece assumir traços claros de pena como *prevenção geral negativa*, isto é, de pena servindo como *desestímulo* para prática de futuros delitos pela coletividade. *Se* o ser humano é um calculador de prazeres e opta por um crime, que é um mal, *então* ele dever ser submetido a um castigo (dor), para que os demais, operando o cálculo

---

74 ANITUA, Gabriel Ignacio. **Histórias dos pensamentos criminológicos**, p. 196.

75 GARAPON, Antoine; GROS, Frédéric; PECH, Thierry. **Punir em democracia. E a justiça será**. Lisboa: Instituto Piaget, 2001, p. 85.

76 BENTHAM, Jeremy. **Uma introdução aos princípios da moral e da legislação**. *In:* Os Pensadores. 2ª ed. São Paulo: Abril Cultural, 1979, p. 3.

77 GARAPON, Antoine; GROS, Frédéric; PECH, Thierry. *Op. Cit.*, 86.

78 A prova disso é a formulação de princípios no Capítulo XIV, sobre a proporcionalidade entre as punições e os crimes. BENTHAM, Jeremy. *Op. Cit.*, p. 60.

79 GARAPON, Antoine; GROS, Frédéric; PECH, Thierry. *Op. Cit.*, 88.

80 "[...] *dolor vinculado a un acto* [...]". BENTHAM. Jeremy. **Un Fragmento Sobre el Gobierno**. Madrid: Ed. Tecnos, p. 183.

81 *Ibid.*

prazer/dor, conformem suas ações a fim de evitar a dor resultante da pena. Uma formulação teórica que é demonstração idônea dos pressupostos da modernidade: um conhecimento racional por parte de um ser humano puramente consciente (calculador). Esse quadro teórico de Bentham será atualizado na criminologia contemporânea. E como veremos, assumirá a forma da punição dissuasória pretendida pela influente "Teoria da escolha racional" e sua repercussão no campo penal na década de 70 do século XX.

Também no positivista Hans Kelsen vemos um exemplo da forma preventivo-geral *negativa* da pena.[82] O alemão representou a primeira empreitada para transformação do Direito em Ciência. Elaborou sua *Teoria Pura do Direito* no quadro do pressuposto epistemológico da modernidade de separação sujeito/objeto, o que lhe permitiu afirmar a possibilidade do conhecimento sem o comprometimento de quem conhece, o que, como vimos, é absolutamente improvável, se não dizer impossível. É uma teoria eminentemente descritiva, cujo objeto é propriamente a descrição do fenômeno normativo: dizer *o que é* e *como é* o Direito.[83]

Para o autor, crime "[...] é uma ação ou omissão humana determinada pela ordem jurídica [...]".[84] Mais ainda, "o delito é normalmente a conduta daquele indivíduo contra o qual – como consequência dessa conduta – é dirigido o ato coercitivo que funciona de sanção".[85]

A noção de sanção é fundamental no sistema kelseniano na medida em que o "Direito é concebido como uma ordem de coerção [...]".[86] Nesses termos, as sanções seriam atos de coerção que são estabelecidos contra uma ação ou omissão determinada pela ordem jurídica[87], ou seja, as sanções, na sua forma de pena, são *atos de coerção contra delitos*.

É possível situarmos a *função* da sanção/pena em Kelsen no tema da eficácia global da ordem jurídica. Para se aferir a eficácia global de uma ordem jurídica, Kelsen recorre a dois critérios: "[...] 1. a comprovação de que as normas

---

[82] Embora Kelsen não tenha se dedicado ao Direito Penal, cf. ANITUA, Gabriel Ignacio. **Histórias dos pensamentos criminológicos**, p. 371.

[83] KELSEN, Hans. **Teoria Pura do Direito**, p. 1.

[84] *Ibid.*, p. 127.

[85] *Ibid.*, p. 128.

[86] *Ibid.*, p. 121.

[87] *Exempli gratia*, do próprio autor, "[...] *a pena de prisão prevista para o furto* [...]." *Ibid.*

estão servindo de parâmetro de obediência; e 2. no caso de não estarem sendo obedecidas, se é possível se observar que os funcionários as estão aplicando."[88]

Sendo assim, o autor apresenta o que ele entende por *hipótese ideal de vigência da norma jurídica*, ou seja, sempre que a norma jurídica (sanção) não estiver sequer sendo aplicada em razão dos indivíduos deixarem de cometer o crime por conta da *representação da sanção*:

> Na medida em que a estatuição de sanções tem por fim impedir (prevenção) a conduta condicionante da sanção – a prática de delitos –, encontramo-nos perante a hipótese ideal da vigência de uma norma jurídica quando esta nem sequer chega a ser aplicada, pelo fato da representação da sanção a executar em caso de delito se ter tornado, relativamente aos indivíduos submetidos à ordem jurídica, em motivo para deixarem de praticar o delito.[89]

Kelsen parece não deixar dúvidas aqui quanto à função das sanções: impedir a prática de delitos pela coletividade. Ora, *se* é verdade que a finalidade da pena é para ele um impedir a prática de delitos pela comunidade, *então* é também verdade que a pena assume o caráter de *prevenção geral*.

A representação da sanção, a ameaça da imposição da pena, quando se constitui em motivo suficiente para os indivíduos deixarem de praticar o delito, traduz a hipótese ideal da vigência da norma jurídica. Logo, *a contrario sensu*, se a mera representação da sanção, a mera ameaça da imposição da pena, não for suficiente para motivar o indivíduo a agir conforme o direito, então a pena deve se efetivamente imposta para que, dessa forma, os demais indivíduos submetidos à ordem jurídica tenham motivo para deixar de praticar o delito.

Nessa ordem de ideias, é de se identificar a função da pena em Kelsen com a *prevenção geral negativa*, nos moldes do desestímulo da prática de crimes pela ameaça da pena ou sua concreta aplicação. De todo modo, não seria demais afirmar, que a prevenção geral *positiva*, como afirmação da ordem jurídica, poderia vincular-se ao ideal kelseniano de afirmação da vigência da norma jurídica – verdadeira antecipação da ideia de proteção da norma de Jakobs.

---

[88] SGARBI, Adrian. **Clássicos de Teoria do Direito**. Rio de Janeiro: Lumen Juris, 2006, p. 53.

[89] KELSEN, Hans. *Op. Cit.*, p. 12.

Atualmente, a forma *positiva* da prevenção geral vem exercendo grande influência como Teoria da pena, havendo quem a considere como quase dominante na doutrina.[90] Segundo Roxin:

> [...] na prevenção geral positiva se podem distinguir três fins e efeitos distintos, embora imbricados entre si: o efeito de aprendizagem, motivado sócio-pedagogicamente; o 'exercício na confiança do direito' que se origina na população pela atividade da justiça penal; o efeito de confiança que surge quando o cidadão vê que o Direito se aplica; e, finalmente, o efeito de pacificação, que se produz quando a consciência jurídica geral se tranquiliza, em virtude da sanção, sobre a violação da lei e considera solucionado o conflito com o autor.[91]

Jakobs é defensor por excelência da prevenção geral positiva para o direito penal do cidadão, uma vez que a função da pena é proteger a vigência da norma[92].

De todo modo, uma solução conciliatória pretende a união das teorias da pena, conduzindo à chamada *Teoria unificada da pena*,[93] a qual pretende concentrar as funções atribuídas à sanção criminal. A pena cumpriria papel diferenciado em cada etapa de aplicação/realização do direito penal[94]: **prevenção geral negativa** no momento da **cominação da pena** (previsão legal da pena em abstrato; exemplo, homicídio: pena de reclusão de 6 a 20 anos); **prevenção geral positiva** e **retribuição** no momento da **aplicação da pena** (sentença); e,

---

90 ROXIN, Claus. **Derecho penal,** p. 90.

91 (Tradução nossa) ROXIN, Claus. **Derecho penal**, p. 91-92: "[...] en la prevención general positiva se pueden distinguir a su vez tres fines y efectos distintos, si bien imbricados entre sí: el efecto de aprendizaje, motivado socialpedagógicamente; el "ejercicio en la confianza del derecho que se origina en la población por la actividad de la justicia penal; el efecto de confianza que surge cuando el ciudadano ve que el Derecho se aplica; y, finalmente, el efecto de pacificación, que se produce cuando la conciencia jurídica general se tranquiliza, en virtud de la sanción, sobre el quebrantamiento de la ley y considera solucionado el conflicto con el autor."

92 JAKOBS, Gunther. **¿Qué protege el Derecho Penal: bienes jurídicos o la vigência de la norma?**, p. 19; **Direito Penal do Inimigo,** p. 22; **Sociedad, norma y persona en una teoría de un Derecho penal funcional**, p. 28; **Sobre la teoria de la pena**, p. 15-16; **Sobre la normativización de la dogmática jurídico-penal,** p. 59.

93 BACIGALUPO, Enrique. **Derecho penal**, p. 37-38; ROXIN, Claus. **Derecho penal,** p. 95-103, excluindo a teoria da retribuição; CIRINO DOS SANTOS, Juarez. **Direito Penal**, p. 462-464.

94 Cf. ROXIN, Claus. *Op. cit*. p. 97; também, cf. CIRINO DOS SANTOS, *op. cit*., p. 463-464.

por fim, **prevenção especial positiva** e **negativa** no momento da **execução da pena** (cumprimento da pena, encarceramento).

Dessa forma, na etapa de previsão da pena no tipo penal há *intimidação* e *dissuasão* da coletividade, na etapa da sentença condenatória há *afirmação da ordem jurídica* e *retribuição proporcional* do mal do crime com o mal da pena, e, por fim, na etapa da prisão, há a *neutralização* do condenado, impedindo a prática de crimes extramuros, e o início do programa de *ressocialização* do preso.

Contudo, embora as teorias unificadoras predominem hoje na legislação, jurisprudência e literatura penal ocidental[95], certo é que a mera união das teorias em uma só não tem o condão de suprir as deficiências e déficits de legitimidade de cada uma delas considerada individualmente.[96]

Diversas são as críticas dirigidas a essas teorias. A pena não pode ser mera *retribuição*, pois equivale a querer legitimar a vingança, além de não estabelecer critérios de proporcionalidade, o que não é compatível com o Estado Democrático de Direito. A pena também não pode ser mera *intimidação/dissuasão*, pois esse efeito dissuasório não encontra respaldo empírico, e punir alguém para dar exemplo aos demais membros da comunidade equivale a usar um ser humano como meio/instrumento, o que viola a dignidade da pessoa humana (o ser humano é um fim em si mesmo)[97]. A pena não pode ser mera *proteção da norma* (como quer Jakobs com o direito penal do cidadão), pois não há limite claro para manifestação do poder punitivo estatal. A pena não pode ser *ressocialização*, pois não há possibilidade de ressocializar mediante desintegração social. A pena não pode ser *neutralização*, pois também não estabelece um critério limitativo quanto à manifestação do poder punitivo (quem são os indivíduos neutralizáveis?).

---

95 CIRINO DOS SANTOS, Juarez. **Direito Penal**, p. 462.

96 Sobre o tema, de forma sistematizada, cf. *ibid.*, p. 462-488, com referência, inclusive, à crítica *materialista/dialética da pena criminal* (Pasukanis, Rusche/Kirchheimer, Melossi/Pavarini, Baratta e Foucault) e à crítica *negativa/agnóstica da pena criminal* (Zaffaroni, Batista, Alagia e Slokar).

97 De acordo com uma perspectiva Kantiana.

3

O LEGISLADOR QUER REDUZIR O CRIME OU OBTER VOTOS? POPULISMO PENAL: UM FENÔMENO COMUM ÀS DEMOCRACIAS CONTEMPORÂNEAS

3.1. Contextualizando o populismo penal: a cultura do controle do crime dos fins do século XX ao início do XXI (David Garland)

quem é vivo
aparece sempre
no momento errado
para dizer presente
onde não foi chamado[98]

O populismo penal é um fenômeno mundial. Está presente nas democracias contemporâneas ao redor do mundo. É uma característica que vem sendo identificada no sistema penal como uma variante da expressão "punitivismo populista" (*populist punitiveness*), cunhada em 1995 por Anthony Bottoms.[99-100]

---

98 LEMINSKI, Paulo. **Toda poesia**. 1ª edição. São Paulo: Companhia das Letras, 2013, p. 22.

99 Professor de Criminologia na Universidade de Cambridge, Inglaterra. Cf. <http://www.crim.cam.ac.uk/people/emeritus/anthony_bottoms/>. Acesso em 8 de julho de 2015.

100 ROBERTS, Julian V. *et. al.* **Penal Populism and Public Opinion**: Lessons Form Five Countries. New York: Oxford University Press, 2003, p. 4. PRATT, John. **Penal Populism**. Routledge: London and New York, 2007, p. 2.

Para tratarmos especificamente do populismo penal, precisamos entender que ele está inscrito em uma cultura punitiva que vem moldando as democracias ocidentais a partir da década de 70 do século XX, estendendo-se até os dias atuais. Essa reconfiguração na cultura do controle do crime ocorre em função de uma série de transformações sociais, políticas e históricas dos fins do século XX ao início do XXI. A nosso sentir, o autor que melhor explica, de forma sistematizada, essas mudanças na cultura do controle do delito a partir de 1970 é o sociólogo e criminologista britânico David Garland[101], em sua obra *The Culture of Control*[102], publicada em 2001. Embora o autor tenha como referência dessas transformações os EUA e o Reino Unido, certo é que os EUA têm influenciado profundamente a modelagem penal (*penal modeling*) de diversos países. Nesse contexto, o autor aponta 12 (doze) indicadores dessa mudança na cultura de controle do delito, conforme sistematizado no quadro abaixo:

1	O declive do ideal da reabilitação
2	O ressurgimento das sanções punitivas (vingativas) e a "justiça expressiva"
3	Mudanças no tom emocional da política criminal
4	O retorno da vítima
5	Acima de tudo, a sociedade deve ser protegida
6	A politização e o novo populismo
7	A reinvenção da prisão
8	As transformações no pensamento criminológico
9	A infraestrutura da prevenção do delito e a segurança comunitária em expansão
10	A sociedade civil e a comercialização do controle do delito
11	Novos estilos de gestão e práticas de trabalho dos principais atores do sistema penal
12	Uma sensação permanente de crise

101 Atuante nos EUA, Professor do Departamento de Sociologia da *New York University*. Cf. <http://sociology.fas.nyu.edu/object/davidgarland>. Acesso em 8 de julho de 2015.

102 GARLAND, David. **La cultura del control**: crimen y orden social en la sociedad contemporánea. Traducción de Máximo Sozzo. Gedisa Editorial: Barcelona, 2005.

Desde então, diversos autores têm repercutido esse diagnóstico[103]. Como se pode notar, o populismo penal é um dos indicadores dessa profunda reconfiguração política da cultura do controle do crime vigente em nosso tempo. Nas linhas que se seguem, trataremos brevemente de cada um. Não é objeto deste trabalho explorar a multiplicidade de aspectos envolvidos em cada um desses indicadores vislumbrados por Garland. Eles se revelam como verdadeiras condições de emergência do populismo penal. Cuidaremos de aprofundar apenas esse tema, pois é objeto desta pesquisa buscar evidências do fenômeno do populismo penal no Poder Legislativo brasileiro, especificamente na Câmara dos Deputados no período de 2006 a 2014.

3.1.1. O declive do ideal da reabilitação (prevenção especial positiva)

Em 1974, o sociólogo americano Robert Martinson publicava a obra *What Works? - Questions and Answers About Prison Reform.*[104] Baseado em uma pesquisa empírica, o autor questionava a efetividade do tratamento como política

---

[103] Cf. DÍEZ-RIPOLLÉS, José Luis. **El nuevo modelo penal de la seguridad ciudadana**. Revista Electrónica de Ciencia Penal y Criminología (en línea). 2004, núm. 06-03, p. 6-21. Disponível em: <http://criminet.ugr.es/recpc/06/recpc06-03.pdf>. Acesso em 14 de julho de 2015; TONRY, Michael H. **Thinking About Crime**: Sense and Sensibility in American Penal Culture. Oxford University Press: New York, 2004, p. 51-61; ZAFFARONI, Eugenio Raúl. **La cuestión criminal**. *In*: Suplemento especial de Página 12. Vol. 14. 25 de agosto de 2011, p. III. Disponível em <http://www.pagina12.com.ar/especiales/archivo/zaffaroni_cuestion_criminal/9-16.la_cuestion_criminal.pdf>. Acesso em 8 de julho de 2015. PRATT, John. **Penal Populism**, *op. cit.*, p. 18, 53, 63, 94 e 135. SOZZO, Máximo. **¿Metamorfosis de la prisión? Proyecto normalizador, populismo punitivo y "prisión-depósito" en Argentina**. *In*: URVIO: Revista Latinoamericana de Seguridad Ciudadana.- Quito: FLACSO- Ecuador, 2007, p. 93, 96, 97 e 111. LARRAURI, Elena. **Populismo punitivo... y cómo resistirlo**. *In*: Jueces para la democracia, Nº 55, mar/2006, p. 15 a 22. Disponível em <http://www.juecesdemocracia.es/revista/revista%2055%20marzo%202006.pdf>. Acesso em 8 de julho de 2015. LOADER, Ian & SPARKS, Richard. **Situating criminology:** on the production and consumption of knowledge about crime and justice. *In*: MAGUIRE, Mike, MORGAN, Rod & REINER, Robert. The Oxford Handbook of Criminology. Fifth Edition. Oxford University Press: United Kingdom, 2012, p. 4. LACEY, Nicola & ZEDNER, Lucia. **Legal constructions of crime**. *In*: MAGUIRE, Mike, MORGAN, Rod & REINER, Robert. The Oxford Handbook of Criminology. Fifth Edition. Oxford University Press: United Kingdom, 2012, p. 178.

[104] MARTINSON, Robert. **What Works? - Questions and Answers About Prison Reform**. *In*: The Public Interest. NUMBER 35. New York: National Affairs, 1974. Disponível em <http://www.nationalaffairs.com/doclib/20080527_197403502whatworksquestionsandanswersaboutprisonreformrobertmartinson.pdf>. Acesso em 8 de julho de 2015.

penal punitiva (prevenção especial positiva). Os programas de reabilitação não se mostrariam eficazes para o propósito de impedir a reincidência. Afirma Martinson:

> Eu sou obrigado a dizer que estes dados, que envolvem mais de duzentos estudos e centenas de milhares de pessoas, são os melhores disponíveis e nos dão muito pouca razão para esperar que nós temos, de fato, encontrado uma maneira de reduzir a reincidência por meio da reabilitação.[105]

Nesse contexto, o autor sugere que os programas de ressocialização desenvolvidos nas prisões não estariam funcionando, ou seu sucesso seria pouco expressivo. Esse quadro rapidamente propiciou a emergência de uma doutrina segundo a qual "nada funciona" em termos de políticas de recuperação do preso (*nothing works doctrine*). Assim, "em pouco tempo as conclusões de Martinson foram vistas como a evidência empírica conclusiva do fracasso do sistema e se converteram na base para a afirmação de que 'nada funciona'".[106] Segundo Anitua, Martinson morreria em 1980, após ter se atirado da janela de seu apartamento em Nova York, envergonhado com o fato de ter ficado famoso por essa ideia de que "nada funciona".[107]

Conforme avalia Garland, os programas de reabilitação continuariam a existir. Mas hoje, já não expressariam a ideologia dominante do sistema, e sequer estariam no centro das medidas penais.[108] No Brasil, a lei de execução penal prevê expressamente o objetivo de reinserção do condenado: "A execução penal tem por objetivo efetivar as disposições de sentença ou decisão criminal e **proporcionar condições para a harmônica integração social do condenado** e do internado".[109] Contudo, como veremos na análise quantitativa

---

105 (Tradução nossa) "I am bound to say that these data, involving over two hundred studies and hundreds of thousands of individuals as they do, are the best available and give us very little reason to hope that we have in fact found a sure way of reducing recidivism through rehabilitation". *Ibidem*, p. 49.

106 (Tradução nossa) "En poco tiempo las conclusiones de Martinson fueron vistas como la evidencia empírica concluyente del fracaso del sistema y se convirtieron en la base para la afirmación de que «nada funciona»." GARLAND, David. *op. cit.*, p. 114.

107 ANITUA, Gabriel Ignacio. **Histórias dos pensamentos criminológicos**. Trad.: Sérgio Lamarão. Rio de Janeiro: Revan; Instituto Carioca de Criminologia, 2008, p. 762.

108 GARLAND, David, *op. cit.*, p. 41.

109 (Grifo nosso) Cf. art. 1º da Lei de Execução Penal, Lei nº 7.210, de 11 de julho de 1984. Disponível em <http://www.planalto.gov.br/ccivil_03/LEIS/L7210.htm>. Acesso em 8 de julho de 2015.

dos projetos de lei investigados no presente trabalho, o legislador brasileiro não tem revelado nenhuma preocupação com a prevenção especial positiva quando propõe aumentos de pena.

De todo modo, como observa Garland, a comprovação da limitação da função ressocializadora da pena também conduziu à sua subordinação a outros objetivos penais, particularmente a retribuição, a incapacitação (prevenção especial negativa)[110] e a gestão do risco (manter presos indivíduos perigosos por longo tempo).[111-112] No cenário do *nothing works*, se nada funciona para erradicar o delito da sociedade em termos de reabilitação, estava aberto o caminho para retomada dessas finalidades da pena. A sensação de desencanto com a prevenção especial positiva, com a falência de políticas de tratamento, o "ocaso do ideal ressocializador"[113], vão reconduzir o retribucionismo novamente ao centro do sistema penal.

3.1.2. O ressurgimento das sanções retributivas (just deserts)

A função retributiva da pena é expressão da vingança no sistema de justiça criminal. Com a desesperança em torno da reabilitação, a punição retributiva volta à cena. Ao longo do século XX, a expressão abertamente assumida de sentimentos vingativos como forma punitiva havia se convertido virtualmente em um tabu, do ponto de vista do discurso legitimador do poder punitivo do Estado.[114]

---

[110] A incapacitação como finalidade da punição no trabalho de Martinson pode ser evidenciada pela própria conclusão do autor. Se o tratamento não impede a reincidência, seria então o caso de apostar na incapacitação para criminosos de alto risco, e também na dissuasão para outros potenciais criminosos. Se a prisão não recupera, que funcione apenas como instituição de custódia, e nada mais. MARTINSON, Robert, *op. cit.*, p. 50. Sobre esse destaque para a efetividade da prisão como meio para incapacitação na obra de Martinson, cf. TREADWELL, James. **Criminology**. Sage Publications: London, Thousand Oaks and New Delhi, 2006, p. 102.

[111] GARLAND, David, *op. cit.*, p. 42.

[112] Baratta também observa esse fenómeno nos EUA: a fragilização da função reabilitadora, com a consequente retomada dos sentidos retributivo, incapacitante e dissuasivo do castigo penal. Cf. **BARATTA, Alessandro. Funciones instrumentales y simbólicas del derecho penal:** una discusión en la perspectiva de la criminología critica. *In:* RAMÍREZ, Juan Bustos (Dir.) *et. al.* **Pena y Estado**: Función simbólica de la pena. Santiago de Chile: Editorial Jurídica ConoSur, 1995, p. 49.

[113] ANITUA, Gabriel Ignacio, *op. cit.*, p. 761.

[114] GARLAND, David, *op. cit.*, p. 43.

Esse cenário começava a mudar no final do século XX. "Nos últimos anos, as tentativas explícitas de expressar a ira e o ressentimento públicos tem se convertido em um tema recorrente da retórica que acompanha a legislação e a tomada de decisões em matéria penal".[115] As agências penais passam a invocar o sentimento das vítimas, das famílias das vítimas e do público indignado para obter apoio para o endurecimento de leis e políticas penais. A emergência da figura da vítima no discurso penal é, por si só, um indicador de mudança na cultura do controle do crime, como veremos.

Nesse momento, convém destacar que essa retórica raivosa que passa a acompanhar os discursos penais e fortalece o resgate ao retribucionismo, encontra na obra *Doing Justice*,[116] de Andrew von Hirsch, um expressivo representante. Professor emérito do Instituto de Criminologia da Universidade de Cambridge, von Hirsch abraçou explicitamente uma filosofia retribucionista do castigo nesse texto de 1976, na esteira da repercussão do trabalho de Martinson, que cavara a cova do ideal reabilitador da pena.[117] O autor cunhou a expressão *just deserts* para referir-se à punição penal retributiva, pela qual o criminoso receberia a "pena justamente merecida". Esse tipo de fundamento da pena permitiria resgatar o ideal segundo o qual o castigo retributivo é um fim em sim mesmo. Assim, "pela primeira vez em décadas, e em direto contraste com a ortodoxia prevalecente, um trabalho de penologia proeminente defendia, em geral, o castigo retributivo como fim em si mesmo"[118], uma noção que desarticula a finalidade da pena de ideais utilitaristas.[119] Se a pena deve ser aplicada porque o criminoso merece, forjando um modelo de justiça segundo o qual a pena é "justo merecimento", então os sentimentos de ira e vingança encontram campo para frutificar.

Se, por um lado, a debilidade da função de ressocialização da pena permitia a ascensão do retribucionismo, por outro lado, viabilizava também a

---

[115] (Tradução nossa) "En los últimos años los intentos explícitos de expresar la ira y el resentimiento públicos se han convertido en un tema recurrente de la retórica que acompaña la legislación y la toma de decisiones en materia penal". *Ibidem*.

[116] "Doing Justice: The Choice of Punishments-The Report of the Committee for the Study of Incarceration", 1976. < http://www.crim.cam.ac.uk/people/emeritus/andreas_von_hirsch/>. Acesso em 8 de julho de 2015.

[117] GARLAND, David, *op. cit.*, p. 116.

[118] *Ibidem*.

[119] ANITUA, Gabriel Ignacio, *op. cit.*, p. 807.

emergência do discurso da função dissuasória da punição (*deterrence effect*). No fim de seu trabalho, Martinson já apontava que muito se descobria sobre as limitações das políticas de reabilitação, mas nada ou quase nada se sabia a respeito dos efeitos dissuasivos do castigo.[120] Essa é a oportunidade para James Quinn Wilson[121] (1931-2012), em 1975, no livro *Thinking About Crime*, lançar luz sobre a finalidade dissuasória da pena (prevenção geral negativa). De acordo com Garland, Wilson "queria impor castigos dissuasivos que se transmitissem rigorosamente e fossem suficientemente duros para atuar como desincentivos reais com respeito aos potenciais delinquentes".[122] Para efetivar a dissuasão, Wilson apostava em condenações extraordinariamente largas, que produzissem longa incapacitação e, em alguns casos, considerava a pena de morte.[123] O pensamento do autor era conveniente para arquitetura neoliberal de menos presença do *Estado do bem-estar social* e mais presença de um *Estado penal*. Isso porque era pouco favorável a programas sociais e políticas de redistribuição econômica como políticas de redução do crime.[124] Wilson é reconhecido na literatura criminológica como um expoente da corrente denominada "realismo de direita" (*right realism*).[125] Defendia que o crime obedece a

---

[120] MARTINSON, Robert, *op. cit.*, 50. "We know almost nothing about the "deterrent effect," largely because "'treatment" theories have so dominated our research, and "deterrence" theories have been relegated to the status of a historical curiosity. Since we have almost no idea of the deterrent functions that our present system performs or that future strategies might be made to perform, it is possible that there is indeed something that works--that to some extent is working right now in front of our noses, and that might be made to work better--something that deters rather than cures, something that does not so much reform convicted offenders as prevent criminal behavior in the first place."

[121] Foi professor em Harvard e na Universidade da California, Los Angeles (UCLA).

[122] (Tradução nossa) "[...] quería imponer castigos disuasivos que se impartieran rigurosamente y fueran lo suficientemente duros como para actuar como desincentivos reales con respecto a los potenciales delincuentes". GARLAND, David, *op. cit.*, p. 117.

[123] *Ibidem.*

[124] *Ibidem*, p. 116.

[125] TREADWELL, James, **Criminology**, p. 57. Sobre os pontos centrais que caracterizam o realismo de direita, de forma resumida, cf. *ibidem*, p. 58. Alguns pontos chave do realismo de direita seriam: a prática do crime é fruto de uma escolha livre; crimes de "rua" preocupam mais as pessoas, logo devem ser mais combatidos; indivíduos pertencentes às classes desfavorecidas (*underclass*) são os maiores responsáveis pelo aumento das taxas criminais; prisão e estratégias de tolerância zero são medidas efetivas para reduzir taxas criminais.

lógica de uma escolha racional[126], seguindo os princípios básicos da economia. O crime deveria "pagar" menos do que a pena, na esteira da consagrada percepção segundo a qual o crime não deve compensar.[127] Não é à toa que James Wilson iria, em 1982, desenvolver a controvertida teoria das "janelas quebradas" (*broken windows theory*)[128], partindo do pressuposto segundo o qual pequenos delitos levariam a crimes mais substanciais, com o que abordagens estatais duras preveniriam e dissuadiriam as pessoas, evitando a deterioração social. Nesse contexto, comunidades com lotes vazios, ruas sujas, casas deterioradas (janelas quebradas) seriam um imã para crimes. De forma que a preservação da comunidade (espaço público), segurança pública e manutenção da ordem é que deveriam ser o foco de atuação da polícia, e não propriamente a luta contra o crime. Assim, a polícia atuaria de forma preventiva e não reativa (*reactive policing*)[129].

Portanto, o ressurgimento do caráter retributivo da pena dará guarida a uma nova forma de se lidar com as emoções (vítimas) nos discursos e práticas penais. E, de outra parte, o efeito dissuasório da pena vai ganhando terreno para se generalizar nos dias de hoje, como demonstraremos em nossa análise empírica.

3.1.3. A mudança no tom emocional da política criminal

Até os anos 70, "o sentimento invocado para justificar as reformas penais era na maioria dos casos um sentido progressista de justiça, uma evocação da 'dignidade' e da 'humanidade', e uma compaixão pelas necessidades e os direitos dos menos favorecidos".[130] Mas a partir de então, o medo em torno do

---

[126] Do ponto de vista penal, a teoria da escolha racional remonta a Cesare Beccaria (1738-1794) e a Jeremy Bentham (1748-1833), e a partir dos anos 1970 ela ganha sua forma contemporânea no pensamento norteamericano. Desempenha um papel chave no gênero *Law and Economics* e tem sido influente em formulações criminológicas, como mostram as escolhas teóricas de James Wilson.

[127] TREADWELL, James, **Criminology**, p. 57.

[128] WILSON, James Q. & KELLING, George L. **Broken Windows**: The police and neighborhood safety. *In*: The Atlantic. March, 1982. Disponível em <http://www.theatlantic.com/magazine/archive/1982/03/broken-windows/304465/>. Acesso em 8 de julho de 2015.

[129] SIEGEL, Larry J. **Criminology**. 11th Edition. California: Wadsworth, Cengage Learning, 2012, p. 592.

[130] GARLAND, David, *op. cit.*, p. 44.

delito foi se tornando mais crescente e perceptível. O temor em relação a ele passa a ser uma figura distinta do próprio crime e de suas vitimizações reais. Políticas são desenvolvidas para enfrentar os "níveis" de medo do crime, para regular a "sensação de segurança", e não mais reduzir propriamente o delito. Esse tom emocional é congruente com a retomada do sentido retributivo da pena, que possibilita um misto de vingança (sentimento vingativo) e justiça (na concepção do "justo merecimento da pena" de von Hirsch).

Garland afirma que o surgimento do temor ao delito é confirmado por pesquisas de opinião pública realizadas nos EUA e na Grã-Bretanha, as quais demonstrariam dois elementos: (i) a maioria das pessoas presume que as taxas de criminalidade estão aumentando (mais do que de fato estão); (ii) e baixa confiança das pessoas na capacidade da justiça penal fazer algo a respeito.[131] Esses dois elementos combinados com o enfraquecimento da imagem do delinquente desfavorecido vão conduzir a uma redramatização do delito. A propalada falência do modelo reabilitador vai reconfigurar a imagem do delinquente desfavorecido. Se, por meio de programas de reabilitação, o indivíduo ainda assim reincidiria, então seria o caso de tratar o desviante como perigoso, incorrigível, ingovernável. Nesse sentido, analisa Garland:

> Acompanhando estas imagens projetadas e como uma resposta retórica a elas, o novo discurso da política criminal invoca sistematicamente um público cheio de ira, cansado de viver com temor, que exige medidas fortes de castigo e proteção. O sentimento que atravessa a política criminal é agora com mais frequência um nojo coletivo e uma exigência moral de retribuição no lugar do compromisso por buscar uma solução justa, de caráter social.[132]

A resposta ao criminoso perigoso que escolhe praticar o crime (*rational choice theory*) deve ser dura (*right realism*), para que o público em geral sinta-se mais seguro e protegido (acalenta-se sua ira).

---

[131] GARLAND, David, *op. cit.*, p. 45.

[132] (Tradução nossa) "Acompañando estas imágenes proyectadas y como una respuesta retórica a ellas, el nuevo discurso de la política criminal invoca sistemáticamente un público lleno de ira, cansado de vivir con temor, que exige medidas fuertes de castigo y protección. El sentimiento que atraviesa la política criminal es ahora con más frecuencia un enojo colectivo y una exigencia moral de retribución en lugar del compromiso por buscar una solución justa, de carácter social". *Ibidem*.

3.1.4. A vítima no centro do discurso penal

A redramatização do crime recoloca a vítima no palco central da cena delitiva. Até antes da nova moldura cultural de controle do crime "as vítimas individuais apenas apareciam como membros do público cujas demandas provocavam a ação do Estado. Seus interesses estavam subsumidos no interesse geral do público e, por certo, não se contrapunham aos interesses do delinquente.[133]

O cenário agora apresenta a vítima como um personagem muito mais representativo[134]. A experiência da dor sofrida pela vítima não é mais individual, atípica e isolada. É coletiva, frequente e comum. Salienta Garland: "quem fale em nome das vítimas fala em nome de todos nós, ou pelo menos assim sustenta o novo decálogo político das sociedades com altas taxas de delito".[135] É nesse enredo que vai se desenhar uma das características do populismo penal: o discurso punitivo que fala em nome das vítimas. E brada: "poderia ser você". As leis penais agora levam o nome das vítimas. E essa resposta legislativa transmite a mensagem de proteção a elas, de que as escuta, honra-lhes a memória, expressam sua ira. Atendem a seus temores.

3.1.5. Prevalência da "proteção da sociedade"

A preocupação com a proteção da sociedade sempre acompanhou a formulação de política criminal. Existia como recurso na cultura do controle do crime no pós-guerra. Convivia com a função reabilitadora da pena. Mas raramente a proteção do público era invocada como motivo para guiar a tomada de decisão.[136]

---

[133] (Tradução nossa) "[...] las víctimas individuales apenas aparecían como miembros del público cuyos reclamos provocaban la acción del Estado. Sus intereses estaban subsumidos en el interés general del público y, por cierto, no se contraponían a los intereses del delincuente." *Ibidem*, p. 46.

[134] Que não está associado às origens da chamada "justiça restaurativa", cuja origem é atribuída a John Braithwaite (*Crime, Shame and Reintegration* – 1989). O campo da vitimologia é vasto. Para um panorama, cf. TREADWELL, James, **Criminology**, p. 117-125.

[135] GARLAND, David, *op. cit*, p. 47.

[136] GARLAND, David, *op. cit.*, p. 47.

Com a desestabilização da diretriz ressocializadora, somada à ascensão do temor ao delito, em um contexto de aumento nas taxas criminais[137], Garland observa que há uma mudança em torno da ideia segundo a qual o público deve ser protegido. Haveria hoje "uma nova e crescente ênfase na necessidade de segurança, na contenção do perigo, na identificação e manejo de qualquer tipo de risco".[138]

Se antes o foco era o indivíduo, em termos de prevenção especial positiva, com esforços dirigidos à recuperação do condenado, agora o foco passa a ser a sociedade, (i) em termos de prevenção geral negativa, que pretende a dissuasão de potenciais delinquentes, e (ii) em termos de prevenção especial negativa, com a incapacitação de indivíduos etiquetados de perigosos. Esse quadro teria reinventado a prisão como meio de contenção neutralizadora de pessoas violentas e reincidentes perigosos. Mas esse recurso à prisão também afetaria delitos pequenos, como legitimaria a já referida teoria das "janelas quebradas", que viria a servir de substrato teórico para legitimar a política de "tolerância zero".[139]

3.1.6. A politização e o novo populismo

A mais importante alteração na cultura do controle do crime, do ponto de vista do nosso trabalho, é que a política criminal deixaria de ser um tema delegável pelos políticos aos *experts* das instituições penais, para assumir a condição de assunto central nas disputas eleitorais.[140]

As questões atinentes ao controle da criminalidade passam a tomar uma nova forma de politização do discurso penal nunca antes registrado nas práticas

---

[137] Sobre o aumento das taxas criminais diverge de Garland o norueguês Nils Christie, que em sua obra *A Suitable Amount of Crime* (2004), adverte não ser possível afirmar que o delito é uma entidade que varia através do tempo, de forma que possamos dizer se está aumentando ou diminuindo. Só poderíamos afirmar a situação social a partir da qual se cria uma sensação de que o crime está aumentado, o que leva a diversas consequências sociais. CHRISTIE, Nils. **Una sensata cantidad de delito**. 1' ed. Buenos Aires: Editores del Puerto, 2004, p. 20.

[138] GARLAND, David, *op. cit.*, p. 48.

[139] TONRY, Michael H. **Thinking About Crime**, p. 120.

[140] GARLAND, David, *op. cit.*, p. 48-49.

penais do passado.[141] Os processos que conduzem à decisão político-criminal tornam-se profundamente populistas. As decisões colocam o benefício político e a reação à opinião pública acima da posição dos especialistas penais e de dados estatísticos.[142] Assim, os profissionais da área penal são deslocados do debate, bem como as investigações científicas da área penal são ignoradas. Ganham espaço as frases de efeito, as expressões de fácil compreensão junto ao público em geral, as mensagens de salvação: "a prisão funciona!", "prisão sem regalias!", "tolerância zero", "duro com o crime! (*tough on crime*)".[143] É esse clima que vai permitir a edição de leis severíssimas como a famosa *three strikes law* nos EUA, que viria a se difundir pelo mundo. Mas sobre essa lei trataremos mais a frente, no item específico em que desenvolveremos o populismo penal.

A politização do discurso penal leva o senso comum a dirigir o debate. O político fala em nome do público temeroso ao crime. Garland expõe que:

> Existe atualmente uma corrente claramente populista na política penal que denigre as elites de *experts* e profissionais e defende a autoridade "da gente", do sentido comum, de "voltar ao básico". A voz dominante da política criminal [...] é a da gente sofrida e mal atendida, especialmente, a voz da "vítima" e dos temerosos e ansiosos membros do público.[144]

E os personagens dessa corrente populista buscam apoio na opinião pública, que dá voz a experiência da dor da "gente sofrida", das vítimas, da sociedade amedrontada. Nesse contexto, os legisladores devem agora estar atentos à reverberação dessa dor na opinião pública, na mídia, e considerá-la no processo de tomada de decisão em matéria penal, preocupados com o cálculo de benefícios políticos a curto prazo.[145]

---

[141] Não falamos aqui de "politização" do sistema penal e sim de "nova forma de politização" do discurso penal, na medida em que o sistema penal sempre foi "politizado" de alguma forma.

[142] GARLAND, David, *op. cit.*, p. 49.

[143] *Ibidem.*

[144] (Tradução nossa) "Existe actualmente una corriente claramente populista en la política penal que denigra a las élites de expertos y profesionales y defiende la autoridad «de la gente», del sentido común, de «volvera lo básico». La voz dominante de la política criminal ya no es la del experto, o siquiera la del operador, sino la de la gente sufrida y mal atendida, especialmente la voz de «la víctima» y de los temerosos y ansiosos miembros del público". *Ibidem.*

[145] *Ibidem.*

Toda essa politização poderia indicar cisões partidárias. Mas não é o que se constata no fluxo político das democracias contemporâneas em relação ao fenômeno do populismo penal. Nos EUA, Tonry[146] observa que nos anos 90 (séc. XX) todos poderiam notar que ambos os grandes partidos da democracia americana (Partido Democrata e Partido Republicano) eram consistentemente duros nos seus discursos penais.[147] Nesse particular, Garland destaca que, longe de haver uma diferenciação de posturas partidárias acerca da política criminal, nas décadas de 1980 e 1990, teria havido "o empobrecimento do debate e uma chamativa convergência de propostas políticas entre os principais partidos políticos".[148]

Zaffaroni também identifica, na mesma linha que Garland, a partir da década de 1960, esse fenômeno do uso político da lei penal como forma de obtenção de vantagem eleitoral pelos agentes políticos[149]:

> [...] **a partir dos anos sessenta, a política criminal se joga como oportunismo partidário**, o que se agravou com a crise do estado do bem-estar social e os efeitos [...] do fenômeno denominado globalização, em que o capital circula até encontrar rendas mais favoráveis, inclusive com mão de obra escrava, [...] o que gera polarização de riqueza, desemprego e, também, uma forte perda de poder dos estados nacionais e de seus **operadores políticos que, impotentes ante os conflitos, usam leis penais como propaganda eleitoral.**[150]

146 Professor de Direito e Política Criminal na *University of Minnesota Law School*, EUA. Disponível em <https://www.law.umn.edu/facultyprofiles/tonrym.html>. Acesso em 19 de junho de 2015.

147 TONRY, Michael H. **Thinking About Crime**, p. 8.

148 GARLAND, David. **La cultura del control**, p. 50.

149 O autor argentino também destaca, em consonância com Garland, o processo que conduz à descredibilidade da opinião técnica jurídica e criminológica nos debates político criminais no contexto do autoritarismo *cool* latino-americano, que faz coro com o estadunidense: "[...] o discurso autoritário cool latino americano participa do simplismo de sua matriz norte-americana, carecendo igualmente de qualquer respaldo acadêmico, e se orgulha disso, pois esta publicidade popularesca denigre constantemente a opinião técnica jurídica e criminológica, obrigando os operadores políticos a assumir idêntica postura de desprezo". **O inimigo no direito penal**. 2ª Ed. Tradução: Sérgio Lamarão. Rio de Janeiro: Revan, 2007, p. 74.

150 (Tradução e grifo nosso) "[...] a partir de los años sesenta la política criminal se juega como oportunismo partidista, lo que se agravó con la crisis del estado de bienestar y los efectos poco acotables del fenómeno denominado globalización en que el capital circula hasta hallar rentas más favorables, incluso con mano de obra esclava, en tanto que los ofertantes no pueden circular, lo que genera polarización de riqueza, desempleo y, también, una fuerte

O suprapartidarismo vai ser uma das características do populismo penal. E estará presente em diversos países. Forma-se um "novo consenso rígido em torno das medidas penais": elas devem ser duras e agradar a sociedade.[151] A lei penal se converte em uma mercadoria. O político é o prestador. E o eleitor é o consumidor.

3.1.7. A reinvenção da prisão: encarceramento massivo

Ao longo do século XX, a história do encarceramento parecia ser a história da gradual redução de seu emprego. Aparentemente, produzia-se um remanejamento do castigo penal, com medidas contra a prisão e em favor de sanções monetárias, liberdade condicional e variadas forma de supervisão comunitária.[152]

Em conferências realizadas na Alemanha em 1997 e 1998, o influente penalista alemão Claus Roxin decretava que "a mais severa de nossas atuais sanções, a pena privativa de liberdade, que dominou o cenário das penas nos países europeus desde a abolição dos castigos corporais, tem seu ápice bem atrás de si, e vai retroceder cada vez mais".[153] E apontava duas razões para a diminuição do uso da prisão. Em primeiro lugar, quanto mais tipos penais a legislação previsse, menos seria possível reagir a eles com aplicação de penas privativas de liberdade. Não haveria instituições penais e recursos financeiros suficientes para a execução humanizada desse amplo programa de encarceramento. Em segundo, esse encarceramento massivo não seria desejável do ponto de vista político-criminal. E afirmava como clara expressão de seu compromisso democrático com um Estado Constitucional de Direito: "não se pode aprender a viver em liberdade e respeitando a lei, através da supressão da liberdade; a perda do posto de trabalho e a separação da família, que decorrem da privação da liberdade, possuem ainda maiores efeitos dessocializadores".[154]

---

pérdida de poder de los estados nacionales y de sus operadores políticos que, impotentes ante los conflictos, usan las leyes penales como propaganda electoral." ZAFFARONI, Eugenio Raúl, ALAGIA, Alejandro & SLOKAR, Alejandro. **Derecho Penal**: Parte General. 2ª ed. Buenos Aires: Ediar, 2002, p. 351.

[151] GARLAND, David, *op. cit.*, p. 50.

[152] GARLAND, David, *op. cit.*, p. 50.

[153] ROXIN, Claus. **Tem futuro o Direito Penal?** *In*: Estudos de direito penal. Trad.: Luís Greco. Rio de Janeiro: Renovar, 2006, p. 18.

[154] *Ibidem*.

Roxin acertou a previsão para a Alemanha[155]. Mas isso não foi propriamente o que ocorreu na maioria dos países. O que sucedeu foi uma verdadeira reversão dessa tendência de menor utilização da pena de prisão. Em especial no país do *penal modeling* da atualidade. No período entre 1973 e 1997, a quantidade de pessoas encarceradas nos EUA subiu mais de 500%.[156] Considerando os três anos posteriores a 1997, Michael Lynch[157] registra que, de 1973 a 2000, a taxa de encarceramento teria crescido consistentemente, aumentado em 920%, embora a taxa de criminalidade tenha crescido apenas 42%.[158]

Franklin Zimring[159] afirma que a política penal americana passou pela mais notável transformação em sua história nesse período compreendido pelo último quarto do século XX. O processo de expansão penal conduziu a taxas de encarceramento nunca antes vistas no país. A partir do ano de 1973, a taxa de pessoas presas por 100 mil habitantes cresce vertiginosamente, como indicado acima. E, segundo o autor:

> "A primeira vez que a legislação penal foi uma causa substancial que contribuiu para o aumento do encarceramento foi em 1985, e a ocasião foi o início de um pânico público e um conjunto de iniciativas pelos governos estaduais e federal que ficaram conhecidas como 'guerra às drogas'."[160]

---

[155] A população carcerária alemã reduziu de 70.525 pessoas presas no ano de 2000 para 65.889 no ano de 2012. Dados disponíveis em < http://www.prisonstudies.org/country/germany>. Acesso em 8 de julho de 2015.

[156] GARLAND, David. **La cultura del control**, p. 51.

[157] Professor de Criminologia no *Departmentof Criminology,College of Behavioral & Community Sciences, University of South Florida*, Estados Unidos. Cf. <http://criminology.cbcs.usf.edu/facultyStaff/bio.cfm?ID=47>. Acesso em 4 de julho de 2015.

[158] "The rate of imprisonment in the United States has increased consistently from 1973 through 2000, growing by 920 percent! During that period, the rate of crime rose 42 percent". LYNCH, Michael J. **Big prisons, big dreams**: crime and the failure of America's penal system. Rutgers University Press: New Brunswick, New Jersey, and London. 2007, p. 146.

[159] Professor na *Berkeley Law School, University of California*. Cf. <https://www.law.berkeley.edu/php-programs/faculty/facultyProfile.php?facID=127>. Acesso em 21 de julho de 2015.

[160] (Tradução nossa) "The first time that penal legislation was a substantial contributing cause to increasing incarceration was 1985, and the occasion was the beginning of a public panic and set of initiatives by federal and state governments that have come to be known as 'the war on drugs'." ZIMRING, Franklin E. **Penal Policy and Penal Legislation in Recent American Experience**. Stanford Law Review, vol. 58, 2005, p. 331. Disponível em <http://scholarship.law.berkeley.edu/facpubs/1244>. Acesso em 21 de julho de 2015.

Os eventos que conduziram ao pânico público em relação às drogas referiam-se à chegada de uma das variantes da cocaína ao mercado da droga nas grandes cidades, acompanhado da preocupação midiática em torno do poder e potencial viciante dessa nova droga.[161] E assim o *crack* tomava as ruas dos EUA.

Abaixo, reproduzimos o gráfico[162] destacado pelo autor no texto, o qual demonstra a curva ascendente na taxa de encarceramento nos fins do século XX nos EUA:

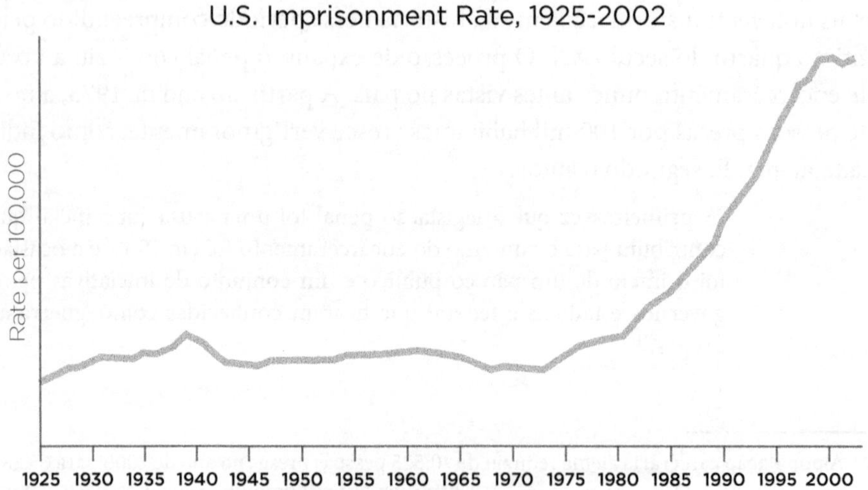

Zaffaroni também destaca esse incremento do encarceramento americano a partir da década de 1970. E registra que "o sistema penal se converteu em um fator de redução da taxa de desemprego ou mesmo em condição de plena ocupação".[163]

E como bem avalia Wacquant, o processo de superencarceramento americano não pode ser explicado a partir do aumento da criminalidade violenta. Ele decorreu da extensão do recurso da pena de prisão a uma gama de crimes de rua e contravenções que não importavam em encarceramento anteriormente,

[161] *Ibidem*.

[162] *Ibidem*, p. 327.

[163] **O inimigo no direito penal**, *op, cit.*, p. 61.

como por exemplo infrações menores relacionadas às drogas e comportamentos classificados como de desordem pública (uma política penal congruente com a ideologia da *broken windows theory*). E o autor acrescenta que esse novo padrão punitivo tinha uma exceção: crimes econômicos e infrações penais cometidas pelas classes favorecidas e corporações, como fraudes de crédito e seguro, peculato, abuso de confiança, uso de informação privilegiada (*insider trading*), lavagem de dinheiro, e violações da legislação empresarial e trabalhista.[164] Está dada a seletividade do sistema penal.

A população carcerária americana continuaria a crescer dos anos 2000 até 2012, conforme se pode depreender dos dados do *International Centre for Prison Studies* (ICPS), da *School of Law at Birkbeck, University of London.* Veja-se o gráfico[165] abaixo:

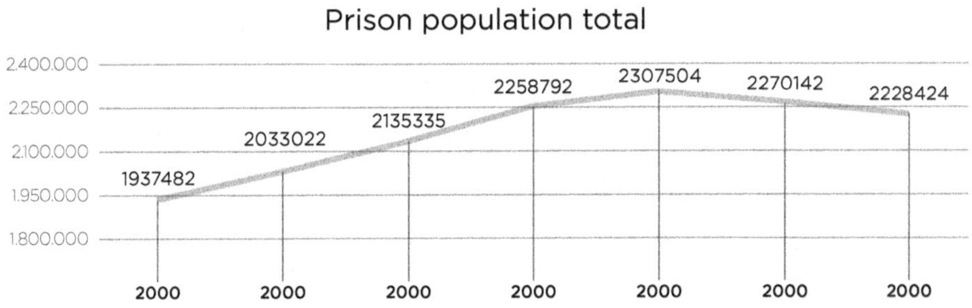

O ápice da população prisional americana foi no ano de 2008, ao atingir 2.307.504 indivíduos presos. Desde então, tem havido leve queda, com o último registro disponível do ICPS relativo a junho de 2013, com o número de 2.217.000 pessoas presas.[166] Todo esse encarceramento massivo não é obra do acaso. Como bem avalia Wacquant:

> Assim como o trabalho assalariado precário, a inflação carcerária não é uma fatalidade natural ou uma calamidade ordenada por alguma

164 WACQUANT, Loïc. **Punishing the poor:** the neoliberal government of social insecurity. Duke University Press: Durham and London, 2009, p. 125 e 126.

165 Gráfico redesenhado com base em: <http://www.prisonstudies.org/country/united-states-america>. Acesso em 21 de julho de 2015.

166 Gráfico redesenhado com base em: <http://www.prisonstudies.org/country/united-states-america>. Acesso em 21 de julho de 2015.

> divindade longínqua e intocável: ela é resultado de preferências culturais e de decisões políticas que exigem ser submetidas a um amplo debate democrático.[167]

No Brasil, igualmente, a população prisional só fez e faz crescer nas últimas décadas. Do ano 2000 a 2014, o número de pessoas presas quase triplicou. Subiu de 232.755 para 622.202, conforme demonstra o gráfico abaixo, com base nos dados estatísticos do Relatório do Departamento Penitenciário Nacional):[168]

Evolução da população prisional no Brasil

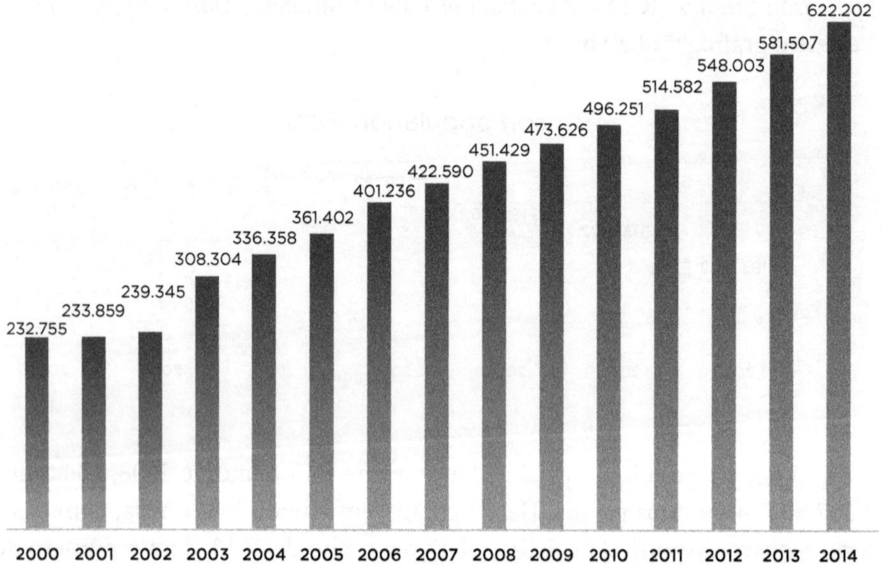

Esse aumento nas populações prisionais ao redor do mundo é uma evidência numérica da nova cultura do controle do crime, a qual reduz a função da pena aos efeitos de incapacitação (prevenção especial negativa) e retribuição.

---

[167] WACQUANT, Loïc. **As prisões da miséria**. Trad.: André Telles. Rio de Janeiro: Jorge Zahar Ed., 2001, p. 150.

[168] Cf. BRASIL. **Levantamento Nacional de Informações Penitenciárias**. Departamento Penitenciário Nacional - Ministério da Justiça: Infopen, Dezembro de 2014, p. 19. Disponível em <http://www.justica.gov.br/seus-direitos/politica-penal/documentos/infopen_dez14.pdf>. Acesso em 14 de setembro de 2017.

Em contraposição a cultura penal anterior que apostava na reabilitação da punição, a visão dominante atualmente repousa na ideia segundo a qual a "prisão funciona" (*prison works*).[169] Não mais como forma de reinserção social senão como mecanismo de neutralização e castigo que satisfaz a demanda política popular por retribuição (sentimento vingativo) e segurança pública.[170] Reinventa-se a instituição prisão.

3.1.8. As transformações no pensamento criminológico

O pensamento criminológico que caracterizou o período do pós-guerra apresentava uma pluralidade de percepções sobre o fenômeno criminal. Teorias psicológicas sobre a anormalidade e teorias sociológicas como a da anomia, da privação relativa, da subcultura e do etiquetamento (*labelling approach*)[171] formavam um conjunto variado de ideias influentes no discurso penal e criminológico.[172]

Para essas correntes do saber criminológico, a criminalidade tinha como causas a disfunção de processos de socialização familiar saudável, a privação de educação adequada, a falta de oportunidades de trabalho ou anormalidades nas disposições psicológicas do indivíduo. Essa etiologia do crime sugeria soluções voltadas a medidas de apoio e supervisão das famílias, a reformas sociais de melhoria na educação e criação de oportunidades de emprego e, ainda, tratamento correcional individualizado.[173]

Mas a partir da década de 1970, Garland sugere que um conjunto distinto de ideias criminológicas vai passar a moldar a política criminal e as decisões dos governos.[174] São teorias que percebem o crime como consequência de falta de controle ou controle inadequado. O pensamento criminológico

---

169 Uma virada de sentido na resposta à pergunta do texto de Martinson: *What works to reduce crime*? (o que funciona para reduzir o crime?). A prisão funciona, mas não reabilitando senão incapacitando os indivíduos. E por longo tempo na prisão. É o gatilho para o *mass encarceration*.

170 GARLAND, David. **La cultura del control**, p. 51.

171 Por todos, cf. BARATTA, Alessandro. **Criminología crítica y crítica del derecho penal:** introducción a la sociología jurídico penal.- 1ª ed. 1ª reimp. Buenos Aires: Siglo XXI Editores Argentina, 2004;

172 GARLAND, David, *op. cit.*, p. 52.

173 *Ibidem.*

174 *Ibidem*, p. 51-54.

anterior concebia o crime como um problema de privação (educação, saúde, trabalho), de desvio em relação à conduta considerada normal, de socialização defeituosa ou disfuncional, ou de patologia individual. Agora, essa forma de criminologia contemporânea enxerga o crime como um atributo normal, rotineiro e comum da sociedade moderna, que é cometido por indivíduos perfeitamente normais, em todo sentido (independentemente da situação social, de educação, saúde e de emprego). Mais controle social, mais controle situacional e mais autocontrole serão diretrizes dominantes para as políticas de controle criminal. Essa visão de mundo encara o ser humano como atores racionais que se comportam no registro incentivo/desincentivo, sendo plenamente responsáveis por seus atos delitivos. Um campo teórico de compreensão do controle do delito denominado "criminologia da vida cotidiana"[175] por Garland[176], que se funda nas teorias da escolha racional (*rational choice theory*), das atividades habituais, do delito como oportunidade, e da prevenção situacional do delito. É esse aporte teórico que vai fertilizar as funções retributiva e dissuasiva da punição nas políticas de tolerância zero e *three strikes law*, por exemplo, que vão se alastrar pelo mundo.

Nesse cenário, Garland argumenta que:

> Na criminologia atual os delitos menores importam, os controles situacionais moldam os comportamentos e as penalidades dissuasivas são um recurso central para o controle do delito. Tudo isso é a base comum das criminologias da vida cotidiana e da mais punitiva criminologia do outro.[177]

O que é a "Teoria das janelas quebradas" senão um mecanismo que trata de delitos menores (controle social), identificando espaços urbanos para intervenção policial preventiva (controle situacional - reduzindo a oportunidade do crime), impondo punições para dissuadir criminosos que calculam o custo-benefício do crime (crime como escolha racional)?

---

[175] Segundo Garland, os autores expoentes desse pensamento criminológico seriam Ron Clarke, Marcus Felson, George Kelling y James Q. Wilson. *Ibidem*, p. 266-267.

[176] *Ibidem*, p. 53.

[177] (Tradução nossa) "En la criminología actual los delitos menores importan, los controles situacionales moldean los comportamientos y las penalidades disuasivas son un recurso central para el control del delito. Todo esto es la base común de las criminologías de la vida cotidiana y de la más punitiva criminología del otro." *Ibidem*, p. 305.

Nesse contexto, a "criminologia da vida cotidiana" vai encarar o delito como risco normal no âmbito da sociedade. Zaffaroni repercute essa percepção criminológica diagnosticada por Garland e, referindo-se a ele, explica que a criminologia da vida cotidiana incorpora o delito como risco normal, com o que a prevenção do crime não dependeria de valores morais. Bastaria a imposição de obstáculos físicos que privassem o indivíduo da oportunidade de praticar o crime.[178] Com relação à "criminologia do outro", expressada por Garland, Zaffaroni expõe que ela é "baseada na vingança, que se expressa como exclusão, defesa social, neutralização do sujeito perigoso, ou seja, que usa o discurso do velho positivismo, mas em um sentido bem vingativo".[179] A "criminologia do outro" vai ser convergente com o modelo do direito penal do inimigo, que concebe indivíduos-não-pessoas merecedores de neutralização, a bem da preservação do sistema social.[180]

Todo esse desenho criminológico vai permitir que o foco do controle do crime saia do indivíduo e passe ao evento delitivo. Vai pressupor que as ações delitivas ocorreriam sempre que não existissem controles. Havendo espaços vazios atrativos disponíveis, a ação delituosa poderia desencadear-se, tenham ou não os indivíduos uma "disposição delinquente".[181]

---

178 Veja-se: "La criminología de la vida cotidiana incorpora al delito como riesgo normal y nos llena de ingenios humanos preventivos, o sea que la prevención del delito no depende de valores morales, sino de obstáculos físicos que privan de oportunidad". ZAFFARONI, Eugenio Raúl. **La cuestión criminal**. *In*: Suplemento especial de Página 12. Fascículo 14. Argentina, 2011, p. III. Disponível em <http://www.pagina12.com.ar/diario/especiales/18-175157-2011-08-23.html>. Acesso em 8 de julho de 2015.

179 (Tradução nossa) "basada en la venganza, que se expresa como exclusión, defensa social, neutralización del sujeto peligroso, o sea, que usa el discurso del viejo positivismo pero en un sentido bien vindicativo." *Ibidem*.

180 O direito penal do inimigo tem como alvo uma "não pessoa" que pode destruir a vida social e, bem por isso, deve ser neutralizada, inocuizada, excluída da sociedade. Esse ideal jurídico encontra conforto e respaldo no modelo moderno punitivo hobbesiano-freudiano. O inimigo é aquele que não aceitou a repressão, tornando-se adversário do Estado (Hobbes), da civilização/cultura (Freud), do sistema social (Jakobs). Sobre uma aproximação entre Gunther Jakobs (formulador do direito penal do inimigo) e Hobbes e Freud, cf. nosso trabalho: MENDES, André T. **Direito Penal do Inimigo: quando Jakobs se aproxima de Hobbes e Freud**. *In*: REVISTA EPOS: Genealogias, Subjetivações e Violências. Volume 2, Nº 1. Universidade do Estado do Rio de Janeiro (Uerj), Instituto de Medicina Social (IMS), Janeiro a Junho de 2011.

181 GARLAND, David, *op. cit.*, p. 53.

A nova política e cultura criminal quer substituir o tratamento (prevenção especial positiva) pela prevenção (geral negativa - dissuasão), reduzir as oportunidades para o evento delitivo, aumentando os controles situacionais e sociais (gestão do risco), modificando as rotinas cotidianas.[182]

Um texto expoente da emergência dessa compreensão do fenômeno criminal é o *The New Penology*, de Malcolm M. Feeley e Jonathan Simon.[183] Publicado em 1992, os autores da *Berkeley Law School* referem-se a uma "nova penologia" e a uma "velha penologia". Essa última se preocupava com o indivíduo, sua responsabilidade, culpa, sensibilidade moral, diagnóstico, intervenção e tratamento individual do criminoso. Mas a primeira, a "nova penologia", vai se preocupar com as técnicas de identificação, classificação e gerenciamento de grupos categorizados por sua periculosidade. Sua tarefa é *gerencial*. Não se destina a recuperar (prevenção especial positiva) o indivíduo delinquente. Ela vai procurar regular os níveis de desvio, em vez de intervir nas malformações que conduziram o indivíduo ao desvio.[184] É nesse sentido que o foco do controle do crime "sai" do indivíduo e "passa" ao sistema. Não se trata mais de desenvolver políticas de reabilitação, ou investigar a responsabilidade moral do indivíduo em relação a suas ações. Trata-se de focar no "sistema" de justiça criminal, buscando eficiência e racionalidade sistêmica.[185] As ferramentas para esse empreendimento serão indicadores, tabelas de predição, projeções populacionais que vão servir para identificar, separar e classificar os grupos do menos ao mais perigoso (gestão eficiente do risco). Sendo assim, "nesses métodos, diagnóstico e resposta individualizados são substituídos por sistemas de classificação agregados para o propósito de vigilância, confinamento e controle".[186]

Nesse contexto, podemos afirmar com os autores, que essa nova penologia teria um novo discurso, um novo objetivo e novas técnicas. O ponto central do **discurso** é substituir a descrição moral ou clínica do indivíduo por uma

---

[182] *Ibidem*, p. 54.

[183] FEELEY, Malcolm M. & SIMON, Jonathan. **The New Penology**: Notes on the Emerging Strategy of Corrections and Its Implications. *In*: Criminology. Vol. 30. No. 4, 1992, pp. 449 - 474. Disponível em <http://scholarship.law.berkeley.edu/facpubs/718>. Acesso em 8 de julho de 2015.

[184] *Ibidem*, p. 452.

[185] *Ibidem*.

[186] *Ibidem*.

"linguagem atuarial de cálculos probabilísticos e distribuições estatísticas aplicáveis a populações".[187] O **objetivo** não é mais punir nem reabilitar. É identificar e gerenciar grupos indisciplinados.[188] As novas **técnicas** compreendem o desenvolvimento de (i) formas de custódia e controle com maior custo-benefício e de (ii) novas tecnologias para identificar e classificar o risco (como monitoramento eletrônico).[189]

Esse modelo de justiça criminal ficará conhecido como "justiça atuarial" (*actuarial justice*) e "gerencialismo" (*managerialism*).[190] Terá seu foco em tornar mais eficiente o gerenciamento do risco gerado por grupos/populações classificadas como perigosas.[191] Está inscrito em uma nova face da criminologia, que vai ser denominada "criminologia administrativa (atuarial)". A criminologia administrativa teria três pontos chave: (1) considera o ato de praticar o crime e, nesse sentido, o criminoso, como um ator racional que faz escolhas (*rational choice theory*); (2) não procura resolver o problema da criminalidade senão encontrar mecanismos de prevenir o crime – ou tornar o crime menos atrativo para o potencial criminoso por meio de medidas físicas e/ou psicológicas; e (3) tem estreitos laços com o Estado, preocupando-se com a prevenção situacional do crime, com a eficiência e com a eficácia das intervenções.[192]

3.1.9. A infraestrutura da prevenção do delito e a segurança comunitária em expansão

Até a década de 1970, os debates eram centrados no castigo (pena), prisões e justiça penal. Mas a transformação no pensamento criminológico vai estabelecer uma "rede de coalizões e esquemas de trabalho interagencial destinada a promover a prevenção do delito e fortalecer a segurança comunitária"[193] (pública).

---

[187] *Ibidem.*

[188] *Ibidem,* p. 455.

[189] *Ibidem,* p. 457.

[190] Cf. TONRY, Michael H. **Thinking About Crime**, *op. cit.*, p. 50; ANITUA, Gabriel Ignacio. **Histórias dos pensamentos criminológicos**, op. cit., p. 814.

[191] Cf. FEELEY, Malcolm M. & SIMON, Jonathan. **The New Penology**, *op. cit.*, p. 466. ANITUA, Gabriel Ignacio. **Histórias dos pensamentos criminológicos**, *op. cit.*, p. 813.

[192] TREADWELL, James, **Criminology**, p. 61

[193] *Ibidem.*

Essa nova cultura de controle do crime vai apostar na "polícia comunitária", "painéis de prevenção do delito", programas de "cidades mais seguras", "vigilância de bairro" como expressão dessa nova rede de atores e mecanismos penais que vão muito além dos antigos *players* do sistema penal.

Garland atesta que "essa nova infraestrutura está fortemente orientada para um conjunto de objetivos e prioridades - prevenção, segurança, redução dos prejuízos, redução do dano, redução do temor - que são bastante diferentes das metas tradicionais da persecução, castigo e justiça penal".[194]

Qualquer semelhança com o modelo das Unidades de Polícia Pacificadora (UPP) implantado no estado do Rio de Janeiro não é mera coincidência. Tendo por base legal o Decreto Estadual nº. 42.787 de 06 de janeiro de 2011, as UPP's, "criadas para a execução de ações especiais concernentes à pacificação e à preservação da ordem pública, destinam-se a aplicar a filosofia de polícia de proximidade nas áreas designadas para sua atuação".[195] E que áreas são essas? Responde o § 1º do art. 1º do Decreto:

> São áreas potencialmente contempláveis por UPP, consoante critérios estabelecidos pela Secretaria de Estado de Segurança, aquelas compreendidas por comunidades pobres, com baixa institucionalidade e alto grau de informalidade, em que a instalação oportunista de grupos criminosos ostensivamente armados afronta o Estado Democrático de Direito.[196]
>
> Eleita a área para instalação da UPP, qual o seu objetivo? Assim dispõe o § 2º do art. 1º:
>
> São objetivos das UPP:
>
> a. consolidar o controle estatal sobre comunidades sob forte influência da criminalidade ostensivamente armada;
>
> b. devolver à população local a paz e a tranquilidade públicas necessárias ao exercício da cidadania plena que garanta o desenvolvimento tanto social quanto econômico.[197]

---

[194] *Ibidem*, p. 56.

[195] Art. 1º do Decreto Estadual nº. 42.787 de 06 de janeiro de 2011. Disponível em <http://arquivos.proderj.rj.gov.br/isp_imagens/Uploads/DecretoSeseg42.787Upp.pdf>. Acesso em 8 de julho de 2015.

[196] *Ibidem*.

[197] *Ibidem*.

A nosso ver, é um conhecimento criminológico seguro afirmar que a UPP vai se ajustar às tendências criminológicas apontadas por Garland. O arquétipo da UPP vai expressar esse novo controle do crime que extravasa os mecanismos de controle antes dominantes: persecução, pena e justiça criminal. A intervenção estatal quer se antecipar ao delito. Vai para a "cena delitiva". Quer preencher o "espaço vazio atrativo disponível" com a polícia de proximidade (polícia comunitária - *preventive policing*). E esse espaço social é, na maioria das vezes, os bairros pobres nos EUA, na Europa, na América Latina e no Brasil.

Essa ideia de "polícia de proximidade", inscrita em uma ordem que pretende expandir a segurança comunitária, vai estar no centro dessa nova infraestrutura de prevenção ao delito. E ela foi concebida na obra de James Wilson e George Kelling sobre a "Teoria das janelas quebradas".[198] Esse tipo de padrão de policiamento foi denominado *Community-Oriented Policing* (COP)[199], que podemos livremente chamar de "policiamento comunitário". Ele se caracteriza pela presença do policial na comunidade, que anda por ela, passa a conhecer os cidadãos que lá residem, inspirando assim uma sensação de segurança pública.[200] Por isso o foco preventivo do trabalho da polícia. No lugar de centrar seus esforços respondendo às chamadas de emergência quando um crime ocorre (*reactive policing*[201]), a polícia deve antecipar-se a ele. Consolida-se assim uma nova infraestrutura de prevenção do delito. E Wilson conclui na célebre frase, repetida em diversos trabalhos criminológicos: "assim como os médicos agora reconhecem a importância da promoção da saúde, em vez de simplesmente tratar a doença, também a polícia - e todos nós - deveria reconhecer a importância de manter, intactas, comunidades sem janelas quebradas".[202-203]

---

[198] WILSON, James Q. & KELLING, George L. **Broken Windows**: The police and neighborhood safety, *op. cit.*

[199] SIEGEL, Larry J. **Criminology**, *op. cit.*, p. 592.

[200] *Ibidem.*

[201] *Ibidem.*

[202] (Tradução nosso) "Just as physicians now recognize the importance of fostering health rather than simply treating illness, so the police—and the rest of us—ought to recognize the importance of maintaining, intact, communities without broken windows". WILSON, James Q. & KELLING, George L. **Broken Windows**: The police and neighborhood safety, *op. cit.*

[203] Sobre a "teoria das janelas quebradas" e seu impacto policial e político em Nova Iorque, cf. WACQUANT, Loïc. *Op. cit.*, p. 25-29.

3.1.10. A sociedade civil e a comercialização do controle do delito: privatização de presídios

A nova infraestrutura de controle do crime vai prever a inclusão de novos atores na cena penal. Na maior parte do século XX, as instituições penais que geriam o problema do delito eram os agentes estatais especializados na atividade policial, persecução criminal e execução penal dos condenados, no âmbito do sistema de justiça criminal regulado diretamente pelo Estado.

Essa realidade muda. A sociedade civil vai penetrar no sistema penal. E vai assistir ao ingresso da atividade de cidadãos, comunidades e empresas "que funciona com uma concepção mais ampla do controle do delito e que utiliza técnicas e estratégias que são bastante diferentes das empregadas pelas agências tradicionais da justiça penal".[204]

É o marco inicial da ascensão da indústria da segurança privada, das tecnologias e serviços de proteção, e empresas e agentes de segurança privada. A administração das instituições penais se desenvolveu desde o século XIX como uma função propriamente estatal, que excluía os interesses privados ou comerciais de seu espectro de atuação.[205] Mas a emergência do modelo de prisões privadas vai romper com esse paradigma. De acordo com Wacquant, a indústria privada da carceragem nasce nos EUA em 1983.[206] Em 1988, já contava com 4.630 vagas. Abaixo, reproduzimos o quadro com os dados relativos ao **número de vagas nas prisões privadas nos EUA por ano**, conforme aponta Wacquant:[207]

1983	0
1988	4.630
1993	32.555
1998	132.572
2001	276.655

[204] (Tradução nossa) "Actualmente observamos un proceso que reúne la actividad de ciudadanos, comunidades y empresas, que funciona con una concepción más amplia del control del delito y que utiliza técnicas y estrategias que son bastante diferentes de las empleadas por las agencias tradicionales de la justicia penal". GARLAND, David, *op. cit.*, p. 56.

[205] *Ibidem*, p. 57.

[206] WACQUANT, Loïc. O*p. cit.*, p. 90.

[207] *Ibidem*, p. 91.

Até dezembro de 2013, o número de presos custodiados em prisões privadas americanas era de 133.044, conforme Relatório do Escritório de Estatísticas da Justiça, do Departamento de Justiça dos EUA, datado de setembro de 2014.[208]

A comercialização da cultura do controle do delito também está presente no Brasil, ainda que em pequeno percentual. De acordo com os dados do Depen, 8% dos estabelecimentos penais brasileiros não são públicos, conforme se depreende do gráfico abaixo:[209-210]

Gestão dos estabelecimentos

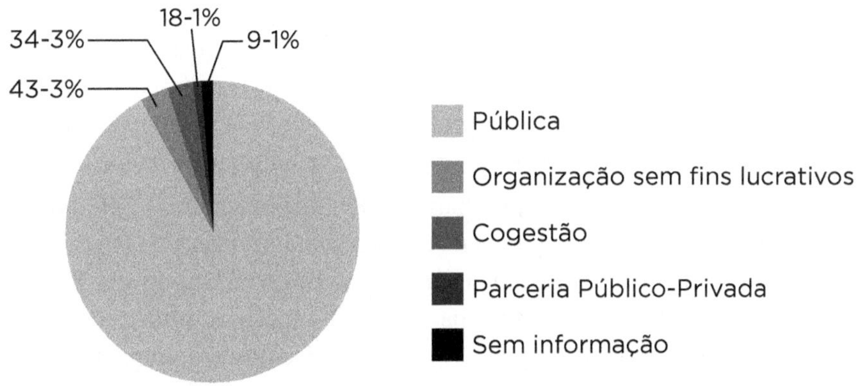

Fonte: Infopen, junho/2014

[208] *Prisoners in 2013*. Setembro de 2014. *U.S. Department of Justice / Office of Justice Programs / Bureau of Justice Statistics (BJS)*. Disponível em <http://www.bjs.gov/content/pub/pdf/p13.pdf>. Acesso em 21 de julho de 2015.

[209] Gráfico redesenhado com base em: BRASIL. **Levantamento Nacional de Informações Penitenciárias.** Departamento Penitenciário Nacional - Ministério da Justiça: Infopen, junho de 2014, p. 81. Disponível em <http://www.justica.gov.br/noticias/mj-divulgara-novo-relatorio-do-infopen-nesta-terca-feira/relatorio-depen-versao-web.pdf>. Acesso em 30 de julho de 2015.

[210] Nos termos do Relatório do DEPEN de dezembro de 2014: "Ainda que se discuta a operação privada do sistema prisional há muito tempo, no Brasil a gestão pública é a realidade de mais de 90% das unidades. Em 15 estados, as unidades sob gestão pública representam um valor próximo ou igual a 100%." BRASIL. **Levantamento Nacional de Informações Penitenciárias**. Departamento Penitenciário Nacional - Ministério da Justiça: Infopen, Dezembro de 2014, p. 74. Disponível em: <http://www.justica.gov.br/seus-direitos/politica-penal/documentos/infopen_dez14.pdf>. Acesso em 14 de setembro de 2017.

De todo modo, o que se constata, segundo Garland, é uma redefinição das fronteiras pré-estabelecidas entre as esferas pública e privada, entre a justiça penal estatal e os controles exercidos pela sociedade civil.[211] A cultura do controle do crime se descentraliza das instituições tradicionais. E também as racionalidades políticas e criminológicas que as fundavam.[212]

3.1.11. Novos estilos de gestão e práticas de trabalho dos principais atores do sistema penal

Nessa nova arquitetura penal, as práticas de trabalho dos agentes penais se alteram. A polícia deve dedicar menos esforço direto ao combate do delito (trabalho reativo), bem assim para prestar um serviço público capaz de gerar sensação de segurança pública, reduzindo o temor e a desordem (trabalho preventivo). No cárcere, o papel central é a proteção da sociedade, mantendo os presos neutralizados, sem grandes preocupações com a reabilitação da maioria deles.[213]

Nesse particular, no Brasil, o chamado Regime Disciplinar Diferenciado (RDD) é o exemplo mais eloquente de técnica de neutralização, com o respectivo abandono de qualquer resquício de reabilitação. Previsto no art. 52 da Lei de Execução Penal,[214] representa uma forma de sanção administrativo-disciplinar no âmbito da execução penal. Importa no isolamento do preso em cela individual e outras restrições de direitos no cumprimento da pena. Tem lugar quando o detento pratica falta grave ou quando ocasione subversão da ordem ou disciplina internas do estabelecimento penal.

---

[211] GARLAND, David, *op. cit.*, p. 57.

[212] *Ibidem*, p. 57-58.

[213] *Ibidem*, p. 58.

[214] "Art. 52. A prática de fato previsto como crime doloso constitui falta grave e, quando ocasione subversão da ordem ou disciplina internas, sujeita o preso provisório, ou condenado, sem prejuízo da sanção penal, ao regime disciplinar diferenciado, com as seguintes características: I - duração máxima de trezentos e sessenta dias, sem prejuízo de repetição da sanção por nova falta grave de mesma espécie, até o limite de um sexto da pena aplicada; II - recolhimento em cela individual; III - visitas semanais de duas pessoas, sem contar as crianças, com duração de duas horas; IV - o preso terá direito à saída da cela por 2 horas diárias para banho de sol". Disponível em <http://www.planalto.gov.br/ccivil_03/LEIS/L7210.htm>. Acesso em 4 de julho de 2015.

Outro aspecto fundamental que vai caracterizar a mudança na cultura do controle do crime é "uma nova e difundida atitude de gestão do tipo empresarial que afeta os diversos aspectos da justiça penal".[215] Esse modelo vai ser reconhecido na criminologia como *managerialism* (gerencialismo)[216], como afirmamos acima. Funda-se na estratégia de seguir métodos gerenciais empregados na gestão empresarial privada para tornar o sistema de justiça criminal mais efetivo, eficiente e controlável. Estabelecimento de metas, medição de riscos e análises de impacto vão forjar uma nova abordagem (gerencial-empresarial) de controle do crime.

De todo modo, essa engenhosidade vai tornar a escolha dos locais para atuação da polícia, o mapeamento das áreas de risco, a alocação de recursos escassos para prevenção do crime, ou seja, toda essa nova gestão "eficiente" de controle vai tornar e produzir um sistema penal ainda mais seletivo.

Mais do que isso, a preocupação com o eficientismo do sistema penal sugeriria a descriminalização real de delitos menores, de forma a dirigir os recursos de controle para os crimes mais graves e indivíduos mais perigosos.[217] Mas não foi o que sucedeu. Preocupações políticas populistas conduziram a edição de leis severas (como a *three strikes law*) que desconsideram a escassez dos recursos penais, levando à prisão um mar de pessoas que não se podem reputar perigosas (crimes não violentos[218]).

Nesse sentido, ao passo que um novo estilo de gestão do crime emergia, programas como o "tolerância zero" pareciam reverter essa mesma lógica gerencial do foco em crimes graves e indivíduos de alto risco.[219] Nota-se assim uma tensão e contradição entre redução de gasto (*managerialism*) dispendioso e medidas populares que produzam tranquilidade e agradem um certo público,

---

[215] GARLAND, David, *op. cit.*, p. 58.

[216] Cf. PRATT, John. **Penal Populism**. Routledge: London and New York, 2007, p. 133-137; RAYNOR, Peter. **Community penalties, probation, and offender management**. *In*: MAGUIRE, Mike, MORGAN, Rod & REINER, Robert. The Oxford Handbook of Criminology. Fifth Edition. Oxford University Press: United Kingdom, 2012, pp. 928-954.

[217] GARLAND, David, *op. cit.*, p. 59.

[218] Lynch explica que a expansão penal americana propiciou o aumento de pessoas presas por crimes violentos e patrimoniais, mas resultou no aumento ainda maior de pessoas presas por crimes de drogas, um crime não violento. Cf., detalhadamente, com os números da década de 1990 LYNCH, Michael J. **Big prisons, big dreams,** op. cit., p. 147-156.

[219] *Ibidem*.

como o programa *zero tolerance* para indivíduos "indesejáveis" e *Three Strikes Law* para crimes patrimoniais.

3.1.12. Uma sensação permanente de crise

Segundo Garland, desde o final da década de 1970, tem havido um profundo mal-estar e um processo de desmoralização das pessoas que atuam nas instituições penais. Esse estado de ânimo se expressaria como uma sensação de crise permanente do sistema de justiça penal, já que haveria uma percepção crescente segundo a qual as agências especializadas de controle do delito não seriam adequadas para o enfrentamento do problema da criminalidade.[220] Teriam falhado nessa tarefa, com o que "existe uma crescente consciência de que a estratégia moderna do controle do delito através da justiça penal teria sido testada e teria fracassado".[221]

Garland denomina esse processo de "crise da modernidade penal".[222] Nela, há um descrédito dos conhecimentos dos *experts* do sistema penal. Essa desmoralização será partilhada entre o público em geral e entre os próprios membros da comunidade penal. A sociedade perde cada vez mais a confiança na justiça criminal. Os políticos ficam cada vez menos dispostos a ouvir o que tem a dizer os profissionais da área penal e criminológica. Aos poucos, vão aderindo mais ao senso comum, às percepções criminais do público, ao que é representado na mídia, ao que lhes pode trazer mais proveito político-eleitoral, independentemente da decisão político-criminal conter elementos de eficácia ou observar normas constitucionais. Ou qualquer racionalidade penal, no sentido de que medidas legislativas seriam estéreis para o efeito de modificar a realidade sobre a qual pretende incidir.[223] Está dado o campo para o populismo penal.

---

[220] GARLAND, David, *op. cit.*, p. 60.

[221] *Ibidem*, p. 61.

[222] *Ibidem*.

[223] Do ponto de vista da teoria da legislação, Atienza distingue cinco modelos de racionalidade: (i) linguística, (ii), jurídico-formal, (iii) pragmática, (iv) teleológica, e (v) ética. A racionalidade teleológica seria aquela na qual a lei teria que alcançar (para ser racional) os fins sociais perseguidos/pretendidos. Cf. ATIENZA, Manuel. **Contribución para una teoría de la legislación**. Doxa. N. 06 (1989). ISSN 0214-8876, p. 385.

3.2. Populismo penal: origem

O populismo penal é um fenômeno geral que traz consequências e implicações para o desenvolvimento penal nas sociedades contemporâneas.[224] Suas condições de emergência estão dadas pelos indicadores de mudança na cultura do controle do crime nos fins do século XIX, consolidando-se até os dias atuais. E afirmamos que está espalhado pelo mundo. Tem sido objeto de estudo, ou ao menos referido, em diversos países, ainda que refletido sob a rubrica de "política criminal populista", "populismo punitivo", "punitivismo populista", ou a forma que vem se generalizando, "populismo penal" (*penal populism*). No Reino Unido, com Julian V. Roberts, Loretta J. Stalans, David Indermaur e Mike Hough;[225] na Nova Zelândia, com John Pratt;[226] na França, com Denis Salas;[227] na Espanha, com José Luis Díez-Ripollés, Elena Larrauri e Manuel Miranda Estrampes;[228] nos EUA, com David Garland, Michael Tonry e Franklin Zimring;[229] no Peru, com Manuel Tapia;[230] no Equador, com Fernando

---

224 PRATT, John. **Penal Populism**. *Op. cit.*, p. 7.

225 ROBERTS, Julian V. *et. al.* **Penal Populism and Public Opinion**: Lessons Form Five Countries. New York: Oxford University Press, 2003.

226 PRATT, John. **Penal Populism**. *Op. cit.*

227 SALAS, Denis. **La volonté de punir**: essai sur le populisme pénal. Paris: Fayard, 2012.

228 DÍEZ-RIPOLLÉS, José Luis. **El nuevo modelo penal de la seguridad ciudadana**. Revista Electrónica de Ciencia Penal y Criminología (en línea). 2004, núm. 06-03, p. 03:1-03:34. Disponível em: <http://criminet.ugr.es/recpc/06/recpc06-03.pdf>. Acesso em 14 de julho de 2015. LARRAURI, Elena. **Populismo punitivo... y cómo resistirlo**. *In*: Jueces para la democracia, N° 55, mar/2006, p. 15 a 22. Disponível em http://www.juecesdemocracia.es/revista/revista%2055%20marzo%202006.pdf>. Acesso em 8 de julho de 2015. ESTRAMPES, Manuel Miranda. **El populismo penal** (Análisis crítico del modelo penal securitario). *In*: Jueces para la democracia. N° 58, mar/2007, pp. 43-71. Disponível em < http://www.juecesdemocracia.es/revista/revista%2058%20marzo%202007.pdf>. Acesso em 8 de julho de 2015.

229 GARLAND, David. **La cultura del control**: crimen y orden social en la sociedad contemporánea. Traducción de Máximo Sozzo. Gedisa Editorial: Barcelona, 2005. TONRY, Michael H. **Thinking About Crime**: Sense and Sensibility in American Penal Culture. Oxford University Press: New York, 2004. ZIMRING, Franklin E. **Populism, Democratic Government, and the Decline of Expert Authority**: Some Reflections on Three Strikes i n California. 28 *Pac. L.J.*, 1996. Disponível em: <http://scholarship.law.berkeley.edu/facpubs/659>. Acesso em 30 de julho de 2015.

230 TAPIA, Manuel Bermúdez. **La fragilidad de la política criminal y los derechos fundamentales en el sistema penitenciario peruano**. *In*: URVIO: Revista Latinoamericana de Seguridad Ciudadana.- Quito: FLACSO- Ecuador, 2007, pp. 31-37.

Carrión;[231] na Argentina, com Máximo Sozzo e Gabriel Anitua;[232] e de forma abrangente, referindo-se à América do Sul e Latina em geral, em outro texto, novamente José Luis Díez-Ripollés.[233]

No Brasil, é possível identificar autores que tem se referido ao fenômeno[234], embora seja muito difícil precisar a origem.

Em outubro de 2007, em seminário promovido pelo Ibccrim (Instituto Brasileiro de Ciências Criminais), o espanhol José Luis Díez-Ripollés tratava do "populismo punitivo" para uma plateia de brasileiros.[235] No mesmo ano, Nilo Batista mencionava "populismo penal", ao se referir às "periódicas reformas publicitárias na lei"[236], e ao novo papel desempenhado pela vítima, que opera como elemento decisivo nas elaborações legislativas.[237] E na nota

---

[231] CARRIÓN M., Fernando. **¿Por qué todos los caminos conducen a la miseria del panóptico?**. In: URVIO: Revista Latinoamericana de Seguridad Ciudadana.- Quito: FLACSO-Ecuador, 2007, pp. 5-9.

[232] SOZZO, Máximo. **¿Metamorfosis de la prisión? Proyecto normalizador, populismo punitivo y "prisión-depósito" en Argentina**. *In*: URVIO: Revista Latinoamericana de Seguridad Ciudadana.- Quito: FLACSO- Ecuador, 2007, pp. 88-116. ANITUA, Gabriel Ignacio. **Histórias dos pensamentos criminológicos**. Trad.: Sérgio Lamarão. Rio de Janeiro: Revan; Instituto Carioca de Criminologia, 2008, p. 817.

[233] DÍEZ-RIPOLLÉS, José Luis. **La política legislativa penal iberoamericana a principios del siglo XXI.** *Polít. crim.*, Nº 5, 2008, A7-5, pp. 1-37. <http://www.politicacriminal.cl/n_06/a_7_5.pdf>. Acesso em 9 de julho de 2014.

[234] Também a mídia. Já em 25 de agosto de 1998, o jornal Folha de São Paulo publicava editorial intitulado: "Populismo penal". Em um texto no qual criticava a edição da Lei n. 9.695/1998, que incluíra o crime de falsificação de remédio (art. 273 do Código Penal) no rol de crimes hediondos (Lei 8.072/1990), o editorial estava atento ao fenômeno, e observava: "Têm sido frequentes os rompantes legislativos para responder a pressões da opinião pública depois de crimes que provocam comoção nacional. Por meio de novas leis, na maioria dos casos draconianas, pretende-se transmitir segurança à população e passar a imagem de que as autoridades estão atentas". Disponível em <www1.folha.uol.com.br/fsp/opiniao/fz22089802.htm>. Acesso em 4 de julho de 2015.

[235] "Endurecimento penal é populismo punitivo, diz professor". Disponível em <http://www.conjur.com.br/2007-out-10/endurecimento_penal_populismo_punitivo_professor>. Acesso em 4 de julho de 2015.

[236] BATISTA, Nilo. **Só Carolina não viu**: violência doméstica e políticas criminais no Brasil. *In*: Adriana Ramos de Mello. (Org.). Cometários à Lei de Violência Doméstica e Familiar contra a Mulher. 1ed. Rio de Janeiro: Lumen Juris Editores, 2007, p. 15. Disponível em <http://www.crprj.org.br/publicacoes/jornal/jornal17-nilobatista.pdf>. Acesso em 4 de julho de 2015.

[237] *Ibidem,* p. 18 e 19.

de rodapé número 32, Nilo Batista mostra-se leitor da obra de Denis Salas sobre populismo penal.[238] Em 2009, André Luis Callegari e Maiquel Wermuth referiam-se a "populismo punitivo", mas remetiam à texto de coautoria de Callegari e Cristina Motta de 2007, no qual afirmavam que populismo punitivo "pode ser definido como aquela situação em que considerações eleitorais primam sobre as considerações de efetividade".[239]

Em 2008, Salo de Carvalho tratava de "política criminal populista ou populismo punitivo", ao se referir ao legislador que propõe alterações contingenciais impulsionado por demandas punitivas.[240]

Em 2009, Vera Malaguti Batista escrevia que "surge na América Latina o fenômeno do 'populismo punitivo', aquele discurso da perene emergência".[241] Em seguida, a autora cita a obra de Máximo Sozzo a que fizemos referência acima.[242]

Em 2010, Alexandre Wunderlich, e novamente Salo de Carvalho, vão apontar para a relação entre elaboração legislativa e populismo punitivo ao argumentar que, após a Constituição de 1988, foram aprovadas "propostas

---

[238] «À vítima utilizada como "alibi pour promouvoir des politiques pénales de plus en plus dures" se refere Salas, Denis, La Volonté de Punir – essai sur le populisme pénal, Paris, 2005, ed. Hachette, p. 112". *Ibidem*, p. 19.

[239] CALLEGARI, André Luis, e WERMUTH, Maiquel Ângelo Dezordi. **"Deu no jornal": notas sobre a contribuição da mídia para a (ir)racionalidade da produção legislativa no bojo do processo de expansão do direito penal.** *In*: Revista Liberdades - nº 2 – Instituto Brasileiro de Ciências Criminais: setembro -dezembro, 2009, p. 67.

[240] "[...] o Legislativo, imerso em questões pontuais, realiza alterações/inovações com objetivo de responder contingencialmente casos de grande repercussão. Nestes casos as leis normalmente são impulsionadas pela demanda punitiva, representando, de forma ótima, o que atualmente se denomina como política criminal populista ou populismo punitivo". CARVALHO, Salo de. **Em defesa da lei de responsabilidade político-criminal.** *In*: Boletim Ibccrim. Nº 193. Dezembro/2008.

[241] BATISTA, Vera Malaguti. **Criminologia e Política Criminal.** *In*: Revista Internacional de História Política e Cultura Jurídica, Rio de Janeiro: vol. 1. no.2, julho/dezembro 2009, p. 36. Disponível em <http://www.historia.uff.br/revistapassagens/artigos/v1n2a22009.pdf>. Acesso em 4 de julho de 2015.

[242] O autor é leitor e tradutor da obra de David Garland (*The Culture of Control*) e John Pratt. SOZZO, Máximo. **¿Metamorfosis de la prisión? Proyecto normalizador, populismo punitivo y "prisión-depósito" en Argentina.** *Op. Cit.*

legislativas voltadas tão somente à satisfação dos reclamos sociais passionais e contingentes".[243]

Em setembro de 2011, em um texto no qual repercutia decisão do Supremo Tribunal Federal sobre o tema da morte causada no trânsito por condutor embriagado, Luiz Flávio Gomes afirmava que "as decisões judiciais não podem ficar ao sabor do populismo penal".[244] Em outubro de 2011, ao comentarem decisão do Superior Tribunal de Justiça que anulara provas relativas à "Operação Faktor" da Polícia Federal, os criminalistas Alberto Zacharias Toron, Celso Sanchez Vilardi e Pierpaolo Cruz Bottini escreviam: "Não sucumbir aos apelos de uma espécie de populismo penal, que busca haurir a legitimidade da jurisdição penal na vontade do povo, representa o ponto culminante da razão de ser do Judiciário independente numa democracia constitucional".[245]

Em 2013, com a edição tendo sido fechada em dezembro de 2012, Luiz Flávio Gomes e Débora de Souza de Almeida publicavam o livro *Populismo penal midiático: caso mensalão, mídia disruptiva e direito penal crítico.*[246]

Em abril de 2014, O Ibccrim divulga "Novo Manifesto dos Criminalistas Brasileiros contra o PLS 236/12: oposição democrática contra o absurdo codificado", criticando o Anteprojeto de Código Penal aprovado no Senado Federal. E a nota da Coordenação do instituto registra em relação ao projeto: "[...] esforçando-se para soar suficientemente 'contemporâneo' e fugir de seu paradoxal anacronismo, o Parecer defende adiante a criação de 'novos crimes', tão desnecessários quanto caricatos, em mais uma demonstração de vulgar adesão ao populismo penal".[247]

---

[243] CARVALHO, Salo de. & WUNDERLICH, Alexandre. **Reformas legislativas e populismo punitivo: é possível controlar a sedução pelo poder penal?** *In*: Boletim Ibccrim. No. 214. Setembro/2010.

[244] "Decisão não pode ficar ao sabor do populismo penal". Disponível em <http://www.conjur.com.br/2011-set-15/coluna-lfg-decisao-judicial-nao-ficar-sabor-populismo-penal>. Acesso em 4 de julho de 2015.

[245] "Magistratura não pode se submeter ao populismo penal". Disponível em <http://www.conjur.com.br/2011-out-05/magistratura-tribunais-nao-podem-submeter-populismo-penal>. Acesso em 4 de julho de 2015.

[246] GOMES, Luiz Flávio & ALMEIDA, Débora de Souza de. **Populismo penal midiático**: caso mensalão, mídia disruptiva e direito penal crítico. São Paulo: Saraiva, 2013.

[247] *In*: Boletim Ibccrim. No. 257. Abril/2014.

Em junho de 2015, em texto no qual criticam a proposta de redução da maioridade penal, Mauricio Stegemann Dieter e Luciano Anderson de Souza advertem: "Natural que os parlamentares envolvidos nessa trama encontrem no populismo punitivo uma forma eficiente de simultaneamente desviar o foco sobre a apuração de suas responsabilidades e angariar simpatia eleitoral".[248] E em agosto de 2015, Rubens Casara destaca como uma das características da jurisdição penal autoritária:

> a adesão discursiva ao populismo penal: a jurisdição penal autoritária adere e reproduz os argumentos expostos nas manifestações políticas dirigidas à exploração do medo e das pulsões repressivas presentes na sociedade ("populismo penal", como chamou o jurista francês Denis Salas).[249]

Como se pode notar, o populismo penal está na agenda do debate penal. No mundo e no Brasil. Ainda que a nomenclatura oscile, há uma compreensão generalizada segundo a qual as narrativas e as instituições penais têm apresentado traços populistas na política contemporânea.

3.3. Populismo penal: definição

Na mitologia grega, as sereias eram ninfas marinhas. Tinham o poder de enfeitiçar com seu canto todos quantos as ouvissem. Os *infortunados* marinheiros sentiam-se irresistivelmente impelidos a se atirar ao mar para encontrá-las. Lá, encontravam a morte.[250]

O populismo penal é um discurso sedutor. Tem o poder de enfeitiçar com seu canto todos quantos o ouvem. Os *afortunados* políticos sentem-se irresistivelmente impelidos a adotá-lo. Por meio dele, não tem encontrado a morte política senão a vida dos votos.

---

[248] **Irracionalismo e redução da maioridade penal.** In: Boletim Ibccrim. No. 271. Junho/2015.

[249] "Jurisdição penal autoritária". Disponível em <http://justificando.com/2015/08/29/jurisdicao-penal-autoritaria/>. Acesso em 30 de agosto de 2015. Embora não tenha sido Denis Salas quem cunhou a expressão "populismo penal", pois o próprio francês cita em seu livro a obra anterior de Julian Roberts (**Penal Populism and Public Opinion**: Lessons Form Five Countries. New York: Oxford University Press, 2003). Cf. SALAS, Denis. **La volonté de punir**: essai sur le populisme pénal. Paris: Fayard, 2012, p. 57.

[250] BULFINCH, Thomas. **O livro de ouro da mitologia**: (a idade da fábula): histórias de deuses e heróis. 26a ed. Tradução de David Jardim Júnior. Rio de janeiro: Ediouro, 2002, p. 289.

Partindo de uma definição básica da ciência política, "podemos definir como populistas as fórmulas políticas cuja fonte principal de inspiração e termo constante de referência é o povo, considerado como agregado social homogêneo e como exclusivo depositário de valores positivos, específicos e permanentes".[251] Nesse sentido, o populismo penal representaria um conjunto de práticas e discursos de aumento do poder punitivo pretensamente apoiados pelo público em geral (povo).

Nós pretendemos uma reflexão mais profunda acerca desse fenômeno, com o que elegemos como referência teórica a obra do criminologista neozelandês John Pratt,[252] *Penal Populism.*[253] A obra do autor tem reverberado nos países de língua inglesa, mas é também reconhecido nos países latinos.[254] Apresenta compreensão sistematizada do tema, pelo que nos parece cientificamente útil tomá-la como norte, incluindo-a em nosso debate criminal.

De acordo com Pratt, a origem do termo populismo penal pode ser atribuída a Anthony Bottoms, que em seu trabalho *The Philosophy and Politics of Punishment and Sentencing* (1995), teria cunhado a expressão "punitivismo populista" (*populist punitiveness*) para descrever uma forma de influência no sistema penal pela qual o político tomaria decisões a partir daquilo que ele acredita ser a postura punitiva da sociedade em geral.[255] Posteriormente, aos poucos, o termo *populist punitiveness* ia sendo convertido para *penal populism*, com o que um dos primeiros a empregar a terminologia hoje mais prevalente foi Tim Newburn[256], em *Youth, crime, and justice* (1997).[257] Em 2003,

[251] Bobbio, Norberto; Matteucci, Nicola & Pasquino, Gianfranco. **Dicionário de Política**. Vol. I e II. 11a. ed. Trad. Carmen C, Varriale *et al.* Coord. trad. João Ferreira. Rev. geral João Ferreira e Luis Guerreiro Pinto Cacais. Brasília : Editora Universidade de Brasília, 1998, p. 980.

[252] *Victoria University of Wellington*, NZ. Disponível em <http://www.victoria.ac.nz/sacs/about/staff/john-pratt>. Acesso em 4 de julho de 2015.

[253] PRATT, John. **Penal Populism.** *Op. cit.*

[254] Como já referido acima. SOZZO, Máximo. **¿Metamorfosis de la prisión? Proyecto normalizador, populismo punitivo y "prisión-depósito" en Argentina.** *Op. Cit.*

[255] PRATT, John. **Penal Populism.** *Op. cit*, p. 2.

[256] Professor de Criminologia na *London School of Economics*, Inglaterra. Disponível em <http://www.lse.ac.uk/researchAndExpertise/Experts/profile.aspx?KeyValue=t.newburn@lse.ac.uk>. Acesso em 4 de julho de 2015.

[257] PRATT, John, *op. cit.*, p. 2.

em um texto que viria a ser citado por diversos autores, o professor Julian V. Roberts escrevia com Loretta J. Stalans, David Indermaur e Mike Hough *Penal Populism and Public Opinion: Lessons Form Five Countries* (2003). Os autores consagram a expressão populismo penal no contexto de um estudo empírico que buscou (e encontrou) elementos do fenômeno punitivo populista em cinco países: Estados Unidos, Reino Unido, Canadá, Austrália e Nova Zelândia.[258]

Buscar uma definição para a expressão é tarefa delicada. Em um texto de 2008, portanto posterior ao seu *Penal Populism* de 2007, Pratt afirma que o populismo penal pode ser entendido/reconhecido como a forma pela qual: (i) uma série de grupos de *lobby* do movimento "Lei e Ordem"; (ii) a imprensa sensacionalista; (iii) apresentadores de rádio; (iv) *thinktanks* de Direita; e (v) alguns acadêmicos como James Q. Wilson e autoridades policiais que espalham a mensagem de "tolerância zero", **têm se tornado influentes na política de governo.**[259-260]

Essa abordagem nos permite identificar grupos de pressão que, juntos ou não, contribuem para pressionar os governantes e institucionalidades a adotarem uma postura populista punitiva, forjando uma cultura punitivista.

Nesse sentido, Pratt defende que o populismo penal é mais do que a mera tentativa do político de obter vantagens eleitorais. Essa é uma observação relevante em relação ao trabalho de Julian V. Roberts, na medida em que esse autor define como populistas as políticas penais que se destinam à obtenção

---

258 ROBERTS, Julian V. *et. al.* **Penal Populism and Public Opinion**: Lessons Form Five Countries, *op. cit.*, p. ix.

259 "We have become very familiar with what is known as 'penal populism' — the way in which an array of law and order lobby groups, the tabloid press, talkback radio hosts and callers, right-wing thinktanks, a few academics such as James Q. Wilson and some evangelising police chiefs spreading the message of 'zero tolerance' have become influential on government policy [...]". PRATT, John. **When Penal Populism Stops**: Legitimacy, Scandal and the Power to Punish in New Zealand. *In*: The Australian and New Zealand Journal of Criminology. Volume 41. Number 3, 2008, p. 364. Disponível em <http://www.rethinking.org.nz/images/newsletter%20PDF/Issue%2069/06%20%20pratt%202008.pdf>. Acesso em 8 de julho de 2015.

260 Zimring aponta que políticos de direita, grupos pró-punição e grupos representantes dos direitos das vítimas tiveram dramático aumento de poder na política legislativa penal americana nos anos 1990 (década da *three strikes law*). Cf. ZIMRING, Franklin E. **Penal Policy and Penal Legislation in Recent American Experience**. Stanford Law Review, vol. 58, 20 05, 333 - 334. Disponível em <http://scholarship.law.berkeley.edu/facpubs/1244>. Acesso em 21 de julho de 2015.

de voto, qualificadas por uma desconsideração acerca da eficácia das medidas resultantes dessas políticas. O político populista penal permitiria a prevalência de uma política que renda vantagem eleitoral independentemente de sua efetividade penal.[261] Roberts observa que é natural, do ponto de vista democrático, que os políticos sejam responsivos à opinião pública e ao público em geral. É compreensível que busquem medidas populares. A responsividade e a popularidade seriam ingredientes necessários ao populismo, mas o elemento chave seria a ideia segundo a qual a decisão política é tomada em total dissonância com a suposta eficácia da medida[262]. E registra a seguinte definição: "populismo penal consiste na persecução de um conjunto de políticas para ganhar votos, em vez de reduzir taxas criminais ou promover justiça".[263] O autor chega a contemplar uma distinção entre "populismo penal benigno" e "populismo penal maligno". O primeiro corresponderia a políticos que perseguem políticas certas (políticas criminais eficazes), mas pelas razões erradas (serem populares). O segundo, fonte real de preocupação do autor, diria respeito à promoção de políticas que são eleitoralmente atraentes, só que injustas, ineficazes, ou em desacordo com a verdadeira leitura da opinião pública.[264]

De todo modo, segundo Roberts, o populismo penal será um tipo específico de resposta ao crime: **"é essencialmente uma resposta política simples para um problema social complexo"**.[265] E as políticas populistas penais emergirão de um ou mais dos seguintes elementos: (i) uma preocupação excessiva com a atratividade de políticas em relação ao eleitorado; (ii) um desprezo intencional ou negligente com os efeitos das várias políticas criminais; e (iii) uma tendência em fazer suposições simplistas acerca da natureza da opinião pública.[266]

---

[261] ROBERTS, Julian V. *et. al.* **Penal Populism and Public Opinion,** *op. cit.*, p. 5.

[262] Nós vamos comprovar empiricamente em nossa pesquisa que o político apresenta projetos de lei que aumentam penas despidos de qualquer possibilidade de eficácia ou alteração da realidade na qual pretende incidir, razão pela qual essas proposições se podem reputar populistas.

[263] "In short, penal populism consists of the pursuit of a set of penal policies to win votes rather than to reduce crime rates or to promote justice". *Ibidem*, p. 5.

[264] *Ibidem*.

[265] (Tradução e grifo nossos)"[...] penal populism is essentially a rather simple political response to a complex social problem." *Ibidem*, p. vii.

[266] *Ibidem*, p. 8.

O magistrado francês Denis Salas também apresenta uma definição de populismo penal em sua paradigmática obra. O autor reconhece que o fenômeno se instalou na vida democrática. Difundiu-se politicamente para além da Direita. E se caracterizaria por três elementos: (i) promessas políticas punitivas e radicais, que seriam atrativas ao eleitor; (ii) indiferença acerca da eficácia dessas políticas, as quais valem apenas pelo seu impacto na opinião pública; e (iii) uma legislação penal fundada na necessidade de segurança supostamente respaldada na opinião pública.[267] Nesse sentido, o populismo penal sinaliza para políticos que promovem e apoiam políticas que eles sentem que terão apelo junto ao público. Para identificar que políticas são essas, os governantes (ou aspirantes) vão tentar medir a atitude do público em relação ao sistema de justiça criminal.[268] E a leitura dessa atitude tem conduzido justamente à escolha de políticas penais duras.

A descrição que Pratt faz em sua obra nos inspira a sistematizar 5 (cinco) atributos do populismo penal:

(1) Oposição entre direitos dos "criminosos" *versus* direitos das vítimas e da sociedade em geral. O populismo penal vai se fundar em um discurso a partir do qual criminosos e prisioneiros teriam sido favorecidos em detrimento de vítimas e do público obediente à lei.[269] Ou seja, centra-se na ideia de que a política penal do século XX teria dado prevalência aos direitos dos criminosos, relegando a segundo plano o direito à segurança da coletividade, e os direitos das vítimas em concreto, como por exemplo, ver o autor do fato punido severamente (daí a volta do retribucionismo – *just deserts*). Formar-se-ia então uma maioria oprimida (*opressed majority*)[270], em nome da qual fala o populismo punitivo. **O populismo penal fala em nome das vítimas e da sociedade desprotegida.** É como se uma maioria *silenciosa* tivesse despertado. Agora é uma maioria *raivosa*. Essa é alteração no tom emocional do debate público penal sobre o qual comentara Garland. Atacando os direitos de investigados,

---

[267] SALAS, Denis. **La volonté de punir**, *op. cit.*, p. 57.

[268] MARSH, Ian, COCHRANE, John & MELVILLE, Gaynor. *Crime, Justice and The Media*. Routledge: London and New York, 2004. p. 182.

[269] PRATT, John. **Penal Populism.** *Op. cit*, p. 12.

[270] *Ibidem*, p. 21.

denunciados, réus e condenados, o populismo penal vai sugerir a diminuição ou supressão de direitos tradicionalmente garantidos ao indivíduo que comete crime.[271] No todo, vai demandar que os direitos das vítimas e da comunidade tomem a frente dos direitos individuais do criminoso.[272] Um desafio aos limites constitucionais impostos pelos direitos e garantias fundamentais que devem conter o poder punitivo.

(2) Discurso que se alimenta de expressões de raiva, desencanto e desilusão em relação ao sistema criminal existente.[273] **A narrativa do populismo penal assume a forma de *sentimentos* e *intuições***, os quais se sobrepõem - quando não desmoralizam - a indicadores mais quantificáveis, como taxas criminais, dados de encarceramento, verificação da eficácia das medidas. Nesse contexto, o desenvolvimento da política penal será determinado pela necessidade de dar uma resposta imediata a casos excepcionais à medida que ocorrem. Essa resposta contingente, por meio de leis penais simbólicas, muitas vezes não vai considerar sequer se a ofensa/fato/crime é frequente.[274]

(3) Discurso que aposta na divisão e dissenso, como se houvesse um abismo entre as expectativas penais do público em geral e as políticas e práticas das autoridades do sistema de justiça criminal.[275] Nesse registro discursivo, **o populismo penal vai indicar uma profunda separação entre aquilo que a população pretensamente desejaria como punição penal e as punições que efetivamente ocorreriam**. As percepções segundo as quais as "penas são muito leves", as "sentenças muito brandas", e que há "regalias na prisão" serão comuns na fala populista. Nesse cenário, a política criminal refletirá mais a "vontade do povo" do que os valores tradicionais da justiça penal.[276]

---

[271] "It (populismo penal) also seeks to curtail or abandon altogether many longstanding criminal justice rights which are thought to favour criminals at the expense of law-abiding community members[...]". (Inserção nossa) *Ibidem*, p. 29.

[272] *Ibidem*, p. 30.

[273] *Ibidem*, p. 12.

[274] *Ibidem*, p. 26.

[275] *Ibidem*, p. 13.

[276] *Ibidem*, p. 14.

(4) Estilo retórico de comunicação baseado na simplicidade e franqueza. O populismo penal vai adotar uma forma anedótica para se expressar. Narrativas simplificadas, por vezes jocosas,[277] combinadas com relatos de experiências das vítimas transmitem mais a **autenticidade** do crime do que as estatísticas. A frieza dos números cede diante do calor emotivo da palavra da vítima. **O populismo penal tem uma natureza anti-intelectual baseada no senso comum.**[278] Dados, números e estudos não resistem ao choro da vítima, ao rosto exibido do criminoso, à população insegura: "algo precisa ser feito", "ninguém aguenta mais", "saio de casa e não sei se volto vivo", "ninguém está seguro", "você corre risco em sua própria casa", "não se pode confiar em ninguém", "as leis precisam mudar", "a polícia prende e a justiça solta", "salve-se quem puder". Essas formas de expressão fertilizam o discurso punitivista do populismo penal.

(5) Procura oportunidades para transformar a punição dos infratores em um espetáculo.[279] O populismo penal busca fazer da punição dos criminosos um espetáculo simbólico que, de um lado, (i) despertaria confiança nas instituições penais e (ii) representaria a vingança para o público espectador, e, de outro, produziria humilhação e degradação para os criminosos.[280] **O populismo penal espetaculariza a punição.**

Assim, o populismo penal fala em nome do povo desprotegido, aposta em sentimentos e intuições para realizar política criminal, afirma que o sistema criminal é suave com o crime, funda-se em um conhecimento de senso comum simplista e reducionista, e converte a punição penal em espetáculo de degradação do infrator e *festa* vingativa para o público.

De acordo com a nossa visão, tendo em vista as descrições acima, podemos afirmar que o **populismo penal é um *fenômeno* representado por um conjunto de *práticas* e *discursos* que traduzem e reivindicam endurecimento penal, com afetação das *instituições* que compõem o sistema criminal.** Propomos a imagem abaixo para contemplar essa relação entre *fenômeno*, *discursos* e *instituições*:

---

[277] Basta pensar na figura caricata como alguns apresentadores transmitem notícias relativas à criminalidade de sangue todos os dias em alguns canais de televisão.

[278] "[...] there is a commonsensical anti-intellectual nature to penal populism [...]". PRATT, John. **Penal Populism**. *Op. cit*, p. 17.

[279] *Ibidem*, p. 30.

[280] *Ibidem*.

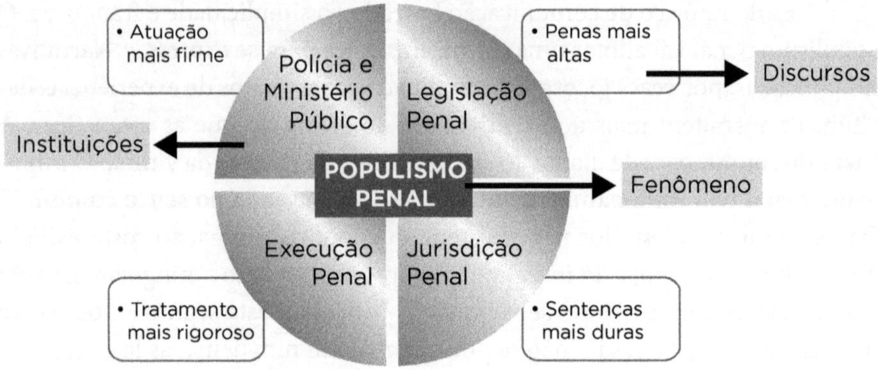

O *fenômeno* vai irradiar seu *discurso* de maior rigor penal para as *instituições*, reivindicando/cobrando: (i) postura mais firme das polícias e do órgão acusador; (ii) penas mais altas e diminuição/fim de benefícios penais[281] do legislador; (iii) sentenças com penas mais altas dos juízes; e (iv) cumprimento da pena de forma mais rigorosa dos órgãos de execução penal.[282]

Quanto à força do populismo penal no nível judicial (sentenças mais duras), por exemplo, Roberts observou que, nos cinco países de língua inglesa objeto de seu estudo, "a ironia, claro, é que esse movimento [populismo penal] em direção a condenações mais duras acelerou-se em um momento no qual as taxas criminais na maioria das jurisdições estavam diminuindo".[283] Uma demonstração de que o populismo punitivo não busca reduzir o crime senão dar uma satisfação para o público. Uma evidência segundo a qual o político populista-penal não busca medidas de resolução das causas do crime senão a obtenção de vantagens eleitorais. E, de acordo com a imagem que sugerimos acima, **é nosso objeto de investigação nesta pesquisa o populismo penal referente ao quadrante "legislação penal".**

[281] Por exemplo, substituição da pena, livramento condicional, suspensão condicional da pena, tempo para progressão de regime.

[282] Nos EUA, por exemplo, a obrigatoriedade de o condenado usar camiseta com indicação do crime cometido, ou sinais identificativos de que é um criminoso sexual. Cf. PRATT, John. **Penal Populism**, *op. cit*, p. 31.

[283] (Tradução e inserção nossa) "The irony of course is that this movement toward harsher sentencing has accelerated at a time when crime rates in most jurisdictions have been declining". ROBERTS, Julian V. *et. al.* **Penal Populism and Public Opinion,** *op. cit.*, p. viii e 19.

Atuando em todos os níveis do sistema, o populismo penal renderá mais prisões (seletivas). De efeitos segregadores e retributivos, a pena deve satisfazer o clamor por punição. A penalidade punitiva deve assumir a forma de um espetáculo. E o senso comum popular deve ser priorizado em relação a um saber jurídico-penal que pretensamente só protege o infrator, ignorando vítima e os "homens de bem".

Essa tendência cultural que vai forjar a política criminal (práticas e discursos) contemporânea é autoritária. E tem suas raízes justamente no populismo penal, que vai ser alimentado por demandas de maior proteção do público, por uma política penal punitiva suprapartidária, e pelas construções midiáticas do crime.[284] O que nos leva a um ponto central da discussão: o papel desempenhado pela mídia na cultura punitiva do controle do crime na atualidade.

3.4. O combustível do populismo penal: a mídia

Nenhuma abordagem do populismo penal seria completa sem a discussão acerca das influências da mídia sobre o público em geral.[285] A narrativa midiática é o fio condutor do populismo penal.[286] As percepções sociais sobre o crime e sua relação com o fenômeno do populismo punitivo tem sido influenciada pelos meios de comunicação e pelo impacto das novas tecnologias de informação. A mídia pode ter o efeito de modelar, solidificar e dirigir o sentimento e opinião pública sobre o crime e a punição, refletindo uma espécie de voz autêntica das pessoas comuns.[287]

Garland também destaca esse impacto dos meios de comunicação de massa nas percepções populares do delito. Observa que a televisão se massificou

---

[284] "This authoritarian tendency has its roots in the rise of penal populism fed by demands for greater public protection, in media constructions of crime, and in a punitive crossparty penal politics". LACEY, Nicola & ZEDNER, Lucia. **Legal constructions of crime.** *In*: MAGUIRE, Mike, MORGAN, Rod & REINER, Robert. The Oxford Handbook of Criminology. Fifth Edition. Oxford University Press: United Kingdom, 2012, p. 178.

[285] ROBERTS, Julian V. *et. al.* **Penal Populism and Public Opinion,** *op. cit.*, p. 76. A literatura que relaciona *mídia* e *crime* é vastíssima, e poderia facilmente constituir objeto de outra investigação científica.

[286] SALAS, Denis. **La volonté de punir,** *op. cit.*, p. 57.

[287] Cf. PRATT, John. **Penal Populism,** *op. cit*, p. 4.

nos anos entre 1950 e 1970 (Estados Unidos), mesmo período em que as taxas criminais começavam a apresentar-se como um fato social normal.

As televisões focalizam o crime, lhes emprestam enorme atenção, nacionalizam as notícias, permitem a representação das vítimas que "sofreram nas mãos dos delinquentes" e foram "abandonadas por um sistema insensível e ineficaz".[288] Isso vai engendrar uma transformação na percepção do delito, diminuindo a distância da sociedade (principalmente a classe média) em relação ao problema da criminalidade. Conferências de imprensa, entrevistas televisionadas, choros, dramatizações, imagens de vítimas, criminosos e do trabalho da polícia vão tornar mais difícil a blindagem do sistema penal quanto à força emocional da opinião popular. A televisão, bem como atualmente as redes sociais, mudam as regras do discurso político. Garland observa que "o encontro televiso - com a rapidez de suas frases cativantes, sua intensidade emocional e sua audiência massiva - tem empurrado os políticos a serem mais populistas, mais emotivos, mais evidentemente em sintonia com o sentimento público".[289]

Programas de TV, séries, filmes e noticiários segmentados sobre crime crescem e ganham popularidade. Os medos e ressentimentos da sociedade contemporânea encontram um meio de se expressar culturalmente nas telas e redes sociais. Narrativas que contém dramas, vinganças, elementos morais, histórias de crime e castigo, criminosos executados e notícias de atrocidades que se convertem em escândalos vão demandar uma catarse.[290]

A presença constante do fenômeno criminal nos meios de comunicação empresta forma e tom emocional à nossa experiência com o delito. Mas essa presença é seletiva.[291] A seleção dos fatos (realidade-jornalismo) e dramas fictícios (ficção-entretenimento) referidos ao delito tendem a distorcer a percepção pública do problema da criminalidade. Garland também aponta que essa distorção aparece ao privilegiar-se o "discurso da vítima" em detrimento do

---

288 GARLAND, David. **La cultura del control**, *op. cit.*, 261.

289 (Tradução nosso) "El encuentro televisivo - con la rapidez de sus frases pegadizas, su intensidad emocional y su audiencia masiva - ha empujado a los políticos a ser más populistas, más emotivos, más evidentemente a tono con el sentimiento público". *Ibidem*, p. 262.

290 *Ibidem.*

291 *Ibidem.*

"discurso do sistema". Isto é, a prevalência da narrativa de autenticidade da dor das pessoas frustradas com o sistema penal em relação à análise daqueles que representam o sistema. Enfatizar o discurso da vítima dramatiza e emociona a resposta que se deve dar ao crime, independente dos números reais acerca da quantidade de crime, taxas criminais, e mesmo os perigos em torno dos fatos repercutidos.[292] É como se toda essa ênfase tornasse tudo mais perigoso e ameaçador do que realmente é.

Contudo, Garland ressalva que a atenção, ênfase e lente de aumento que os meios de comunicação dão ao crime não engendraram o populismo penal. A mídia impulsiona, conduz, robustece, alimenta ele. Ela é seu combustível. Mas "sem uma experiência do delito coletiva, rotineira e enraizada seria improvável que as notícias e dramas sobre o delito atraíssem audiências tão numerosas ou vendessem tanto espaço publicitário".[293] O ponto central do criminologista é que a mídia teria institucionalizado essa experiência com o crime. Estamos rodeados e somos bombardeados de imagens do delito, de perseguição ao crime, de busca pela punição. Com o crime no cotidiano das pessoas, provoca-se a experiência do delito por meio das expressões de medo, raiva e fascinação.[294] Essa institucionalidade do crime vai torná-lo muito mais presente no cotidiano das pessoas. E o político deve reagir ao crime em função dessa experiência do público forjada na mídia, e não em relação a dados, estatísticas e estudos relativos à criminalidade. E assim, "o conhecimento e a opinião sobre a justiça penal se baseiam em representações coletivas mais do que na informação precisa".[295] O senso comum vai produzir política criminal: isso é populismo penal.

Nesse contexto, vamos assistir a uma inflação do medo das pessoas por meio das narrativas midiáticas, que por sua vez vão pressionar os governantes a tomar medidas de resposta ao crime por meio do endurecimento penal. Na Alemanha, Roxin igualmente vai reconhecer essa dinâmica: "[...] o medo

---

[292] *Ibidem.*

[293] (Tradução nossa) "Sin una experiencia del delito colectiva, rutinaria y enraizada sería improbable que las noticias y dramas sobre el delito atrajeran audiencias tan numerosas o vendieran tanto espacio publicitario". *Ibidem,* p. 263.

[294] *Ibidem.*

[295] *Ibidem.*

da criminalidade entre os cidadãos, aumentado pelas reportagens da mídia, tornam a exigência de penas mais duras um meio cômodo para que muitos políticos consigam votos".[296]

O sociólogo americano Barry Glassner já tinha chamado a atenção para a maneira pela qual a mídia conduz as emoções do público, produzindo medo excessivo e deslocado. No livro de grande repercussão *A cultura do medo*[297], o autor pontua uma pesquisa que avaliou os níveis de cobertura em revistas e jornais populares sobre variados perigos para a saúde. O trabalho revelou que muito pouco espaço era conferido para as maiores causas de morte do que para causas mais incomuns. A causa líder de mortalidade, doenças do coração, recebeu aproximadamente a mesma quantidade de atenção que a 11ª (décima primeira) causa, o homicídio. A mesma relação foi encontrada quanto aos fatores de risco associados à doença e à morte: o fator de risco mais baixo no ranking, uso de drogas, recebeu quase a mesma cobertura que o segundo fator de risco mais alto no ranqueamento, dieta e exercícios.[298] Esse tipo de notícia veiculada em documentos de imprensa contribui para inflar o medo e ressentimento quanto aos crimes relacionados às drogas e ao homicídio. Ao mesmo tempo, corrobora o processo de distorção da percepção do público sobre o crime, que terá grande incompreensão do fenômeno quanto ao volume da criminalidade e índices de punição (*impunidade*).

Nessa mesma linha vai seguir o argumento de Diez-Ripollés. É difícil evitar uma cobertura de imprensa desproporcional em relação à enormidade de fatos criminosos (de naturezas diversas) ocorridos na vida social. A consequência disso é que os meio de comunicação vão se tornar determinantes na modelagem das atitudes sociais frente aos crimes. Isso ocorreria em todos os países. A cobertura desproporcional, seletiva, realizada pelos diferentes grupos de mídia produzirão, sem exceções, "imagens distorcidas do volume de delinquência

---

296 ROXIN, Claus. **Tem futuro o Direito Penal?** *In*: Estudos de direito penal. Trad.: Luís Greco. Rio de Janeiro: Renovar, 2006, p. 18.

297 GLASSNER, Barry. **The Culture of Fear**: why americans are afraid of the wrong things. New York: Basic Books, 1999.

298 *Ibidem*, p. 26 (arquivo EPUB).

e da impunidade dos delinquentes mediante construção da realidade", sendo "fatores determinantes na geração do medo ao delito".[299]

Vera Malaguti Batista tem importante reflexão sobre o tema. Argumenta que o medo é explorado como forma de legitimar ferramentas penais de controle social: "minha hipótese central é de que a hegemonia conservadora em nossa formação social usa a difusão do medo como mecanismo indutor e justificador de políticas autoritárias de controle social".[300]

O medo do crime (*the fear of crime*) - compreendido como a percepção pública do risco do crime - constitui importante tópico na Criminologia. E a mídia desempenha papel central na criação dessa percepção, influenciando na compreensão das pessoas sobre o tamanho da criminalidade e os riscos de sofrer com ela.[301-302-303]

A presença constante do crime na mídia, no cotidiano da vida, o bombardeio de notícias de fatos violentos, pessoas perigosas, lugares inseguros produzirão mais medo e ansiedade, que por sua vez produzem maior expectativa no público quanto à atuação do Estado para resolver esses "perigos". Diante

---

[299] **La política legislativa penal iberoamericana a principios del siglo XXI.** *Polít. crim.*, N° 5, 2008, A7 - 5, p 26. <http://www.politicacriminal.cl/n_06/a_7_5.pdf>. Acesso em 9 de julho de 2014.

[300] BATISTA, Vera Malaguti. **O medo na cidade.** *In*: PLASTINO, Carlos Alberto (Org.). Transgressões. Rio de Janeiro: Contra Capa, 2002, p. 205.

[301] TREADWELL, James. **Criminology,** *op. cit.*, p. 77.

[302] Há duas importantes teorias que abordam a maneira pela qual a mídia retrata o crime: *deviancy amplification*, do criminologista Leslie Wilkins; e *moral panics*, do criminologista Stan Cohen. A primeira sugere que a "amplificação do desvio" é o processo pelo qual a "mídia, polícia, a reação pública e política em relação ao comportamento não-conformista não age para controlar o comportamento desviante, senão tem um efeito oposto de aumentá-lo". A segunda, "pânico moral", assenta em que tempos de mal-estar social, mudanças abruptas, "demônios folclóricos" e pânicos morais servem para criar um senso de controle sobre esses episódios, grupos e indivíduos que parecem ameaçar as normas da sociedade. *Ibidem*, p. 79-80.

[303] Sobre a representação do crime pela mídia, nesse contexto de criação da percepção do público acerca da criminalidade, cf. REINER, Robert & GREER, Chris. **Mediated mayhem: media, crime, criminal justice.** *In*: MAGUIRE, Mike, MORGAN, Rod & REINER, Robert. The Oxford Handbook of Criminology. Fifth Edition. Oxford University Press: United Kingdom, 2012, pp. 255-256.

desse quadro, as pessoas olham para forças populistas como uma promessa de solução.[304]

Mas quais foram exatamente as transformações na mídia que permitiram-na abastecer o discurso populista punitivo? Nos permitimos com Pratt identificar 4 (quatro) fenômenos que vão propiciar às narrativas midiáticas fortalecerem o populismo penal: (i) mudança nas notícias; (ii) *glamourização* da transmissão; (iii) nova tecnologia da informação e democratização; e (iv) globalização e *sloganização.*

Em primeiro lugar, houve uma mudança qualitativa e quantitativa nas notícias reportadas. **Mais reportagens sobre crimes e sobre tipos de criminalidade**. *Quantitativamente*, os meios de comunicação passaram a dar muito mais espaço para divulgação de histórias criminosas ao longo do século XX.[305] É inerente à atividade de noticiar o crime a capacidade de chocar, assustar e entreter para sustentar o apelo e audiência do público. Consequentemente, vende-se mais jornais e aumenta-se a audiência nas televisões. Mas esse processo é seletivo, e não compreensivo. O noticiamento seletivo vai produzir sentimentos e intuições a respeito da criminalidade que virão a caracterizar o populismo penal.[306]

Qualitativamente as notícias também aumentaram. A dinâmica seletiva midiática vai sobrerrepresentar os crimes violentos, particularmente o homicídio.[307] Os crimes que são noticiados são chocantes e alarmantes: homicídio, estupro e outros violentos. Esse padrão tende a passar a impressão segundo a qual esses delitos são mais frequentes do que realmente são, contribuindo para criar uma imagem não representativa da extensão e tipo de criminalidade que prevalece na sociedade.[308-309]

---

304 PRATT, John. **Penal Populism**, *op. cit*, p. 67.

305 *Ibidem*, p. 69.

306 *Ibidem*, p. 68-69.

307 *Ibidem*, p. 69.

308 TREADWELL, James. **Criminology**, *op. cit.*, p. 77.

309 E embora a sociedade tenha alto interesse na justiça criminal, seu conhecimento sobre o crime (números) e a justiça (funcionamento) é baixo. Cf. MARSH, Ian, COCHRANE, John & MELVILLE, Gaynor. **Crime, Justice and The Media**. Routledge: London and New York, 2004, p. 182-189.

No Brasil, por exemplo, a Receita Federal divulgava, em abril de 2015, que iria intimar 280 (duzentos e oitenta) mil pessoas para verificar irregularidades na declaração de imposto de renda de pessoas físicas, na expectativa de combater fraudes e infrações à legislação tributária.[310] Embora possamos estar diante de milhares de potenciais autores de crime de sonegação fiscal[311], esse não é o tipo de notícia que rende narrativas históricas nos jornais e em programas policialescos nas televisões[312].

Conforme afirma Pratt, no geral, as alterações qualitativas e quantitativas nas reportagens criminais podem ser atribuídas ao crescimento da diversidade de novas fontes e mídias (alternativas), bem como à simultânea concentração de propriedade na mão de alguns magnatas da mídia, os quais podem modelar as transmissões e publicações no estilo de seus próprios interesses comerciais[313] (e outros interesses também, como os políticos).

Em segundo lugar, as transmissões midiáticas em torno do crime e castigo tendem a exagerar e dramatizar as notícias de modo a capturar audiência. **A espetacularização da punição no populismo penal é viabilizada pela "glamourização" do crime nos programas e documentos da mídia.** Transmissões que privilegiam vítimas e "sobreviventes" emprestam mais autenticidade à experiência do delito do que a opinião de *experts* do sistema penal[314], conforme apontamos acima. Programas que exprimem o estilo *reality tv* mostram o trabalho da polícia, invariavelmente pintando um quadro heróico da atividade policial. Mas o trabalho de outros profissionais do sistema penal não é

---

[310] Cf. "Receita intimará 280 mil contribuintes com irregularidades no IR 2014". Disponível em <http://g1.globo.com/economia/imposto-de-renda/2014/noticia/2015/04/fisco-intimara-280-mil-contribuintes-com-irregularidades-no-ir-2014.html>. Acesso em 4 de julho de 2015.

[311] Na forma da Lei 8.137/1990, desde que presentes todos os elementos de prova, presença de dolo, lançamento definitivo do tributo (Súmula vinculante n. 24 do Supremo Tribunal Federal) etc.

[312] De expressiva audiência, portanto rentáveis para o grupo empresarial de mídia, esses programas concentram suas notícias na criminalidade patrimonial, de sangue e de drogas. Por exemplo, programa "Operação de Risco" da RedeTV e programa "Polícia 24h" da TV Bandeirantes. Cf. respectivamente, <http://www.redetv.uol.com.br/operacaoderisco/>; e<http://noticias.band.uol.com.br/policia24h/>. Acesso em 4 de julho de 2015.

[313] PRATT, John. **Penal Populism**, *op. cit*, p. 70.

[314] *Ibidem*, p. 78.

retratado. O público em geral fica com uma visão tacanha do *modus operandi* das instituições penais.

Em terceiro lugar, em razão do impacto da nova tecnologia da informação, todas as pessoas passaram a ter a oportunidade de fazer, reportar e comentar as notícias por elas mesmas.[315] Há uma crescente democratização do acesso e construção da notícia. A informação pode ser transmitida e acessada por qualquer um. A interatividade muda a relação do público com a notícia. Desde os rádios interativos a partir da década de 1960 ao *facebook* e *whatsapp* dos dias atuais[316], passando pelo programa "Linha Direta"[317], o público mistura-se à notícia produtora de realidade. Com toda a tecnologia de mídia disponível, os políticos podem conversar diretamente com o "povo", sem filtragens e intermediações quanto às percepções acerca do fenômeno criminal.[318] **Essa relação comunicacional vai favorecer o conhecimento anti-intelectual fundado no senso comum que vai caracterizar o populismo penal.** Pratt argumenta que essas novas possibilidades de comunicação vão permitir aos grupos representantes do movimento "lei e ordem" ganharem mais proeminência pelas suas visões de endurecimento da lei penal.[319] O resultado de toda essa atenção dispensada a eles será capaz de recolocar os termos do debate penal. Assim, a política criminal será orientada para a severidade das condenações, efeito dissuasório da punição e satisfação das vítimas, em vez de assentar-se no custo financeiro (recursos finitos), efetividade das intervenções penais e humanitarismo.[320] O protagonismo da vítima na cena criminal produz mais autenticidade para experiência com o delito, conduzindo a um processo que Pratt denomina "desestatísticalização" (*destatisticalization*)[321]. No debate penal, a referência às estatísticas criminais converte-se em um código que remete

---

315 *Ibidem*, p. 80.

316 Diversos veículos de mídia mantém um número de telefone vinculado ao aplicativo para viabilizar um canal de comunicação para o envio de mensagens, vídeos e imagens pelo público.

317 Exibido de 1999 a 2007 pela TV GLOBO, o programa retratava crimes ocorridos no Brasil cujos autores eram foragidos da Justiça.

318 PRATT, John. **Penal Populism**, *op. cit*, p. 82.

319 *Ibidem*.

320 *Ibidem*, p. 84.

321 *Ibidem*, p. 85.

à leveza/suavidade/moleza com o crime e, ao mesmo tempo, à insensibilidade com a vítima.[322] Se a *realidade* do crime será confiada às experiências pessoais em relação a ele, então as estatísticas são desnecessárias.

Em quarto lugar, toda essa nova tecnologia que reconfigura a relação do público com as imagens do crime e da punição por meio das narrativas midiáticas, também vai permitir que a cultura punitiva subjacente a ela se espalhe pelo mundo. Globaliza-se. A retórica discursiva que acompanha o populismo penal está espalhada no mundo. E os *slogans* que caracterizam suas formas de expressão vão se espraiar pelo globo a partir da modelagem penal americana.[323] *Life means life, Three Strikes Law* e *Zero Tolerance* vão **constituir a estratégia do populismo penal sob a forma de *sloganização* do discurso.**[324] Sobre a *Three Strikes Law*, dedicaremos o próximo item.

Portanto, parece-nos evidenciada a ideia segundo a qual a mídia seria o fio condutor do populismo penal. Para resumir, concordamos com Roberts, que apresenta os seguintes 5 (cinco) pontos relativos aos modos pelos quais a mídia influencia a política criminal:[325]

1. A distorção sistemática da informação sobre o crime por meio das "notícias" criminais.
2. A distorção seletiva das percepções sobre o crime por meio da mídia de entretenimento e os meios de comunicação que borram a linha entre notícia e entretenimento (fusão jornalismo-realidade e ficção-entretenimento).
3. O reforço dos medos e das visões simplistas relativas às causas do crime.
4. A promoção de respostas ao crime de acordo com a ocorrência de eventos.
5. O foco sobre crime e a seleção de crimes favorece estilos políticos como o populismo, que focalizam a emotividade.

O conhecimento das pessoas a respeito da criminalidade tem como fonte principal a imprensa, a mídia em geral. Muitos pensam que detém verdadeiro

---

322 *Ibidem*, p. 88.

323 Sobre a globalização do programa "tolerância zero", cf. WACQUANT, Loïc. **As prisões da miséria**. Trad.: André Telles. Rio de Janeiro: Jorge Zahar Ed., 2001, p. 30-39.

324 *Ibidem*, p. 92.

325 ROBERTS, Julian V. *et. al.* **Penal Populism and Public Opinion,** *op. cit.*, p. 92.

conhecimento fenomenológico do crime apenas com o que lhe é acessível pela mídia. A atividade jornalística é imprescindível ao ambiente democrático. Mas é problemático buscar compreender o fenômeno criminal a partir da narrativa midiática. E muito mais problemático fazer política criminal fundado nela. De acordo com os *Princípios Editorias do Grupo Globo*: "De todas as definições possíveis de jornalismo, a que o Grupo Globo adota é esta: jornalismo é o conjunto de atividades que, seguindo certas regras e princípios, produz um primeiro conhecimento sobre fatos e pessoas".[326] Invariavelmente, o público forja sua opinião e percepção criminal a partir desse "primeiro conhecimento". Não há um segundo, terceiro, quarto. É o primeiro e o último. É o único. Esse conhecimento único, unívoco, seletivo, irrefletido, modelador do senso comum, não pode resultar na decisão político criminal. Em nenhum de seus níveis: legislativo, judicial e executivo. Do contrário, prazer, meu nome é populismo penal.

3.5. A *Three Strikes Law* como símbolo do populismo penal legislativo

A *Three Strikes Law* é o maior exemplo de lei populista punitiva reconhecida na literatura criminológica.[327] E, em 2003, a Suprema Corte Americana declarou constitucional seu comando legislativo.[328] Permitimo-nos contar a história dessa eloquente lei, genuinamente expressiva do populismo penal. Para

---

326 Disponível em <http://grupoglobo.globo.com/breve_definicao_jornalismo.php>. Acesso em 8 de julho de 2015.

327 Por exemplo, cf. ROBERTS, Julian V. e HOUGH, Mike. **Public Opinion, Crime, and Criminal Justice**. In: MAGUIRE, Mike, MORGAN, Rod & REINER, Robert. The Oxford Handbook of Criminology. Fifth Edition. Oxford University Press: United Kingdom, 2012, p. 286; GARLAND, David. **La cultura del control**, *op. cit.*, 49; PRATT, John. **Penal Populism**, *op. cit*, p. 22; ZAFFARONI, Eugenio Raúl. **La cuestión criminal**. *In*: Suplemento especial de Página 12. Vol. 14. 25 de agosto de 2011, p. II. Disponível em <http://www.pagina12.com.ar/especiales/archivo/zaffaroni_cuestion_criminal/9-16.la_cuestion_criminal.pdf>. Acesso em 8 de julho de 2015.

328 Cf. EUA. *Lockyer vs. Andrade* - No. 01-1127 - Suprema Corte dos Estados Unidos. *Certiorari To The United States Court Of Appeals For The Ninth Circuit*. Disponível em <http://www.supremecourt.gov/oral_arguments/argument_transcripts/01-1127.pdf>. Acesso em 8 de julho de 2015.

tanto, recorremos à obra de Erwin Chemerinsky,[329] *The Conservative Assault on the Constitution*[330], bem como ao voto da Suprema Corte.

Em 1992, Kimber Reynolds, uma jovem de 18 anos[331], era morta por Douglas Walker[332] em um roubo no estado americano da Califórnia. Ele tinha cinco antecedentes criminais.[333] Logo em seguida, o pai da vítima, Mike Reynolds, inicia uma cruzada por punições mais duras. Era o embrião da lei *Three Strikes and You're Out* (três golpes e você está fora), que viria à tona em março de 1994. Reynolds afirmava que a lei era "simples o suficiente para entender, certa, e dura o suficiente para desencorajar".[334] Está dada a *sloganização* do populismo penal. O crime grave, uma tragédia pessoal na vida de qualquer um, será o gatilho necessário para a edição da lei populista punitiva.

No ano seguinte à vigência da lei, o americano Leandro Andrade era condenado a duas penas de prisão de 25 anos, a serem cumpridas consecutivamente, totalizando 50 anos de prisão sem possibilidade de liberdade condicional. Havia furtado fitas de vídeo no valor de 153 dólares de duas lojas da rede *Kmart* no sul da Califórnia, nos dias 4 e 18 de novembro de 1995.[335]

Ninguém havia sido condenado à prisão perpétua nos EUA por ter furtado mercadorias de uma loja até a edição da *Three Strikes Law* em 1994. Considerando o comando da Oitava Emenda da Constituição Americana[336],

---

329 Professor de Direito Constitucional e Diretor da *Irvine Law School*, Universidade da Califórnia, EUA. Disponível em < http://www.law.uci.edu/faculty/full-time/chemerinsky/>. Acesso em 8 de julho de 2015.

330 CHEMERINSKY, Erwin. **The Conservative Assault on the Constitution**. New York, London, Toronto, Sydney: Simon & Schuster, 2010.

331 Cf. em <http://www.threestrikes.org/mreynolds_bio.html>. Acesso em 8 de julho de 2015.

332 Solto da prisão em 2013, após 21 anosde prisão.Cf. em <http://abclocal.go.com/story?section=news/local&id=9336921>. Acesso em 8 de julho de 2015.

333 SIFAKIS, Carl. **The Encyclopedia Of American Crime**. 2a. ed. Volume I. Facts On File: Nova Iorque, 2001, p. 881-882.

334 "Mr. Reynolds insisted that the Three Strikes law be 'simple enough to understand, certain, and tough enough to discourage'." Disponível em <http://www.threestrikes.org/mreynolds_bio.html>. Acesso em 8 de julho de 2015.

335 CHEMERINSKY, Erwin. **The Conservative Assault on the Constitution**, *op. cit.*, p. 2.

336 (Tradução nossa da parte relativa à punição penal na Oitava Emenda à Constituição Americana; grifo nosso) "[...] Punições cruéis e incomuns não serão infligidas".

a qual veda a aplicação de punições cruéis e incomuns, consagrando assim o princípio da proporcionalidade, um intenso debate jurídico instaurou-se em torno da referida lei.

Pela *Three Strikes Law*, e em especial no estado da Califórnia, quando um terceiro crime patrimonial fora praticado pelo mesmo agente, ainda que não tenha sido violento, ele pode receber uma condenação de 25 anos de prisão até prisão perpétua. E foi exatamente o que sucedeu com Leandro Andrade.

No Júri do estado da Califórnia, teve lugar a sentença condenatória de Andrade a duas penas de prisão de 25 anos cada, com base na *Three Strikes Law*. Isso ocorreu porque Andrade ostentava uma condenação anterior por furto de pequeno valor que recebera em 1990. Com os dois furtos de pequeno valor cometidos nas lojas *Kmart* em 1995, atingiu o limite de três crimes, incidindo sobre ele o regime severo da *Three Strikes Law*.

Na Corte de Apelação da Califórnia, a sentença foi mantida, sendo rejeitado o argumento segundo o qual a sentença violaria a proibição constitucional de punições cruéis e incomuns. Na Corte Suprema da Califórnia, foi negado o pedido de revisão da decisão da Corte de Apelação. Já na Corte de Apelações do Nono Circuito, a decisão foi reformada, com o que a sentença foi considerada desproporcional, estabelecendo uma punição cruel e incomum, violadora, portanto, da Oitava Emenda da Constituição Americana. Contra essa decisão, o Advogado Geral da Califórnia, Bill Lockyer, formulou Pedido de Revisão à Suprema Corte Americana da Decisão da Corte de Apelações do Nono Circuito (*Certiorari To The United States Court Of Appeals For The Ninth Circuit*).[337] Como bem observa Chemerinsky, à época Lockyer concorria a uma vaga de Governador e "ser visto como suave com o crime nunca é

Cf. (Grifo nosso)"Amendment VIII (1791): Excessive bail shall not be required, nor excessive fines imposed, **nor cruel and unusual punishments inflicted**." Disponível em <http://www.senate.gov/civics/constitution_item/constitution.htm#amdt_8_(1791)>. Acesso em 8 de julho de 2015.

337 Cf. EUA. *Lockyer vs. Andrade* – No. 01-1127 – Suprema Corte dos Estados Unidos. *Certiorari To The United States Court Of Appeals For The Ninth Circuit*. Disponível em <http://www.supremecourt.gov/oral_arguments/argument_transcripts/01-1127.pdf>. Acesso em 8 de julho de 2015.

politicamente vantajoso".[338] Um episódio que pode ser encarado como expressão de populismo penal na atuação do órgão de acusação, considerando que os estados americanos deixam de levar centenas de casos à Suprema Corte por ano.[339] Mas esse não era um caso qualquer.

De todo modo, uma sentença penal que condena um cidadão americano a 50 anos de prisão por ter furtado fitas de vídeo no valor de 153 dólares viola a oitava emenda da Constituição americana? Se a oitava emenda constitucional americana (vedação de sentenças cruéis e incomuns) proíbe sentenças condenatórias desproporcionais, não seria essa sentença flagrantemente desproporcional (50 anos de prisão por furtos insignificantes)? Esse não foi o entendimento da maioria na Suprema Corte. Por 5 (cinco) votos a 4 (quatro), decidiu-se pela constitucionalidade da *Three Strikes Law*.

Seguindo a *opinion* da *justice* Sandra Day O'Connor, os *justices* Rehnquist, Scalia, Kennedy e Thomas decidiram pela constitucionalidade da punição infligida a Leandro Andrade, dando razão ao pleito do Advogado Geral da Califórnia, Bill Lockyer.[340] Foram dois os argumentos centrais a justificar a constitucionalidade da punição:

1. O precedente levantado pela defesa de Andrade não se aplica ao caso dele para o fim de demonstrar a alegada flagrante desproporcionalidade da punição. O precedente trata de uma decisão de 1983 da Suprema Corte Americana (*Solem v. Helm*), a qual considerou grosseiramente desproporcional uma sentença que condenara à prisão perpétua (sem possibilidade de liberdade condicional) um indivíduo que emitira um cheque sem fundos no valor de 100 dólares. É que, nesse caso, como a condenação foi sem possibilidade de liberdade condicional, estaria evidenciada a desproporcionalidade. No caso de Leandro Andrade, diferentemente, há a possibilidade de liberdade condicional, após o cumprimento dos 50 anos de prisão, com o que não haveria desproporcionalidade.

2. O princípio jurídico que está em jogo é o da autonomia legislativa dos estados. As legislaturas têm discricionariedade para modelar as leis que

---

338 (Tradução nossa) "[...] being seen as soft on crime is never politically advantageous." CHEMERINSKY, Erwin. **The Conservative Assault on the Constitution**, *op. cit.*, p. 7.

339 *Ibidem.*

340 *Ibidem*, p. 15.

fundamentarão as sentenças dentro daquilo que entenderem por ser ajustado ao princípio da proporcionalidade. É preciso respeitar a autonomia dos estados e cortes regionais.

Divergiram da decisão da maioria os *justices* Souter, Stevens, Ginsburg, *and* Breyer. Os argumentos que fundamentaram a divergência, considerando a punição desproporcional, foram os seguintes:

1. A Corte Suprema Americana tem como princípio claramente estabelecido o reconhecimento segundo o qual: uma sentença grosseiramente desproporcional à ofensa para a qual é imposta é inconstitucional.

2. A decisão é incoerente se confrontada com a decisão no caso *Ewing v. California*, julgada nesta mesma oportunidade. É que o histórico criminal de Andrade é menos grave do que o de Ewing e, ainda assim, a sentença de Andrade foi maior, o que revela de plano sua desproporcionalidade. Os crimes antecedentes de Ewing foram violentos, e o terceiro crime, o patrimonial, foi de valor superior a 400 dólares, o que para a lei do estado da Califórnia não pode ser considerado um furto de pequeno valor, ao contrário do que ocorreu com Andrade.

3. O caso de Andrade é formalmente distinto do precedente *Solem v. Helm*, mas é materialmente igual, ou seja, a punição é perpétua. Solem foi condenado à prisão perpétua <u>sem</u> possibilidade de liberdade condicional em razão da emissão de cheque sem fundos no valor de 100 dólares, e essa punição foi considerada desproporcional pela Suprema Corte Americana. Andrade foi condenado a 50 anos de prisão <u>com</u> possibilidade de liberdade condicional, e contava à época com 37 anos de idade. Ora, ao tempo da liberdade condicional, terá 87 anos de idade, se é que estará vivo até tal ponto. Concretamente, não restará muito a viver, o que configura uma punição de caráter perpétuo, ainda que não se possa reputá-la formalmente perpétua.

4. Não há teoria penológica que explique a razão pela qual um indivíduo deva cumprir 25 anos de prisão e, após, consecutivamente, mais 25 anos de prisão. Não há fundamentação jurídica ou política para segregar alguém por um período tão longo, em razão de sua suposta periculosidade e, posteriormente, segregá-lo novamente pelo mesmo período, apenas para evitar novos crimes não violentos.

A decisão é expressão genuína da tese aventada no livro *The Conservative Assault on the Constitution*, de Chemerinsky. O autor pretende demonstrar que há um movimento em curso de *ataque conservador* à Constituição. Nesse contexto, o ataque à Constituição seria resultado de um esforço concertado, combinado pelos conservadores para alterar princípios constitucionais fundamentais já consolidados. Uma das vias para a realização da alteração de princípios constitucionais residiria nas políticas desenvolvidas pelos presidentes norte-americanos. Dessa forma, o conservadorismo não estaria adstrito ao Judiciário, manifestado na Suprema Corte: o conservadorismo transcenderia o Judiciário, encontrando seu protagonismo no Executivo.

O perfil conservador da Suprema Corte seria atribuído à indicação de juízes conservadores pelos presidentes ao longo do século XX, o que criaria campo fértil para decisões manifestamente conservadoras e restritivas de direitos fundamentais, tal como a decisão em tela, de 1996, que condenou Leandro Andrade no estado da Califórnia a 50 anos de prisão. O caso de Leandro Andrade não é único, isolado, não podendo ser considerado um ponto fora da curva na justiça criminal americana. Até o ano de 2002, 344 indivíduos cumpriam sentenças de 25 anos até prisão perpétua por terem cometido furtos insignificantes com antecedentes criminais sob a égide da denominada *Three Strikes Law* no estado da Califórnia. Nesse quadro, indivíduos foram condenados a 25 anos de prisão, por exemplo, pelo furto de um guarda-chuva e duas garrafas de bebida no valor de 43 dólares. Ou mesmo no caso em que o terceiro crime foi o furto de uma televisão de 128 dólares.

Diante de inúmeros casos de sentenças penais condenatórias desproporcionais por furtos de pequeno valor, a Corte Suprema foi instada a se manifestar. Por volta do ano de 1902, a Corte já havia se manifestado no sentido de que a oitava emenda proíbe sentenças desproporcionais e estabeleceu como preceito de justiça que a punição pelo crime deve ser gradual e proporcional ao fato criminoso. Ademais, em 1983, a Corte considerou grosseiramente desproporcional a sentença que condenara um indivíduo, com antecedentes não violentos, à prisão perpétua sem possibilidade de liberdade condicional em razão da emissão de um cheque sem fundos no valor de 100 dólares. Mas a tendência conservadora da Corte mudou essa visão. E em 2002, tanto no caso de Leandro Andrade (*Lockyer v. Andrade*) quanto no caso de Gary Ewing (*Ewing v. California*, pelo qual Ewing foi condenado a prisão perpétua sem possibilidade de liberdade condicional até completar 25 anos de prisão, em razão de um furto de tacos de golfe no valor de 1.200 dólares), a Suprema Corte rejeitou por 5 votos a 4 o argumento da defesa, segundo o qual tais condenações violariam a oitava emenda pela vedação a sentenças inumanas e cruéis.

No resultado 5-4 em favor da condenação, acompanharam a *justice* O'Connor: William Rehnquist, Antonin Scalia, Anthony Kennedy e Clarence Thomas. De acordo com Chemerinsky, a presidência de Ronald Reagan (1981-1989[341]) representou o esforço mais evidente de refazer as cortes federais em uma direção conservadora na história americana. E Sandra Day O'Connor foi a primeira indicação de Reagan, em 1981. Em 1986, Reagan indica Scalia, ao passo que Rehnquist, indicado por Nixon em 1972, assume o cargo de *Chief Justice*. Em 1988, Reagan indica Kennedy e, em 1991, George Bush (pai) indica Thomas que, em 2002, vão formar os 5 votos conservadores que declaram legítima a condenação de Leandro Andrade.

Todos esses juízes vão, ao longo de sua história judicante, confirmar suas vertentes conservadoras, principalmente nas questões que envolvem ação afirmativa, separação igreja/Estado, controle de armas, emprego de tortura como método para obtenção de informação e, evidentemente, em questões criminais que envolvem supressão de direitos e garantias materiais e formais do cidadão, como deter indivíduos por prazo indeterminado sem julgamento e sem o devido processo legal.[342] Um quadro que parece confirmar o populismo penal americano. E que vai distribuir seus tentáculos pelo mundo.

E no Brasil? Como se comporta o legislador em relação a esse fenômeno de endurecimento da lei penal? Buscamos com a análise empírica que se segue demonstrar as evidências do populismo penal na atividade legislativa brasileira. Afinal, a lei penal populista é aquela inconveniente que, viva, aparece sempre, no momento errado, para dizer presente, onde não foi chamada.

---

341 Cf. <https://www.whitehouse.gov/1600/presidents/ronaldreagan>. Acesso em 8 de julho de 2015.

342 Sobre toda essa reflexão crítica em relação à Suprema Corte Americana, cf. CHEMERINSKY, Erwin. **The Conservative Assault on the Constitution**, *op. cit.*

4

PLANO PRÁTICO - ANÁLISE DAS JUSTIFICATIVAS DAS PROPOSIÇÕES LEGISLATIVAS TENDENTES A AUMENTAR PENAS DE CRIMES JÁ EXISTENTES NO PERÍODO DE 2006 A 2014 NA CÂMARA DOS DEPUTADOS

4.1. Notas metodológicas

Há pouca pesquisa empírica em Direito no Brasil. Menos ainda sobre as justificativas das proposições legislativas em matéria penal. A empiria permite um conhecimento específico sobre o mundo. Segundo Epstein:

> A palavra "empírico" denota evidência sobre o mundo baseada em observação ou experiência. Essa evidência pode ser numérica (quantitativa) ou não-numérica (qualitativa); nenhuma é mais "empírica" que a outra. O que faz uma pesquisa ser empírica é que seja baseada em observações do mundo - em outras palavras, dados, o que é apenas um termo para designar fatos sobre o mundo.[343]

Em nosso caso, observamos o *mundo* das justificações do legislador. Pretendemos a produção de um conhecimento científico relevante sobre a elaboração de leis penais no quadro do fenômeno contemporâneo denominado *populismo penal*. A maioria de nossa pesquisa busca evidências numéricas

---

[343] EPSTEIN, Lee. **Pesquisa empírica em direito**: as regras de inferência. São Paulo: Direito GV, 2013, p. 11. Disponível em <http://bibliotecadigital.fgv.br/dspace/handle/10438/11444>. Acesso em 23 de julho de 2015.

(quantitativas)[344] do populismo penal legislativo. Mas no que tange à responsividade do legislador à mídia, buscamos evidências não-numéricas (qualitativas)[345] desse punitivismo populista.

Reconhecemos dois interessantes trabalhos empíricos sobre produção de normas penais no Brasil. Eles convergem com a pesquisa desenvolvida neste trabalho no contexto da reflexão sobre política criminal legislativa: (i) a publicação da Secretaria de Assuntos Legislativos (SAL) do Ministério da Justiça, na *Série Pensando o Direito* n. 32/2010, que teve como instituição realizadora a Escola de Direito de São Paulo da Fundação Getulio Vargas (FGV Direito SP)[346]; e (ii) a tese de doutorado de Luís Wanderley Gazoto, defendida na Universidade de Brasília (UNB), também no ano de 2010.[347]

A pesquisa da FGV Direito SP/SAL teve como objetivo "realizar um estudo sistemático das proposições legislativas em matéria penal que tramitaram na Câmara dos Deputados após a Constituição Federal entre 1988 e 2006".[348] E, nesse sentido, "[...] desvendar [...] a dinâmica de funcionamento do processo de elaboração normativa por meio da reconstituição dos principais argumentos mobilizados nas proposições [...]".[349] O estudo contemplou a análise de 100

---

344 Itens: 4.2.1. Análise quantitativa dos PLs quanto aos parlamentares proponentes; 4.2.2. Análise quantitativa dos PLs quanto aos Partidos Políticos; 4.2.3. Análise quantitativa dos PLs quanto à origem por Unidade da Federação; 4.2.4. Análise quantitativa dos PLs quanto à espécie de aumento de pena; 4.2.5. Análise quantitativa dos PLs quanto à norma penal a ser alterada (bem jurídico); 4.2.6. Análise quantitativa dos PLs quanto às razões recorrentes que justificariam a alteração legislativa proposta; 4.2.7. Análise quantitativa dos PLs quanto à referência à Teoria dos Fins da Pena; 4.2.8. Análise quantitativa dos PLs quanto às referências extrapenais.

345 4.2.9. Referências extrapenais: análise *qualitativa* dos PLs quanto à categoria "episódio divulgado na mídia"

346 Coordenação de Álvaro Penna Pires e Maíra Rocha Machado. BRASIL. **Série Pensando o Direito nº 32/2010**: Análise das justificativas para a produção de normas penais. Secretaria de Assuntos Legislativos do Ministério da Justiça (SAL). São Paulo, setembro de 2010, p. 24. Disponível em <http://www.justica.gov.br/seus-direitos/elaboracao-legislativa/pensando-o-direito/publicacoes/anexos/32pensando_direito.pdf>. Acesso em 21 de julho de 2015.

347 GAZOTO, Luís Wanderley. **Justificativas do congresso nacional brasileiro ao rigor penal legislativo**: o estabelecimento do populismo penal no Brasil contemporâneo. 2010. 377 f. Tese (Doutorado em Sociologia) – Universidade de Brasília (UNB), Brasília, 2010.

348 BRASIL. **Série Pensando o Direito nº 32/2010,** *op. cit.*, p. 3.

349 *Ibidem*, p. 8.

(cem) propostas legislativas, sorteadas em um universo de 2.088 (duas mil e oitenta e oito) proposições[350]. Os resultados dessa pesquisa serão eventualmente relacionados com os nossos. Para efeito de contextualização, duas importantes conclusões da pesquisa da FGV Direito SP/SAL precisam ser apontadas:[351]

> (1) [...] [relativamente ao] conteúdo das Justificativas, pode-se dizer que boa parte delas explicita mal ou de modo insuficiente (i) a situação-problema, (ii) as eventuais fontes jurídicas, experiências legislativas ou demandas sociais que serviram de base à formulação da proposição e (iii) a adequação da intervenção jurídico-penal sobre o problema.
>
> (2) A dissuasão é a teoria da pena que aparece com maior frequência nas Justificativas dos Projetos de Lei.

Em vista disso, como veremos, nossos achados de pesquisa também mostraram: (i) esse mesmo *lack of reasoning* das justificações, essa mesma falta de demonstração da necessidade/adequação/eficiência do pretendido aumento de pena; e (ii) predileção do parlamentar pela teoria da prevenção geral negativa da pena (dissuasão).

Por sua vez, a tese de doutoramento de Luís Gazoto[352] teve por objeto "investigar a hipótese da existência de uma política de exasperação penal legislativa no Brasil contemporâneo e identificar suas justificativas".[353] A pesquisa foi ampla, mas no que tange aos projetos no âmbito da Câmara dos Deputados (nosso foco), foram examinados "308 projetos de lei criminal apresentados à Câmara, na 53ª legislatura, durante o período de janeiro 2007 a junho de 2009".[354] Seus achados de pesquisa convergem em certa medida com os nossos e sobre eles eventualmente faremos referência. Nesse contexto, o autor apresentou duas importantes conclusões: (1) com a Constituição Federal de 1988, no bojo da dinâmica de redemocratização do Estado brasileiro, não houve "processo de abrandamento e humanização das penas", ao contrário, "elas estão cada vez mais e mais rigorosas"[355]; e (2) "o Poder Legislativo brasileiro

---

350 *Ibidem*, p. 65.

351 Cf. *Ibidem*, p. 55.

352 Que é Procurador Regional da República/Ministério Público Federal (MPF). Cf. <http://lattes.cnpq.br/7170805697925790>. Acesso em 30 de julho de 2015.

353 GAZOTO, Luís Wanderley. **Justificativas do congresso nacional brasileiro ao rigor penal legislativo**, *op. cit.*, p. 20.

354 *Ibidem*, p. 21.

355 *Ibidem*, p. 281.

contemporâneo muitas vezes fundamenta o maior rigor penal nas representações sociais, na opinião pública, e conteúdos apropriados pela mídia como indicativas da necessidade da repressão penal".[356]

Diante desse cenário, na mesma linha das descobertas de pesquisa supramencionadas, a partir da análise das justificativas dos projetos de lei (PLs), este trabalho pretende investigar as intenções declaradas do legislador ao propor o endurecimento da lei penal. Um saber científico atualizado e original referente ao período de 2006 a 2014, tendo como referencial teórico as elaborações desenvolvidas por John Pratt (2007) e Julian V. Roberts (2003) acerca do *penal populism*.

Nossa hipótese considera que o parlamentar não lastreia as justificativas em estudos, dados e estatísticas que possam comprovar a necessidade da alteração legislativa. Ao contrário, os representantes políticos revelariam afetação pela mídia ao proporem leis tendentes a aumentar penas. Nas justificações, esses aumentos apostariam no efeito dissuasório da punição, isto é, na finalidade da pena conhecida como *prevenção geral negativa*. E essa hipótese aponta para a crescente inscrição do político brasileiro no fenômeno do populismo penal. Queremos testar essa hipótese no período referido de 2006 a 2014 no âmbito da Câmara dos Deputados.

A CRFB/88 e a Lei Complementar n. 95/1998[357] silenciam quanto às justificativas que devem acompanhar os PLs. No caso de decisões judiciais, o art. 93, IX, da CRFB/88[358] consagra o chamado *princípio da motivação das decisões judiciais*, pelo qual todas as decisões deverão ser fundamentadas. A exigência de fundamentação permite maior controlabilidade do que é decidido, dos motivos que conduzem à decisão.

Por outro lado, no caso dos PLs, não há expressa menção constitucional relativa à fundamentação. Cabe ao Regimento Interno das Casas Legislativas

---

[356] *Ibidem*, p. 284.

[357] BRASIL. Lei Complementar n. 95 de 26 de fevereiro de 1998. Dispõe sobre a elaboração, a redação, a alteração e a consolidação das leis, conforme determina o parágrafo único do art. 59 da Constituição Federal, e estabelece normas para a consolidação dos atos normativos que menciona. Disponível em <http://www.planalto.gov.br/ccivil_03/leis/lcp/lcp95.htm>. Acesso em 21 de julho de 2015.

[358] BRASIL. Constituição da República Federativa do Brasil de 1988. Disponível em <http://www.planalto.gov.br/ccivil_03/constituicao/constituicao.htm>. Acesso em 21 de julho de 2015.

a referência às justificativas. O Regimento Interno da Câmara dos Deputados prevê em seu art. 103 que "A proposição poderá ser **fundamentada** por escrito ou verbalmente pelo Autor [...]"[359]. Em seguida, o §1º do art. 107 reforça que "Deverão constar da publicação a proposição inicial, com a respectiva **justificação** [...]"[360]. Na mesma linha, o Regimento Interno do Senado Federal estabelece em seu art. 234 que "As proposições, salvo os requerimentos, devem ser acompanhadas de **justificação** oral ou escrita [...]"[361]. A falta de justificativas fundamentadas é um dado demonstrável e foi evidenciado ao longo da pesquisa. Esse *lack of reasoning* dos PLs já havia sido evidenciado pela pesquisa publicada pelo Ministério da Justiça, na *Série Pensando o Direito* Nº 32 (set/2010), que verificou que 38% das proposições tendentes a alterar normas penais tinham como tamanho da justificativa até meia página, e 31% entre meia e uma página[362]. Do ponto de vista do ônus argumentativo da fundamentação é muito pouco provável que se possa justificar aumentos de pena deduzindo argumentos em meia lauda.

4.1.1. Metodologia quanto à formação da base de dados

Do ponto de vista da metodologia da pesquisa, devemos explicar o caminho que percorremos para formar a base de dados de 191 (cento e noventa e um) PLs: (i) a fonte de coleta dos dados (**onde** encontro os PLs?); (ii) o total de itens encontrados de acordo com a busca (**quantos** PLs foram encontrados?); (iii) a limitação dos itens ao período eleito da pesquisa (**a qual período** se referem os PLs?); e (iv) quais itens se inserem no escopo da pesquisa (**quais** PLs foram selecionados?).

---

359 Grifo nosso. BRASIL. Congresso. Câmara dos Deputados. **Regimento Interno**. 15ª Edição. Brasília: Câmara dos Deputados, 2015. Disponível em: <http://bd.camara.gov.br/bd/bitstream/handle/bdcamara/18847/regimento_interno_15ed.pdf?sequence=40>. Acesso em 21 de julho de 2015.

360 Grifo nosso. *Ibidem*.

361 Grifo nosso. BRASIL. Congresso. Senado Federal. **Regimento Interno** – Brasília : Senado Federal. 2011. Disponível em <http://www.senado.gov.br/legislacao/regsf/RegimentoInternoSF_alt_2014_versao_PLE.pdf>. Acesso em: 27 de janeiro de 2015.

362 BRASIL. **Série Pensando o Direito nº 32/2010**: Análise das justificativas para a produção de normas penais. Secretaria de Assuntos Legislativos do Ministério da Justiça (SAL). São Paulo, setembro de 2010, p. 24. Disponível em <http://www.justica.gov.br/seus-direitos/elaboracao-legislativa/pensando-o-direito/publicacoes/anexos/32pensando_direito.pdf>. Acesso em 21 de julho de 2015.

4.1.1.1. Onde os PLs foram encontrados

Em primeiro lugar, a lei penal só pode ser alterada por meio de lei ordinária emanada de processo legislativo no plano do Congresso Nacional (princípio da legalidade – reserva de lei formal). O art. 22, I, da CRFB/88[363] estabelece que é competência privativa (indelegável) da União legislar sobre matéria de Direito Penal. Por essa razão, proposições legislativas que objetivem modificar a lei penal deverão tramitar, necessariamente, na Câmara dos Deputados e no Senado Federal. Dessa forma, a fonte para coleta de dados foi o site da Câmara dos Deputados[364].

4.1.1.2. Quantos PLs foram encontrados

Em segundo lugar, na busca de "Projetos de Lei (PL)" no site da Câmara dos Deputados, utilizamos o termo "pena" na caixa "Assunto" da "Pesquisa Completa", e encontramos 2711 (dois mil setecentos e onze) itens até o dia 15 de janeiro de 2015.[365] O último projeto registrado foi o PL-8305/2014, apresentado no dia 17/12/2014, oriundo do Senado Federal.[366] O emprego do termo "pena" se justifica na medida em que se trata do objeto central da alteração legislativa. Para conferir maior confiabilidade e amplitude à pesquisa, utilizamos também a palavra "crime", cujo resultado da busca foi de 1556 (mil quinhentos e cinquenta e seis) itens.[367] Com 1155 (mil cento e cinquenta e cinco) itens a

---

[363] BRASIL. Constituição da República Federativa do Brasil de 1988. Disponível em <http://www.planalto.gov.br/ccivil_03/constituicao/constituicao.htm>. Acesso em 21 de julho de 2015.

[364] http://www.camara.leg.br/sileg/default.asp.

[365] <http://www.camara.leg.br/sileg/Prop_lista.asp?sigla=PL&Numero=&Ano=&Autor=&OrgaoOrigem=todos&Comissao=0&Situacao=&dtInicio=&dtFim=&Ass1=&co1=+AND+&Ass2=&co2=+AND+&Ass3=pena&Submit=Pesquisar&Relator=&pesqCompleta=1>.

[366] BRASIL. Câmara dos Deputados. Projeto de Lei n. 8305/2014. Altera o art. 121 do Decreto-Lei nº 2.848, de 7 de dezembro de 1940 (Código Penal), para prever o feminicídio como circunstância qualificadora do crime de homicídio, e o art. 1º da Lei nº 8.072, de 25 de julho de 1990, para incluir o feminicídio no rol dos crimes hediondos. Disponível em <http://www.camara.gov.br/proposicoesWeb/fichadetramitacao?idProposicao=858860>. Acesso em 21 de julho de 2015.

[367] Disponível em <http://www.camara.leg.br/sileg/Prop_lista.asp?sigla=PL&Numero=&Ano=&Autor=&OrgaoOrigem=todos&Comissao=0&Situacao=&dtInicio=&dtFim=&Ass1=pena&co1=+AND+&Ass2=&co2=+AND+&Ass3=crime&Submit=Pesquisar&Relator=&pesqCompleta=1>. Acesso em 15 de janeiro de 2015.

mais, a palavra "pena" propiciaria maior abrangência para o universo da pesquisa; logo, optamos por ela. Realizamos a mesma busca com a palavra "pena" no site do Senado Federal e obtivemos o resultado de 1058 (mil e cinquenta e oito) itens[368] até o dia 15 de janeiro de 2015, sendo que os últimos projetos registrados foram os Projetos de Lei do Senado nº 415/2014[369] e 416/2014[370], apresentados em 17/12/2014. Embora tenhamos compilado a maioria dos dados relativos aos PLs do Senado, não foi possível concluir a análise por razões de tempo, motivo pelo qual optamos por excluir as proposições do Senado como objeto da presente pesquisa.

4.1.1.3. A qual período se referem os PLs

Em terceiro lugar, após o resultado de 2711 itens na Câmara, mostrava-se necessário limitá-los ao período de 2006 a 2014. Com esse limite, o número caiu para 758 (setecentos e cinquenta e oito) itens. O ano de 2006 foi escolhido como termo inicial por duas razões. Primeira: permite compreender duas legislaturas na Câmara dos Deputados, a 53ª e a 54ª, respectivamente nos períodos 2007-2011 e 2011-2015. Segunda: por possibilitar a continuidade na produção de conhecimento científico em matéria de produção legislativa de normas penais, tendo em vista pesquisa publicada pelo Ministério da Justiça,

---

368 Disponível em <http://www.senado.gov.br/atividade/materia/Consulta.asp?STR_TIPO=PLS&TXT_NUM=&TXT_ANO=&SEL_TIPO_AUTOR=&TXT_AUTOR=&SEL_PARTIDO=&SEL_UF=&TXT_RELATOR=&TXT_ASSUNTO=pena&RAD_TRMT=T&SEL_TIPO_NORMA=&TXT_NUM_NORMA=&TXT_ANO_NORMA=&SEL_SITUACAO=&Tipo_Cons=8&hid_comissao=TOD+-+TODAS&hid_status=TOD+-+TODAS&ind_relator_atual=&sel_comissao=&tip_palavra_chave=T&ind_status_atual=A&dat_situacao_de=&dat_situacao_ate=&txt_tramitacao=&dat_apresentacao_de=&dat_apresentacao_ate=&IND_COMPL=&FlagTot=1&orderby=6&sel_assunto=&sel_natureza>. Acesso em 15 de janeiro de 2015.

369 BRASIL. Senado Federal. Projeto de Lei do Senado n. 415/2014. Altera o Decreto-Lei nº 2.848, de 7 de dezembro de 1940 (Código Penal) para prever o crime de retenção indevida de salário. Disponível em <http://www.senado.gov.br/atividade/materia/detalhes.asp?p_cod_mate=119497>. Acesso em 21 de julho de 2015.

370 BRASIL. Senado Federal. Projeto de Lei do Senado n. 416/2014. Altera o Código Penal para aumentar a pena mínima do crime de estelionato e condicionar a incidência da causa de diminuição de pena para os casos que não gerem grave dano à vítima. Disponível em <http://www.senado.gov.br/atividade/materia/detalhes.asp?p_cod_mate=119499>. Acesso em 21 de julho de 2015.

na *Série Pensando o Direito* Nº 32[371], que abrangeu o estudo de proposições legislativas no período de 1987 a 2006.[372] O marco final de 2014 se justifica por duas razões: encerramento da 54ª legislatura da Câmara dos Deputados (2011 a 2015) e necessidade de pôr termo à etapa de levantamento de dados para este trabalho acadêmico.

4.1.1.4. Quais PLs foram selecionados

Em quarto lugar, precisávamos verificar, no universo de 758 itens, quantos se inseririam no escopo da pesquisa: **aumentos de pena de crimes já existentes.** Optamos por esse escopo por entender que, embora a previsão de novos crimes possa também ser uma expressão do fenômeno do populismo penal legislativo, a vantagem de se examinar crimes já existentes passa pela possibilidade de se investigar como o Direito Penal vem incidindo sobre delitos já previstos na ordem jurídica (cifra não oculta da criminalidade). Avaliando as informações disponibilizadas pelo Depen, podemos verificar uma série histórica relativa a quantidade de presos por espécie de crime. Nossa hipótese é a de que o legislador não observa esse dado de encarceramento ao propor aumento de pena para determinado crime já previsto em lei. Portanto, ficaram excluídos da amostra os PLs que criminalizam novas condutas, quer criando novos tipos penais simples, quer novos tipos penais qualificados.

Nesse particular, há muitas proposições que criam novos crimes, as quais podem ser reputadas como expressão do populismo penal legislativo. Por exemplo, as criminalizações: da produção do *foie gras* (fígado de pato ou ganso)[373]; do servidor público que prestar serviço de vigilante armado[374]; de

---

[371] BRASIL. **Série Pensando o Direito nº 32/2010**, *Op. Cit.*

[372] 2006 representa também o segundo ano a partir do qual o Departamento Penitenciário Nacional (Depen), vinculado ao Ministério da Justiça, passou a disponibilizar base de dados relativa ao número de presos por espécie de crime.

[373] "[...] Art. 2º. Aquele que cometer abuso, maus tratos ou ferir por alimentação forçada animais onívoros, com o fim de produzir *foie gras*, está sujeito a pena de detenção, de três meses a um ano, e multa." BRASIL. Câmara dos Deputados. Projeto de Lei n. 7662/2014. Deputado Onofre Santo Agostini - PSD/SC. Proíbe a produção e a comercialização de *foie gras* (fígado de pato ou ganso) e dá outras providências. Disponível em <http://www.camara.gov.br/proposicoesWeb/fichadetramitacao?idProposicao=618147>. Acesso em 21 de julho de 2015.

[374] "16-A. É vedado ao servidor público a prestação do serviço de vigilante, sendo que a incidência acarretará na destituição do cargo ou função públicas exercidas. Parágrafo Único. Constitui crime a prestação deste serviço com porte de arma ou de equipamentos

procedimentos cirúrgicos desnecessários e mutilantes em animais[375]; de publicação de imagens de vídeos de segurança[376]; do trote estudantil[377]; da litigância de má-fé ("assédio processual")[378]; do plágio acadêmico[379].

---

de uso restrito dos órgãos de segurança pública. Pena – Detenção, de 1 (um) a 2 (dois) anos e multa". BRASIL. Câmara dos Deputados. Projeto de Lei n. 7416/2006. Deputado Colombo - PT/PR. Veda ao servidor público a prestação do serviço de vigilante. Disponível em <http://www.camara.gov.br/proposicoesWeb/fichadetramitacao?idProposicao=332275>. Acesso em 21 de julho de 2015.

375 "Art. 32-A. Ficam proibidas as cirurgias consideradas desnecessárias ou que possam impedir a capacidade de expressão do comportamento natural da espécie, sendo permitidas apenas as cirurgias que atendam às indicações clínicas prescritas por médico-veterinário, conforme disposto na Lei nº 5.517, de 23 de Outubro de 1968. Pena - detenção, de seis meses a dois anos, e multa. § 1º São considerados procedimentos proibidos a prática de mutilações com fins estéticos, cordectomia, conchectomia, caudectomia e onicectomia em animais silvestres, domésticos ou domesticados, nativos ou exóticos." BRASIL. Câmara dos Deputados. Projeto de Lei n. 6113/2013. Deputado Onofre Santo Agostini - PSD/SC. Proíbe os procedimentos cirúrgicos desnecessários e mutilantes em animais que especifica. Disponível em <http://www.camara.gov.br/proposicoesWeb/fichadetramitacao?idProposicao=587551>. Acesso em 21 de julho de 2015.

376 "Art. 154-C. Publicar, sem justa causa e prévia autorização do responsável ou poder judiciário, imagens captadas por sistema eletrônico de segurança. Pena - reclusão, de 01 (um) a 04 (quatro) anos, e multa." BRASIL. Câmara dos Deputados. Projeto de Lei n. 5412/2013. Deputada Rosane Ferreira - PV/PR. Altera o Decreto-lei nº 2.848, de 7 de dezembro de 1940 - Código Penal, para tipificar o crime de divulgação pública de imagens de vídeos de segurança. Disponível em <http://www.camara.gov.br/proposicoesWeb/fichadetramitacao?idProposicao=573196>. Acesso em 21 de julho de 2015.

377 "Trote estudantil: Art. 146-A. Constranger alguém a participar de trote estudantil: Pena – detenção, de um a três anos, e multa. § 1º Se da conduta resulta lesão corporal de natureza grave: Pena - reclusão, de 10 (dez) a 20 (vinte) anos. § 2º Se da conduta resulta morte: Pena - reclusão, de 12 (doze) a 30 (trinta) anos." BRASIL. Câmara dos Deputados. Projeto de Lei n. 7609/2014. Deputado Danilo Cabral - PSB/PE. Acrescenta artigo ao Código Penal, tipificando a conduta de constranger alguém a participar de trote estudantil. Disponível em <http://www.camara.gov.br/proposicoesWeb/fichadetramitacao?idProposicao=617184>. Acesso em 21 de julho de 2015.

378 "Assédio processual: Art. 359-A. Praticar ou determinar a prática de ato processual que caracterize litigância de má-fé. Pena – reclusão, de 1 (um) a 3 (três) anos, e multa." BRASIL. Câmara dos Deputados. Projeto de Lei n. 7540/2006. Deputado Carlos Souza - PP/AM. Acrescenta o art. 359A ao Decreto Lei nº 2.848, de 7 de dezembro de 1940, Código Penal. Disponível em <http://www.camara.gov.br/proposicoesWeb/fichadetramitacao?idProposicao=335169>. Acesso em 21 de julho de 2015.

379 "Art. 184-B – Produzir, elaborar, retificar, acrescentar, ou realizar quaisquer outros atos que produzam efeitos diretos no conteúdo de trabalhos acadêmicos de quaisquer natureza, de terceiros, no todo ou em parte, com fins lucrativos ou não: Pena - reclusão, de um a três anos,

Por outro lado, o escopo de pesquisa não se refere a qualquer aumento de pena, o qual seria um gênero do qual defluiriam seis espécies. A pena de um crime pode ser aumentada por meio de uma nova lei que: (i) aumente a pena mínima e/ou máxima cominada[380]; (ii) crie uma nova circunstância agravante[381]; (iii) crie uma nova causa geral de aumento de pena[382]; (iv) aumente a fração correspondente a uma causa geral de aumento de pena já existente;

e multa." BRASIL. Câmara dos Deputados. Projeto de Lei n. 3934/2008. Deputado Vital do Rêgo Filho - PMDB/PB. Acresce Artigo "B", e os §§ 1º e 2º ao art. 184 do Decreto-Lei nº 2.848, de 7 de dezembro de 1940 - Código Penal, alterado pelas Leis nºs 6.895, de 17 de dezembro de 1980, e 8.635, de 16 de março de 1993. Disponível em <http://www.camara.gov.br/proposicoesWeb/fichadetramitacao?idProposicao=408343>. Acesso em 21 de julho de 2015.

380 Pena cominada ou pena em abstrato é aquela prevista no preceito secundário do tipo penal. Por exemplo, a pena cominada ao crime de homicídio simples é de reclusão de 6 a 20 anos, conforme o art. 121, *caput*, do Código Penal. BRASIL. Decreto-Lei 2.849 de 1940. Código Penal. Disponível em <http://www.planalto.gov.br/ccivil_03/decreto-lei/Del2848compilado.htm>. Acesso em 21 de julho de 2015. Exemplo de proposição legislativa que aumenta as penas mínima e máxima de um crime: PL 5244/2013, de autoria do Deputado Beto Albuquerque, do PSB/RS, que propõe aumentar a pena de detenção de 3 meses a 1 ano para 1 a 3 anos, prevista para o crime de maus-tratos aos animais no art. 32 da Lei 9.605/98. BRASIL. Câmara dos Deputados. Projeto de Lei n. 5244/2013. Altera a pena do art. 32 da Lei nº 9.605, de 12 de fevereiro de 1998, para agravar a pena para quem maltratar animais. Disponível em <http://www.camara.gov.br/proposicoesWeb/fichadetramitacao?idProposicao=569413>. Acesso em 21 de julho de 2015.

381 Apreciadas na segunda fase de aplicação da pena, conforme o art. 68 do Código Penal, as circunstâncias agravantes estão previstas nos arts. 61 e 62 do Código Penal. BRASIL. Decreto-Lei 2.849 de 1940. Código Penal. Disponível em <http://www.planalto.gov.br/ccivil_03/decreto-lei/Del2848compilado.htm>. Acesso em 21 de julho de 2015. Exemplo de proposição legislativa que cria uma circunstância agravante, acrescentando alínea "m" ao inciso II do art. 61 do Código Penal: PL 857/2011, de autoria do Deputado Junji Abe, do DEM/SP, que prevê circunstância agravante para o agente que cometer o crime contra advogado no exercício da advocacia ou em razão dela. BRASIL. Câmara dos Deputados. Projeto de Lei n. 857/2011. Dispõe sobre a proteção do exercício da advocacia. Disponível em <http://www.camara.gov.br/proposicoesWeb/fichadetramitacao?idProposicao=496414>. Acesso em 21 de julho de 2015.

382 Apreciadas na terceira fase de aplicação da pena, conforme o art. 68 do Código Penal, as causas gerais de aumento de pena – também chamadas de majorantes – estão previstas na Parte Geral do Código Penal. Por exemplo, as hipóteses de concurso de crimes nos arts. 69 (concurso material), 70 (concurso formal) e 71 (crime continuado) do Código Penal. BRASIL. Decreto-Lei 2.849 de 1940. Código Penal. Disponível em <http://www.planalto.gov.br/ccivil_03/decreto-lei/Del2848compilado.htm>. Acesso em 21 de julho de 2015.

(v) crie uma nova causa especial de aumento de pena[383]; (vi) aumente a fração correspondente a uma causa especial de aumento de pena já existente[384]. As espécies de aumento eleitas para esta pesquisa foram: (i) aumento de pena mínima e/ou máxima; (ii) nova causa especial de aumento; e (iii) aumento de fração correspondente a causa especial de aumento de pena já existente. Restringir a análise a essas espécies de aumento permite identificar exatamente quais crimes o legislador pretende endurecer o tratamento, bem como comparar com os dados relativos ao atual encarceramento dos crimes cujas penas se pretende alterar. Isso não seria possível nem para crimes novos, tampouco para os aumentos genéricos que se dão pela via das "circunstâncias agravantes" e "causas gerais de aumento de pena".

No universo de 758 PLs, para verificar se o projeto se inseria no escopo da pesquisa (aumento de pena mínima e/ou máxima; nova causa especial de aumento; ou aumento de causa especial de aumento de pena já existente) foi necessária a leitura de todos eles. Isso porque da simples leitura da "ementa" ou da "explicação da ementa" das proposições não era possível saber com grau de confiança se o PL versava ou não sobre aumento de pena que interessava à pesquisa. Por exemplo, o PL-7817/2014, de autoria do – à época – Deputado Romário, do PSB/RJ, traz na ementa a seguinte redação: "Estabelece a política e os instrumentos de fiscalização e controle sobre as entidades responsáveis pelo

---

383 Também apreciadas na terceira fase de aplicação de pena, as causas especiais de aumento de pena estão previstas na Parte Especial do Código Penal (arts. 121 a 361), bem como espalhadas pela legislação penal especial. Exemplo de proposição legislativa que cria uma causa especial de aumento de pena: PL 7311/2014, de autoria do Deputado Devanir Ribeiro, do PT/SP, que prevê causa de aumento de metade para o crime de falsificação, corrupção, adulteração ou alteração de medicamento destinado ao tratamento de doenças cardíacas, hipertensão e diabetes. BRASIL. Câmara dos Deputados. Projeto de Lei n. 7311/2014. Acrescenta o parágrafo 1º-C ao art. 273 do Decreto-lei nº 2.848, de 7 de dezembro de 1940 - Código Penal. Disponível em <http://www.camara.gov.br/proposicoesWeb/fichadetramitacao?idProposicao=609770>. Acesso em 21 de julho de 2015.

384 Exemplo de proposição legislativa que aumenta a fração de aumento correspondente a uma causa especial de aumento de pena já existente: PL 7439/2014, de autoria do Deputado Enio Bacci, do PDT/RS, que passa de 1/3 (um terço) para 2/3 (dois terços) o aumento da pena do homicídio doloso quando for praticado contra menor de 14 (quatorze) anos. BRASIL. Câmara dos Deputados. Projeto de Lei n. 7439/2014. Altera o § 4º, do art. 121, do Decreto-Lei nº 2.848, de 07 de dezembro 1940, Código Penal e dá outras providências. Disponível em <http://www.camara.gov.br/proposicoesWeb/fichadetramitacao?idProposicao=613053>. Acesso em 21 de julho de 2015.

futebol brasileiro e dá outras providências". À primeira vista, esse PL não seria selecionado para a pesquisa, pois da leitura da ementa não se extrai proposta de aumento de pena. Contudo, acessando o inteiro teor do projeto, verifica-se que em seu penúltimo artigo, há uma proposta de aumento da pena máxima do crime previsto no art. 41-F (cambista), da Lei 10.671/03 (Estatuto de Defesa do Torcedor) de 2 para 5 anos[385]. Essa imprecisão das ementas resultou em um maior esforço de pesquisa, haja vista a necessidade de acessar, para efeitos de confiabilidade do trabalho, o inteiro teor dos 758 PLs, com o que chegamos ao número de 191 (cento e noventa e um) proposições[386] que se inseriam no escopo da pesquisa.

---

[385] "[...] Art. 7º A atividade de cambista de venda de ingressos para eventos esportivos passa a ter pena de prisão de 1 a 5 anos, conforme o grau e a reincidência." BRASIL. Câmara dos Deputados. Projeto de Lei n. 7817/2014. Estabelece a política e os instrumentos de fiscalização e controle sobre as entidades responsáveis pelo futebol brasileiro e dá outras providências. Disponível em <http://www.camara.gov.br/proposicoesWeb/fichadetramitacao?idProposicao=620445>. Acesso em 21 de julho de 2015.

[386] Dois PLs que compuseram o universo dos 758 foram excluídos da base dos 191 selecionados: PL-6351/2013 e PL-7868/2014. (i) O PL-6351/2013, de autoria do Deputado Gonzaga Patriota, PSB/PE, prevê alteração no conceito jurídico de *dolo* e *culpa*, causando impacto em todo sistema penal brasileiro. Além do Código Penal, propõe alterações em diversas leis penais especiais (Lei nº 8.069, de 1990; Lei nº 8.137, de 1990; Lei nº 8.666, de 1993; Lei nº 9.503, 1997; Lei nº 9.605, de 1998; Lei nº 9.613, de 1998; Lei nº 10.741, de 2003, Lei nº 11.343, de 2006), as quais redundam em aumentos de pena em razão da modificação na estrutura do tipo subjetivo. Esse tipo de proposição demandaria uma outra aproximação teórica, que escapa ao escopo desse trabalho. PL disponível em <http://www.camara.gov.br/proposicoesWeb/fichadetramitacao?idProposicao=592043>, acesso em 21 de julho de 2015. (ii) O PL-7868/2014, de autoria do Deputado André de Paula, PSD/PE, também prevê ampla alteração em dispositivos penais e processuais penais (Altera os Decretos-Leis nºs 2.848 de 1940 e 3.698 de 1941 e as Leis nºs 8.666 de 1993; 8.072 de 1990; 7.210 de 1984 e 7.210 de 1984; revoga dispositivos do Decreto-Lei nº 201 de 1967 e da Lei nº 8.137 de 1990.), sendo merecedor de crítica que escaparia deste trabalho. Tem como objeto a "Reforma do Sistema Penal para aumentar sua eficácia no combate à violência, à corrupção e à impunidade, emprestando-lhe maior sistematicidade, criando novos delitos, agravando as penas e elevando seu limite, simplificando os ritos sem prejuízo do direito de defesa, dificultando a prescrição, ampliando a possibilidade de decretação das prisões processuais, e estabelecendo requisitos mais rigorosos para o livramento condicional e a progressão de regime de cumprimento de pena". De todo modo, o PL revela características do populismo penal, apostando no amplo recrudescimento da lei penal. Disponível em <http://www.camara.gov.br/proposicoesWeb/fichadetramitacao?idProposicao=621468>. Acesso em 21 de julho de 2015.

4.1.2. Metodologia quanto à categorização e análise de dados

Explicada a metodologia que nos permitiu formar a base de 191 PLs, passemos à exposição da metodologia de categorização e análise dos dados. Para realizar a análise *quantitativa*, dividimos a pesquisa em 8 (oito) categorias. Para a análise *qualitativa*, previmos 1 (uma) categoria. São elas:

1. Análise quantitativa dos PLs quanto aos parlamentares proponentes
2. Análise quantitativa dos PLs quanto aos partidos políticos
3. Análise quantitativa dos PLs quanto à origem por unidade da Federação (UF)
4. Análise quantitativa dos PLs quanto à espécie de aumento de pena
5. Análise quantitativa dos PLs quanto à norma penal a ser alterada (bem jurídico)
6. Análise quantitativa dos PLs quanto às razões recorrentes que justificariam a alteração legislativa proposta
7. Análise quantitativa dos PLs quanto à referência à Teoria dos Fins da Pena
8. Análise quantitativa dos PLs quanto às referências extrapenais
9. Referências extrapenais: análise qualitativa dos PLs quanto à categoria "episódio divulgado na mídia"

4.1.2.1. PLs quanto aos parlamentares proponentes

A análise quanto ao parlamentar proponente permitirá identificar se há concentração de proposições que recrudescem penas em determinados representantes políticos, ou se se trata de fenômeno difuso. Nossa hipótese é a de que a iniciativa dos PLs é diluída entre os deputados, mas poderia haver prevalência entre políticos ligados às Forças Armadas - Marinha, Exército e Aeronáutica[387] - e aos órgãos de Segurança Pública - polícia federal; polícia rodoviária federal; polícia ferroviária federal; polícias civis; polícias militares e corpos de bombeiros militares.[388]

---

[387] Cf. art. 142 da Constituição da República. BRASIL. Constituição da República Federativa do Brasil de 1988, *op. cit.*

[388] Cf. art. 144 da Constituição da República. *Ibidem.*

4.1.2.2. PLs quanto aos partidos políticos

O populismo penal é um fenômeno suprapartidário. A análise relativa aos partidos políticos pretende testar a hipótese segundo a qual todas as siglas apresentam PLs para aumentar penas, de modo que o fenômeno do populismo penal legislativo não estaria adstrito a partidos de tendências "conservadoras".[389] Sobre esse ponto, Julian Roberts afirma que:

> a natureza de soluções populistas para o crime tem significado que o populismo penal tem sido associado mais frequentemente à direita política. Contudo, também temos observado através dos países de língua inglesa que atores políticos de centro-esquerda tem adotado às vezes posições populistas sobre crime e punição [...].[390]

No mesmo sentido adverte Pratt, em relação aos países de língua inglesa, mas também se referindo à Suécia e à Espanha:

> Enquanto a direita política tem periodicamente falado em ser duro com o crime desde os anos 1960 [...], políticos liberais e social-democratas tem sido recentemente levados pela atração magnética do populismo penal, abandonando suas posições mais habituais de combater o crime pela redução de desigualdades sociais.[391]

4.1.2.3. PLs quanto à origem por Unidade da Federação

Com relação à separação dos PLs em função da unidade da federação do qual o parlamentar proponente se origina, poder-se-á avaliar se há predominância de algum estado ou região do país. Recente levantamento de dados mostrou os estados brasileiros mais encarceradores do país. São Paulo, Minas

---

[389] Muito embora não seja objeto deste trabalho distinguir os partidos conforme suas tendências "progressistas", "liberais", "conservadoras", ou outras categorias da Ciência Política.

[390] (Tradução nossa) "The nature of populist solutions to crime has meant that penal populism has been associated most often with the political right. However, we have also observed throughout the English-speaking world that political actors on the center-left have sometimes adopted populist positions on crime and punishment [...]". ROBERTS, Julian V.; STALANS, Loretta; INDERMAUR, David; and HOUGH, Mike. **Penal Populism and Public Opinion**: Lessons Form Five Countries. New York: Oxford University Press, 2003, p. 65.

[391] (Tradução nossa) "While the political right has periodically talked tough on crime since the 1960s [...], liberal and social democratic politicians have more recently been attracted to the magnetic pull of penal populism, abandoning their more usual position of fighting crime by reducing social inequalities". PRATT, John. **Penal Populism**, p. 23.

Gerais e Rio de Janeiro são os que mais encarceram, conforme relatório publicado pelo Departamento Penitenciário Nacional[392]. As unidades da federação que mais encarceram são as mesmas das quais mais se originam PLs que aumentam penas?

4.1.2.4. PLs quanto à espécie de aumento de pena

Relativamente à quantificação dos PLs de acordo com a espécie de aumento de pena, pretendemos verificar se há predileção dos parlamentares quanto a uma forma específica de aumentar a pena dos delitos. Nossa hipótese é que os políticos preferem alterar a pena cominada ao crime, mexendo em suas margens mínima e/ou máxima, o que resulta em expressivo impacto no sistema penal. Por exemplo, aumentos na pena mínima elevam a possibilidade de encarceramento, considerando que penas aplicadas até quatro anos, em crimes sem violência ou grave ameaça, comportam substituição da pena privativa de liberdade por pena restritiva de direito.[393] Ainda como exemplo, aumentos na pena máxima resultam no aumento do prazo de prescrição, ampliando o tempo que o Estado tem para exercer a pretensão punitiva.[394]

4.1.2.5. PLs quanto à norma penal a ser alterada (bem jurídico)

A separação dos PLs quanto à norma penal a ser alterada constitui importante objeto de pesquisa. De acordo com Zaffaroni, o processo de criminalização se desenvolveria em duas etapas: primária e secundária. À primária corresponderia "o ato e o efeito de sancionar uma lei penal material, que incrimina ou permite a punição de certas pessoas"[395], isto é, fazer leis penais, o

---

[392] BRASIL. **Levantamento Nacional de Informações Penitenciárias.** Departamento Penitenciário Nacional. Ministério da Justiça: Infopen, junho de 2014, p. 17. Disponível em <http://www.justica.gov.br/noticias/mj-divulgara-novo-relatorio-do-infopen-nesta-terca-feira/relatorio-depen-versao-web.pdf>. Acesso em 30 de julho de 2015.

[393] Conforme a presença dos requisitos do art. 44 do Código Penal. BRASIL. Decreto-Lei 2.849 de 1940. Código Penal. Disponível em <http://www.planalto.gov.br/ccivil_03/decreto-lei/Del2848compilado.htm>. Acesso em 21 de julho de 2015.

[394] A chamada *prescrição da pretensão punitiva abstrata* (PPPa) regula-se pela pena máxima cominada ao crime, conforme o art. 109 do Código Penal. BRASIL. Decreto-Lei 2.849 de 1940. Código Penal. Disponível em <http://www.planalto.gov.br/ccivil_03/decreto-lei/Del2848compilado.htm>. Acesso em 21 de julho de 2015.

[395] (Tradução nossa) "Criminalización primaria es el acto y el efecto de sancionar una ley penal material, que incrimina o permite la punición de ciertas personas." ZAFFARONI,

que compete ao Legislativo e ao Executivo (quando exerce a iniciativa de lei). A secundária "é a ação punitiva exercida sobre pessoas concretas [...]"[396], ou seja, investigar, processar e executar a pena, o que cabe às agências policiais, ao Judiciário e às agências de execução penal. Ambos os processos de criminalização seriam seletivos, isto é, nem todas as condutas lesivas à vida social seriam proibidas pela lei penal, nem todos os crimes seriam punidos, tampouco, nem todas as pessoas seriam punidas. Esse processo de seleção penalizante não seria obra do acaso ou azar, senão resultado da gestão de um conjunto de agências (polícia, órgão de acusação, juiz, agente penitenciário) que formam o sistema penal. Dentre essas agências, a que aqui nos interessa é o legislador penal. Pretendemos testar a hipótese segundo a qual o legislador atua seletivamente, aumentando penas de crimes que tem apelo junto à sociedade, como os crimes contra a pessoa, os quais consubstanciam a chamada *criminalidade de sangue*, fonte de grande repercussão na mídia.

4.1.2.6. PLs quanto às razões recorrentes que justificariam a alteração legislativa proposta

Ao iniciar a pesquisa, formulamos a seguinte pergunta mental: o que os parlamentares efetivamente escrevem nas justificativas? O que diz o legislador? Nesse sentido, previmos 11 (onze) expressões que seriam mencionados com recorrência. Em outros termos, seriam recursos discursivos legitimadores do aumento do poder punitivo, forjando um **senso comum parlamentar**.

Após o início da coleta de dados, tivemos que incluir mais uma expressão, a qual se mostrou frequente nas proposições: com o aumento de pena pretender-se-ia impedir a incidência do instituto da *suspensão condicional do processo*. Ao lado da *transação penal* e da *composição civil dos danos*, a suspensão condicional do processo constitui medida despenalizadora (ou desprisionalizadora)

Eugenio Raúl; ALAGIA, Alejandro; & SLOKAR, Alejandro. **Derecho Penal**: Parte General. 2ª ed. Buenos Aires: Ediar, 2002, p. 7.

396 (Tradução nossa) "es la acción punitiva ejercida sobre personas concretas [...]". *Ibidem*.

prevista no art. 89 da lei 9.099/95, sendo cabível para crimes cuja pena mínima cominada é igual ou inferior a um ano.[397]

Portanto, para a análise quantitativa dos PLs quanto às razões recorrentes que justificariam a alteração legislativa, estabelecemos 12 (doze) expressões:

1. Punir com Rigor
2. Desestimular a prática de crimes
3. Adequar a pena à gravidade do crime
4. Proteger a sociedade
5. Enfrentar a impunidade
6. Evitar substituição da pena (art. 44 do CP)
7. Frear aumento da criminalidade
8. Eficácia do combate ao crime
9. Afirmar a Justiça
10. Proteger direitos das vítimas
11. Impedir suspensão condicional do processo (art. 89 da lei 9.099/95)
12. Não há

A expressão "punir com rigor" foi escolhida por ser consentânea com a ideia segundo a qual o Estado deve ser duro com o crime, frequente nos discursos políticos. No Brasil, por exemplo: Serra em 1998, Lula em 2003, Cabral em 2007, Alckmin 2013 e Dilma em 2015.[398] A hipótese é que muitos PLs

[397] Sobre o tema, cf. CIRINO DOS SANTOS, Juarez. **Direito Penal**: parte geral. Curitiba: ICPC; Lumen Juris, 2006, p. 625-636; e BITENCOURT, Cezar Roberto. **Tratado de Direito Penal**: parte geral. Vol. 1. 13ª Ed. São Paulo: Saraiva, 2008, p. 616-648.

[398] "Serra anuncia punição dura contra crimes" (1 de junho de 1998), "Lula prevê 'combate muito duro' a crime" (25 de março de 2003), Cabral promete duro combate ao crime no Rio de Janeiro" (1 janeiro de 2007), "Alckmin propõe castigo mais duro a menor infrator" (17 de abril de 2013), "Transformar em crime e punir com rigor corrupção é inadiável, diz Dilma" (2 de janeiro de 2015), respectivamente disponível em <wwwl.folha.uol.com.br/fsp/cotidian/ff01069809.htm>; <wwwl.folha.uol.com.br/fsp/cotidian/ff2503200307.htm>; <http://www.gazetadopovo.com.br/vida-publica/cabral-promete-duro-combate-ao-crime-no-rio-de-janeiro-abjgw39g77cdnkfu4owvv0u32>; <http://www12.senado.gov.br/jornal/edicoes/2013/04/17/alckmin-propoe-castigo-mais-duro-a-menor-infrator>; <http://www.cbnfoz.com.br/editorial/politica/noticias-politica/02012015-233371-transformar-em-crime-e-punir-com-rigor-corrupcao-e-inadiavel-diz-dilma>. Acesso em 26 de julho de 2015.

trariam em suas justificativas explicitamente a ideia segunda a qual as penas devem ser altas, duras, rigorosas. Sobre esse ponto, segundo Julian Roberts, o slogan *tough on crime, tough on the causes of crime* (duro com o crime, duro com as causas do crime) teria sido cunhado pelo britânico Tony Blair em 1992. Desde então, o slogan teria sido incorporado pelo imaginário do público em geral, tendo sido adotado por políticos de outros países também.[399] O quanto tem sido adotado no Brasil pelos parlamentares?

A iniciativa de inserir a expressão "desestimular a prática de crimes" é por certo evidente. A finalidade dissuasória nas justificações dos PLs representaria uma espécie de senso comum teórico do legislador quanto à finalidade da pena. É hipótese desse trabalho que número expressivo das proposições faria referência ao suposto *deterrence effect* (efeito dissuasório) da punição.

A expressão "adequar a pena à gravidade do crime" foi prevista na medida em que se espera que o legislador justifique o aumento de pena referindo-se à noção de proporcionalidade entre crime e pena, entre a lesão e a punição. Embora os PLs refiram-se à punição proporcional, a hipótese é que eles não trariam de fato um teste de proporcionalidade. Não indicariam de que forma o aumento da pena criminal seria um meio *adequado*, *necessário* e *eficaz* para o fim de proteger bens jurídicos ou reduzir a criminalidade.

"Proteger a sociedade" é uma expressão que também despertaria atenção do legislador nas justificativas. Segundo David Garland (2001), a ideia de "proteção da sociedade" teria assumido um papel dominante nos debates acerca da política criminal, considerando a crescente ênfase na necessidade de segurança e gestão de riscos.[400] Citando o caso das drogas, Julian Roberts afirma que a denominada *war on crime* (guerra contra o crime), levada à cabo ao redor do mundo nas últimas duas décadas[401], dirigiu grande atenção à "proteção

---

[399] "In 1992, the shadow Home Secretary, Tony Blair, announced New Labour policy on crime as "Tough on crime, tough on the causes of crime." This clever slogan was to capture the public's imagination and indeed was subsequently adopted by politicians in many other countries as well, including Canada and Australia." ROBERTS, Julian V. *et. al.* **Penal Populism and Public Opinion**: Lessons Form Five Countries. New York: Oxford University Press, 2003, p. 47.

[400] GARLAND, David. **La cultura del control**: crimen y orden social en la sociedad contemporánea. Traducción de Máximo Sozzo. Gedisa Editorial: Barcelona, 2005, p. 47-48.

[401] Sendo o texto de 2003, o autor se refere às décadas de 80 e 90, embora essa política criminal tenha prosseguido ao longo da primeira década dos anos 2000.

da sociedade" por meio da imposição de sentenças mais duras aos condenados por crimes relacionados às drogas (*war on drugs* - guerra às drogas).[402] Pretendemos quantificar os PLs nos quais os representantes políticos brasileiros fariam referência à proteção da sociedade como forma de legitimar o endurecimento penal. No discurso oral, é certo que podemos encontrar manifestações nesse sentido, como se pode depreender da declaração recente proferida por deputado federal acerca do tema da redução da maioridade penal.[403]

A expressão "enfrentar a impunidade" desempenha papel central em nossa pesquisa. A afirmação segundo a qual a impunidade imperaria em nosso país faria parte de um discurso para legitimar o aumento do poder punitivo estatal, consubstanciando assim verdadeira campanha em favor da expansão do Direito Penal. Ao analisar os aparatos de propaganda dos sistemas penais latino-americanos, Zaffaroni bem observa que:

> Estas campanhas tem lugar mediante "invenção da realidade" (distorção pelo aumento do espaço publicitário dedicado a fatos de sangue; invenção direta de fatos que não se produziram), profecias que se autorrealizam (instigação pública a cometer delitos mediante metamensagens de slogans tais como **"a impunidade é absoluta"**, os menores podem fazer qualquer coisa", "os presos entram por uma porta e saem pela outra", etc; publicação de novos métodos para cometer delitos, de facilidade, etc.), produção de indignação moral (instigação à violência coletiva, à autodefesa, glorificação de "justiceiros", apresentação de grupos de extermínio como "justiceiros", etc.).[404]

---

402 ROBERTS, Julian V. *et. al.*. **Penal Populism and Public Opinion**, *op. cit.*, p. 143.

403 "Redução da maioridade penal vai **proteger a sociedade**, afirma Bolsonaro" (grifo nosso). O parlamentar Jair Bolsonaro, do PP/RJ, é conhecido por suas posições punitivistas. Disponível em <http://ultimosegundo.ig.com.br/politica/2015-05-28/reducao-da-maioridade-penal-vai-proteger-a-sociedade-afirma-bolsonaro.html>. Acesso em 26 de julho de 2015.

404 (Tradução nossa; grifo nosso) Estas campañas tienen lugar mediante "invención de la realidad" (distorsión por el aumento de espacio publicitario dedicado a hechos de sangre; invención directa de hechos que no se produjeron), "profecias que se autorealizan" (instigación pública a cometer delitos mediante meta-mensajes de "slogans" tales como "la impunidad es absoluta", "los menores pueden hacer cualquier cosa", "los presos entran por una puerta y salen por la otra", etc.; publicación de nuevos métodos para cometer delitos, de facilidades, etc.), producción de indignación moral (instigación a la violencia colectiva, a la auto-defensa, glorificación de "justicieros", presentación de grupos de exterminio como "justicieros" etc.). ZAFFARONI, Eugenio Raúl. **En busca de las penas perdidas**: deslegitimacion y dogmatica juridico-penal. Segunda reimpresión. Ediar: Buenos Aires, 1998; p. 133.

Nesse contexto, partimos da hipótese segundo a qual os PLs fundamentam-se no discurso da impunidade, ignorando os dados relativos ao aumento do encarceramento de diversos crimes no Brasil, havendo omissão quanto a dados concretos relativos à incidência do Direito Penal (Quem é punido? Quais crimes são mais punidos?).

O Direito Penal brasileiro conta com três espécies de pena: pena privativa de liberdade, pena restritiva de direitos e multa.[405] Conforme assinala Cirino dos Santos, "as penas privativas de liberdade constituem o *centro* da política penal e a *forma* principal de punição".[406] O art. 44 do Código Penal prevê critérios para que a condenação à prisão seja substituída por uma pena alternativa. Muitos parlamentares pretendem aumentar as penas para evitar que a privação da liberdade seja substituída por uma pena restritiva de direito. Esse dado poderia ser explicado a partir da assertiva de Julian Roberts, segundo a qual "**a ferramenta central do populismo penal é o encarceramento**"[407]. Em que medida os PLs se referem expressamente a essa ferramenta? Esse o motivo de termos previsto a expressão "evitar a substituição da pena".

De acordo com John Pratt, o populismo penal se basearia em pressupostos falsos tais como aumentos nas taxas de criminalidade, condições confortáveis na prisão e sentenças condenatórias brandas.[408] A expressão discursiva "aumento da criminalidade" seria uma figura recorrente nas justificativas parlamentares. Legitimaria, assim, o recurso ao recrudescimento da lei penal como forma de frear esse suposto aumento nas taxas criminais. Para Julian Roberts, esse movimento político criminal de endurecimento de penas se faria presente mesmo diante do declínio estatístico de taxas de criminalidade, como demonstrado em seu estudo sobre o fenômeno nos EUA, Reino Unido, Canadá, Austrália e Nova Zelândia.[409] Nesse contexto, os PLs apostariam em suposto

---

405 Cf. art. 32 do Código Penal. BRASIL. Decreto-Lei 2.849 de 1940. Código Penal. Disponível em <http://www.planalto.gov.br/ccivil_03/decreto-lei/Del2848compilado.htm>. Acesso em 21 de julho de 2015.

406 CIRINO DOS SANTOS, Juarez. **Direito Penal**, *op. cit.*, p. 509.

407 (Tradução nossa; grifo nosso) "The central tool of penal populism is imprisonment [...]". ROBERTS, Julian V.; STALANS, Loretta; INDERMAUR, David; and HOUGH, Mike. **Penal Populism and Public Opinion**, *op. cit.*, p. 5.

408 PRATT, John. **Penal Populism**. Routledge: London and New York, 2007, p. 174-175.

409 ROBERTS, Julian V.; STALANS, Loretta; INDERMAUR, David; and HOUGH, Mike. **Penal Populism and Public Opinion**, *op. cit.*, prefácio, p. viii.

aumento da criminalidade como motivo para a alteração legislativa, sem, contudo, indicar taxas relativas a esse crescimento.

A ideia segundo o qual o Estado deveria ser *eficaz* no enfrentamento do crime tende a ser recorrente nos discursos dos representantes políticos[410]. Garland afirma que:

> As medidas com as quais se identificam os funcionários eleitos devem ser penologicamente críveis mas, sobretudo, devem gozar de credibilidade política e apoio popular. Na seleção de respostas políticas resultam mais atrativas aquelas que podem ser mais facilmente representadas como decididas, inteligentes e efetivas ou simbólicas.[411]

Invariavelmente, os parlamentares buscariam nas proposições legislativas que aumentam penas medidas pretensamente eficazes de combate ao crime. Nessa mesma linha da função simbólica da lei penal, Silva Sánchez argumenta:

> Não é infrequente que a expansão do Direito penal se apresente como produto de uma espécie de perversidade do aparato estatal, que buscaria no permanente recurso à legislação penal uma (aparente) solução fácil aos problemas sociais, deslocando ao plano simbólico (isto é, ao da declaração de princípios, que tranquiliza a opinião pública) o que deveria se resolver no nível do instrumental (da proteção efetiva).[412]

Portanto, com qual frequência o legislador penal brasileiro faria referência à "eficácia do combate ao crime"?

Incluir a expressão "afirmar a Justiça" passa pela compreensão da influência da *teoria da prevenção geral* na política criminal do final do século XX,

---

[410] Inclusive por conta da contemporânea concepção criminológica da "justiça atuarial".

[411] (Tradução nossa) "Las medidas con las cuales se identifican los funcionarios electos deben ser penológicamente creíbles pero, sobre todo, deben gozar de credibilidad política y apoyo popular. En la selección de respuestas políticas resultan más atractivas aquellas que pueden ser más fácilmente representadas como decididas, inteligentes y efectivas o simbólicas." GARLAND, David. **La cultura del control**, *op. cit.*, p. 191.

[412] (Tradução nossa) "No es infrecuente que la expansión del Derecho penal se presente como producto de una especie de perversidad del aparato estatal, que buscaría en el permanente recurso a la legislación penal una (aparente) solución fácil a los problemas sociales, desplazando al plano simbólico (esto es, al de la declaración de principios, que tranquiliza a la opinión pública) lo que debería resolverse en el nivel de lo instrumental (de la protección efectiva)." SILVA SÁNCHEZ, Jesús-Maria. **La expansión del derecho penal**: Aspectos de la política criminal en las sociedades postindustriales. Madrid: Cuadernos Civitas, 1999, p. 19.

especificamente nas propostas de Claus Roxin e Gunther Jakobs.[413] Pela proposta de Roxin, na prevenção geral positiva poderiam ser distinguidos três efeitos por meio da aplicação da pena: (i) aprendizagem sociopedagógica, (ii) confiança no Direito e (iii) pacificação do conflito.[414] Para Jakobs, a pena deve representar uma aprendizagem coletiva e generalizada de fidelidade ao ordenamento jurídico como atitude natural: "por conseguinte, a pena *significa* uma contradição do significado do fato, e a dor da pena deve *produzir* prevenção geral positiva".[415] Embora as teorias preventivo-gerais dos autores guardem diferenças substanciais entre si, tem em comum o fato de apostarem na noção de credibilidade das instituições. Nesse quadro, partimos da hipótese que o legislador se refere à afirmação da Justiça/Direito como forma de fundamentar o aumento de pena. Qual seria a recorrência?

Um dos novos personagens centrais no debate público político criminal é a figura da vítima. O populismo penal teria tornado mais forte a relação entre políticos e lobistas dos direitos das vítimas.[416] Mais do que isso, a perspectiva populista encaminharia um pensamento pelo qual se acreditaria que criminosos e prisioneiros tem sido favorecidos em detrimento de vítimas em particular e do público em geral obediente à lei.[417] Sob esse ângulo, o "populismo penal demanda que os direitos das vítimas, os direitos da comunidade, devem ter precedência sobre os direitos de indivíduos criminosos".[418] Também de acordo com Garland, o papel desempenhado pela vítima na formulação de política criminal na virada do século XX para o XXI aparece como um dos sinais característicos do tipo de controle social que se desenvolve em nosso tempo:

---

[413] CIRINO DOS SANTOS, Juarez. **Direito Penal**, *op. cit.*, p. 460.

[414] ROXIN, Claus. **Derecho penal**: parte general. Tomo I. Fundamentos. La estructura de la teoria del delito. 2ª Ed. Trad.: Diego-Manuel Luzon Peña *et. al.* Madrid: Editorial Civitas, 1997, p. 91-92.

[415] (Tradução nossa) JAKOBS, Gunther. **Sobre la normativización de la dogmática jurídico-penal**. Traducción: Manuel Cancio Meliá y Bernardo Feiióo Sánchez. Madrid: Civitas, 2003, p. 57.

[416] PRATT, John. **Penal Populism**. Routledge: London and New York, 2007, p. 27 e 150.

[417] "*[...] penal* populism speaks to the way in which criminals and prisoners are thought to have been favoured at the expense of crime victims in particular and the law-abiding public in general". *Ibidem.*, p. 12.

[418] (Tradução nossa) "[...] penal populism demands that the rights of victims, the rights of communities, must take precedence over the rights of individual criminals." *Ibidem.*, p. 30.

> Os interesses e os sentimentos das vítimas – as vítimas mesmas, as famílias das vítimas, as vítimas potenciais, a figura abstrata "da vítima" – se invocam agora rotineiramente para aprovar medidas de segregação punitiva.[419]

Sendo assim, o quanto nossos parlamentares têm se referido à "proteção dos direitos vítimas" em suas justificativas para aumentar penas? Por isso incluímos essa expressão.

Inicialmente não previsto na pesquisa, o motivo "impedir a suspensão condicional do processo" começou a aparecer nos PLs. Por essa razão, para assegurar a confiabilidade da pesquisa, decidimos incluí-lo. Também conhecido como *sursis* processual, "trata-se de um instituto de política criminal, benéfico para o acusado, proporcionando a suspensão do curso do processo"[420] penal. No início dos anos 2000, Garland já denunciava que o novo cenário político de controle do crime reinventava o instituto da prisão. Resgatava sua função meramente retributiva, com vistas a incapacitar indivíduos violentos e reincidentes perigosos, mas também afetava pessoas que cometessem delitos menores.[421] Nesse sentido, a pena perderia a função de reinserção social por meio de medidas de liberdade condicional, renovando assim as funções de controle e avaliação de riscos.[422] Ora, quando o legislador pretende afastar a incidência da medida despenalizadora da suspensão condicional do processo, aumentando a pena mínima cominada ao delito, ele está mais uma vez apostando na ideia retributiva da pena, querendo afastar indivíduos da possibilidade de políticas criminais alternativas à prisão. Embora o afastamento do *sursis* processual não indique que a pessoa receberá uma pena de prisão, já que isso dependeria de outros aspectos relativos ao sistema de aplicação de penas. Mas ao impedir o benefício penal da suspensão, o legislador obtém o efeito simbólico segundo o qual estaria sendo duro com o crime (*tough on crime*), refestelando-se na privação da liberdade como paradigma de resposta ao crime, na mesma corrente daqueles parlamentares que querem aumentar penas para evitar a substituição da prisão por pena alternativa (art. 44 do Código Penal, como apontado acima).

---

[419] (Tradução nossa) "Los intereses y los sentimientos de las víctimas -las víctimas mismas, las familias de las víctimas, las víctimas potenciales, la figura abstracta de «la víctima»- se invocan ahora rutinariamente para apoyar medidas de segregación punitiva." GARLAND, David. **La cultura del control**, *op. cit.* p. 46.

[420] NUCCI, Guilherme de Souza. **Leis penais e processuais comentadas**. 3ª edição rev. atual. e ampl. São Paulo: Revista dos Tribunais, 2008, p. 782.

[421] GARLAND, David. **La cultura del control**, *op. cit.*, p. 48.

[422] *Ibidem*.

Por fim, como última categoria de análise dos PLs quanto às razões recorrentes deduzidas nas justificativas, reservamos a variável "não há". Intuímos que, eventualmente, alguns PLs poderiam simplesmente ter uma omissão na justificativa quanto aos motivos pelos quais a pena deveria ser aumentada.

4.1.2.7. PLs quanto à referência às Teorias dos Fins da Pena

O legislador se refere à finalidade da pena, ainda que implicitamente? Como se justificaria a imposição de uma punição penal a um indivíduo? O discurso oficial das teorias da pena permitiria identificar 5 (cinco) finalidades atribuídas a pena criminal. Tais finalidades conformariam modelos de discursos legitimadores do poder punitivo[423] e responderiam à indagação sobre *para que serve a pena criminal.* Nesse sentido, há razoável consenso na literatura penal, que aponta para a seguinte tipologia de justificações da pena[424]:

1. Teoria da retribuição: compensar, equilibrar ou expiar o mal *injusto* do crime com o mal *justo* da pena;
2. Teoria da prevenção *geral* negativa: dissuadir a *generalidade* das pessoas de praticarem crimes;
3. Teoria da prevenção *geral* positiva: reforçar a confiança da *generalidade* das pessoas na ordem jurídica;
4. Teoria da prevenção *especial* positiva: reeducar, ressocializar, reinserir *especialmente* o autor do crime:
5. Teoria da prevenção *especial* negativa: neutralizar *especialmente* o autor do crime.[425]

A análise quantitativa dos PLs quanto às referências à teoria dos fins da pena pretende verificar a recorrência dessas finalidades nas justificativas parlamentares. Nossa hipótese é a de que as ideias de *retribuição* e *dissuasão* (prevenção geral negativa) seriam as mais frequentes no quadro do fenômeno do populismo penal legislativo. Para avaliar essa frequência, previmos então as

---

[423] ZAFFARONI, Eugenio Raúl, ALAGIA, Alejandro & SLOKAR, Alejandro. **Derecho Penal**: Parte General. 2ª ed. Buenos Aires: Ediar, 2002, p. 56-65.

[424] FERRAJOLI, Luigi. **Derecho y razón: Teoría del garantismo penal.** Tradução: Perfecto Andrés Ibáñez, Alfonso Ruiz Miguel, Juan Carlos Bayón Mohino, Juan Terradillos Basoco, Rocío Cantarero Bandrés. Madrid: Editorial Trotta, 1995, p. 253.

[425] ROXIN, Claus. **Derecho penal**, *op. cit.*, 81-93.

cinco finalidades e também a variável "não há", pois revela-se plausível supor que muitos PLs não façam referências explícitas e implícitas aos fins da pena. Na categorização dos PLs em função da teoria da pena buscamos verbos e expressões na forma do quadro abaixo:

#	Teorias dos Fins da Pena	Verbos / Expressões Verbais
1	Retribuição	responder, pagar, sofrer, compensar, punir
2	Prevenção geral negativa	desestimular, desincentivar, dissuadir, inibir, evitar, intimidar, coagir, coibir
3	Prevenção geral positiva	afirmar, reforçar valores, produzir confiança, dar credibilidade às instituições
4	Prevenção especial negativa	neutralizar, afastar, excluir, isolar, impedir (especificamente o indivíduo)
5	Prevenção especial positiva	reeducar, recuperar, ressocializar, reinserir, reabilitar

4.1.2.8. PLs quanto às referências extrapenais

O que afeta o legislador para propor esses PLs? Empregamos a expressão "referências extrapenais" para designar os dados, fatos ou acontecimentos sobre os quais o legislador faria menção nas justificativas ao propor a alteração legislativa. Essas referências seriam extrapenais por estarem *além* ou *fora* do discurso penal. Não se relacionariam propriamente com a dogmática penal ou com as reflexões criminológicas em torno das finalidades da pena. Com essa análise, pretendemos uma espécie de medição da *responsividade* do legislador a fatos diversos no seio da sociedade, sendo a *resposta* consistente na propositura de lei penal severa.

Na pesquisa publicada pela Secretaria de Assuntos Legislativos (SAL) do Ministério da Justiça, *Série Pensando o Direito nº 32/2010*, foi utilizada a categoria "referências externas", com o objetivo de "investigar de que maneira os fatos da vida social são percebidos pelo legislador e como essa relação se manifesta".[426] Nesse trabalho da SAL, as referências externas foram: (i) episódio concreto; (ii) dados empíricos; (iii) decisão judicial/jurisprudência; e (iv) cenário internacional.

Imbuídos do propósito de produzir conhecimento cientifico correlato e continuado à pesquisa mencionada, optamos por seguir a categorização com dois ajustes: (i) "episódio concreto" passa a ser designado como "episódio divulgado na mídia", implícita ou explicitamente, bem assim para analisar a afetação do parlamentar pelos veículos de comunicação; (ii) incluímos a variável "audiência pública", pois supomos que seria uma possibilidade de origem da proposta legislativa, o que depois não se confirmou pela pesquisa, como se verá adiante. Portanto, na análise quantitativa dos PLs quanto às referências extrapenais, podemos sintetizar o levantamento na forma do quadro abaixo:

#	Referência extrapenal	Critério para reconhecer a referência
1	Episódio divulgado na mídia	Menção, ainda que implícita, a fato repercutido em veículo de comunicação
2	Dados empíricos	Análises de impacto, estudos prévios, dados estatísticos relativos à necessidade da alteração proposta
3	Decisão judicial/ jurisprudência	Comportamento do Poder Judiciário em relação à aplicação da lei penal (crime/pena) que se pretende alterar
4	Cenário internacional	Adequação à legislação, movimento ou exigência internacional
5	Audiência pública	Reunião com entidade da sociedade civil para instruir matéria legislativa ou tratar de assuntos de interesse público relevante*

* "Art. 255. Cada Comissão poderá realizar reunião de audiência pública com entidade da sociedade civil para instruir matéria legislativa em trâmite, bem como para tratar de assuntos de interesse público relevante, atinentes à sua área de atuação, mediante proposta de qualquer membro ou a pedido de entidade interessada". BRASIL. Congresso. Câmara dos Deputados. Regimento Interno, op. cit., p. 76.

[426] BRASIL. **Série Pensando o Direito nº 32/2010**: Análise das justificativas para a produção de normas penais. Secretaria de Assuntos Legislativos do Ministério da Justiça (SAL). São Paulo, setembro de 2010, p. 67. Disponível em <http://www.justica.gov.br/seus-direitos/elaboracao-legislativa/pensando-o-direito/publicacoes/anexos/32pensando_direito.pdf>. Acesso em 21 de julho de 2015.

4.2. Análises dos PLs

4.2.1. Análise quantitativa dos PLs quanto aos parlamentares proponentes

Há concentração de proposições que recrudescem penas em determinados representantes políticos? Os achados de pesquisa mostraram que **167 (cento e sessenta e sete) parlamentares apresentaram PLs para aumentar penas de crimes já existentes no período de 2006-2014**. Se considerássemos apenas uma legislatura e, portanto, o universo de 513 deputados,[427] esse número representaria 32,55% parlamentares. Não chegamos a realizar um levantamento que permitisse identificar quantos parlamentares atuaram nas duas legislaturas. De todo modo, a análise quantitativa que realizamos está a indicar que as proposições se diluem entre eles. Dos 167 parlamentares proponentes, 118[428] (cento e dezoito) subscreveram apenas um PL que aumenta pena, o que corresponde a um total de 70,65%. De outra parte, 34[429] (trinta e quatro) deputados subscreveram 2 (dois) PLs, perfazendo um total de 20,35%. Ainda, 11 (onze) políticos apresentaram 3 (três) PLs, correspondendo a 6,58%. Por fim, apenas um apresentou 4 (quatro) PLs, consubstanciando 0,59% do total de 167 parlamentares subscritores no período analisado. Sendo assim, o quantitativo dos PLs quanto aos parlamentares proponentes pode ser sintetizado no gráfico abaixo:

427 Quantidade de deputados federais no Brasil. Cf. art. 45, § 1º, da CRFB/88 e art. 1º da Lei Complementar n. 78/93, respectivamente disponível em <http://www.planalto.gov.br/ccivil_03/Constituicao/ConstituicaoCompilado.htm> e <http://www.planalto.gov.br/ccivil_03/leis/LCP/Lcp78.htm>. Acesso em 31 de julho de 2015.

428 A lista contendo os 118 nomes encontra-se nos Anexos.

429 Vital do Rêgo Filho - PMDB; Arnaldo Faria de Sá - PTB; Arnaldo Jordy - PPS; Aline Corrêa - PP; Betinho Rosado – PFL (2006)/DEM (2008); Bruno Araújo - PSDB; Celso Russomanno - PP; César Halum - PRB; Dimas Ramalho - PPS; Eliene Lima – PP (2009)/PSD (2012); Flávio Bezerra - PMDB; Hugo Leal - PSC; José Mentor - PT; Junji Abe – DEM (2011)/PSD (2012); Márcio Marinho - PRB; Marcos Montes - DEM (2010)/PSD (2014); Marcos Rogério - PDT; Moroni Torgan - PFL; Onyx Lorenzoni - PFL; Paulo Pimenta - PT; Pompeo de Mattos - PDT; Rebecca Garcia - PP; Ricardo Izar - PSD; Roberto de Lucena - PV; Subtenente Gonzaga - PDT; Vinicius Carvalho - PTdoB; Neilton Mulim - PR; Marcelo Ortiz - PV; Luiz Bassuma - PT (2007)/PV (2010); Fernando Gabeira - PV; Miguel Martini - PHS; Rogério Peninha Mendonça - PMDB; Beto Albuquerque - PSB; Roberto Santiago - PV.

Número e percentual de parlamentares que apresentaram PLs (considerando um total de 167 parlamentares)

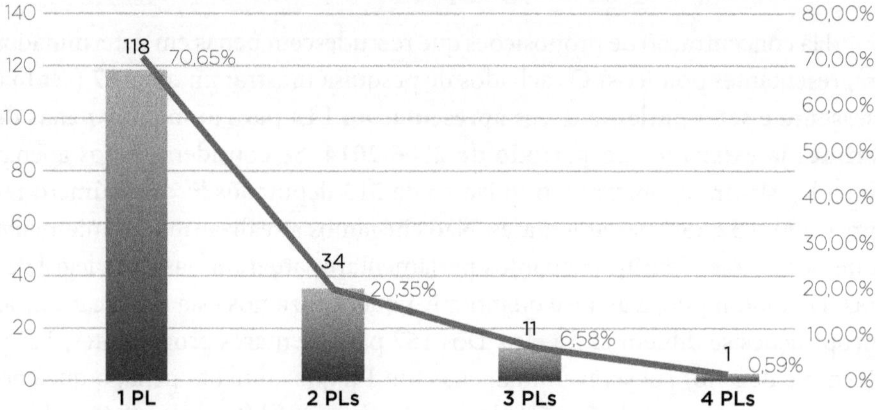

Dos 11[430] parlamentares que apresentaram 3 Pls, 4 (quatro) integram as Forças Armadas ou órgãos da segurança pública. São eles: (i) Capitão Assumção – PSB, Capitão da Polícia Militar no estado do Espírito Santo[431]; (ii) Fernando Francischini – PEN (2013)/SD (2014), Delegado de Polícia Federal[432], (iii) Jair Bolsonaro – PP, Capitão do Exército[433]; e (iv) William Woo – PSDB (2007)/PPS (2010), Policial Civil em São Paulo[434]. Nossa hipótese segundo a qual parlamentares ligados às forças de segurança apresentariam PLs punitivistas se confirma em parte. Isso porque cerca de 1/3 dos deputados que mais subscrevem PLs que aumentam penas integram esses órgãos, cuja cultura punitiva está presente na própria cultura institucional. Embora não seja o caso de se fazer uma análise qualitativa desses projetos, podemos observar que os PLs tratam de crimes que

---

430 Bernardo Ariston - PMDB; Capitão Assumção - PSB; Carlos Sampaio - PSDB; Fernando Francischini – PEN (2013)/SD (2014); Jair Bolsonaro - PP; Eduardo da Fonte – PP (2009)/PPS (2013); Marcelo Serafim - PSB; Pauderney Avelino - DEM; Romário - PSB; Sandes Júnior - PP; William Woo – PSDB (2007)/PPS (2010).

431 Cf. <https://br.linkedin.com/in/capitaoassumcao>. Acesso em 31 de julho de 2015.

432 Cf. <http://www2.camara.leg.br/deputados/pesquisa/layouts_deputados_biografia?pk=160646>. Acesso em 31 de julho de 2015.

433 Cf. <http://www2.camara.leg.br/deputados/pesquisa/layouts_deputados_biografia?pk=74847>. Acesso em 31 de julho de 2015.

434 Cf. <http://www2.camara.leg.br/deputados/pesquisa/layouts_deputados_biografia?pk=141563>. Acesso em 31 de julho de 2015.

tem forte apelo junto ao público, como os crimes sexuais, ambientais, de trânsito e drogas. Abaixo, eis o quadro com as 12 (doze) proposições.

Proposição Legislativa	Parlamentar Autor	Partido	Objeto	Lei a ser alterada
PL-5120/2009	Capitão Assumção	PSB	Aumenta penas de crimes relativos à sexualidade e exploração sexual de crianças e adolescentes	Lei 8.069/90 - Estatuto da Criança e Adolescente
PL-5122/2009	Capitão Assumção	PSB	Aumenta a pena dos crimes contra a dignidade sexual no caso de relações especificadas entre autor e vítima	Código Penal/ Crimes contra a dignidade sexual
PL-5407/2009	Capitão Assumção	PSB	Aumenta a pena do crime de abuso, maus tratos aos animais silvestres	Lei 9.605/98 - Crimes Ambientais
PL-5272/2013	Fernando Francischini	PEN	Aumenta a pena do crime de interceptação de comunicações telefônicas, de informática ou telemática	Lei 9.296/96 - Lei das interceptações telefônicas
PL-7019/2013	Fernando Francischini	SD	Aumenta a pena do crime de tráfico de drogas no caso de reincidência	Lei 11.343/06 - Lei de Drogas
PL-7838/2014	Fernando Francischini	SD	Aumenta a pena do crime de homicídio culposo na direção de veículo automotor quando o agente está com capacidade psicomotora alterada em razão da influência de ácool ou de outra substância psicoativa	Lei 9.503/97 - Crimes de Trânsito
PL-5398/2013	Jair Bolsonaro	PP	Aumenta as penas dos crimes de estupro e estupro de vulnerável	Código Penal/ Crimes contra a dignidade sexual
PL-7421/2014	Jair Bolsonaro	PP	Aumenta a pena de reclusão no crime de pichação	Lei 9.605/98 - Crimes Ambientais
PL-8006/2010	Jair Bolsonaro	PP	Aumenta a pena dos crimes de Roubo, Extorsão e Associação Criminosa	Código Penal/ Crimes contra o patrimônio e Código Penal/ Crimes contra a paz pública
PL-377/2007	Sérgio Moraes e William Woo	PTB e PSDB	Aumenta pena do crime de falsa identidade quando ela serve à contratação de serviços de telefonia para fins ilícitos	Código Penal/ Crimes contra a fé pública
PL-1807/2007	William Woo	PSDB	Aumenta a pena do Crime contra Registro de Marca	Lei 9.279/96 - Crimes contra a Propriedade Industrial
PL-6936/2010	William Woo	PPS	Aumenta a pena do crime de ultraje a culto e impedimento ou perturbação de ato a ele relativo	Código Penal/ Crimes contra o sentimento religioso

O único parlamentar a apresentar 4 PLs para endurecimento da lei penal foi a deputada Keiko Ota – PSB/SP. A parlamentar viveu tragédia pessoal em 1997, quando seu filho de 8 anos, Ives Ota, fora sequestrado e morto por seguranças que trabalhavam para a própria família. O próprio site da *Fundação Ives Ota* conta a história:

> No dia 29 de Agosto de 1997, Ives Yoshiaki Ota, oito anos, foi sequestrado por três homens em sua própria casa, na Vila Carrão, Zona Leste de São Paulo. Neste dia ele brincava na sala, com seu primo, sob os cuidados da babá; na madrugada do dia 30 de Agosto, já estava morto com dois tiros no rosto porque reconheceu um de seus sequestradores. Os sequestradores faziam a segurança nas lojas de seu pai, sendo que dois deles eram Policiais Militares.[435]

Cerca de um ano depois, em 2 de junho de 1998, três pessoas foram condenadas pela morte do menino.[436] Keiko Ota se elegeu deputada federal em 2010, com 213.024 votos, e se reelegeu em 2014, com 102.963 votos.[437-438]

Dois dos quatro projetos apresentados pela deputada estão relacionados com os crimes dos quais seu filho foi vítima: sequestro e homicídio. O PL-4613/2012 prevê aumento das penas mínimas e máximas do crime de sequestro em sua forma simples e em suas duas formas qualificadas, todas previstas no art. 148 do Código Penal. Na justificativa do PL, podemos identificar as ideias recorrentes no discurso do populismo penal legislativo: *penas que não punem, penas frágeis, o crime compensa, impunidade, necessidade de resposta legislativa*. Veja-se:

> [...] atualmente as penas delineadas para esse tipo penal são desproporcionais com o grau de sofrimento impelido ao ser humano vítima desta conduta. Percebam que, na sua forma simples, a prática é nos dia de hoje punida com reclusão de um a três anos, o que permite a aplicação de penas restritivas de direito, configurando assim uma resposta muito

---

435 Disponível em <http://www.ivesota.org.br/index.php/textos/5/quem-somos.html>. Acesso em 31 de julho de 2015.

436 Cf. "Juiz condena 3 pela morte de Ives Ota". Disponível em <www1.folha.uol.com.br/fsp/cotidian/ff03069801.htm>. Acesso em 31 de julho de 2015.

437 Informações obtidas no site do Tribunal Superior Eleitoral. Cf. <www.tse.jus.br>.

438 Essa queda na votação pela metade *talvez* indique que a postura populista punitiva ajude o candidato a eleger-se, mas não necessariamente garante a popularidade para reeleger-se, manter-se ou mesmo aumentar a própria popularidade. Essa seria uma análise científica para outro trabalho de pesquisa.

> frágil perto da gravidade da conduta. Se permitirmos a manutenção desse artigo da maneira que se encontra hoje, estaremos dizendo para sociedade que o crime compensa, pois os criminosos apostam na certeza de impunidade para os seus delitos, tornando ainda mais latente a sensação de impunidade que paira sobre o povo. Tais criminosos devem ter uma severa punição a esse comportamento altamente odioso e hediondo. É necessário, pois, uma resposta legislativa a crimes tão graves como este. E a única que vislumbramos no agora é majorar suas penas, a fim de garantir que os criminosos tenham cada vez mais a certeza de que o Estado brasileiro atua de maneira firme e austera na persecução criminal. [...][439]

No caso do PL-3565/2012, a deputada pretende o aumento da pena mínima do crime de homicídio (art. 121 do Código Penal) de 6 (seis) para 10 (dez) anos. Na justificação, as ideias de dissuasão e adequação da pena à gravidade do crime fazem-se presentes novamente:

> [...] as penas cominadas no Código Penal não condizem mais com atual onda de violência que aflige a sociedade e não representam nenhuma intimidação aos criminosos, tornando-se um verdadeiro incentivo à criminalidade. [...] Não podemos permitir que a criminalidade impere sobre o nosso país e continuar aplicando penas tão brandas que em nada intimidam os criminosos.[440]

As vítimas merecem solidariedade em geral. E certamente estratégias de atenção a elas devem ser desenvolvidas em diversos níveis. Como vimos, a condição de vítima tem tido um papel de protagonismo no debate público criminal. Mas tem representado verdadeira causa de emergência do populismo penal. Nesse caso em particular, a parlamentar é vítima *in concreto* do crime cuja pena se pretende o aumento.

Pratt argumenta que a mídia tem tido o efeito de formar, solidificar e dirigir o sentimento público sobre crime e pena. No caso da deputada Keiko Ota, ela formou, solidificou e dirigiu o sentimento próprio sobre crime e pena.

---

[439] BRASIL. Câmara dos Deputados. Projeto de Lei n. 4613/2012. Altera o art. 148 do Decreto-Lei 2.848, de 7 de dezembro de 1940 - Código Penal. Disponível em <http://www.camara.gov.br/proposicoesWeb/fichadetramitacao?idProposicao=558053>. Acesso em 21 de julho de 2015.

[440] BRASIL. Câmara dos Deputados. Projeto de Lei n. 3565/2012. Altera o art. 121 do Decreto-Lei nº 2.848, de dezembro de 1940 - Código Penal. Disponível em <http://www.camara.gov.br/proposicoesWeb/fichadetramitacao?idProposicao=539301>. Acesso em 21 de julho de 2015.

Deixa assim seu sofrimento próprio guiar a formulação de política criminal legislativa.

Ainda com relação ao quantitativo de PLs em função do proponente, é de se destacar que o Poder Executivo apresentou 2 (dois) PLs - PL-6616/2009 e PL-7710/2007. E mais 13 (treze) PLs originaram-se de Comissões.

Ambos os projetos de iniciativa do Executivo versam sobre crimes contra a administração pública. O PL-7710/2007 tem por objetivo aumentar a pena do crime de corrupção ativa de funcionário público estrangeiro em transações comerciais internacionais, previsto no art. 337-B do Código Penal.[441] Atualmente a pena é de 1 a 8 anos. A proposição pretende aumentar para 2 a 12 anos. A justificativa aponta para a necessidade de tornar coerente as penas cominadas para os crimes de corrupção, atendendo também a exigência internacional de combate à corrupção.[442] Trata-se de adequação da pena à gravidade do crime, não havendo referência à finalidade da pena, mas há referência extrapenal ao "cenário internacional". Já o PL-6616/2009 é mais abrangente: aumenta a pena dos crimes de peculato, concussão, corrupção passiva, corrupção ativa e corrupção ativa em transação comercial internacional, previstos nos arts. 312, 316, 317, 333, 337- B do Código Penal. Assim vem justificado:

> Temos a honra de submeter à elevada consideração de Vossa Excelência projeto de lei [...] para conferir tratamento mais rigoroso aos crimes contra a administração pública. [...] A proposta pretende adequar a pena mínima, diminuindo a distância entre esta e a pena máxima, que é de doze anos, nos crimes de peculato e de corrupção. No crime de concussão, propõe-se a modificação da pena máxima para doze anos, igualando tipos penais que protegem bens jurídicos semelhantes. Dessa forma, observa-se a proporcionalidade entre as condutas e as penas previstas, que se tornam equivalentes a crimes como o de roubo.[443]

---

[441] Cf. BRASIL. **Decreto-Lei 2.849 de 1940. Código Penal**. Disponível em <http://www.planalto.gov.br/ccivil_03/decreto-lei/Del2848compilado.htm>.

[442] "objetivando conferir coerência normativa aos tipos penais de corrupção, assim como atender ao compromisso internacional firmado pelo Brasil [...] propõe-se a alteração no crime de corrupção ativa de funcionário público estrangeiro, para que este passe a ter o mesmo tratamento da corrupção doméstica". BRASIL. Câmara dos Deputados. Projeto de Lei n. 7710/2007. Altera a pena do art. 337B do Decreto Lei nº 2.848, de 7 de dezembro de 1940, Código Penal. Disponível em <http://www.camara.gov.br/proposicoesWeb/fichadetramitacao?idProposicao=339912>. Acesso em 21 de julho de 2015.

[443] BRASIL. Câmara dos Deputados. Projeto de Lei n. 6616/2009. Altera o Decreto-Lei nº 2.848, de 7 de dezembro de 1940, as Leis nºs 8.072, de 25 de julho de 1990, e 7.960, de 21

Pode-se perceber que a justificativa indica as expressões "punir com rigor" e "adequar a pena à gravidade do crime", havendo referência implícita à retribuição, não havendo referências extrapenais. A proposição insere ainda os delitos no rol dos crimes hediondos, previstos na Lei n. 8.072/90, uma típica medida populista punitiva.

Dos 13 PLs oriundos de Comissões, 5 deles foram apresentados pela Comissão de Constituição e Justiça e de Cidadania (CCJC) em 2012[444], como resultado dos trabalhos de sua Subcomissão Especial de Crimes e Penas. Outros 3 PLs[445] foram de iniciativa da Comissão de Legislação Participativa, que é comissão permanente da Câmara dos Deputados, na forma do art. 32, XII, do Regimento Interno. Esse mesmo dispositivo prevê em sua alínea "a" que à Comissão de Legislação Participativa incumbe tratar das "sugestões de iniciativa legislativa apresentadas por associações e órgãos de classe, sindicatos e entidades organizadas da sociedade civil, exceto Partidos Políticos [...]". Ainda, 3 PLs nasceram de Comissões Parlamentares de Inquérito (CPI)[446]. Por fim, 1 PL foi apresentado por uma Comissão Especial e 1 PL subscrito pela Comissão Externa da Câmara dos Deputados.

Os PLs apresentados pelas comissões não lastreiam as justificativas em estudos, dados e estatísticas que possam comprovar a necessidade da alteração

---

de dezembro de 1989, para adicionar os tipos penais qualificados de peculato, concussão, corrupção passiva e corrupção ativa, tornando os hediondos e passíveis de prisão temporária. Disponível em <http://www.camara.gov.br/proposicoesWeb/fichadetramitacao?idProposicao=464192>. Acesso em 21 de julho de 2015.

444 PL-4893/2012, PL-4895/2012, PL-4897/2012, PL-4900/2012 e PL-4901/2012.

445 PL-7078/2006, PL-3769/2008 e PL-7873/2010.

446 PL-6884/2006: "Comissão Parlamentar de Inquérito destinada a investigar o tráfico de animais e plantas silvestres brasileiros, a exploração e comércio ilegal de madeira e a biopirataria no País". Disponível em <http://www.camara.gov.br/proposicoesWeb/fichadetramitacao?idProposicao=320083>. Acesso em 31 de julho de 2015. PL-7367/2006: "Comissão Parlamentar Mista de Inquérito destinada a investigar as causas e consequências de denúncias de atos delituosos praticados por agentes públicos nos Correios". Disponível em <http://www.camara.gov.br/proposicoesWeb/fichadetramitacao?idProposicao=331726>. Acesso em 31 de julho de 2015. PL-8037/2014: "Comissão Parlamentar de Inquérito destinada a apurar denúncias de turismo sexual e exploração sexual de crianças e adolescentes, conforme diversas matérias publicadas pela imprensa". Disponível em <http://www.camara.gov.br/proposicoesWeb/fichadetramitacao?idProposicao=623795>. Acesso em 31 de julho de 2015.

legislativa. O PL-4901/2012, que aumenta as penas aplicadas aos crimes contra o idoso,[447] simplesmente estabelece que:

> As [...] alterações propostas são relativas ao aumento de pena e foram apresentadas com a justificativa de que merecem limites abstratos de punição mais severos em homenagem ao princípio da proporcionalidade e eficiente proteção à dignidade dos idosos, determinada no art. 228 da Constituição Federal.

Ou seja, uma justificativa que aposta exclusivamente na retribuição (punição mais severa), menciona proporcionalidade sem realizar o devido teste, refere-se à eficiência da proteção penal sem demonstrar como esse aumento seria eficaz, e aponta para o discurso das vítimas, ao anunciar maior proteção para o grupo vulnerável dos idosos. Um exemplo genuíno de proposição legislativa populista.

4.2.2. Análise quantitativa dos PLs quanto aos partidos políticos

O populismo penal não tem partido político. A maioria deles adere a essa prática de endurecimento da lei penal como forma de prestar conta à sociedade ou obter uma vantagem eleitoral. Essa é a hipótese a ser testada.

Em 2007, Pratt já argumentava que os políticos de matriz liberal e social-democrata passaram a ser seduzidos pelo canto do populismo penal a partir da década de 90 do século passado, inclusive atribuindo a Bill Clinton essa virada:

> Enquanto a direita política falava periodicamente em ser *duro com o crime* desde 1960, políticos liberais e socialdemocratas foram recentemente atraídos para o campo magnético do populismo penal, abandonando sua posição mais usual de luta contra o crime pela redução de desigualdades sociais. Bill Clinton foi provavelmente o primeiro a fazer isso, liderando os Democratas ao sucesso presidencial nos EUA em 1992 e 1996.[448]

---

[447] Arts. 96,97, 98 e 99 da Lei 10.741/03.

[448] (Tradução nossa) "While the political right has periodically talked *tough on crime* since the 1960s (see Beckett 1997), liberal and social democratic politicians have more recently been attracted to the magnetic pull of penal populism, abandoning their more usual position of fighting crime by reducing social inequalities. Bill Clinton was probably the first to do this, leading the Democrats to presidential success in the United States in 1992 and 1996". PRATT, John. **Penal Populism**. Routledge: London and New York, 2007, p. 23.

No Brasil, qual o *status* de adesão das siglas políticas no período de 2006 a 2014? De acordo com nossos achados de pesquisa, o quantitativo de PLs por partido político pode ser sintetizado conforme o gráfico abaixo:

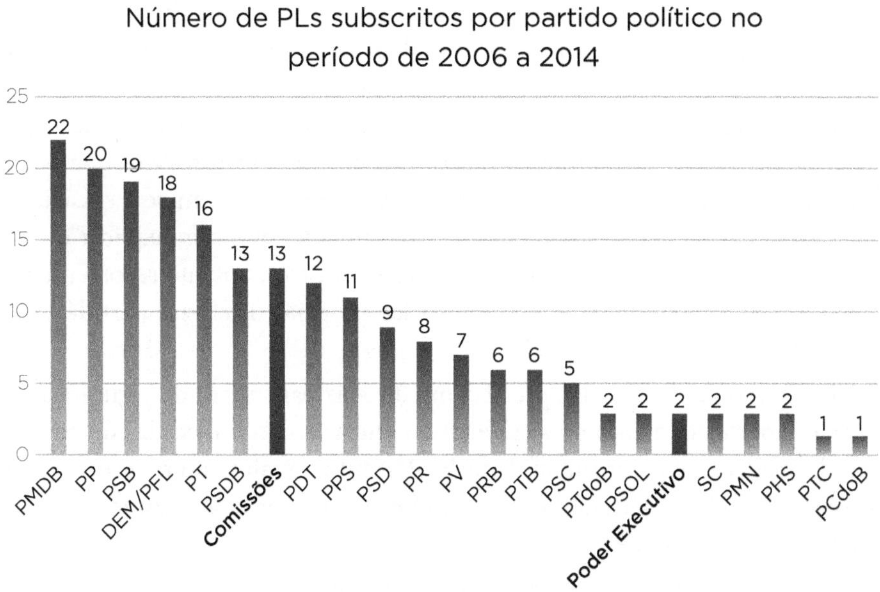

Pelo gráfico, a soma total de PLs é 201 (duzentos e um). Isso porque alguns dos 191 PLs que compõem o escopo da pesquisa foram apresentados em coautoria por parlamentares de partidos políticos distintos. Por exemplo, o PL-2592/2007, que aumenta penas de crimes de trânsito, foi subscrito por PSB, PDT, PV, PT, PPS, PCdoB, PSDB, PMN, PHS, PTB e PP.[449] Ou ainda, o PL-478/2007, que aumenta penas de crimes de aborto, foi assinado por PT e PHS.[450]

O PMDB aparece em primeiro lugar, com 22 (vinte e dois) PLs. Em seu Programa Partidário, o partido contempla um item para segurança pública e

[449] Disponível em <http://www.camara.gov.br/proposicoesWeb/fichadetramitacao?idProposicao=380428>. Acesso em 31 de julho de 2015.

[450] Disponível em <http://www.camara.gov.br/proposicoesWeb/fichadetramitacao?idProposicao=345103>. Acesso em 31 de julho de 2015.

prevê apoio às seguintes medidas: a) combate determinado à violência, sobretudo ao crime organizado e ao narcotráfico, pela via da inteligência; b) revisão do sistema carcerário objetivando a recuperação dos detentos; c) revisão das organizações policiais, seleção e qualificação rigorosas, valorização profissional e recuperação da sua imagem popular; d) identificação e alteração dos dispositivos legais que propiciam morosidade e impunidade; e e) criminalização dos delitos de trânsito.[451] Embora haja referência a recuperação dos detentos, nenhum dos 22 projetos menciona a teoria da prevenção especial positiva (reinserção social). O programa cita *alteração dos dispositivos legais que propiciam morosidade e impunidade.* Os PLs apresentados referem-se à eficácia no combate ao crime e enfrentamento da impunidade, mas sem explicar de que forma os aumentos de pena propostos seriam eficazes, um fato recorrente nos projetos que pesquisamos. Em suma, pelas próprias diretrizes partidárias, o número de 22 PLs não surpreende.

O segundo colocado, PP, prevê como diretriz para a área de segurança pública o "aperfeiçoamento do sistema penitenciário como medidas de contenção da violência e da criminalidade".[452] Portanto, igualmente não surpreende a aposta da sigla no Direito Penal como forma de lidar com o complexo fenômeno da criminalidade.

Não encontramos texto específico sobre segurança pública no site do PSB. Contudo, a circunstância do partido apresentar-se como "socialista" e ser um dos líderes em PLs punitivos confirma a tese de Pratt, bem como a nossa hipótese. DEM e PFL (sucedido pelo DEM), siglas historicamente "conservadoras", aparecem com 18 PLs. PT e PSDB se aproximam, respectivamente com 16 e 13 proposições.

De todo modo, nossos achados de pesquisa parecem convergir com aqueles de Gazoto, que avaliou PLs apresentados na Câmara dos Deputados no período de 2007 a 2009. Observemos os resultados dessa pesquisa no quadro abaixo:

[451] Disponível em <http://pmdb.org.br/institucional/programa-partidario>. Acesso em 31 de julho de 2015.

[452] Cf. o Estatuto em <http://www.pp.org.br/sites/1600/1694/00001034.pdf>. Acesso em 31 de julho de 2015.

Partido/Bloco	Bancada Atual	%	Quant. PLs	%
PMDB, PTC	98	19,1	52	16,8
PT	78	15,2	33	10,7
PSDB	58	11,3	37	12,0
DEM (ex PFL)	57	11,1	36	11,6
PSB, PCdoB, PMN, PRB	49	9,5	28	9,0
PR	43	8,3	29	9,4
PP	38	7,4	18	5,8
PDT	25	4,8	06	1,9
PTB	23	4,4	10	3,2
PV	14	2,7	09	2,9
PPS	13	2,5	12	3,8
PSC	11	2,1	07	2,2
PSOL	3	0,5	00	00
PHS	2	0,4	02	0,6
PTdoB	1	0,2	05	1,6
PRTB			02	0,6
CPI			06	1,9
CLP			11	3,5
Sem partido			01	0,2
Poder Eexecutivo			04	1,3
Total	**513**	**100,0**	**308**	**100,0**

À exceção do PP, as siglas PMDB, PT, PSDB, DEM e PSB aparecem nas cinco primeiras colocações. Essa convergência proporciona continuidade e confiabilidade na produção de conhecimento científico, permitindo-nos a seguinte asserção: **partidos políticos que, em tese, tem matriz ideológica distintas, caminham juntos na matriz populista punitiva.**

Julian Roberts confirma essa afirmativa com o exemplo da eleição federal no Canadá em novembro de 2000:

> [...] eleições ainda trazem os falcões penais de todos os quadrantes políticos. O exemplo mais recente vem da eleição federal no Canadá realizada em novembro de 2000. O partido de direita adotou a frase "colocando a justiça de volta no sistema de justiça". Assim, pede sentenças mais severas a fim de "fazer justiça e reconhecer o dano infligido às vítimas de crimes. [...]. Na eleição canadense, todos os partidos de oposição, até mesmo o partido de esquerda Novo Partido Democrático prometeu tornar as sentenças mais duras e "mudanças que respeitem os direitos das vítimas".[453]

Nesse contexto, convém apontar que o PSOL – partido identificado com ideais de esquerda – apareceu em nossa pesquisa com duas proposições: PL-1125/2011 e PL-7321/2010. Em verdade, o projeto de 2011 tem o mesmo teor do projeto de 2010 (deputada Luciana Genro), tendo sido reapresentado pelo deputado Chico Alencar na nova legislatura. Os PLs têm por objeto o aumento de penas dos crimes tributários e previdenciários. São delitos que conformam a chamada criminalidade econômica, identificados classicamente como *white collar crimes* (crimes de colarinho branco).[454] As propostas estão em sintonia com o programa partidário, que prevê:

> Defendemos a investigação e punição dos escândalos de sonegação e corrupção – CPI´s e comissões independentes de investigação. Os crimes do colarinho branco engrossam a lista da impunidade.[455]

---

[453] (Tradução nossa) [...] elections still bring out the penal hawks from all political quarters; the justification for punitiveness simply shifts. The most recent example comes from the federal election in Canada held in November 2000. The right-wing party adopted the phrase "putting the justice back into the justice system." Thus, calls for harsher sentences in order to "do justice and to acknowledge the harm inflicted on crime victims." In this way, victims of crime have been drawn, willingly or unwillingly, into the war against crime (see Roach, 1999). In the Canadian election, all opposition parties, even the left-wing New Democratic Party promised to make sentencing tougher and to "champion changes that respect victims' rights." ROBERTS, Julian V.; STALANS, Loretta; INDERMAUR, David; and HOUGH, Mike. **Penal Populism and Public Opinion**, *op. cit.*, p. 13.

[454] Cf. SUTHERLAND, Edwin. **White-collar crime**: The uncut version. New Haven: Yale University Press, 2002.

[455] Disponível em <http://www.psol50.org.br/site/paginas/2/programa>. Acesso em 31 de julho de 2015.

O partido parece resistir à tentação da vantagem eleitoral do discurso populista punitivo. Contudo, a aposta no recrudescimento da lei penal para a criminalidade dos mais favorecidos não deixa de ser um apelo a certo público eleitoral.

4.2.3. Análise quantitativa dos PLs quanto à origem por unidade da Federação

Os achados de pesquisa deste trabalho permitiram identificar que os estados que compõem a região sudeste do país, à exceção do Espírito Santo, são aqueles dos quais se originam mais PLs tendentes a aumentar penas. São Paulo, Rio de Janeiro e Minas Gerais foram os três primeiros, sucedidos por Rio Grande do Sul e Pernambuco. São Paulo aparece com quase o dobro de propostas que o segundo colocado, Rio de Janeiro: 45 (quarenta e cinco) contra 23 (vinte e três).

O Brasil é composto por 26 (vinte e seis) estados e um Distrito Federal. Apenas o estado de Roraima não apareceu em nossa pesquisa como unidade da Federação (UF) da qual se originou uma proposição. Notemos abaixo o gráfico que revela o número de PLs por UF:

Número de PLs apresentados por unidade da Federação

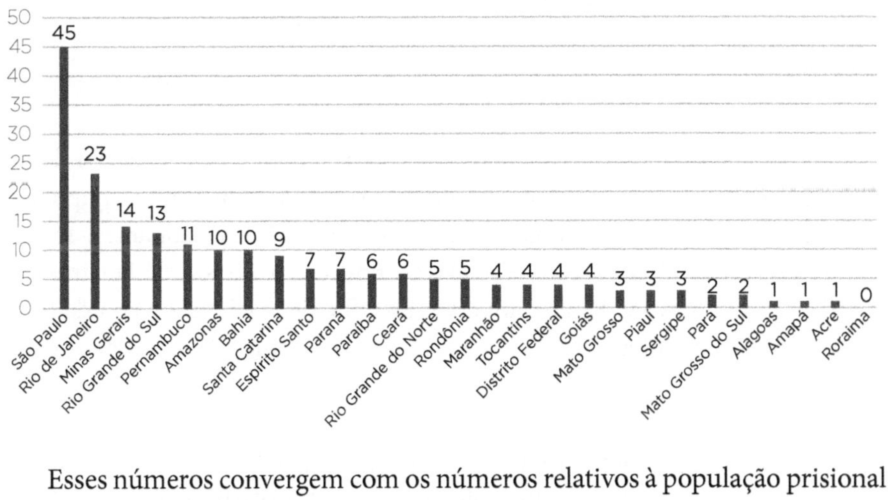

Esses números convergem com os números relativos à população prisional por UF divulgado pelo levantamento realizado pela Departamento Penitenciário Nacional (Depen). São Paulo é hoje o estado com a maior população prisional do país: 219.053 presos. É seguido por Minas Gerais, com 61.286, e Rio de Janeiro, com 39.321. Pernambuco aparece em quarto, com 31.510, seguido de dois estados da região sul, Paraná e Rio Grande do Sul, respectivamente com 28.702 e 28.059.[456] Essa população prisional pode ser melhor visualizada no gráfico abaixo, constante do relatório do Depen[457]:

População prisional do Brasil por unidade da Federação

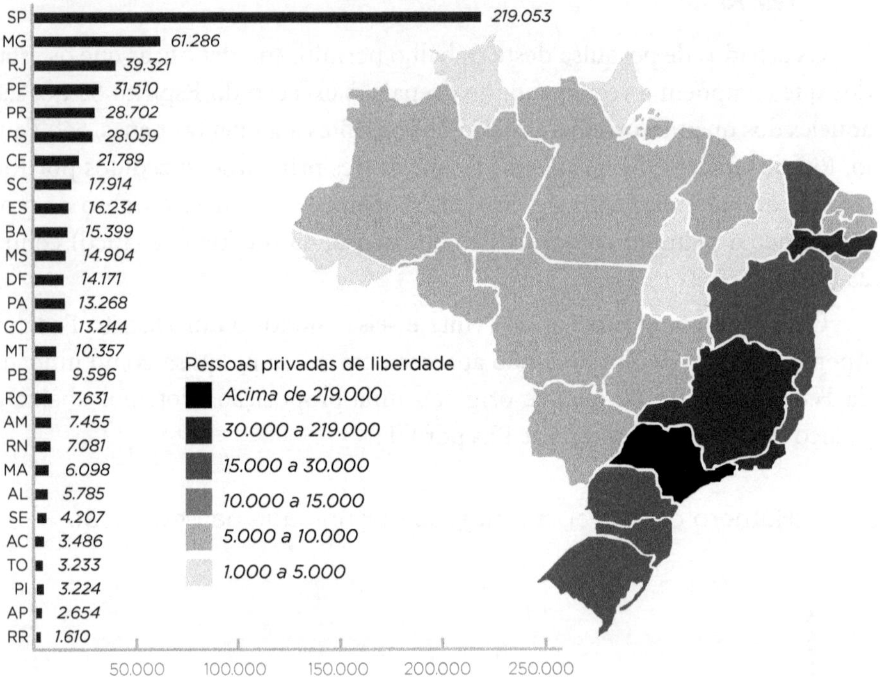

Há certa proporcionalidade entre população prisional e população da UF. De acordo com dados do IBGE, São Paulo é o estado com a maior população do país, segundo dados estimados de 2014[458]: 44.035.304 habitantes. Em segundo está Minas Gerais, com 20.734.097. Em terceiro o Rio de Janeiro, com 16.461.173. Ou seja, São Paulo, Minas Gerais e Rio de Janeiro são as unidades da federação mais populosas e também as com o maior número de pessoas presas.

---

[456] BRASIL. **Levantamento Nacional de Informações Penitenciárias.** Departamento Penitenciário Nacional - Ministério da Justiça: Infopen, junho de 2014, p. 17. Disponível em <http://www.justica.gov.br/noticias/mj-divulgara-novo-relatorio-do-infopen-nesta-terca-feira/relatorio-depen-versao-web.pdf>. Acesso em 30 de julho de 2015.

[457] *Ibidem.*

[458] Cf. dados em <http://www.ibge.gov.br/estadosat/index.php>. Acesso em 2 de agosto de 2015.

Relativamente à representatividade política na Câmara dos Deputados, São Paulo é o que conta com o maior número de parlamentares, 70 (setenta). É seguido pelo estado de Minas Gerais, com 53 (cinquenta e três), e Rio de Janeiro, com 46 (quarenta e seis). Essa proporção é estabelecida conforme o previsto no art. 45, § 1º, da CRFB/88[459] e no art. 1º da Lei Complementar nº 78/93[460]. O resultado dessa proporção pode ser conferido na arte abaixo, disponível no site da Câmara dos Deputados[461]:

Número de Deputados por Estado

Estado	Nº	Estado	Nº
Acre	8	Paraíba	12
Alagoas	9	Paraná	25
Amapá	8	Pernambuco	10
Amazonas	8	Piauí	30
Bahia	39	Rio de Janeiro	46
Ceará	22	Rio Grande do Norte	8
Distrito Federal	8	Rio Grande do Sul	8
Espírito Santo	10	Rondônia	8
Goiás	17	Roraima	31
Maranhão	18	Santa Catarina	16
Mato Grosso	53	São Paulo	8
Mato Grosso do Sul	8	Sergipe	70
Minas Gerais	8	Tocantins	8
Pará	17		

Sendo a proporção de deputados definida em função da população do estado, é natural que São Paulo, Minas Gerais e Rio de Janeiro tenham o maior número de parlamentares. Note-se que nenhum estado é representado por

[459] "O número total de Deputados, bem como a representação por Estado e pelo Distrito Federal, será estabelecido por lei complementar, proporcionalmente à população, procedendo-se aos ajustes necessários, no ano anterior às eleições, para que nenhuma daquelas unidades da Federação tenha menos de oito ou mais de setenta Deputados." Disponível em <http://www.planalto.gov.br/ccivil_03/Constituicao/ConstituicaoCompilado.htm>. Acesso em 2 de agosto de 2015.

[460] "Proporcional à população dos Estados e do Distrito Federal, o número de deputados federais não ultrapassará quinhentos e treze representantes, fornecida, pela Fundação Instituto Brasileiro de Geografia e Estatística, no ano anterior às eleições, a atualização estatística demográfica das unidades da Federação." Disponível em <http://www.planalto.gov.br/ccivil_03/leis/LCP/Lcp78.htm>. Acesso em 2 de agosto de 2015.

[461] Cf. <http://www2.camara.leg.br/a-camara/conheca/quantos-sao-e-de-que-forma-e-definido-o-numero-de-deputados>. Acesso em 2 de agosto de 2015.

menos do que 8 (oito) parlamentares. Isso se deve à regra insculpida no art. 2º da Lei Complementar nº 78/93.[462]

Em vista dos dados acima, toda essa proporcionalidade relativa à população total por UF, população prisional por UF e representatividade política por UF convergiria com o número de PLs por UF? Confiramos a síntese dessa relação proporcional no quadro abaixo que consolidamos:

UF	No. de PLs apresentados	No. de Deputados	População Total*	População Prisional**	Percentual de presos em relação à população
São Paulo	45	70	44.035.304	219.053	0,49
Rio de Janeiro	23	46	16.461.173	39.321	0,23
Minas Gerais	14	53	20.734.097	61.286	0,29
Rio Grande do Sul	13	31	11.207.274	28.059	0,25
Pernambuco	11	25	9.277.727	31.510	0,33
Amazonas	10	8	3.873.743	7.455	0,19
Bahia	10	39	15.126.371	15.399	0,10
Santa Catarina	9	16	6.727.148	17.914	0,26
Espírito Santo	7	10	3.885.049	16.234	0,41
Paraná	7	30	11.081.692	28.702	0,25
Ceará	6	22	8.842.791	21.789	0,24
Paraíba	6	12	3.943.885	9.596	0,24
Rondônia	5	8	1.748.531	7.631	0,43
Rio Grande do Norte	5	8	3.408.510	7.081	0,20
Distrito Federal	4	8	2.852.372	14.171	0,49
Tocantins	4	8	1.496.880	3.233	0,21
Goiás	4	17	6.523.222	13.244	0,20
Maranhão	4	18	6.850.884	6.098	0,08
Mato Grosso	3	8	3.224.357	10.357	0,32
Sergipe	3	8	2.219.574	4.307	0,19
Piauí	3	10	3.194.718	3.224	0,10
Mato Grosso do Sul	2	8	2.619.657	14.904	0,56
Pará	2	17	8.073.924	13.268	0,16
Acre	1	8	790.101	3.486	0,44
Amapá	1	8	750.912	2.654	0,35
Alagoas	1	9	3.321.730	5.785	0,17
Roraima	0	8	496.936	1.610	0,32

* Cf. dados estimados para população em 2014 em <http://www.ibge.gov.br/estadosat/index.php>. Acesso em 2 de agosto de 2015.

** Cf. BRASIL. Levantamento Nacional de Informações Penitenciárias, op. cit., p. 17.

[462] "Nenhum dos Estados membros da Federação terá menos de oito deputados federais." Disponível em <http://www.planalto.gov.br/ccivil_03/leis/LCP/Lcp78.htm>. Acesso em 2 de agosto de 2015.

De fato, São Paulo, Rio de Janeiro e Minas Gerais são os estados dos quais mais se originaram PLs punitivos, tem o maior número de deputados, a maior população da Federação e as maiores populações carcerárias em números absolutos. Toda essa proporcionalidade só é quebrada se considerado o percentual de pessoas presas em função do total da população por UF, conforme deflui do gráfico abaixo:

Percentual de presos por UF em relação à população da UF

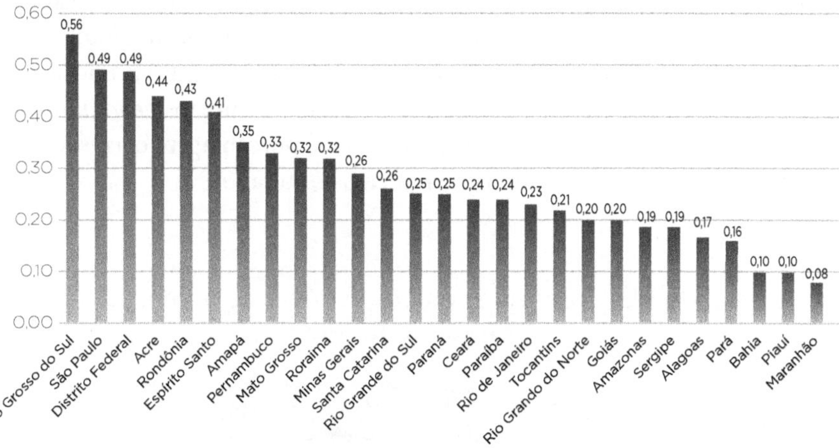

Com 0,56% de sua população presa, Mato Grosso do Sul[463] é o estado que mais encarcera proporcionalmente, embora seja o 21º em tamanho de população. No período compreendido por nossa pesquisa, Mato Grosso do Sul surgiu com apenas dois PLs: PL-2592/2007[464] e PL-4324/2012[465]. Outros estados com

---

[463] Uma das razões para isso pode ser o fato do estado abrigar uma das penitenciárias federais do país. "Atualmente estão em funcionamento quatro Penitenciárias Federais - Catanduvas/PR, Campo Grande/MS, Mossoró/RN e Porto Velho/RO." Disponível em <http://www.justica.gov.br/seus-direitos/politica-penal/sistema-penitenciario-federal-1/penitenciarias-federais>. Acesso em 3 de agosto de 2015.

[464] BRASIL. Câmara dos Deputados. Projeto de Lei n. 2592/2007. Altera os arts. 170, 291, 292, 296, 301, 302, 303, 306 e 308 da Lei nº 9.503, de 23 de setembro de 1997, que institui o Código de Trânsito Brasileiro, e acresce dispositivo ao mesmo diploma legal. Disponível em <http://www.camara.gov.br/proposicoesWeb/fichadetramitacao?idProposicao=380428>. Acesso em 21 de julho de 2015.

[465] BRASIL. Câmara dos Deputados. Projeto de Lei n. 4324/2012. Acrescenta inciso VIII ao art. 1.º da Lei nº 8.072, de 25 de julho de 1990, que "dispõe sobre os crimes hediondos, nos

alto percentual proporcional de encarceramento também apresentaram poucos PLs punitivos: Distrito Federal, 4 PLs, Acre, 1 PL, e Rondônia, 5 PLs.

De todo modo, concluímos pela concentração de PLs na região sudeste do país.

4.2.4. Análise quantitativa dos PLs quanto à espécie de aumento de pena

Os resultados da pesquisa mostram que, considerado o universo de 191 PLs, o legislador prefere em 58,12% dos casos propor aumentos na *pena mínima e/ou máxima* do crime. Esse percentual refere-se a 111 (cento e onze) PLs, isto é, mais da metade do total. Em 31,41% dos casos, foram propostos aumentos por meio de *causa especial de aumento de pena*, totalizando 60 (sessenta) proposições. Por fim, na minoria dos casos, 10,47% dos PLs trazem aumentos *pena mínima e/ou máxima* **e** em *causa especial de aumento de pena*, porcentagem correspondente a 20 (vinte) PLs. Abaixo, o gráfico que indica os resultados:

Número de PLs apresentados por espécie de aumento de pena (Total de 191 PLs)

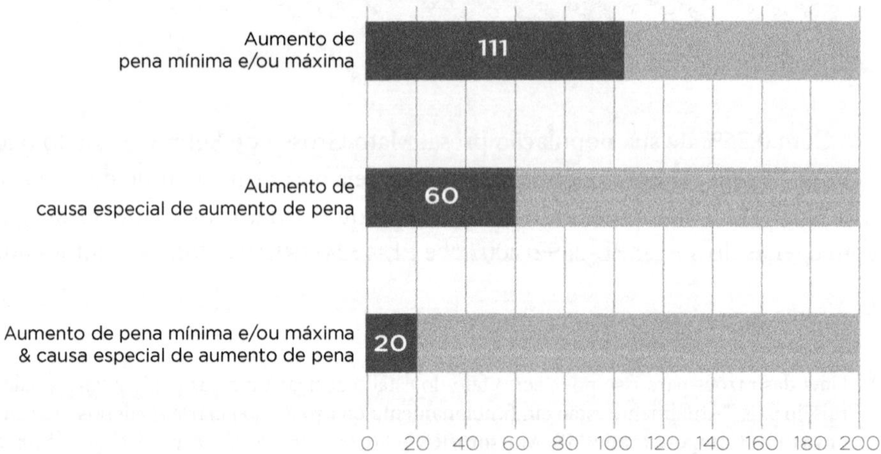

termos do art. 5º, inciso XLIII, da Constituição Federal, e determina outras providências", e altera os arts. 312, 316, 317 e 333 do Decreto-lei nº 2.848, de 7 de dezembro de 1940 – Código Penal. Disponível em <http://www.camara.gov.br/proposicoesWeb/fichadetramitacao?idProposicao=553582>. Acesso em 21 de julho de 2015.

Essa tendência do legislador propor, na maioria das vezes, aumentos na pena cominada ao crime, alterando a margem mínima e máxima, evidencia o recurso mais frequente empregado pelo político para comunicar que está sendo duro com o crime (*tough on crime*).

Por exemplo, o PL-3892/2012, de autoria do deputado Geraldo Thadeu, PSD/MG, tem por objeto aumentar a pena do crime de "sequestro relâmpago". Previsto no art. 158, § 3º, do Código penal como uma forma qualificada da extorsão, o apelidado "sequestro relâmpago" tem pena de 6 (seis) a 12 (doze) anos. O PL prevê aumento nas margens mínima e máxima, alterando a pena para 7 (sete) a 14 (catorze) anos. Por que se justificaria esse aumento de um ano na pena mínima e dois na máxima? Com qual finalidade? O parlamentar assim justifica sua proposta:

> Busca-se, com esta iniciativa legislativa, aumentar o rigor do tratamento penal conferido aos agentes do crime de extorsão na modalidade aludida, dado o respectivo elevado potencial ofensivo e a necessidade de se reprimir a conduta lesiva com penas mais graves, uma vez que tal delito é de fácil cometimento e a sua prática tem se tornado cada vez mais comum nas grandes e médias cidades, o que transforma o combate a tal infração em vultoso desafio para policiais e autoridades das áreas de segurança pública.[466]

Cuida-se de típica proposição populista. Menciona necessidade de se punir com mais rigor, adequar a pena à gravidade do crime, frear aumento da criminalidade. Aposta exclusivamente na retribuição, e não faz referência a nenhum dado acerca do delito. Um aumento infundado. Mas por certo realiza o objetivo simbólico de "dar uma resposta à sociedade".

Outro relevante achado de pesquisa diz respeito às frações de aumento pretendidas nas causas especiais de aumento de pena.

No trabalho *Análise das justificativas para a produção de normas penais*, da *Série Pensando o Direito*, foi diagnosticado que a fração de aumento mais comum é a de 1/3.[467] Dos 60 (sessenta) PLs que identificamos com o objeto de

---

[466] BRASIL. Câmara dos Deputados. Projeto de Lei n. PL-3892/2012. Altera o § 3º do art. 158 do Decreto Lei nº 2.848, de 7 de dezembro de 1940, Código Penal. Disponível em <http://www.camara.gov.br/proposicoesWeb/fichadetramitacao?idProposicao=545136>. Acesso em 21 de julho de 2015.

[467] BRASIL. **Série Pensando o Direito nº 32/2010**: Análise das justificativas para a produção de normas penais, *op. cit.*, p. 20.

aumento de causa especial, 18 (dezoito) indicam a fração fixa de 1/3. Houve, portanto, convergência nesse achado de pesquisa. Contudo, em nosso trabalho, divergindo do supramencionado, o segundo aumento fixo mais recorrente foi o *dobro*. No quadro abaixo, sintetizamos em ordem de aumento mais rigoroso (quíntuplo) para menos rigoroso (1/6) os aumentos em fração fixa ou escalonada dos 60 PLs:

Causa especial de aumento de pena: número de PLs por fração de aumento (total de 60 PLs), do maior ao menor aumento

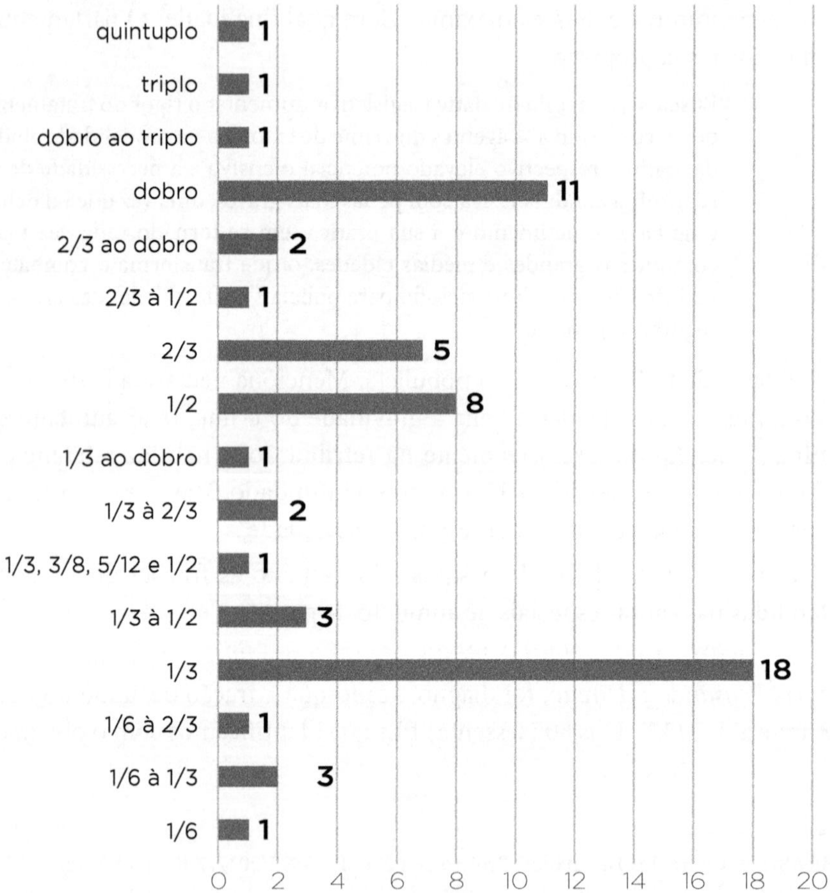

O aumento mais expressivo - quíntuplo - refere-se ao PL-1965/2007[468], de autoria do deputado Marcelo Ortiz, PV/SP, que prevê aumento para crime contra a fauna. Trata-se do art. 29 da Lei 9.605/98 (crimes ambientais), o qual tem a seguinte redação:

> Matar, perseguir, caçar, apanhar, utilizar espécimes da fauna silvestre, nativos ou em rota migratória, sem a devida permissão, licença ou autorização da autoridade competente, ou em desacordo com a obtida: Pena - detenção de seis meses a um ano, e multa.[469]

O parlamentar prevê na proposta que "A pena é aumentada até o quíntuplo, se o crime decorre do tráfico de espécimes da fauna silvestre, nativos ou migratórios." O tráfico de espécimes silvestres já é conduta punível pelo mesmo art. 29, em seu § 1º, inciso III. Ainda assim, em duvidosa técnica legislativa de previsão de normas penais, o PL conceitua tráfico: "Considera-se tráfico, se a captura, aquisição e o transporte do animal, tem por objetivo a venda comercial para auferir vantagem ou lucro, ou para remessa ao exterior." De todo modo, a previsão de uma causa especial de aumento de pena até o quíntuplo para o crime em questão parece absolutamente desarrazoada. E a justificativa para esse aumento sequer pode ser considerada uma justificativa; senão vejamos: "Por fim, estamos ainda propondo alguns novos tipos infracionais, de maneira a adequar a mencionada Lei de Crimes Ambientais às praticas (sic) e condutas ilícitas também merecedoras de medidas reprecivas (sic)".

Em suma, os aumentos de *causas especiais de aumento de pena* concentram-se nas frações de 1/3, dobro, ½ e 2/3, com 42 PLs de 60. Não vislumbramos uma explicação específica para a predileção dos políticos para os aumentos nessas escalas. Talvez pelo fato de serem frações tradicionais da legislação penal ao longo do tempo. No geral, não nos parece que o legislador tenha um padrão punitivista nesse aspecto em particular das causas de aumento. Em verdade, talvez apenas o princípio da proporcionalidade seja um motivo pelo qual as propostas não concentrem aumentos de quíntuplo, a maior fração identificada na pesquisa.

---

468 BRASIL. Câmara dos Deputados. Projeto de Lei n. PL-1965/2007. Altera dispositivos da Lei nº 9.605, de 12 de fevereiro de 1998. Disponível em <http://www.camara.gov.br/proposicoesWeb/fichadetramitacao?idProposicao=366368>. Acesso em 21 de julho de 2015.

469 Disponível em <http://www.planalto.gov.br/Ccivil_03/LEIS/L9605.htm>. Acesso em 21 de julho.

4.2.5. Análise quantitativa dos PLs quanto à norma penal a ser alterada (bem jurídico)

Por meio da análise quantitativa dos PLs quanto à norma penal a ser alterada, pretendemos identificar quais bens jurídicos penalmente tutelados o político mais concentra sua atenção. Vida? Patrimônio? Arrecadação tributária? Meio ambiente?

Partimos da hipótese segundo a qual o legislador atua seletivamente, aumentando penas de crimes que tem apelo junto à sociedade, sem atentar para o número de pessoas encarceradas por esses crimes cujas penas se pretende o endurecimento.

A seletividade é um atributo do sistema penal. E essa seletividade se realiza nas três fases do sistema: legislativa, judicial e executiva. O legislador seleciona determinadas condutas para criminalizar ou penas para aumentar (fase legislativa e criminalização primária). As polícias, o órgão de acusação e o judiciário também selecionam pessoas para punir (fase judicial – criminalização secundária). Após a aplicação da pena, ela será executada seletivamente com pena de prisão para alguns indivíduos (fase executiva). Quais? Aqueles cujos crimes têm penas altas (legislador) e aqueles que foram selecionados pelas agências penais da criminalização secundária (polícias, Ministério Público e Juiz). Convém observar que o critério político criminal para encarceramento no Brasil está disposto no art. 44 do Código Penal: crimes com violência ou grave ameaça à pessoa e com pena aplicada acima de quatro anos não permitem a aplicação de pena alternativa à prisão. Assim, no caso dos crimes econômicos, tributários, de lavagem de dinheiro e contra administração pública (todos não violentos) por exemplo, se o parlamentar quisesse realmente produzir o efeito de encarceramento, deveria prever penas mínimas acima de quatro anos.

A atuação seletiva do sistema penal significa que nem todas as condutas da vida social (ainda que lesivas) serão criminalizadas, nem todos os crimes terão penas aumentadas, nem todos os crimes serão descobertos, e nem todas as pessoas que praticam crimes serão punidas. Poderia ser diferente? O sistema penal poderia punir todos os crimes e punir todas as pessoas? Evidentemente que não. Zaffaroni afirma:

> Uma vez que ninguém pode conceber seriamente que todas as relações sociais se subordinem a um programa faraônico [**punitivo**] (que se paralise a vida social e sociedade se converta em um caos, após a realização de um programa irrealizável), a capacidade operativa muito

> limitada das agências de criminalização secundária não lhes deixa outro recurso senão o de proceder sempre de modo seletivo.[470]

A seletividade pode ocorrer como estratégia. Por exemplo, quando o legislador prevê para os crimes praticados pelos mais favorecidos economicamente (crimes econômicos, financeiros, fiscais) uma pena mínima baixa, que dificilmente geraria prisão. Mas a seletividade decerto ocorre em função daquilo que é incontestável e largamente reconhecido na literatura penal e criminológica: a *cifra oculta da criminalidade*.[471] Ou *dark figure of crime* nos países de língua inglesa.[472]

A cifra oculta da criminalidade representa o número de crimes que não chegam à ordem formal. São os crimes não reportados. E o verdadeiro tamanho

---

[470] (Tradução nossa; inserção do termo "punitivo" e grifo nossos) "Puesto que nadie puede concebir seriamente que todas las relaciones sociales se subordinen a un programa criminalizante faraónico (que se paralice la vida social y la sociedad se convierta en un caos, en pos de la realización de un programa irrealizable), la muy limitada capacidad operativa de las agencias de criminalización secundaria no les deja otro recurso que proceder siempre de modo selectivo". ZAFFARONI, Eugenio Raúl, ALAGIA, Alejandro & SLOKAR, Alejandro. **Derecho Penal**, *op. cit.*, p. 8.

[471] Sobre o tema, cf. ZAFFARONI, Eugenio Raúl, ALAGIA, Alejandro & SLOKAR, Alejandro. **Derecho Penal**, *op. cit.*, p. 7; **BARATTA, Alessandro. Criminología crítica y crítica del derecho penal: introducción a la sociología jurídico penal.- 1ª ed. 1ª reimp. Buenos Aires: Siglo XXI Editores Argentina, 2004**, p. 101-106; TERRADILLOS BASOCO, Juan. **Función simbólica y objeto de protección del derecho penal**, p. 13. *In*: RAMÍREZ, Juan Bustos (Dir.) *et. al.* **Pena y Estado**: Función simbólica de la pena. Santiago de Chile: Editorial Jurídica ConoSur, 1995; **BARATTA, Alessandro. Funciones instrumentales y simbólicas del derecho penal:** una discusión en la perspectiva de la criminología critica, p. 53. *In:* RAMÍREZ, Juan Bustos (Dir.) *et. al.* **Pena y Estado**: Función simbólica de la pena. Santiago de Chile: Editorial Jurídica ConoSur, 1995; MUÑOZ G., Jesús Antonio. **Derecho e impunidad**, p. 71. *In*: RAMÍREZ, Juan Bustos (Dir.) *et. al.* **Pena y Estado**: Función simbólica de la pena. Santiago de Chile: Editorial Jurídica ConoSur, 1995; HULSMAN, Louk & CELIS, Jacqueline Bernat de. **Penas Perdidas**: o sistema penal em questão. 1ª ed. Tradução: Maria Lúcia Karam. Editora Luam, 1993, p. 64-65; HASSEMER, Winfried. **Persona, mundo y responsabilidad**: bases para una teoria de la imputacion en derecho penal. Trad.: Francisco Muñoz Conde y María del Mar Díaz Pita. Santa Fe de Bogotá: Editorial Temis, 1999, p. 26.

[472] TREADWELL, James. **Criminology**. Sage Publications: London, Thousand Oaks and New Delhi, 2006, p. 69; MARSH, Ian, COCHRANE, John & MELVILLE, Gaynor. **Criminal Justice**: An introduction to philosophies, theories and practice. Routledge: London and New York, 2004, p. 106; CATALANO, Shannan M. **The Measurement of Crime**: Victim Reporting and Police Recording. New York: LFB Scholarly Publishing LLC, 2006, p. 1 e 106.

da cifra oculta só pode ser especulado[473]. Ao dizer que o sistema penal não funciona, Terradillos Basoco afirma que a visão negativa relativa à falência do Direito Penal poderia ser atribuída às altas taxas de reincidência e à gravidade da cifra oculta da criminalidade. Haveria assim uma enorme "disparidade entre a quantidade de conflitos criminalizados que realmente acontecem em uma sociedade e os que chegam ao conhecimento das agências do sistema".[474] Esse *gap* contribuiria assim para a descrença no direito penal. Ele atua de forma seletiva, ao mesmo tempo e em regra, sobre o mesmo grupo de pessoas (etiquetados como nocivos – em geral, os menos favorecidos socioeconomicamente) e em relação a determinados crimes (etiquetados como lesivos à sociedade – ainda quando não violentos, como o tráfico de drogas).

Também Hassemer e Muñoz Conde reconhecem a seletividade penal como consequência, em parte, da cifra oculta da criminalidade. Ao atuar seletivamente, o sistema de justiça opera desigualmente em relação a diferentes crimes. Incide desigualmente sobre cidadãos pretensamente iguais em ambiente democrático. Os autores asseveram que:

> [...] como a chamada "cifra escura" demonstra, rapidamente surge a suspeita de que a Administração da Justiça tanto na persecução, como na sanção dos comportamentos criminais procede seletivamente, isto é, não protege por igual todos os bens a respeito dos quais todos os cidadãos têm interesse. Tampouco a lei penal é igual para todos, nem o status de criminoso se aplica por igual a todos os sujeitos.[475]

---

473 [...] as estimativas do volume e a magnitude do crime não reportado, muitas vezes referida como a "cifra negra do crime," só poderia ser especulativa". (Tradução nossa) [...] estimates of the volume and magnitude of unreported crime, often referred to as the 'dark figure of crime', could only be speculative." CATALANO, Shannan M, *op. cit.*, p. 1. Baseado em números oficiais de relatórios no período de 1973 a 2002, o estudo apresentado no livro examina a convergência entre os relatos das vítimas e os registros policiais relativos a crimes violentos. No período de quase trinta anos abrangido pela pesquisa, o número de relatos de vítimas obtidos por pesquisa era quase o dobro das estatísticas oficiais policiais, embora essa distância venha diminuindo nos últimos anos. *Ibidem*, prefácio.

474 (Tradução nossa) "disparidad entre la cantidad de conflictos criminalizados que realmente acontecen en una sociedad y los que llegan a conocimiento de las agencias del sistema". ZAFFARONI, Eugenio Raúl, ALAGIA, Alejandro & SLOKAR, Alejandro. **Derecho Penal**, *op. cit.*, p. 7.

475 (Tradução nossa) "[...] como la llamada "cifra oscura" demuestra, rápidamente surge la sospecha de que la Administración de Justicia tanto en la persecución, como en la sanción de los comportamientos criminales procede selectivamente, es decir, no protege por igual todos los bienes respecto a los cuales tienen igual interés todos los ciudadanos. Tampoco la

Ao referir-se aos custos da Justiça penal, Ferrajoli também reflete sobre a cifra oculta da criminalidade. Seria o número de pessoas culpáveis que ficam impunes ou ignoradas pela Justiça. A essa cifra dá o nome de *cifra da ineficiência*.[476] Mas ressalta que a esse conjunto de crimes/pessoas impunes/ignoradas deve-se acrescentar uma cifra não menos oculta: a consubstanciada pelo número de inocentes processados e, por vezes, condenados. A essa cifra dá o nome de *cifra da injustiça*. Ela incluiria:

> a) os inocentes reconhecidos como tais em sentenças absolutórias depois de haverem sofrido o processo e, ocasionalmente, a prisão preventiva; b) os inocentes condenados por sentença dura e posteriormente absolvidos, como resultado de um procedimento de revisão; c) as vítimas, cujo número ficaria sempre sem calcular, [...] dos erros judiciais não reparados.[477]

Nesse contexto, o que nos interessa testar aqui é a hipótese segundo a qual o legislador é seletivo ao aumentar penas de crimes que despertariam a atenção do público, ignorando por completo os dados penitenciários relativos a esses delitos. Se o Direito Penal é seletivo, o número de crimes/pessoas punidos/não ignoradas deve ser observado no momento da proposta de alteração da pena, pois esse seria o indicador de incidência concreta da punição penal. A política legislativa penal deveria se orientar pela seguinte indagação: este crime cuja pena se pretende aumentar tem sido punido? Pessoas tem sido condenadas e presas por esse crime cuja pena se pretende aumentar? Caso esse dado de realidade não seja observado, resulta inútil discutirmos finalidade da pena. A decisão legislativa perde conteúdo de racionalidade: se o crime cuja pena se quer endurecer rende muitas prisões, talvez esse dado de realidade evidencie as sérias limitações da função preventivo-geral da pena: o efeito dissuasório (*deterrence effect*).

---

ley penal es igual para todos, ni el status de criminal se aplica por igual a todos los sujetos." HASSEMER, Winfried & MUÑOZ CONDE, Francisco. **Introducción a la criminología y al derecho penal.** Tirant Lo Blanch: Valencia, 1989, p. 18.

[476] FERRAJOLI, Luigi. **Derecho y razón: Teoría del garantismo penal.** Tradução: Perfecto Andrés Ibáñez, Alfonso Ruiz Miguel, Juan Carlos Bayón Mohino, Juan Terradillos Basoco, Rocío Cantarero Bandrés. Madrid: Editorial Trotta, 1995, p. 210.

[477] (Tradução nossa) "[...] a) los inocentes reconocidos como tales en sentencias absolutorias tras haber sufrido el proceso y en ocasiones la prisión preventiva; b) los inocentes condenados por sentencia firme y ulteriormente absueltos a resultas de un procedimiento de revisión; C) las víctimas, cuyo número quedará siempre sin calcular –verdadera cifra negra de la injusticia –, de los errores judiciales no reparados". *Ibidem*.

O populismo penal legislativo resulta em que apenas algumas leis penais, alguns crimes específicos serão objeto de interesse do político. Em especial os crimes que ele – parlamentar –, em tese, não cometeria, bem assim aqueles que podem traduzir alguma vantagem eleitoral. Desse modo, a rigor, *se* o parlamentar está apenas interessado no proveito político que pode obter com a iniciativa de leis penais severas, *então* para ele é irrelevante observar a eficácia/eficiência da pena já existente. Daí porque o legislador, em nenhum dos 191 PLs, se referiu ao número de pessoas presas do crime cuja pena quer aumentar. Mas será que esses crimes selecionados pelo legislador já não encarceram bastante? Será que na *cifra* sobre a qual o Direito Penal incide, ele não estaria incidindo cada vez mais, de modo a não justificar possíveis aumentos de pena? Nossa pesquisa levantou dados. Eis os resultados nos parágrafos que se seguem.

Os achados de pesquisa indicam que o legislador dirige especial atenção aos chamados *crimes contra a pessoa* previstos no Código Penal. Nesse grupo se inserem por exemplo: os crimes contra a vida – como o homicídio (art. 121 do Código Penal) –, contra a integridade física – lesão corporal (art. 129 do Código Penal) – e contra a liberdade individual – como o sequestro ou cárcere privado (art. 148 do Código Penal). No universo de 191 PLs, 39 (trinta e nove) versavam sobre crimes contra a pessoa, o que corresponde a 20,41% das proposições. Os crimes ambientais apareceram na segunda posição, com 22 (vinte e dois) PLs, representando 11,51% do total. Em terceiro, muito próximos, ficaram os crimes contra o patrimônio (furto, roubo, extorsão, entre outros), com 21 (vinte e um) PLs (10,99%), e os crimes contra a administração pública, com 19 (dezenove) PLs (9,94%), em quarto lugar.

Os crimes que se inserem no chamado campo do *Direito Penal Econômico* receberam ínfima atenção do legislador. Quiçá nenhuma. Foram identificados 3 (três) sobre crimes tributários (Lei 8.137/90)[478] e 1 (um) sobre crime contra o sistema financeiro nacional (Lei 7.492/86)[479]. Ou seja, somados, representam

---

[478] Lembrando que, a rigor, dois desses projetos são iguais, pois o PL-1125/2011, de autoria do Deputado Chico Alencar, PSOL/RJ, é uma reapresentação do PL-7321/2010, de autoria da Deputada Luciana Genro, também do PSOL/RS.

[479] BRASIL. Câmara dos Deputados. Projeto de Lei n. 6979/2006. Autoria do Deputado Dr. Rosinha, PT/PR. Dispõe sobre a responsabilidade solidária do mandatário cujo mandato seja outorgado por empresa domiciliada em território ou país com tributação favorecida, inclui crimes como antecedentes para crime de "lavagem" ou ocultação de bens, direitos e valores e dá outras providências. Disponível em <http://www.camara.gov.br/proposicoesWeb/fichadetramitacao?idProposicao=323150>. Acesso em 21 de julho de 2015.

2,09% das proposições. Nenhuma proposição tinha por objeto, por exemplo, a Lei 9.613/98, que dispõe sobre os crimes de "lavagem" ou ocultação de bens[480], isto é, o crime de lavagem de dinheiro, delito central em engrenagens criminosas relativas ao tráfico de drogas e corrupção.

Três PLs tiveram por objeto crimes eleitorais: PL-8082/2014, PL-7873/2010 e PL-5421/2009. O PL-7873/2010[481] tem seu foco voltado à *corrupção eleitoral*, com aumento de pena cominada ao crime previsto no art. 299 da Lei 4.737/65. Atualmente, esse delito tem pena mínima de 1 (uma) ano – na forma do art. 284 da Lei 4.737/65 – e a pena máxima é de quatro anos. O PL-7873/2010 passa a prever pena de 3 (três) a 6 (seis) anos. Ironicamente, a proposta foi apresentada pela Comissão de Legislação Participativa[482], e não por um deputado ou pelo Poder Executivo. Embora o PL-5421/2009 também verse sobre o crime de corrupção eleitoral, ele se restringe a criar causa especial de aumento de pena na fração de 2/3, sem mexer na pena cominada, inserindo um parágrafo único no art. 299 da Lei 4.737/65.[483] Apesar de tratar de crime eleitoral, o PL-8082/2014 não se destina ao político transgressor. Pretendendo alterar a Lei 9.504/97, seu objeto é (i) aumentar a pena dos crimes relacionados com

---

480 Ressalte-se que a Lei 12.683/2012, que alterou a lei de lavagem, teve origem em projeto de lei do Senado (PLS n. 209/2003, de autoria do Senador Antonio Carlos Valadares), razão pela qual não apareceu em nossa pesquisa. De todo modo, embora tenha sido considerada uma lei que tornou o tratamento do crime de lavagem mais severo, ela não alterou a escala penal do delito, mantendo a pena mínima em 3 e a máxima em 10 anos. Cf. <http://www.ibccrim.org.br/noticia/14060-Lei-1268312-torna-mais-rigorosos-os-crimes-de-lavagem-de-dinheiro>. Acesso em 5 de julho de 2015.

481 BRASIL. Câmara dos Deputados. Projeto de Lei n. 7873/2010. Autoria da Comissão de Legislação Participativa. Altera o art. 299 do Código Eleitoral. Disponível em <http://www.camara.gov.br/proposicoesWeb/fichadetramitacao?idProposicao=486166&ord=1>. Acesso em 21 de julho de 2015.

482 Cf. art. 32, XII, do Regimento Interno. BRASIL. Congresso. Câmara dos Deputados. **Regimento Interno.** 15ª Edição. Brasília: Câmara dos Deputados, 2015. Disponível em: <http://bd.camara.gov.br/bd/bitstream/handle/bdcamara/18847/regimento_interno_15ed.pdf?sequence=40>. Acesso em 21 de julho de 2015.

483 "Art. 299 [...] Parágrafo único. Se a conduta for apurada em procedimento que visar cassação de registro eleitoral, sem prejuízo da sanção administrativa, a pena será agravada de 2/3 (dois terços) para quem obteve e a quem deu o voto". BRASIL. Câmara dos Deputados. Projeto de Lei n. 5421/2009. Autoria do Deputado Domingos Dutra, PT/MA. Altera a Lei nº 4.737, de 15 de julho de 1965, que institui o Código Eleitoral. Disponível em <http://www.camara.gov.br/proposicoesWeb/fichadetramitacao?idProposicao=438759>. Acesso em 21 de julho de 2015.

a divulgação de pesquisas eleitorais fraudulentas; e (ii) aumentar a pena da conduta criminosa de retardar, impedir ou dificultar a ação fiscalizadora dos partidos quanto aos crimes relacionados à realização de pesquisas eleitorais fraudulentas.[484]

No gráfico abaixo, apresentamos os dados obtidos:

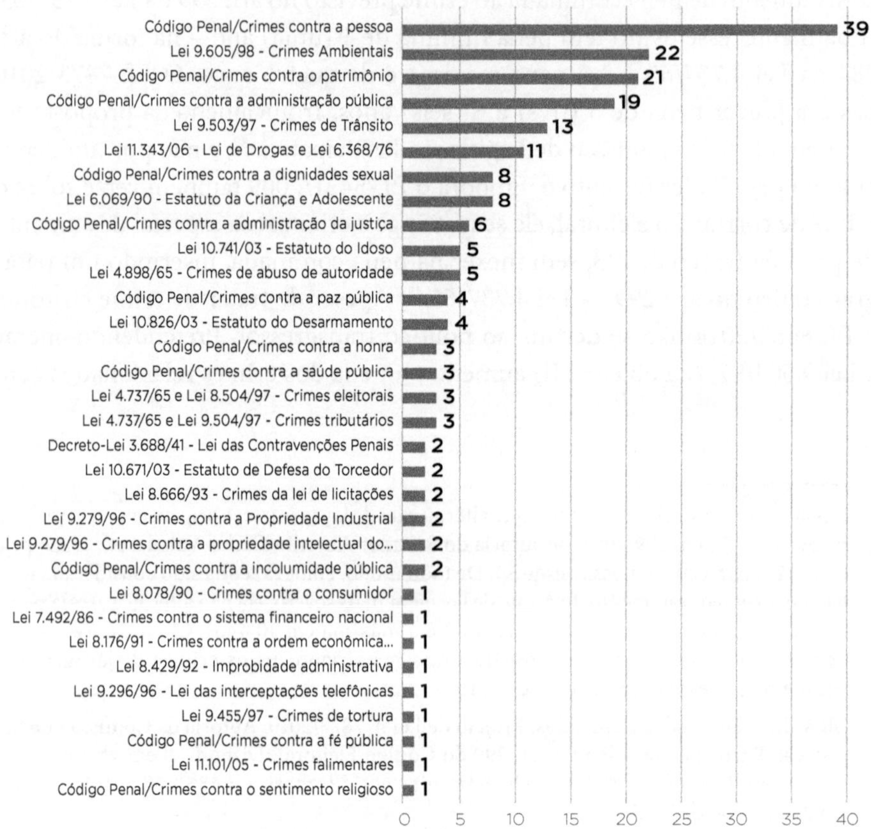

[484] Gráfico redesenhado com base em: BRASIL. Câmara dos Deputados. Projeto de Lei n. 8083/2014. Autoria do Deputado César Halum, PRB/TO. Altera dispositivos da Lei nº 9.504, de 30 de setembro de 1997 (Lei das Eleições), para agravar as multas e as penas das infrações eleitorais e dos crimes relacionados às pesquisas eleitorais. Disponível em <http://www.camara.gov.br/proposicoesWeb/fichadetramitacao?idProposicao=744153>. Acesso em 21 de julho de 2015.

Dos 39 PLs que versavam sobre crimes contra a pessoa, 14 (catorze)[485] tratavam do crime de homicídio, cujo bem jurídico tutelado é a vida. Ficou evidente que o legislador não observa o encarceramento relativo a esse delito. Segundo dados obtidos no site do Depen[486], tanto o homicídio simples quanto o qualificado tiveram aumento expressivo no número de pessoas presas de junho de 2006 a junho de 2013[487], como se pode depreender do gráfico que elaboramos abaixo.

Homicídio Simples e Qualificado
(art. 121, caput e § 2º do Código Penal)

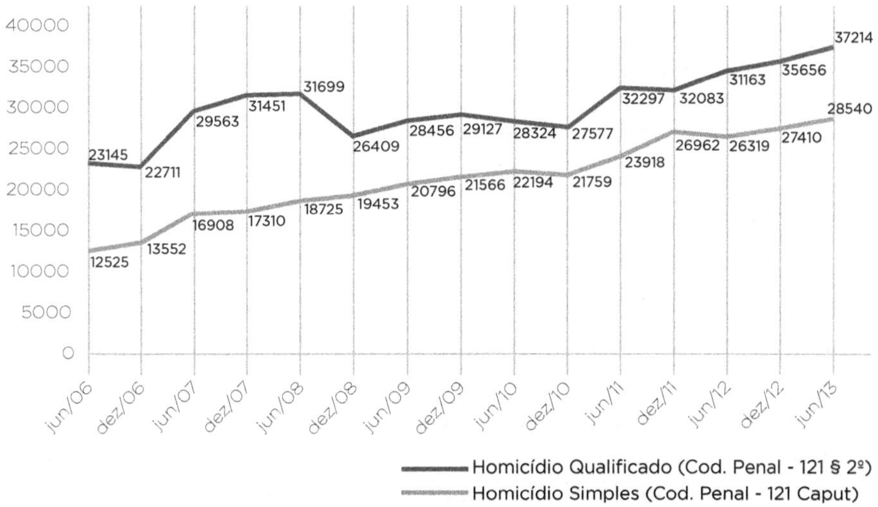

Até junho de 2013, 67.754 pessoas encontravam-se presas no Brasil em função do crime de homicídio. No mesmo período, a população carcerária

---

485 PL-722/2007; PL-4671/2009; PL-4893/2012; PL-6645/2009; PL-7439/2014; PL-788/2007; PL-7829/2014; PL-3565/2012; PL-7118/2010; PL-7478/2014; PL-1861/2011; PL-243/2007; PL-1963/2007; PL-3550/2008.

486 Para elaboração dos gráficos, acessamos cada um dos "Relatórios Estatísticos - Analíticos do Sistema Prisional Brasileiro", relativos aos dados nacionais. Disponível em <http://www.justica.gov.br/seus-direitos/politica-penal/transparencia-institucional/estatisticas-prisional/relatorios-estatisticos-analiticos-do-sistema-prisional>. Acesso em 20 de maio de 2015.

487 Embora o *Levantamento Nacional de Informações Penitenciárias* do Depen traga dados atualizados relativos ao ano de 2014, as informações relativas ao encarceramento por tipo penal não permitem a continuidade da série histórica que se pode construir de 2006 a 2013. Cf. BRASIL. **Levantamento Nacional de Informações Penitenciárias,** *op. cit.*

brasileira era de 574.027 indivíduos.[488] Ou seja, cerca de 1/5 do total da população carcerária (11,80%) era composta em razão do crime de homicídio. Vale dizer, em sete anos, a população de presos por esse delito quase dobrou. Como invocar a chamada "impunidade" nesse cenário de aplicação do Direito Penal?

Contudo, nenhum dos 14 PLs vertentes sobre homicídio menciona esse dado. Ao contrário, o PL-4893/2012, por exemplo, afirma em sua justificativa:

> Os crimes contra a vida, a integridade física e periclitação da vida e da saúde vêm, crescentemente, desestabilizando a sociedade sem que haja efetiva resposta do Direito Penal ao combate à criminalidade. A Comissão de Constituição e Justiça e de Cidadania, ciente da necessidade de conter o crescimento vertiginoso das taxas de homicídio no País, após debates realizados por seus membros, formulou as seguintes propostas de reforma na legislação vigente. A referida reforma está preservando os princípios garantistas e revendo penas que não afetem o princípio da proporcionalidade. [...] Aumenta-se a pena mínima do crime de homicídio simples, [...] para fins de prevenção geral negativa do crime, isto é, como forma de coibir que a prática do crime de homicídio se dissemine na sociedade que, de outro modo, não veria credibilidade nas instituições de Justiça.[489]

O PL menciona falta de resposta do Direito Penal à criminalidade mesmo diante da curva ascendente de encarceramento do homicídio já em 2012, ano da propositura. Relaciona crescimento da taxa de homicídio sem reconhecer o aumento da prisão para esse crime. Aposta na prevenção geral negativa ignorando que o efeito dissuasório é claramente deficiente a considerar um quadro no qual o Direito Penal está encarcerando mais e não necessariamente desestimulando esse crime.

Não nos surpreendeu o fato de o segundo gênero de delito preferido dos parlamentares ser os crimes ambientais, com 22 PLs apresentados.[490] Esses

---

[488] Disponível em <http://www.justica.gov.br/seus-direitos/politica-penal/transparencia-institucional/estatisticas-prisional/anexos-sistema-prisional/total-brasil-junho-2013.pdf>. Acesso em 20 de maio de 2015.

[489] BRASIL. Câmara dos Deputados. Projeto de Lei n. 4893/2012. Autoria da Comissão de Comstituição e Justiça e Cidadania. Altera os arts. 121, 122, 129 e 136 e revoga o § 1º do art. 121 e os arts. 123 e 134 do Decreto Lei nº 2.848, de 7 de dezembro de 1940, Código Penal. Disponível em <http://www.camara.gov.br/proposicoesWeb/fichadetramitacao?idProposicao=564092>. Acesso em 21 de julho de 2015.

[490] Cf. PL-6069/2013; PL-5817/2013; PL-5244/2013; PL-5407/2009; PL-6884/2006; PL-3693/2012; PL-1532/2007; PL-2524/2007; PL-753/2011; PL-7421/2014; PL-4066/2008;

crimes têm forte apelo junto à sociedade. Fundamentalmente quando tratam de violações aos animais, principalmente os domésticos, com episódios de agressões e abuso. Qual não foi a nossa surpresa ao identificar que quase a metade dos 22 projetos versam sobre o crime de maus tratos aos animais, previsto no art. 32 da Lei 9.605/98? Pois bem, 8 (oito) PLs[491] referem-se a esse crime, cuja redação é: "Praticar ato de abuso, maus-tratos, ferir ou mutilar animais silvestres, domésticos ou domesticados, nativos ou exóticos: Pena - detenção, de três meses a um ano, e multa".

Tomemos como exemplo o PL-5244/2013[492], de autoria do Deputado Beto Albuquerque, do PSB/RS. A proposta pretende aumentar a pena do crime do art. 32 da Lei 9.605/98, que é de detenção de três meses a um ano, para um a três anos. Além disso, propõe aumentar a fração da causa especial de aumento de pena do § 2º, do mesmo dispositivo, de um sexto a um terço para um terço até a metade, nas hipóteses nas quais ocorrer a morte do animal. Assim justifica a proposta:

> A pena atual, em valores baixos, não tem inibido a prática desse crime de tão graves consequências. Este projeto tem por objetivo assegurar punição mais severa aos agressores dos animais. Então, outra não pode ser a reação estatal a não ser anteceder ao dano mediante o agravamento da pena do crime que consiste o artigo que se propõe alterar. [...] Com a alteração proposta a norma terá potencializado seu efeito inibidor sobre a prática desse crime ao afastar a sensação de impunidade, razão pela qual solicito o apoio dos nobres Pares para a aprovação dessa proposição.[493]

Pela redação, nota-se que o parlamentar justifica o aumento da pena nas ideias de punição rigorosa, efeito dissuasório da pena e combate à impunidade (sensação). Aposta, portanto, na prevenção geral negativa. O aumento pretendido pelo deputado, uma pena de um a três anos, dificilmente resultaria em prisão. De modo que a pena seria substituída da mesma forma que ocorre com a atual pena que se quer modificar, de três meses a um ano. Ressalta-se que, caso fosse aprovada a alteração, haveria violação ao princípio da proporcionalidade, pois

PL-2149/2011; PL-1795/2007; PL-1965/2007; PL-2004/2011; PL-2854/2008; PL-3639/2008; PL-3142/2012; PL-3710/2012; PL-7199/2010; PL-3318/2012; e PL-172/2011.

[491] Cf. PL-6069/2013; PL-5244/2013; PL-5407/2009; PL-2004/2011; PL-3142/2012; PL-7199/2010; PL-3318/2012; e PL-172/2011.

[492] BRASIL. Câmara dos Deputados. Projeto de Lei n. 5244/2013. Altera a pena do art. 32 da Lei nº 9.605, de 12 de fevereiro de 1998, para agravar a pena para quem maltratar animais. Disponível em <http://www.camara.gov.br/proposicoesWeb/fichadetramitacao?idProposicao=569413>. Acesso em 21 de julho de 2015.

[493] *Ibidem.*

o crime de maus-tratos a seres humanos, com pena de dois meses a um ano[494], seria inferior a pena proposta para o crime de maus-tratos a animais, de um a três anos. Em suma, o próprio PL, ao afirmar que "outra não pode ser a reação estatal" senão recrudescer a pena, confirma a hipótese segundo a qual a proposta não quer resolver o problema social do abuso contra os animais senão manipular a ferramenta penal como forma de dar uma resposta para a sociedade.

Como forma de ilustrar a incidência do Direito Penal nos crimes ambientais, notemos o gráfico abaixo, que mostra o número de pessoas presas por crimes ambientais de dezembro de 2008[495] a junho de 2013.

Crimes Ambientais (Lei 9.605/1998)

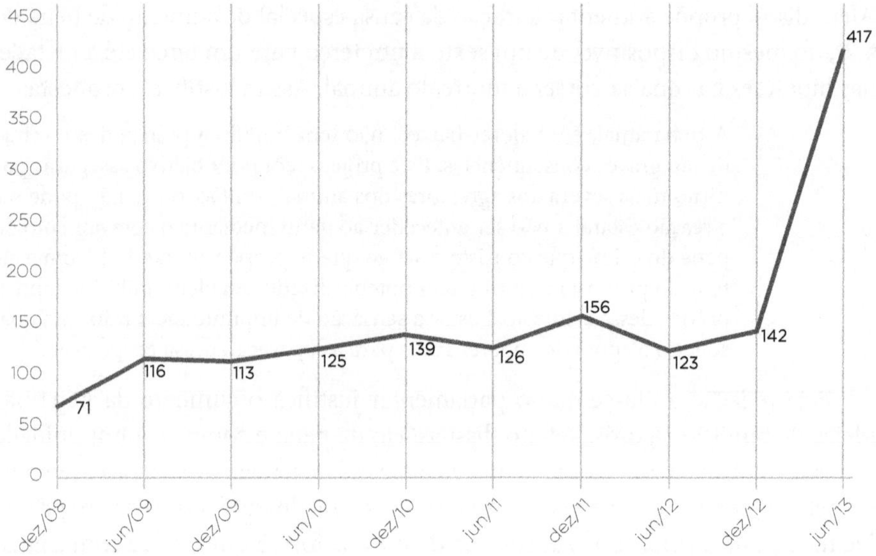

[494] "Maus-tratos: Art. 136 - Expor a perigo a vida ou a saúde de pessoa sob sua autoridade, guarda ou vigilância, para fim de educação, ensino, tratamento ou custódia, quer privando-a de alimentação ou cuidados indispensáveis, quer sujeitando-a a trabalho excessivo ou inadequado, quer abusando de meios de correção ou disciplina: Pena - detenção, de dois meses a um ano, ou multa". BRASIL. **Decreto Lei 2.849 de 1940. Código Penal**. Disponível em <http://www.planalto.gov.br/ccivil_03/decreto-lei/Del2848compilado.htm>. Acesso em 21 de julho de 2015.

[495] O Depen só passou a prever dados específicos relativos aos presos por crimes ambientais a partir do relatório de dezembro de 2008. "Relatórios Estatísticos - Analíticos do Sistema Prisional Brasileiro", relativos aos dados nacionais. Gráfico redesenhado com base em: <http://www.justica.gov.br/seus-direitos/politica-penal/transparencia-institucional/estatisticas-prisional/relatorios-estatisticos-analiticos-do-sistema-prisional>. Acesso em 20 de maio de 2015.

Afora a curva ascendente de dezembro de 2012 a junho de 2013, percebe-se que as agências penais de criminalização secundária pouco atuam em relação aos crimes ambientais. Nesse contexto, até junho de 2013, os crimes contra o meio ambiente representavam 0,07% da população carcerária do país.[496]

Os crimes patrimoniais despertam grande atenção dos parlamentares. Em terceiro lugar, com 21 PLs[497], correspondendo a 10,99% do total de 191 projetos, essa espécie de crime tem forte apelo junto à sociedade em geral, a considerar que o bem jurídico tutelado é a propriedade. Quase a metade dos projetos tem como objeto o aumento da pena do crime de roubo[498]: 9 (nove) PLs[499]. Típico delito que conforma a denominada criminalidade clássica, o roubo é um tipo penal que se caracteriza pela violência ou grave ameaça. Sendo um *crime de sangue*, tem forte ressonância na percepção da violência e presença na mídia.

Tanto em relação à forma qualificada do roubo quanto à sua forma simples, identificamos aumento no encarceramento de junho de 2006 a junho de 2013, conforme se observa do gráfico abaixo.

---

[496] 417 indivíduos de 574.027, conforme relatório de população prisional referente a junho de 2013 disponível em <http://www.justica.gov.br/seus-direitos/politica-penal/transparencia-institucional/estatisticas-prisional/anexos-sistema-prisional/total-brasil-junho-2013.pdf>. Acesso em 20 de maio de 2015.

[497] PL-3481/2012; PL-6539/2006; PL-2297/2011; PL-6347/2013; PL-5822/2009; PL-3769/2008; PL-3892/2012; PL-8006/2010; PL-8018/2014; PL-5527/2013; PL-6920/2010; PL-7226/2014; PL-7826/2014; PL-8211/2014; PL-6620/2006; PL-60/2007; PL-3901/2012; PL-8077/2014; PL-8136/2014; PL-8137/2014; e PL-8258/2014.

[498] Previsto no art. 157 do Código Penal. Disponível em <http://www.planalto.gov.br/ccivil_03/decreto-lei/Del2848compilado.htm>. Acesso em 21 de julho de 2015.

[499] PL-6539/2006; PL-2297/2011; PL-5822/2009; PL-8006/2010; PL-8018/2014; PL-7226/2014; PL-7826/2014; PL-3901/2012; e PL-8077/2014.

Crimes de Roubo (Artigo 157 do Código Penal)

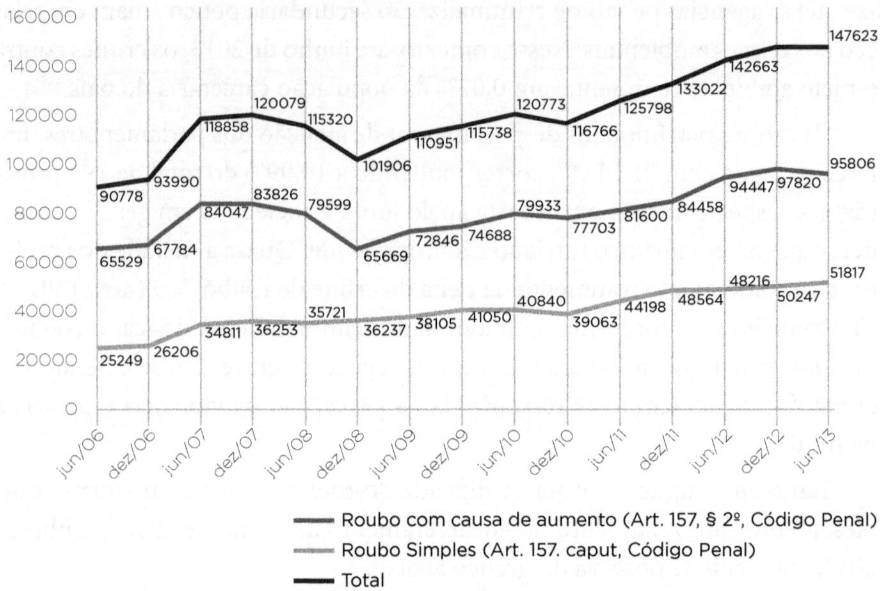

Com um total de 147.623 pessoas presas, o crime de roubo (simples e qualificado) representava, até junho de 2013, 25,71% da população carcerária do Brasil, ou seja, ¼ de todas os indivíduos privados de sua liberdade. No caso do roubo simples, em sete anos, o número mais do que dobrou. Mais uma vez, como afirmar existir impunidade diante desse dado concreto, que diz sobre a cifra não oculta do Direito Penal?

O PL-7226/2014, de autoria do Deputado Marcos Montes, do PSD/MG, prevê uma causa especial de aumento de pena nas hipóteses nas quais no crime de roubo houver emprego de arma de uso restrito, dinamite ou explosivos de efeito análogos em agências bancárias ou caixas bancários de funcionamento de 24 horas.[500] A justificativa do projeto é assim apresentada:

---

[500] Gráfico redesenhado com base em: BRASIL. Câmara dos Deputados. Projeto de Lei n. 7226/2014. Dá nova redação ao art. 157 do Decreto-lei nº 2.848, de 7 de dezembro de 1940 (Código Penal). Disponível em <http://www.camara.gov.br/proposicoesWeb/fichadetramitacao?idProposicao=607673>. Acesso em 21 de julho de 2015.

> É crescente o uso de explosivos e armas de uso restrito, como pistolas e fuzis, para roubar caixas eletrônicos localizados em pontos de grande circulação de pessoas. [...] Os roubos a bancos cresceram 20% no primeiro semestre de 2013 no Estado de São Paulo, em comparação com os seis primeiros meses de 2012, de acordo com estatística da Secretaria da Segurança Pública. Essa tendência crescente seguiu pelo interior, pois o número de ataques fora da capital passou de 46 no primeiro semestre de 2012 para 60 em 2013, um crescimento de 30%.[501]

O parlamentar aponta dados empíricos relativos ao aumento do crime de roubo a caixas eletrônicos. Mas não indica de que forma o aumento de pena poderia produzir o efeito concreto de reduzir esse tipo de delito. Aqui está claro o populismo penal legislativo. A proposta é apresentada a pretexto de ser um mecanismo eficaz para lidar com o aumento de um determinado crime. Mas não está demonstrado de que forma essa medida penal alcançaria o resultado esperado. O PL não faz referência à finalidade da pena, ignora a curva crescente de encarceramento do crime de roubo, e aposta no endurecimento da lei penal exclusivamente como forma de "frear o aumento da criminalidade". Contudo, o político poderá argumentar que está "fazendo alguma coisa" para combater esse crime. Dá uma satisfação a seus eleitores.

Já em 2012, o PL-3481/2012[502], de autoria do Deputado Alexandre Leite, do DEM/SP, já previa aumento de pena para emprego de explosivos em crime patrimonial, só que para o crime de furto, não de roubo. A proposta tem por objeto a inclusão de um parágrafo no art. 155 do Código Penal, estabelecendo uma causa especial de aumento de pena: "Art. 155 [...] § 6º - A pena será aumentada em 2/3 e multa, caso a subtração seja feita por destruição ou rompimento proveniente de material explosivo". A justificativa nos chamou atenção. Em primeiro lugar, por apresentar os traços comuns dos projetos populistas punitivos. Em segundo, pela péssima qualidade da redação e uso do vernáculo, tornando a justificação quase ininteligível, razão pela qual entendemos pertinente transcrever exatamente sua integralidade:

---

501 *Ibidem.*

502 BRASIL. Câmara dos Deputados. Projeto de Lei n. 3481/2012. Dispõe sobre uso de explosivos na destruição ou rompimento de obstáculo para o crime de Furto e dá outras providências. Disponível em <http://www.camara.gov.br/proposicoesWeb/fichadetramitacao?idProposicao=537900>. Acesso em 21 de julho de 2015.

O presente diagrama processual (sic), que ora apresento nesta botoeira (sic) de leis, aspira acrescentar parágrafo sexto (§ 6º) ao art. 155 do Código Penal para estabelecer nova modalidade qualificada do crime de furto, qual seja, a executada com aplicação de material explosivo.

Estão cada vez mais curses (sic), emboscados e frequentes as ocorrências da praticada (sic) de Roubo a caixas eletrônicos, lojas, depósitos com o uso potente e pujante de explosivos, dinamites, destruindo, aniquilando completamente o ambiente, facilitando o acesso ao montante monetário, bem como aos bens de interesse as praticas (sic) criminosas. Ofende não só a segurança Publica (sic), mas também coloca em risco a abonação comum dos que ali transitam, bem como amedrontando os que residem ou mantém estabelecimentos Comercial (sic), destruindo estes e outros bens particulares, como carros, residências, etc.

Depressa (sic), não há ruma (sic) legal tipificando o mencionado, nem mesmo cominação penalizatória (sic) para o ilícito, portanto, não há iniciativas com o intuito de coibir tais tirocínios, fazendo com que essa prática seja crescente e imperativa, em todos os estados do Brasil, assim como comumente vemos nos noticiários periódicos.

É crível que tal fato seja decorrente da problemática da precariedade legal sobre esse aspecto, o que resulta em obstáculo para a concepção da gravidade e da caracterização do delito.

Por esse motivo e dada à gravidade dessas condutas delituosas, dessas inovadoras praticadas (sic) criminosas contra os caixas eletrônicos, de utilização de explosivos, entendemos que o Código Penal deve ser atualizado, para incluir entre os casos de aumento de pena o fato de ser o crime cometido com grande poder destrutivo e arrasadora ruína.

O objetivo a alcançar através desta conjectura é o de agravar a pena de quem pratica tal delito, visando à coibição a pratica do crime hodierno.

Com essa medida, estando certo de que, a importância deste projeto de lei e os benefícios sob a ótica penal que dele advirá, por exemplo, a impossibilidade de Substituição da pena restritiva de Direito por privativa de Liberdade (sic), bem como a fidúcia de resguardo a segurança Públicas do País, serão percebidos pelos meus ilustres Pares.

Creio que esta modificação do texto legal é necessária, desta forma, conto com o apoio dos membros desta Casa para a aprovação do projeto de lei que impetro.[503]

[503] BRASIL. Câmara dos Deputados. Projeto de Lei n. 3481/2012, *op. cit.*

Com essa causa especial de aumento de pena, o parlamentar pretende "frear o aumento da criminalidade", "desestimular a prática de crimes" e "evitar a substituição da pena (art. 44 do Código Penal)", conforme nossa categorização da pesquisa para os motivos recorrentes nas justificativas. Mais uma vez o legislador aposta no efeito dissuasório da pena. Dessa vez, motivado pelo que "comumente vemos nos noticiários periódicos", como explicitado pelo deputado. Isto é, a proposta claramente pretende dar uma satisfação para a sociedade.

No início do mês de março de 2012, vários veículos de imprensa divulgavam episódios de crimes patrimoniais contra caixas eletrônicos com o emprego de artefato explosivo:

> "Gate retira explosivo instalado em caixa eletrônico em Planura, MG": site do G1, em 1º de março de 2012;[504]
>
> "Quadrilha abandona explosivo em caixa eletrônico de hospital": site da Folha de S. Paulo, em 2 de março de 2012;[505]
>
> "Ataques a caixas eletrônicos provocam aumento no roubo de explosivos": site da Rede Record, em 18 de março de 2012.[506]

O PL-3481/2012 foi apresentado em 20 de março de 2012, logo após essa sequência de reportagens. Como visto, o próprio parlamentar fez referência aos "noticiários periódicos". Em 31 de março de 2012, a proposta era aprovada pelo Plenário da Câmara dos Deputados.[507] E agora tramita no Senado Federal. Terá sido coincidência? Não. O nome é populismo penal legislativo.

Assim como no PL-8211/2014. De autoria do Deputado Marcos Rogério, do PDT/RO, a proposta também prevê aumento de pena do crime de furto, só que para o caso de sua prática se dar no interior de residência. A justificativa

---

504 Disponível em <http://g1.globo.com/minas-gerais/triangulo-mineiro/noticia/2012/03/gate-retira-explosivo-instalado-em-caixa-eletronico-em-planura-mg.html>. Acesso em 20 de junho de 2015.

505 Disponível em <http://www1.folha.uol.com.br/cotidiano/2012/03/1056103-quadrilha-abandona-explosivo-em-caixa-eletronico-de-hospital.shtml>. Acesso em 20 de junho de 2015.

506 Disponível em <http://rederecord.r7.com/video/ataques-a-caixas-eletronicos-provocam-aumento-no-roubo-de-explosivos-4f668173b51aa10b32e721ed/>. Acesso em 20 de junho de 2015.

507 Disponível em <http://www2.camara.leg.br/camaranoticias/noticias/SEGURANCA/484973-CAMARA-APROVA-PENA-MAIOR-PARA-USO-DE-EXPLOSIVO-NO-FURTO-DE-CAIXA-ELETRONICO.html>. Acesso em 20 de junho de 2015.

limita-se a vaticinar: "Essa é uma medida que atende aos anseios da sociedade, em tempos de crescente violência e consequente sensação de insegurança".

Evidentemente, ambos os projetos, assim como os demais, também não observam os dados relativos ao encarceramento do crime de furto, quer em sua forma simples, quer em sua forma qualificada (caso do PL-3481/2012). Até junho de 2013, o crime de furto respondia por 13,64% da população carcerária. E de junho de 2006 a junho de 2013 o número de pessoas presas por furto mais do que dobrou no Brasil. Não obstante, esse dado de realidade parece ser irrelevante para o legislador. Abaixo, o gráfico que expõe os dados:

Furto Simples e Qualificado
(artigo 155, caput e § 5º do Código Penal)

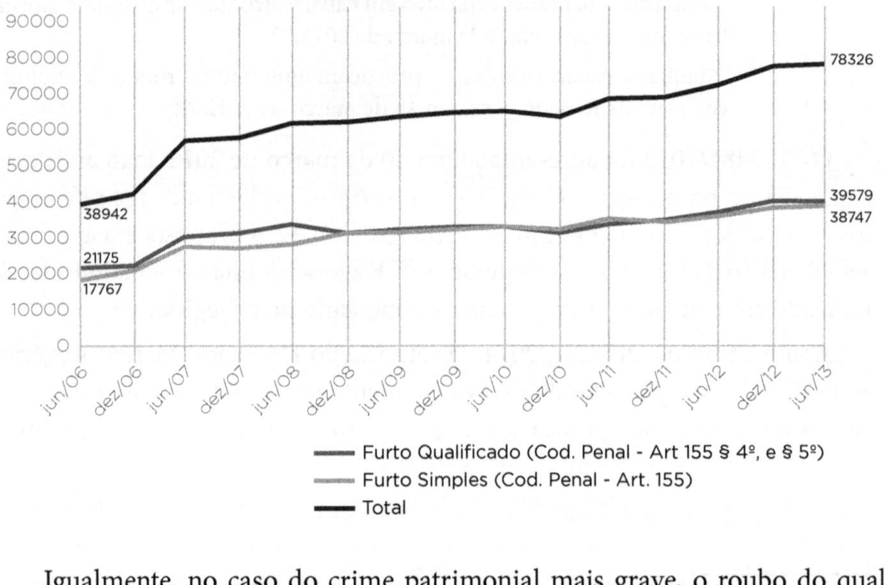

Igualmente, no caso do crime patrimonial mais grave, o roubo do qual resulta morte, o denominado *latrocínio*, previsto no art. 157, § 3º, do Código Penal[508], assistimos a um aumento no encarceramento de junho de 2006 a junho de 2013, de 10.342 para 16.716 indivíduos presos. Podemos identificar essa curva ascendente no gráfico abaixo.

---

508 "Se da violência [...] resulta morte, a reclusão é de vinte a trinta anos, sem prejuízo da multa." Cf. BRASIL. **Decreto Lei 2.849 de 1940. Código Penal**. Disponível em <http://www.planalto.gov.br/ccivil_03/decreto-lei/Del2848compilado.htm>. Acesso em 21 de julho de 2015.

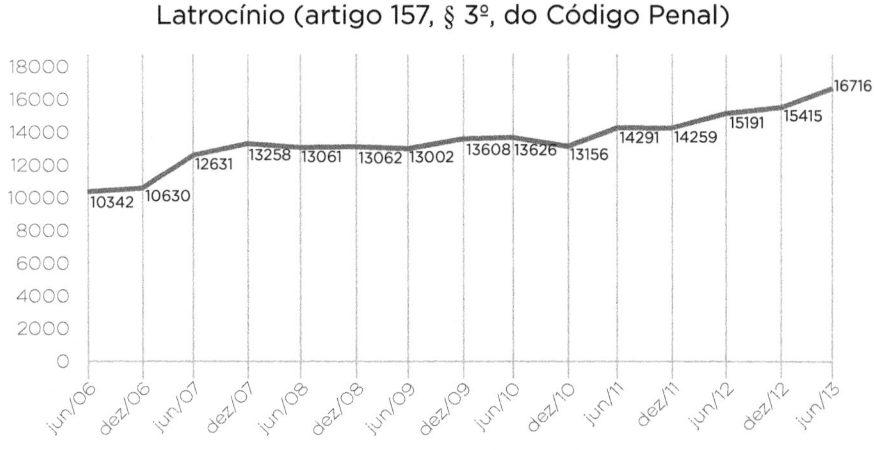

Em quarto lugar, apareceram os crimes contra a administração pública, com 19 PLs.[509] O aumento de pena para esses delitos sugere uma quebra no padrão segundo o qual o legislador aumentaria penas tão-somente de crimes que, em tese, não praticaria. Mas essa afirmação não resiste diante do fenômeno do populismo penal. Se o político puder obter um proveito eleitoral com o recurso à lei penal, a ela recorrerá.

No dia 2 de agosto de 2012, o Supremo Tribunal Federal (STF) começava o julgamento da ação penal 470, alcunhada de "mensalão".[510] No dia 22 de agosto do mesmo ano, o Deputado Fábio Trad, do PMDB/MS, apresentava o PL-4324/2012[511], que previa aumento das penas dos seguintes crimes contra a administração pública: peculato, concussão, corrupção passiva e corrupção ativa, respectivamente, arts. 312, 316, 317 e 333 do Código Penal. O projeto

---

509 PL-3898/2012; PL-4895/2012; PL-1125/2011; PL-7078/2006; PL-2518/2011; PL-643/2011; PL-2506/2011; PL-6701/2013; PL-4324/2012; PL-4518/2008; PL-7321/2010; PL-379/2007; PL-6616/2009; PL-7710/2007; PL-6410/2009; PL-7316/2014; PL-7207/2014; PL-8125/2014; e PL-3779/2008.

510 Disponível em <http://g1.globo.com/jornal-nacional/noticia/2012/08/stf-rejeita-desmembrar-processo-do-mensalao-no-1-dia-de-julgamento.html>. Acesso em 20 de junho de 2015. Discutir os impactos da ação penal 470 no Sistema penal renderia outro trabalho específico.

511 BRASIL. Câmara dos Deputados. Projeto de Lei n. 4324/2012. Acrescenta inciso VIII ao art. 1.º da Lei nº 8.072, de 25 de julho de 1990, que "dispõe sobre os crimes hediondos, nos termos do art. 5º, inciso XLIII, da Constituição Federal, e determina outras providências", e altera os arts. 312, 316, 317 e 333 do Decreto Lei nº 2.848, de 7 de dezembro de 1940, Código Penal. Disponível em <http://www.camara.gov.br/proposicoesWeb/fichadetramitacao?idProposicao=553582>. Acesso em 21 de julho de 2015.

também inclui os crimes referidos no rol dos crimes hediondos[512], outra típica medida de viés populista punitiva. Não por coincidência, esses crimes seriam objeto de julgamento na ação penal 470.

O PL-4324/2012 traz em sua justificativa a referência à iniciativa popular, que teria tido por idealizador o jornalista publicitário Atamaril Amaral Marques (Tatá Marques).[513] Com breve busca na *internet*, encontramos a seguinte descrição do jornalista, datada de 24 de janeiro de 2013:

> [...] Tatá Marques é jornalista, formado na UCDB em 1998, fez pós-graduação em Marketing em 2001 e em Jornalismo em 2005. („,) Hoje, aos 37 anos, 13 deles atuando em televisão, o jornalista Tatá Marques (O povo na TV) tornou-se um apresentador carismático e destaque da televisão sul matogrossense desde 2012. Com grande popularidade e audiência, é muito querido pela população de nosso estado. Tatá é hoje, referência e aos poucos com muito empenho e dedicação, tornou-se o defensor do povo, com simplicidade e um jeito humilde, e, muitas vezes, cômico, ganhando assim o rótulo de "Ratinho do MS".[514]

O contexto do julgamento pelo STF do "caso mensalão", o apoio popular, e o protagonismo de um expoente da mídia local, representam o gatilho necessário para o parlamentar apresentar o PL com a seguinte justificativa:

> A prática desses delitos, cada vez mais crescente, é de alto potencial ofensivo ao erário, gera efeitos difusos desastrosos e afeta a credibilidade do Poder Público. A sociedade clama por punição mais severa, por normas mais rigorosas contra esse tipo de delinquente.
>
> A impunidade tem sido a regra e, por isso mesmo, incentiva a reprodução desses delitos, advindo daí a descrença popular nas autoridades e nas instituições. Esse cenário, onde as maiores vítimas são exatamente as camadas mas (sic) necessitadas, choca-se contra todos os objetivos fundamentais da República Federativa do Brasil, dentre os quais a erradicação da pobreza, da marginalização e das desigualdades sociais e o desenvolvimento nacional, que se resumem na programação do bem de todos, para a dignidade da pessoa humana (artigos 1º e 3º da Constituição Federal).[515]

---

[512] Cf. Lei 8.072 de 1990. Disponível em <http://www.planalto.gov.br/CCivil_03/Leis/L8072.htm>. Acesso em 21 de julho de 2015.

[513] BRASIL. Câmara dos Deputados. Projeto de Lei n. 4324/2012, *op. cit.*

[514] Disponível em <http://www.jornali9.com/noticias/conheca-um-pouco-da-historia-do-apresentador-de-televisao-de-mais-sucesso-no-ms>. Acesso em 21 de julho de 2015.

[515] BRASIL. Câmara dos Deputados. Projeto de Lei n. 4324/2012, *op. cit.*

De origem midiática, o projeto tem ao menos o mérito de prever escalas penais que variariam de acordo com a vantagem auferida nos crimes. Outro ponto interessante é que, de fato, no caso dos crimes objeto da proposta (peculato, concussão, corrupção passiva e corrupção ativa), há grande impunidade, quer estejamos nos referindo à cifra oculta, quer à cifra que chega aos tribunais. Pelo gráfico abaixo[516], podemos observar que, até junho de 2013, TODOS esses crimes contra a administração pública SOMADOS correspondiam a impressionantes 0,41% da população prisional brasileira.[517]

Crimes contra a administração pública praticados por funcionário público (arts. 312 a 337-A do Código Penal)

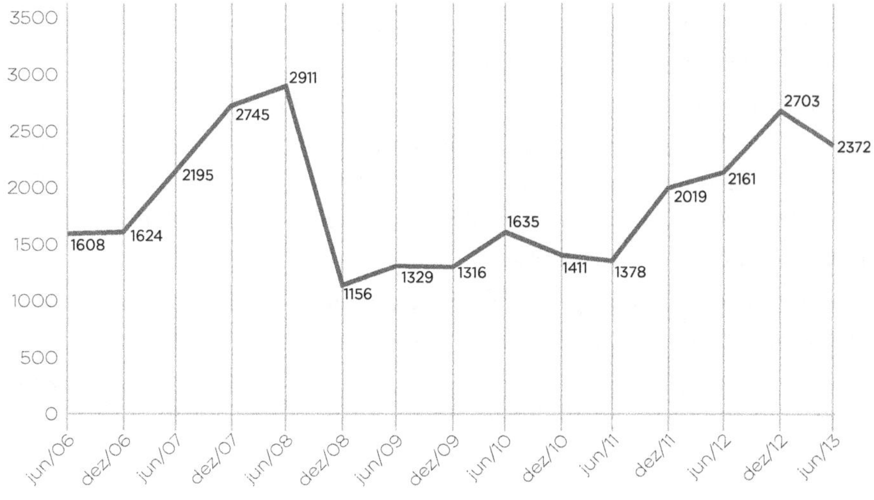

[516] A partir de dezembro de 2008, o item relativo a esses crimes nos relatórios do Depen passou a restringir o registro aos crimes dos arts. 312, 313, 316, 317, 333 e 334 do Código Penal, o que pode explicar a curva descendente no gráfico. Cf. "Relatórios Estatísticos - Analíticos do Sistema Prisional Brasileiro", relativos aos dados nacionais. Disponível em <http://www.justica.gov.br/seus-direitos/politica-penal/transparencia-institucional/estatisticas-prisional/relatorios-estatisticos-analiticos-do-sistema-prisional>. Acesso em 20 de maio de 2015.

[517] 2.372 de 574.027 indivíduos presos, conforme relatório de população prisional referente a junho de 2013. Gráfico redesenhado com base em: <http://www.justica.gov.br/seus-direitos/politica-penal/transparencia-institucional/estatisticas-prisional/anexos-sistema-prisional/total-brasil-junho-2013.pdf>. Acesso em 20 de maio de 2015.

Esse dado é fundamental, pois mostra a pouca disposição do Estado brasileiro, por meio de suas agências de criminalização secundária, de perseguir essa forma específica de criminalidade. Esse dado contribui para provar a hipótese segundo a qual o sistema penal é seletivo. Mais ainda, é a **comprovação empírica daquilo que Pavarini chama de *distribuição social desigual do castigo*.**[518]

De todo modo, o aumento de penas previsto no PL citado não produziria o efeito esperado de "combate à impunidade", como mostram os dados relativos ao encarceramento. Aumentar a pena (criminalização primária) não modifica o cenário de funcionamento das polícias, Ministério Público e Juiz (criminalização secundária).

Dos 191 PLs, 11 (onze) tratavam da Lei de drogas.[519] Desses 11, 8 (oito)[520] cuidam do crime de tráfico de drogas, previsto no art. 12 da revogada Lei 6.368/76, e no atual art. 33 da Lei 11.343/06.

No caso específico do crime de tráfico de drogas, é crucial observar que, até junho de 2013, esse era o delito com o maior número de pessoas presas no país em relação ao total da população carcerária. Ainda, de junho de 2006 a junho de 2013, o tráfico de entorpecentes representa o crime com maior crescimento na população carcerária.

Confiramos os dados no gráfico abaixo, que construímos com base nas informações disponibilizadas pelo Depen:[521]

---

518 PAVARINI, Massimo. **El orden carcelario**: Apuntes para una historia material de la pena. *In*: El derecho penal hoy. Homenaje al profesor David Baigún, traducido por Laura Martin. Buenos Aires: Editores del Puerto, 1995, p. 582-583. Disponível em <http://ia600306.us.archive.org/35/items/Pavarini-ElOrdenCarcelario/Pavarini-ElOrdenCarcelario.pdf>. Acesso em 21 de junho de 2015.

519 A Lei 11.343 de 2006 revogou a antiga lei que dispunha sobre drogas, a Lei 6.368 de 1976.

520 PL-1340/2011; PL-1330/2011; PL-7141/2006; PL-7610/2010; PL-7019/2013; PL-1853/2011; PL-5444/2009; PL-814/2011.

521 Cf. "Relatórios Estatísticos - Analíticos do Sistema Prisional Brasileiro", relativos aos dados nacionais. Disponível em <http://www.justica.gov.br/seus-direitos/politica-penal/transparencia-institucional/estatisticas-prisional/relatorios-estatisticos-analiticos-do-sistema-prisional>. Acesso em 20 de maio de 2015.

Tráfico de Drogas (art. 33 da Lei 11.343/06 e art. 12 da Lei 6.368/76)

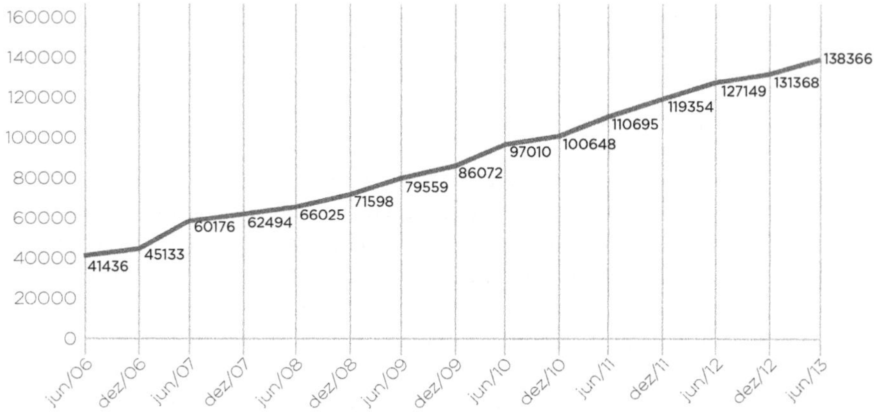

Como se pode constatar, com 138.366 pessoas presas, o crime de tráfico de drogas representava, até junho de 2013, 24,10% do total da população carcerária. Além disso, de junho de 2006 (a Lei 11.343/06 passou a vigorar a partir de outubro de 2006) a junho de 2013, o número de indivíduos encarcerados mais do que triplicou para o delito de tráfico de drogas. O que pode ser em parte explicado em vista da nova pena mínima cominada de 5 (cinco) anos a partir da Lei 11.343/06, já que a Lei 6.368/76 previa o mínimo legal de 3 (três) anos, o que facilitava a substituição da pena na forma do art. 44 do Código Penal. Como afirmar impunidade para esse crime, se o Direito Penal só pode ser avaliado a partir da cifra não oculta? O crime que mais encarcera no país é um crime não violento.

O PL-1330/2011, de autoria do Deputado Arnaldo Faria de Sá, do PTB/SP, prevê aumento de penas para diversos crimes estabelecidos na lei de drogas. Aumenta a pena: (i) do art. 28, para o usuário de drogas; (ii) do art. 33, § 2º, para quem induz, instiga ou auxilia o uso indevido de drogas; e (iii) do art. 33, § 3º, para quem oferece droga para consumo em conjunto, a pessoa de seu relacionamento e sem objetivo de lucro. O parlamenta assim justifica a proposição:

> O assustador e vertiginoso crescimento das ações criminosas que têm correlação com o uso e o tráfico de drogas em nosso País nos parece bastante para afirmarmos que, em parte, as disposições contidas na Lei

> nº 11.343, de 23 de agosto de 2006 não provocaram os efeitos pretendidos, muito por conta da leniência com que é tratado o usuário de drogas. [...] propomos que aquele que for novamente preso por uso de drogas, permaneça sob custódia do Estado, à disposição do juízo competente, obviamente admitida a fiança. Dessa maneira, entendemos que a curta segregação do usuário preso diminuirá a enorme sensação de impunidade, que tem elevado vertiginosamente a prática desse crime e atraído mais jovens para esse caminho quase sem volta. [...] De outro lado, ao modificarmos as penas do crime imputado ao usuário de droga, necessário se faz uma readequação das demais penas, visando se evitar a incongruência das reprimendas. Em especial, destacamos o aumento de pena daquele que induz, instiga ou auxilia alguém ao uso indevido de droga, cuja pena hoje fixada é dissonante à enorme gravidade dessa conduta. Em suma, esta proposição vem de encontro não só ao aumento do consumo de drogas, mas tem por fim o efetivo combate à expansão do consumo de drogas "mortais", como o crack e novíssimo oxi. Por fim, com a presente proposição, pretendemos impor sanções legais que realmente venham a minimizar a sensação de impunidade [...].

O projeto tem muitas inconsistências, a nosso ver. Revela-se expressão do populismo punitivo. Em primeiro lugar, o projeto aponta para o crescimento da prática de crimes *relacionados* ao uso e tráfico de drogas, mas pretende o aumento das penas dos crimes *de* drogas (!). Em segundo lugar, argumenta que a Lei 11.343 não provocou o efeito pretendido: ora, mas a lei possibilitou punir mais o crime regulado por ela (!). Em terceiro lugar, se o aumento na punição do traficante não melhorou os índices do crime de tráfico, de que forma a "curta segregação do usuário" melhoraria? Nesse ponto o parlamentar é explícito, uma vez que diz que quer produzir o efeito de "diminuir a sensação de impunidade". Então o legislador está atento às sensações, e não aos números. Exatamente o atributo do populismo penal que apontamos: intuições e sentimentos produzindo política criminal. Em quarto lugar, o político pretende "o efetivo combate à expansão do consumo de drogas" pelo aumento de pena (!). Ignora o debate em torno do qual o indivíduo consome a droga por diversas razões[522], mas certamente o tamanho de pena não é uma delas.

---

[522] O consumo de drogas pelo ser humano é uma questão multifacetada e encerra enorme complexidade. Veja-se, por exemplo, a afirmação do psicanalista Joel Birman, feita no contexto em que discute os fundamentos da sociedade contemporânea, caracterizada pelo espetáculo ("A sociedade do espetáculo", ensaio do francês Guy Debord, 1967) e pelo narcisismo ("A cultura do narcisismo", ensaio do americano Christopher Lasch, 1979): "[...] Produzidas pela medicina clínica, pela psiquiatria e pelo narcotráfico, as toxicomanias são

O Direito Penal tem muito pouco a contribuir para a expansão ou contração do consumo de drogas. Trata-se de uma questão de saúde pública. E, ainda, de uma questão de liberdade individual constitucionalmente assegurada (que deve ser orientada à consciência do consumo responsável, como no caso do álcool e tabaco), no marco da autodeterminação da vontade e livre escolha de consumir substâncias sem lesão a terceiros (princípio da alteridade; *neminem laedere*). Assim como o tabaco e o álcool são regulados – o que não exclui crimes relacionados a eles[523] – as drogas em geral demandam regulação da fabricação, comércio e consumo, como mostra a tendência de outros países democráticos pelo mundo.

Decerto há outros aspectos segundo os quais a proposta poderia ser examinada. O político parecer acreditar que o Direito Penal é um bom caminho para a *war on drugs*, mas a justificativa no projeto revela o descompromisso com os dados concretos existentes sobre o tema, o que permite confirmar hipótese deste trabalho. O representante quer obter um ganho político com a ferramenta penal, e não buscar soluções reais para os problemas. Quando o PL-1330/2011 foi apresentado em 11/05/2011[524], o deputado poderia saber que, até dezembro de 2010, o número de pessoas presas por tráfico de drogas tinha mais do que dobrado em relação a junho de 2006. Mas isso parece não importar.

---

os contrapontos das depressões e da síndrome do pânico, no sentido de que é pelo consumo massivo de drogas que o sujeito tenta regular os humores e efeitos maiores do mal-estar da atualidade. O sujeito busca, pela magia das drogas, se inscrever na rede de relações da sociedade do espetáculo e seus imperativos éticos". Cf. BIRMAN, Joel. **Mal-estar na atualidade**: a psicanálise e as novas formas de subjetivação. Rio de Janeiro: Civilização Brasileira, 1999, p. 249.

523 Por exemplo: (1) circunstância agravante para o cálculo da pena em razão do crime ter sido praticado "em estado de embriaguez preordenada" (art. 61, II, "j", do Código Penal); (2) crime de embriaguez ao volante (art. 306 da Lei 9.503/97 – Código de Trânsito Brasileiro); (3) contrabando de cigarro (art. 334-A do Código Penal).

524 BRASIL. Câmara dos Deputados. Projeto de Lei n. 1330/2011. Altera os arts. 28, 29, 30, 33 e 39, todos da Lei nº 11.343, de 23 de agosto de 2006, que institui o Sistema Nacional de Políticas Públicas sobre Drogas - Sisnad; prescreve medidas para prevenção do uso indevido, atenção e reinserção social de usuários e dependentes de drogas; estabelece normas para repressão à produção não autorizada e ao tráfico ilícito de drogas; define crimes e dá outras providências. Disponível em <http://www.camara.gov.br/proposicoesWeb/fichadetramitacao?idProposicao=501868>. Acesso em 21 de julho de 2015.

Empatado com os crimes previstos no Estatuto da Criança e do Adolescente (ECA)[525], os crimes sexuais[526] aparecem em sétimo lugar na preferência dos políticos para endurecimento das penas. Com 8 (oito) PLs[527], os crimes referem-se ao bem jurídico *dignidade sexual*, mais especificamente à *liberdade sexual*, isto é, a autodeterminação da pessoa no marco de suas relações sexuais.

De acordo com Julian Roberts:

> Nenhuma forma de agressão provoca maior condenação pública e desejo de punir do que crimes de agressão sexual, especialmente quando as vítimas são crianças. Estes crimes trágicos atraem intensa atenção da mídia, e a legislação punitiva muitas vezes surge na sequência desta cobertura.[528]

Corroborando a assertiva acima, de acordo com nossa categorização nesta pesquisa, dois[529] desses oito PLs fizeram referência a "episódio divulgado na mídia", e sobre eles trataremos na análise qualitativa das referências extrapenais.

Nesse sentido, na Inglaterra, Robert Reiner[530] e Chris Greer[531] já apontavam para a predileção da mídia na divulgação de crimes violentos,

---

525 BRASIL. Lei 8.069 de 13 de julho de 1990. Dispõe sobre o Estatuto da Criança e do Adolescente e dá outras providências. Disponível em <http://www.planalto.gov.br/ccivil_03/LEIS/L8069.htm>. Acesso em 21 de junho de 2015.

526 Sobre o tema, incluindo uma perspectiva histórica, cf. NEUMANN, Caryn E. **Sexual crime**: a reference handbook. ABC CLIO: Santa Barbara, California; Denver, Colorado; Oxford, England, 2010.

527 PL-7000/2013; PL-5122/2009; PL-8037/2014; PL-5398/2013; PL-2406/2011; PL-6831/2010; PL-4207/2012; e PL-6735/2013.

528 (Tradução nossa) "No form of offending provokes greater public condemnation and desire to punish than crimes of sexual aggression, especially when the victims are children. These tragic crimes attract intense news media attention, and punitive legislation often emerges in the wake of this coverage". ROBERTS, Julian V.; STALANS, Loretta; INDERMAUR, David; and HOUGH, Mike. **Penal Populism and Public Opinion**: Lessons Form Five Countries. New York: Oxford University Press, 2003, p. 129.

529 PL-7000/2013 e PL-2406/2011.

530 Professor emérito de Criminologia no Departamento de Direito da *London School of Economics*, Inglaterra. Disponível em <http://www.lse.ac.uk/collections/law/staff/robert-reiner.htm>. Acesso em 4 de julho de 2015.

531 Professor de Sociologia no Departamento de Sociologia da *City University London*. Disponível em <https://www.city.ac.uk/people/academics/chris-greer>. Acesso em 4 de julho de 2015.

principalmente os sexuais: "vários estudos confirmam o padrão de aumento da sobrerrepresentação de crimes violentos e interpessoais (especialmente crimes sexuais)."[532] John Pratt já havia percebido esse fenômeno quanto aos crimes sexuais: a forma como a mídia divulga esses crimes mudara ao longo do tempo. De acordo com o autor, não só o percentual de reportagens sobre crimes aumentou (aumento *quantitativo*), mas também o tipo de crime noticiado (aumento *qualitativo*): "[...] não apenas a divulgação de crimes aumentou quantitativamente; também houve mudanças qualitativas na divulgação: ela está propensa a concentrar-se mais amplamente em crimes violentos e sexuais do que no passado."[533]

Três[534] desses oito PLs citam expressamente o combate a pedofilia. Garland aponta interessante razão para a lente de aumento que é dada para esse tipo de criminalização: "a intensidade atual de repugnância e medo de abusadores de crianças parece estar associada a culpa inconsciente sobre parentalidade negligente e ambivalência generalizada sobre a sexualização da cultura moderna".[535] Nessa linha, citando que a maioria dos casos de abuso sexual é cometido pelo pai ou padrasto da vítima, o PL-5122/2009, do Deputado Capitão Assunção, do PSB/ES, que prevê causa de aumento (2/3) para o agressor parente da vítima, apresenta a seguinte justificativa:

> Segue para apreciação o presente projeto de lei que busca aumentar o rigor em crimes contra a liberdade sexual envolvendo menores

---

532 (Tradução nossa) "Several studies confirm the pattern of increasing over-representation of violent and interpersonal (especially sex) crimes". REINER, Robert & GREER, Chris. **Mediated mayhem: media, crime, criminal justice**. *In*: MAGUIRE, Mike, MORGAN, Rod & REINER, Robert. The Oxford Handbook of Criminology. Fifth Edition. Oxford University Press: United Kingdom, 2012, p. 250.

533 (Tradução nossa) "[...] it is not only that crime reporting has quantitatively increased; there have also been qualitative changes in its reporting: it is prone to focus more extensively on violent and sexual crime than in the past". PRATT, John. **Penal Populism**. Routledge: London and New York, 2007, p. 69.

534 PL-7000/2013; PL-5122/2009; e PL-2406/2011.

535 (Tradução nossa) "[...] the intensity of current fear and loathing of child abusers seems to be connected to unconscious guilt about negligent parenting and widespread ambivalence about the sexualization of modern culture." GARLAND, David. **On the concept of moral panic**. In: Crime, Media, Culture: 2008, p. 15. Disponível em <http://cmc.sagepub.com/content/4/1/9>. Acesso em 21 de julho de 2015.

> (pedofilia) [...]." [...] Através de dados da UNICEF-2000, pode-se verificar que em 90% dos casos conhecidos de violência sexual contra meninas no Brasil, o agressor é o pai ou o padrasto da vítima. [...] Neste raciocínio, propomos juntamente com outros projetos de lei para alteração do Estatuto da Criança e do Adolescente, o aumento da punição na conduta criminal do inciso II do art. 226 do Código Penal, que trata dos crimes contra a liberdade sexual praticado em face dos menores impúberes, a fim de aumentar a condenação penal se o agente é ascendente, padrasto ou madrasta, tio, irmão, ou prevalecendo-se das relações de parentesco consanguíneo até o terceiro grau, cônjuge, companheiro, tutor, curador, preceptor, empregador da vítima ou de quem, a qualquer outro título, tenha autoridade sobre ela.[536]

A proposta também prevê a chamada castração química (como pena alternativa) para o autor do crime. Controvertidíssima forma de punição, corresponde a tema que não nos é possível tratar aqui. Fato é que o projeto aposta apenas na retribuição como finalidade da pena, referindo-se o parlamentar à necessidade de aumentar o rigor na punição de crimes que envolvem a pedofilia.

Seguindo a tendência dos demais crimes violentos, também o crime sexual de estupro apresenta aumento no encarceramento de junho de 2006 a junho de 2013. Em sete anos, o número de pessoas presas quase dobrou, indo de 13.350 para 22.408, correspondendo a 3,90% da população prisional brasileira até junho de 2013.[537] Eis o gráfico[538] abaixo.

---

536 BRASIL. Câmara dos Deputados. Projeto de Lei n. 5122/2009. Altera o inciso II do art. 226 do Decreto-Lei nº 2.848, de 7 de dezembro de 1940 - Código Penal, e acrescenta a pena alternativa de castração química nos crimes contra a liberdade sexual. Disponível em <http://www.camara.gov.br/proposicoesWeb/fichadetramitacao?idProposicao=432118>. Acesso em 21 de julho de 2015.

537 22.408 de 574.027 indivíduos. Cf. "Relatórios Estatísticos - Analíticos do Sistema Prisional Brasileiro", relativos aos dados nacionais. Disponível em <http://www.justica.gov.br/seus-direitos/politica-penal/transparencia-institucional/estatisticas-prisional/relatorios-estatisticos-analiticos-do-sistema-prisional>. Acesso em 20 de maio de 2015.

538 Art. 214 do Código Penal foi revogado pela Lei nº 12.015, de 2009.

Estupro e Atentado Violento ao Pudor
(arts. 213 e 214 do Código Penal)

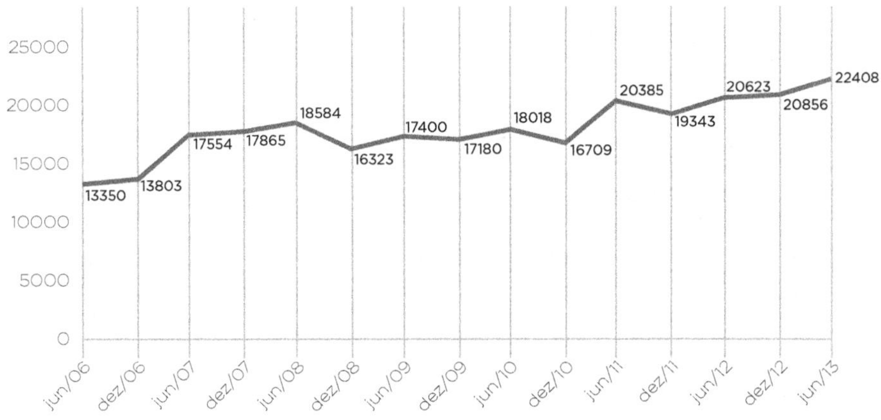

Em relação aos crimes de armas de fogo, apenas 4 (quatro) PLs[539] versaram sobre aumentos de pena nos crimes previstos na Lei 10.826 de 2003, o Estatuto do Desarmamento.

O PL-1856/2011[540], de autoria do Deputado Arthur Oliveira Maia, do PMDB/BA, prevê aumento na pena mínima e máxima de *todos* os sete crimes descritos na Lei 10.826/03: posse irregular de arma de fogo de uso permitido (art. 12); omissão de cautela (art. 13); porte ilegal de arma de fogo de uso permitido (art. 14); disparo de arma de fogo (art. 15); posse ou porte ilegal de arma de fogo de uso restrito (art. 16); comércio ilegal de arma de fogo (art. 17); e tráfico internacional de arma de fogo (art. 18).[541] O parlamentar propõe dobrar a pena mínima de 4 dos 7 crimes da lei, o que certamente acarretaria na maior probabilidade de encarceramento. Os aumentos propostos seguem sistematizados no quadro abaixo.

---

[539] PL-1856/2011; PL-7349/2006; PL-6267/2009; e PL-1031/2011.

[540] BRASIL. Câmara dos Deputados. Projeto de Lei n. 1856/2011. Altera a Lei nº 10.826, de 22 de dezembro de 2003, Estatuto do Desarmamento.Disponível em <http://www.camara.gov.br/proposicoesWeb/fichadetramitacao?idProposicao=512602>. Acesso em 21 de julho de 2015.

[541] BRASIL. Lei n. 10.826 de 22 de dezembro de 2003. Dispõe sobre registro, posse e comercialização de armas de fogo e munição, sobre o Sistema Nacional de Armas – Sinarm, define crimes e dá outras providências. Disponível em <http://www.planalto.gov.br/ccivil_03/leis/2003/L10.826.htm>. Acesso em 21 de julho de 2015.

TIPO PENAL	PENA ATUAL	PENA PRETENDIDA
Art. 12: Posse irregular de arma de fogo de uso permitido	detenção, de 1 a 3 anos	detenção, de 2 a 4 anos
Art. 13: Omissão de cautela	detenção, de 1 a 2 anos	detenção, de 2 a 4 anos
Art. 14: Porte ilegal de arma de fogo de uso permitido	reclusão, de 2 a 4 anos	reclusão, de 3 a 6 anos
Art. 15: Disparo de arma de fogo	reclusão, de 2 a 4 anos	reclusão, de 3 a 6 anos
Art. 16: Posse ou porte ilegal de arma de fogo de uso restrito	reclusão, de 3 a 6 anos	reclusão, de 6 a 12 anos
Art. 17: Comércio ilegal de arma de fogo	reclusão, de 4 a 8 anos	reclusão, de 6 a 12 anos
Art. 18: Tráfico internacional de arma de fogo	reclusão de 4 a 8 anos	reclusão de 8 a 16 anos

Em vista disso, qual seria a justificativa do parlamentar para tão expressivo endurecimento após oito anos de vigência da lei?

> Entendemos que a Lei n. 10.826, de 22 de dezembro de 2003 – Estatuto do Desarmamento, precisa ser mais contundente em relação às penas aplicáveis aos crimes por ela tipificados. [...] ainda há uma resistência à absorção, por parcela da população, do espírito da lei, que é promover uma cultura de paz. Especialmente os delinquentes, não se coram de adquirir armas ilegalmente e com elas continuarem a cometer crimes. Uma das formas de se dissuadi-los da coação máxima de suas vítimas, com o uso de instrumento letal, é exasperar as penas dos crimes tipificados no Estatuto. Dessa forma, propusemos o aumento gradual das penas atualmente cominadas [...]. Certos de que os ilustres Pares concordarão com a importância desta proposição para pôr cobro à violência que assola o país, esperamos contar com o seu imprescindível apoio para a aprovação do presente projeto.[542]

[542] BRASIL. Câmara dos Deputados. Projeto de Lei n. 1856/2011, *op. cit.*

O parlamentar afirma expressamente que o aumento nas penas será uma forma de dissuadir os "delinquentes". Isto é, mais uma vez o político aposta no efeito dissuasório da pena – prevenção geral negativa –, sem atentar para os dados existentes em relação ao encarceramento para os crimes relacionados às armas de fogo. De maneira que se pode reputar *ridícula*, a justificativa acena para a *resistência dos delinquentes à absorção de uma cultura de paz*, razão pela qual as penas deveriam ser aumentadas. Esse tipo de justificação sugere a comprovação de uma das hipóteses deste trabalho: um flagrante *lack of reasoning* nas proposições legislativas. Os parlamentares parecem não ter nenhum ônus argumentativo, fazendo letra morta dos princípios limitadores do poder punitivo estatal.

De junho de 2006 a junho de 2013, o número de presos pelos crimes previstos no Estatuto do Desarmamento quase triplicou. Saltou de 11.447 para 32.042 pessoas encarceradas. Esse número poderia ser ainda maior. Pois, a partir de dezembro 2008, identificamos nos relatórios do Depen que foi excluído o registro de dados relativos aos crimes do art. 12 e 13 (respectivamente, *posse irregular de arma de fogo de uso permitido* e *omissão de cautela*).[543] Vejamos o gráfico abaixo, que exibe os números.

Crimes previstos na Lei 10.826/2003 - Estatuto do Desarmamento

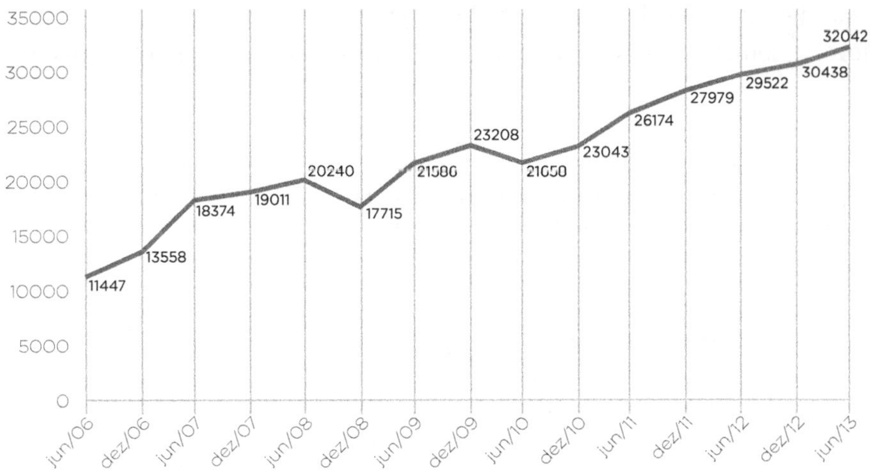

543 Embora a pena cominada para esses delitos tenda a conduzir à substituição da pena privativa de liberdade por restritiva de direitos.

Mais uma vez, como afirmar impunidade para esses crimes, considerando a incidência do Direito Penal por meio da cifra não oculta da criminalidade?

De toda sorte, ao fim e ao cabo, sabemos que o poder punitivo do Estado também se manifesta de forma ilícita, extralegal, paralelamente à ordem constituída. Esse poder punitivo paralelo consubstanciaria um *sistema penal subterrâneo* que, segundo Zaffaroni:

> [...] institucionaliza a pena de morte (execuções sem processo), desaparecimentos, torturas, sequestros, roubos, tráfico de drogas, armas, e pessoas, exploração do jogo, da prostituição etc. A magnitude e modalidades do sistema penal subterrâneo depende das características de cada sociedade e de cada sistema penal, da força das agências judiciais, do equilíbrio do poder entre suas agências, dos controles efetivos entre os poderes etc.[544]

No caso da sociedade brasileira, sabemos dos grandes desafios que cercam o funcionamento das instituições. O envolvimento de agentes policiais com mortes, torturas e tráfico é conhecido, em parte, pela população em geral, bem como chega eventualmente aos tribunais.[545] Temos visto, ao longo dos dados de encarceramento expostos, que o sistema penal *formal* tem punido mais ao longo dos anos, sem que isso denote mais segurança. Não temos um indicador empírico a respeito da expansão ou retração do sistema penal *subterrâneo*. Mas temos duas certezas. A primeira é que, como pontua Ferrajoli, às penas legais (sistema penal *formal*) contabilizadas pelas cifras oficiais (não ocultas), deve-se somar a cifra oculta (sistema penal *subterrâneo*) das "humilhações e

---

544 (Tradução nossa) "[...] institucionaliza la pena de muerte (ejecuciones sin proceso), desapariciones, torturas, secuestros, robos, botines, tráfico de tóxicos, armas y personas, explotación del juego, de la prostitución, etc. La magnitud y modalidades del sistema penal subterráneo depende de las características de cada sociedad y de cada sistema penal, de la fortaleza de las agencias judiciales, del equilibrio de poder entre sus agencias, de los controles efectivos entre los poderes, etc." ZAFFARONI, Eugenio Raúl; ALAGIA, Alejandro; & SLOKAR, Alejandro. **Derecho Penal**, *op. cit.*, p. 26.

545 Sobre o envolvimento de policiais no tráfico de armas, por exemplo, note-se a seguinte decisão: "[...] Frise-se a extrema gravidade dos crimes cometidos pelo réu que, aproveitando-se do fato de ser policial militar, desviava munições do paiol do BOPE onde servia e as vendia para traficantes da facção 'Comando Vermelho' [...]". Cf. BRASIL. Superior Tribunal de Justiça - STJ. Recurso em *Habeas Corpus* Nº 37.801 — RJ. Recorrente: Mauro Lopes Figueiredo (Preso). Recorrido: Ministério Público do Estado do Rio de Janeiro. Relator: Ministro Rogerio Schietti Cruz. Brasília. Data do Julgamento: 02/10/2014. Disponível em<https://ww2.stj.jus.br/processo/revista/inteiroteor/?num_registro=201301471928&dt_publicacao=13/10/2014>. Acesso em 21 de julho de 2015.

violências, extralegais e extrajudiciais, que acompanham em todo o mundo a execução penal e mais em geral o exercício das funções policiais e judiciais".[546] A segunda certeza é que, mais do que o sistema penal *formal*, os "delinquentes" que o político pretende combater com aumentos (populistas) de pena certamente conhecem o sistema penal *subterrâneo*. E isso também não é garantia de mais segurança.

Recente publicação da *Anistia Internacional* traz dado alarmante acerca de mortes ilegais por policiais, especialmente na cidade do Rio de Janeiro. "Das 1.275 vítimas de homicídio decorrente de intervenção policial entre 2010 e 2013 na cidade do Rio de Janeiro, 99,5% eram homens, 79% eram negros e 75% tinham entre 15 e 29 anos de idade".[547] Inserida no contexto da "guerra às drogas tupiniquim", a polícia brutaliza, tortura e mata sistematicamente. O Relatório destaca que "parte significativa da sociedade brasileira legitima essas mortes" e "o sistema de Justiça Criminal perpetua essa situação, uma vez que raramente investiga abusos policiais".[548]

Não é objeto desse trabalho investigar esse fenômeno. Contudo, convém pontuar que essa brutalidade policial institucionalizada é uma particularidade importante da sociedade brasileira. Um aspecto indissociável do estudo do populismo penal no Brasil. Discursos que buscam legitimar a violência ilegal da polícia afetam a própria institucionalidade policial. Que Estado é esse que temos que permite, tolera e naturaliza todas essas mortes? A polícia segue matando, sendo autora e vítima de execuções em uma guerra sangrenta e irracional. A polícia que mais mata, é também a polícia que mais morre.

O fenômeno populista punitivo relativo ao discurso de atuação mais firme das polícias, com afetação da instituição policial, existe no mundo. Mas a polícia americana não mata como a brasileira. Essa constatação é fundamental para

---

546 (Tradução nossa) "En fin, a las penas legales señaladas por las cifras oficiales, se debe añadir la cifra negra de las vejaciones y violencias, extra-legales y extra-judiciales, que acompañan en todo el mundo a la ejecución penal y más en general al ejercicio de las funciones policiales y judiciales." FERRAJOLI, Luigi. **Derecho y razón: Teoría del garantismo penal**, *op. cit.*, p. 386.

547 ANISTIA INTERNACIONAL. **Você matou meu filho!: homicídios cometidos pela polícia militar na cidade do Rio de Janeiro.** Rio de Janeiro: Anistia Internacional, 2015, p. 5. Disponível em: <https://anistia.org.br/wp-content/uploads/2015/07/Voce-matou-meu-filho_Anistia-Internacional-2015.pdf>. Acesso em 4 de agosto de 2015.

548 *Ibidem.*

compreendermos os desafios que temos em nossa democracia constitucional. Qual a natureza da democracia que temos que permite perpetuar a morte sistemática de um mesmo grupo de pessoas, em geral homens, negros e jovens? Quando "50% dos residentes nas grandes cidades brasileiras concordam com a frase <Bandido bom é Bandido Morto>"[549], precisamos estar alertas. Essa cultura que produz estigmas para legitimar e naturalizar mortes é perigosa. Cria uma categoria de cidadãos indesejáveis. Que podem ser eliminados. Executados. Essa cultura forja verdadeira política de extermínio em nosso país. Uma política truculenta, racista e classista. Contê-la constitui enorme desafio para todos. Para todas as pessoas comprometidas com os valores democráticos insculpidos em nossa Constituição. Para todas as instituições democráticas. Eliminar o *sistema penal subterrâneo* é compromisso de todos nós. Ou deveria ser.

4.2.6. Análise quantitativa dos PLs quanto às razões recorrentes que justificariam a alteração legislativa proposta

Essa análise quantitativa pretende investigar o que os parlamentares efetivamente escrevem nas justificativas. O que diz o legislador na ocasião da propositura da lei? Como apontado nas notas metodológicas, contemplamos 11 (onze) expressões que seriam mencionadas com recorrência: (i) punir com rigor; (ii) desestimular a prática de crimes; (iii) adequar a pena à gravidade do crime; (iv) proteger a sociedade; (v) enfrentar a impunidade; (vi) evitar substituição da pena (art. 44 do CP); (vii) frear aumento da criminalidade; (viii) eficácia do combate ao crime; (ix) afirmar a Justiça; (x) proteger direitos das vítimas; e (xi) impedir suspensão condicional do processo (art. 89 da Lei 9.099/95). Seriam recursos discursivos legitimadores do aumento do poder punitivo, que conformariam uma espécie de **senso comum parlamentar**, como expressão de seu populismo punitivo.

Apresentamos abaixo os gráficos que traduzem as descobertas da pesquisa: o primeiro, com o número de vezes em que cada motivo foi citado, ainda que implicitamente; em segundo, o percentual a que corresponde esse número, ambos no universo dos 191 PLs. Ressaltamos que muitos PLs fizeram menção em suas justificativas a mais de uma das expressões categorizadas.

---

549 BRASIL. Fórum Brasileiro de Segurança Pública. **Anuário Brasileiro de Segurança Pública**. Ano 9, 2015, p. 7. Disponível em: <http://www.forumseguranca.org.br/storage/download//anuario_2015.pdf>. Acesso em 4 de agosto de 2015.

Número de vezes em que cada motivo foi invocado na justificativa, considerando o universo de 191 PLs

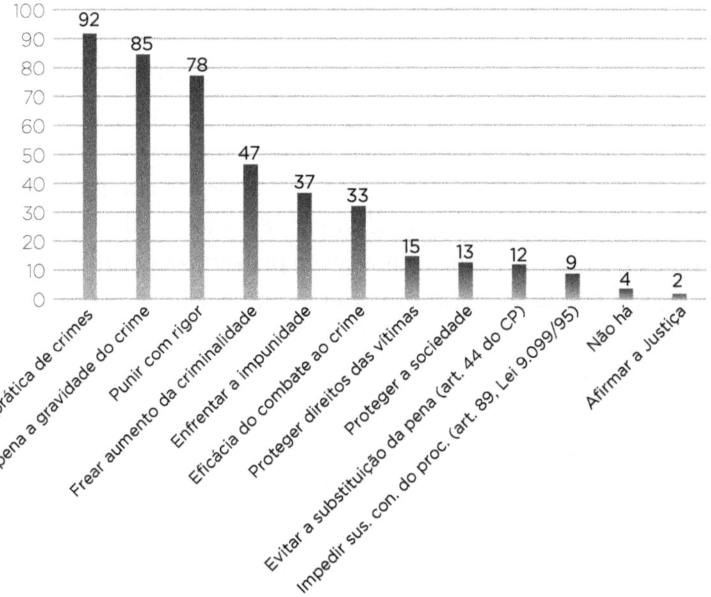

Percentual de vezes em que cada motivo foi invocado na justificativa, considerando o universo de 191 PLs

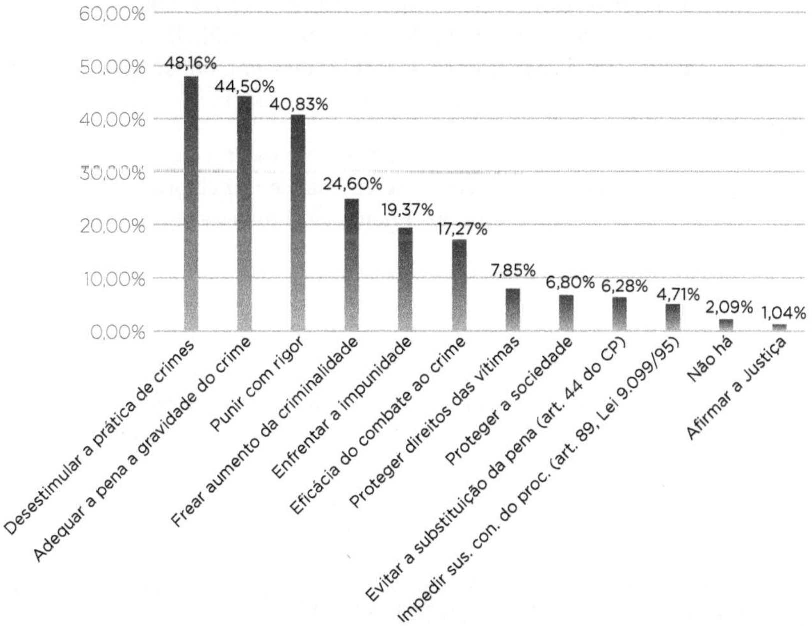

Os achados de pesquisa evidenciaram que o político recorreu à ideia de "desestímulo à prática de crimes" em 92 (noventa e dois) dos 191 PLs, como razão para justificar aumentos de pena. Isso representa 48,16% das proposições. Ou seja, quase a metade dos projetos aposta no efeito dissuasório da pena, confirmando hipótese levantada nesse trabalho. O parlamentar insiste na noção de intimidação (coação psicológica promovida pela prevenção geral negativa) pela via de penas altas, sem que a eficácia do *deterrence effect* jamais tenha sido demonstrada. O recurso a essa ideia é congruente com a imagem do senso comum segundo a qual a pena tem que ser alta para o delinquente ter medo da lei. Por isso, concluímos que **a prevenção geral negativa é a finalidade da pena expoente no populismo penal legislativo brasileiro**. Vejamos, *ad exemplum*, cinco declarações parlamentares (grifos nossos):

> (1) O combate aos crimes de roubo, extorsão e latrocínio exigem a **adoção de postura rígida do Estado**, de mesmo modo, em face da receptação, **desestimulando, assim, o cometimento dos crimes** principais e, em especial, fazendo valer a dupla face do princípio da proporcionalidade.[550]
>
> (2) É preciso conter todos esses abusos o quanto antes, **ampliando-se a pena** para quem abusa ou se excede no exercício do poder outorgado pelo povo, fixando a pena mínima em 1 (um) ano [...]". "**Com isso, determinadas autoridades, que se excedem no exercício do poder, pensariam melhor antes de descumprir as normas** constitucionais e infraconstitucionais [...]". "A certeza da impunidade, segundo o entendimento dos doutrinadores de escol, é que tem, por séculos, alimentando a pratica delitiva, notadamente no setor público.[551]
>
> (3) Assim, entendo que, independente das medidas judiciais cabíveis, importa também ao legislador envidar seus melhores esforços **para inibir tal crescimento do exercício criminoso das profissões**, razão pela

---

[550] BRASIL. Câmara dos Deputados. Projeto de Lei n. 8258/2014. Autoria do Deputado Subtenente Gonzaga, PDT/MG. Aumenta a pena de reclusão para os delitos de receptação e receptação qualificada. Disponível em <http://www.camara.gov.br/proposicoesWeb/fichadetramitacao?idProposicao=843755>. Acesso em 21 de julho de 2015.

[551] BRASIL. Câmara dos Deputados. Projeto de Lei n. 1984/2007. Autoria do Deputado Silvinho Peccioli, DEM/SP. Aumenta a pena do delito de abuso de autoridade, art. 6º, da Lei nº 4.898/65. Disponível em <http://www.camara.gov.br/proposicoesWeb/fichadetramitacao?idProposicao=366683>. Acesso em 21 de julho de 2015.

> qual apresento o presente projeto de lei tornando a **punição mais rigorosa** pela prática dessa contravenção penal.[552]
>
> (4) A **pena atual é de caráter muito brando** e até mesmo permissivo, de tal forma que **não foi capaz de inibir a escalada no tráfico de animais silvestres** desde o início da vigência da Lei de Crimes Ambientais em 1998.[553]
>
> (5) A redução dos prazos processuais e **aumento das penas** dos ilícitos listados na Lei têm por objeto torná-la menos engessada e **inibidora de atos lesivos ao patrimônio público.**[554]

Evidentemente, como se vê, independentemente da natureza do crime - patrimonial, ambiental, contra as licitações –, o parlamentar limita-se a apostar no aumento da pena cominada para a redução da prática do delito. Esse tipo de política criminal legislativa se revela irracional (e populista), na medida em que não se baseia em nenhum dado de realidade que sugira de que forma uma alteração na lei poderá ter um efeito concreto nessa realidade que se pretende alterar.

O segundo motivo mais invocado para elevar a punição foi a "adequação da pena à gravidade do crime". Mencionado 85 (oitenta e cinco) vezes, esse motivo esteve presente em 44,50% das justificações. Percebemos que os aumentos de pena fundados na relação tamanho da pena/gravidade do crime representa uma tentativa do parlamentar atestar sua observância ao princípio da proporcionalidade. Contudo, o parlamentar não realiza o teste de proporcionalidade, demonstrando de que forma o aumento é necessário, adequado e eficiente para reduzir a incidência do crime cuja pena quer aumentar.

---

[552] BRASIL. Câmara dos Deputados. Projeto de Lei n. 3608/2012. Autoria do Deputado Romero Rodrigues, PSDB/PB. Aumenta a pena do crime de exercício ilegal de profissão ou atividade, art. 47 da Lei das Contravenções Penais. Disponível em <http://www.camara.gov.br/proposicoesWeb/fichadetramitacao?idProposicao=539950>. Acesso em 21 de julho de 2015.

[553] BRASIL. Câmara dos Deputados. Projeto de Lei n. 3710/2012. Autoria do Deputado Ricardo Izar, PSD/SP. Aumenta a pena do crime de matar, perseguir, apanhar, caçar animais silvestres, art. 29, da lei 9.605/98. Disponível em <http://www.camara.gov.br/proposicoesWeb/fichadetramitacao?idProposicao=541723>. Acesso em 21 de julho de 2015.

[554] BRASIL. Câmara dos Deputados. Projeto de Lei n. 6926/2013. Autoria do Deputado Márcio França, PSB/SP. Aumenta penas dos crimes da Lei de Licitações, arts. 91, 92, 93, 95, 96, 97, 98 da Lei 8.666/93. Disponível em <http://www.camara.gov.br/proposicoesWeb/fichadetramitacao?idProposicao=603944>. Acesso em 21 de julho de 2015.

O PL-3962/2012[555], de autoria do Deputado Ronaldo Benedet, PMDB/SC, trata do exercício ilegal da advocacia. O projeto propõe a inserção do art. 207-A no Código Penal, criminalizando a conduta de "exercício ilegal de profissão ou atividade econômica", estabelecendo uma pena de reclusão de 1 (um) a 5 (cinco) anos. Embora essa conduta já seja prevista como contravenção penal no art. 47 do decreto-lei 3.688/1941[556], o parlamentar pretende torná-la crime no contexto do combate ao exercício ilegal da advocacia. Contudo, ao prever esse endurecimento penal, o Deputado, a pretexto de observar o princípio da proporcionalidade, pretende também o aumento da pena do crime de "exercício ilegal da medicina, arte dentária ou farmacêutica"[557], de 6 (seis) meses a 2 (anos) para 1 (um) a 5 (cinco) anos, assim justificando na proposição:

> De outra banda, cumpre destacar que embora o exercício ilegal da medicina, arte dentária ou farmacêutica já fosse crime previsto no art. 282 do Código Penal, a pena prevista também era pequena. Assim, no intuito de conferir tratamento igualitário aos delitos assemelhados, também se propõe a modificação da pena, definindo-a em reclusão de um a cinco anos e multa.[558]

Com a simples afirmação de que a "pena prevista também era pequena", o político pretende o recrudescimento na punição do exercício ilegal de profissão ligada à saúde, sem que haja nenhuma justificativa senão a equiparação à pena do exercício ilegal da advocacia, para a qual também se propõe aumento.

Identificamos, portanto, um padrão de pretensa adequação da pena à gravidade do crime como mera **expressão de opinião dos parlamentares**: "acho

---

[555] BRASIL. Câmara dos Deputados. Projeto de Lei n. 3962/2012. Autoria do Deputado Ronaldo Benedet, PMDB/SC. Altera e inclui dispositivos na Lei nº 8.906, de 04 de julho de 1994, e no Decreto-Lei nº 2.848, de 7 de dezembro de 1940, revoga dispositivo do Decreto-Lei nº 3.688, de 3 de outubro de 1941, e dá outras providências. Disponível em <http://www.camara.gov.br/proposicoesWeb/fichadetramitacao?idProposicao=546114>. Acesso em 21 de julho de 2015.

[556] Cf. <http://www.planalto.gov.br/ccivil_03/decreto-lei/Del3688.htm>. Acesso em 21 de julho de 2015.

[557] "*Exercício ilegal da medicina, arte dentária ou farmacêutica*: Art. 282 - Exercer, ainda que a título gratuito, a profissão de médico, dentista ou farmacêutico, sem autorização legal ou excedendo-lhe os limites: Pena - detenção, de seis meses a dois anos." Cf. BRASIL. **Decreto Lei 2.849 de 1940. Código Penal**. Disponível em <http://www.planalto.gov.br/ccivil_03/decreto-lei/Del2848compilado.htm>. Acesso em 21 de julho de 2015.

[558] BRASIL. Câmara dos Deputados. Projeto de Lei n. 3962/2012, *op. cit.*

que a pena é pequena, logo proponho o aumento" (intuições e sentimentos que caracterizem o discurso do populismo penal). No caso do PL acima citado, não há teste de proporcionalidade, não há dados, não há referência às punições administrativas e disciplinares dos conselhos profissionais dessas atividades (Conselho Federal da Ordem dos Advogados do Brasil - CFOAB, Conselho Federal de Medicina - CFM, e conselhos regionais da advocacia e medicina). Note-se nesse mesmo sentido, o PL-6972/2010, de autoria do Deputado Milton Monti, PR/SP, que aumenta a pena do crime de calúnia, previsto no art. 138 do Código Penal, cuja justificativa transcrevemos na íntegra:

> A proposição que ora apresento tem origem no clamor popular. Há casos em que as vítimas do crime de calúnia têm a sua vida destruída e o agente (aquele que caluniou a pessoa), responde a um processo cuja penalidade é apenas de detenção de 6 meses a 2 anos, e multa.
>
> Tome-se como exemplo o fato de um cidadão ser falsamente acusado do crime de estupro. Essa pessoa responde ao processo preso, é vítima de agressões na cadeia, passa a ser objeto de desprezo da comunidade à qual pertence, enfim, tem sua vida aniquilada e aquele que levianamente imputou o crime, responde por um crime menor.
>
> Estou entre aqueles que pensam que acusar levianamente é tão grave quanto cometer o crime do qual se é acusado, razão pela qual apresento este projeto e conto com o apoio dos ilustres Pares para a sua aprovação.[559]

Em primeiro lugar, o parlamentar se refere expressamente ao *clamor popular* como forma de justificar sua proposição, consubstanciando genuinamente a hipótese do populismo penal legislativo. Em segundo lugar, ao argumento de que a atual pena do crime de calúnia não é compatível com a gravidade do crime, o político propõe que esse crime tenha a mesma pena do crime objeto da calúnia: se o agente imputa falsamente a prática do crime de estupro, então a pena do caluniador seria a pena do crime de estupro.[560] Seguindo uma lógica talionar que não observa nenhum critério de proporcionalidade, essa proposição é mais um exemplo eloquente do descompromisso do legislador com qualquer ônus argumentativo, o que nos permite considerá-la uma mera prestação

---

[559] BRASIL. Câmara dos Deputados. Projeto de Lei n. 6972/2010. Autoria do Deputado Milton Monti, PR/SP. Majora a pena do crime de calúnia. Disponível em <http://www.camara.gov.br/proposicoesWeb/fichadetramitacao?idProposicao=469625>. Acesso em 21 de julho de 2015.

[560] "Art. 2º. O art. 138 do Decreto-lei nº 2.848, de 7 de dezembro de 1940, passa a vigorar com a seguinte redação: "Art. 138... Pena – a mesma do crime falsamente imputado." *Ibidem.*

de conta ao eleitor, longe de ser um instrumento idôneo de minimizar os efeitos negativos da violação à honra, bem jurídico tutelado pelo crime de calúnia.

O motivo "punir com rigor" aparece na terceira posição como mais frequente nas justificações. Em 78 (setenta e oito) PLs, o que corresponde a 40,83% do total de 191, os parlamentares fundamentam suas proposições recorrendo à ideia da necessidade de punição mais severa, rigorosa, dura. Corroboram assim com a expressão comum do populismo penal, *tough on crime*, como exposto na nossa descrição metodológica.

O PL-5407/2009, de autoria do Deputado Capitão Assumção, PSB/ES, prevê aumento de pena para o crime de maus tratos aos animais silvestres (art. 32 da Lei 9.605/98 - crimes ambientais). Após mencionar "que a atual legislação não tem se mostrado eficaz ao ponto de desestimular crimes como as rinhas de galo", o parlamentar afirma que "[...] **somente com penas mais rigorosas** pode-se com maior eficácia combater tais crimes contra os animais [...]".[561] Embora o político reconheça a ineficácia do efeito dissuasório da pena (prevenção geral negativa/*deterrence effect*), ele insiste em propor aumento de pena em busca de eficácia. Mas agora em uma cega aposta no efeito retributivo da pena, propondo aumento na pena de prisão de 3 meses a 1 ano para 2 anos e 6 meses a 4 anos. Nesse contexto, nos parece que o político quer prestar contas no sentido de que está agindo contra a crueldade aos animais oriunda das rinhas de galo. Utiliza-se da ferramenta penal para isso, pedindo penas mais severas para quem se envolve nesses eventos. É populismo penal legislativo.

O PL-2425/2011, de autoria do Deputado Davi Alcolumbre, DEM/AP, aumenta a pena do crime de maus-tratos quando a vítima é idosa, prevendo uma causa especial de aumento de pena de 1/3 no art. 136, § 3º, do CP. Sem dados, números, referências à fiscalização de estabelecimentos para idosos, o político recorre ao Direito Penal como forma de enfrentar efetivamente o problema do mau trato ao idoso, clamando por punição mais grave como forma de avanço no tratamento do tema. Confiramos a argumentação na justificativa do PL:

---

[561] (Grifo nosso). BRASIL. Câmara dos Deputados. Projeto de Lei n. 5407/2009. Autoria do Deputado Capitão Assumção, PSB/ES. Aumenta a pena do crime de abuso, maus tratos aos animais silvestres ou tipificados, e os torna inafiançáveis. Disponível em <http://www.camara.gov.br/proposicoesWeb/fichadetramitacao?idProposicao=438275>. Acesso em 21 de julho de 2015.

> [...] Os idosos, em muitos aspectos, são mais vulneráveis que as crianças e os adolescentes. No que se refere à saúde, o idoso, por sua idade cronológica avançada, tem maior suscetibilidade a doenças e maior probabilidade de morte. Um ferimento em idoso resultante dos maus tratos é mais grave do que em jovens, devido sua saúde já fragilizada.
>
> [...]. As vitimas não têm a quem recorrer e os agressores não são efetivamente punidos. **O mau trato do idoso é um problema que precisa ser efetivamente enfrentado pela sociedade brasileira. Um avanço já seria o aumento da pena** para quem incorre nesses crimes. Assim, considero ser oportuna a aprovação de uma alteração no Estatuto do idoso e no Código Penal para os **ofensores sejam mais gravemente punidos**. Com isso, será possível maior resistência à violência contra os idosos.[562]

Mais uma vez, uma sinalização à teoria da retribuição, assentada na ideia de "punição pela punição". Um recurso populista e simbólico à lei penal como forma de lidar com o triste problema social da violência contra o idoso, um grupo vulnerável cuja proteção tem apelo junto ao público, representando bandeira a ser levantada pelo parlamentar.

Como quarto motivo mais citado, a pesquisa indicou o recurso discursivo "frear o aumento da criminalidade". Esteve presente em quase um quarto das justificações, em 47 dos 191 PLs, representado 24,60%.

Se o político se refere à elevação da incidência de um crime, é razoável esperar que ele lastreie essa afirmação em algum indicador que demonstre essa elevação. Afora raras exceções, não é o que ocorre. Nossos achados de pesquisa indicam que o parlamentar não apresenta dados relativos ao aumento dos crimes que possam justificar o recrudescimento pretendido na pena, embora afirme que a "criminalidade está aumentando". Não aponta números relativos aos (i) registros policiais (comunicação de suposto fato criminoso em delegacia/*reported crimes*), (ii) a inquéritos policiais instaurados, (iii) ações penais deflagradas, (iv) processos penais em andamento, (v) sentenças penais condenatórias, ou (vi) execuções penais em curso. Ou seja, nenhum número que possa sugerir a necessidade da alteração legislativa. Esse padrão de omissão de

[562] (Grifos nossos) BRASIL. Câmara dos Deputados. Projeto de Lei n. 2425/2011. Autoria do Deputado Davi Alcolumbre, DEM/AP. Altera a redação da Lei nº 10.741, de 1º de outubro de 2003, Estatuto do idoso e o art. 136 do Decreto Lei nº 2.848, de 7 de dezembro de 1940, Código Penal. Disponível em <http://www.camara.gov.br/proposicoesWeb/fichadetramitacao?idProposicao=522105>. Acesso em 21 de julho de 2015.

dados pode ser evidenciado nas cinco justificativas abaixo, em diferentes anos, de forma que as citamos para ilustrar nossa descoberta de pesquisa:

> (1) **Os registro (sic) policiais em todo o país dão conta de vários crimes perpetrados contra os turistas estrangeiros** que procuram o nosso país, atraídos pelas belezas naturais, pelos investimentos públicos e privados e pelo esforço dos operadores de turismo. [...] é necessário (sic) uma posição do legislador visando coibir essas práticas delituosas, que ganham repercussão na mídia de todo o planeta, trazendo enormes prejuízos a nossa imagem. Entendemos que a alteração do artigo 155 e 157 do Código Penal, **aumentando a pena para esses crimes farão diminuir essa prática.**[563]
>
> (2) Os crimes contra a vida, a integridade física e periclitação da vida e da saúde **vêm, crescentemente, desestabilizando a sociedade** sem que haja efetiva resposta do Direito Penal ao combate à criminalidade.[564]
>
> (3) Nos últimos tempos, em nosso país, **temos observado um crescimento exponencial dos casos de adulteração de produtos médicos**, o que representa um grande perigo para a vida das pessoas em geral. [...] Afigura-se necessário, pois, que tomemos providências urgentes para tornar mais rigorosa a punição de quem cometer atos de tal natureza.[565]

---

[563] (Grifos nossos) BRASIL. Câmara dos Deputados. Projeto de Lei n. 6539/2006. Autoria do Deputado Bernardo Ariston, PMDB/RJ. Altera os artigos 155 e 157 do Decreto-Lei nº 2.848, de 7 de dezembro de 1940 - Código Penal - de modo a aumentar a pena cominada aos crimes de furto e roubo quando praticados contra turistas estrangeiros. Disponível em <http://www.camara.gov.br/proposicoesWeb/fichadetramitacao?idProposicao=312283>. Acesso em 21 de julho de 2015. Esse projeto foi apresentado em 24 de janeiro de 2006, isto é, logo no início do ano legislativo. O parlamentar pode estar se referindo ao episódio em que uma turista londrina de 35 anos foi esfaqueada em uma tentativa de roubo no Centro do Rio de Janeiro, estado de origem do parlamentar. Esse crime contra a estrangeira ocorreu em 6 de novembro de 2005. Cf. "Turista britânica é esfaqueada em tentativa de assalto no Rio". <http://www1.folha.uol.com.br/folha/cotidiano/ult95u114946.shtml>. Acesso em 21 de julho.

[564] (Grifo nosso) BRASIL. Câmara dos Deputados. Projeto de Lei n. 4893/2012. Autoria da Comissão de Constituição e de Justiça e de Cidadania (CCJC). Aumenta a pena dos crimes de homicídio; induzimento, instigação ou auxílio a suicídio; lesão corporal e maus tratos. Disponível em <http://www.camara.leg.br/sileg/Prop_Detalhe.asp?id=564092>. Acesso em 21 de julho de 2015.

[565] (Grifo nosso) BRASIL. Câmara dos Deputados. Projeto de Lei n. 7311/2014. Autoria do Deputado Devanir Ribeiro, PT/SP. Aumenta a pena do crime de falsificação, corrupção, adulteração ou alteração de medicamento destinado ao tratamento de doenças cardíacas, hipertensão e diabetes. Disponível em <http://www.camara.leg.br/sileg/Prop_Detalhe.asp?id=609770>. Acesso em 21 de julho de 2015.

> (4) **O aumento da criminalidade violenta** e as ações de quadrilhas organizadas nos centros urbanos brasileiros merecem especial atenção do legislador, aumentando-se o rigor penai (sic) em relação a crimes patrimoniais violemos (sic: "violentos"[?]).[566]
>
> (5) A sociedade brasileira vem assistindo, ao longo dos últimos anos, a um **aumento nos crimes praticados por três ou mais pessoas**, tanto nas cidades como no campo.[567]

Não negamos que, eventualmente, alguns desses crimes cujas penas se pretende a majoração podem estar de fato aumentado. Mas isso não é o mais importante. O ponto central em relação ao populismo penal é que, independentemente do aumento ou diminuição na taxa de criminalidade, o político busca o recrudescimento da lei penal. Julian Roberts identificou esse fenômeno nos cinco países que foram objeto de seu estudo: Estados Unidos, Reino Unido, Canadá, Austrália e Nova Zelândia. O autor observa que "a ironia, é claro, é que o movimento em direção a condenações mais duras acelerou em um momento em que as taxas de criminalidade, na maioria das jurisdições, estavam diminuindo".[568] Embora estivesse se referindo ao nível do Judiciário, certo é que também no nível do Legislativo essa mesma dinâmica ocorre. É de se lembrar que, inscrito em uma cultura punitiva, o "populismo penal consiste em um conjunto de políticas penais para ganhar votos, em vez de reduzir taxas de criminalidade ou promover justiça".[569]

No início da pesquisa, tínhamos a expectativa de que a expressão "enfrentar a impunidade" seria uma das favoritas dos parlamentares. Presente

---

566 (Grifo nosso) BRASIL. Câmara dos Deputados. Projeto de Lei n. 8006/2010. Autoria do Deputado Jair Bolsonaro, PP/RJ. Aumenta a pena dos crimes de Roubo, Extorsão e Associação Criminosa. Disponível em <http://www.camara.leg.br/sileg/Prop_Detalhe.asp?id=489627>. Acesso em 21 de julho de 2015.

567 (Grifo nosso)BRASIL. Câmara dos Deputados. Projeto de Lei n. 2909/2008. Autoria do Deputado Sabino Castelo Branco, PTB/AM. Aumenta a pena do crime de quadrilha. Disponível em <http://www.camara.leg.br/sileg/Prop_Detalhe.asp?id=384961>. Acesso em 21 de julho de 2015.

568 (Tradução nossa) "The irony of course is that this movement toward harsher sentencing has accelerated at a time when crime rates in most jurisdictions have been declining." ROBERTS, Julian V.; STALANS, Loretta; INDERMAUR, David; and HOUGH, Mike. **Penal Populism and Public Opinion**, *op. cit.*, p. viii.

569 (Tradução nossa) "[...] penal populism consists of the pursuit of a set of penal policies to win votes rather than to reduce crime rates or to promote justice." *Ibidem*, p. 5.

em 37 (trinta e sete) dos 191 PLs que compõem o universo desta pesquisa, o recurso discursivo ao "combate à impunidade" apareceu em quinto lugar, correspondendo a 19,37% das proposições. Mais uma vez, as propostas vêm desacompanhadas de números que indiquem a impunidade. Como vimos na análise quantitativa dos PLs quanto à norma penal que se pretende alterar, os crimes violentos tiveram aumento de encarceramento nos últimos anos no Brasil. Isso mostra que o Direito Penal vem se expandindo, punindo mais, sem que isso garanta eficácia no combate ao crime. Seja em razão da cifra oculta da criminalidade, seja em razão de outros fatores, o certo é que mais punição não denota mais segurança. A capacidade do sistema penal de reduzir o crime é limitadíssima. Mais condenações e penas mais altas falham na tarefa de reduzir as taxas de criminalidade. Nesse sentido, bem explica Julian Roberts:

> O uso massivo do encarceramento não é efetivo como estratégia de controle do crime. Um considerável conjunto de literatura demonstrou que condenações mais duras resultam apenas em modestas reduções nas taxas criminais. Esse é um ponto fundamental que muitos políticos falham em registrar; a chave para a redução de taxas criminais não se encontra nas mãos dos juízes, na medida em que o processo de condenação tem apenas um impacto limitado sobre os índices de criminalidade em geral.[570]

Contudo, o parlamentar insiste no sistema penal. E a referência à impunidade aparece como dispositivo de convencimento. Note-se, *exempli gratia*, as quatro justificativas abaixo:

> (1) Este vem atender ao clamor da sociedade brasileira, alarmada com milhares de vidas que não (sic) são ceifadas pela irresponsabilidade de alguns motoristas, **que pela brandura da pena (de 1 a 3 anos), acabam saindo impunes** pela imprudência de seus atos, pois normalmente a pena fica próxima ao mínimo legal.[571]

---

[570] (Tradução nossa) "[...] the heavy use of imprisonment is ineffective as a crime control strategy. A considerable body of literature has shown that harsher sentencing results in only modest reductions in crime rates.2 This is a fundamental point that fails to register with many politicians; the key to lowering crime rates lies not within the hands of judges, as the sentencing process can have only a limited impact on overall crime rates." ROBERTS, Julian V.; STALANS, Loretta; INDERMAUR, David; and HOUGH, Mike. **Penal Populism and Public Opinion**, *op. cit.*, p. 6

[571] (Grifo nosso) BRASIL. Câmara dos Deputados. Projeto de Lei n. 722/2007. Autoria do Deputado Alexandre Silveira, PPS/MG. Aumenta pena do crime de homicídio culposo nos casos de acidentes de trânsito quando o condutor se encontrar embriagado ou sob efei-

> (2) É preciso conter todos esses abusos o quanto antes, ampliando-se a pena para quem abusa ou se excede no exercício do poder outorgado pelo povo, fixando a pena mínima em 1 (um) ano [...]. [...] **A certeza da impunidade**, segundo o entendimento dos doutrinadores de escol, **é que tem, por séculos, alimentando a pratica delitiva**, notadamente no setor público.[572]
>
> (3) É verdade que as penas continuarão sendo suaves para um crime tão bárbaro, mas haverá um avanço significativo em nossa legislação penal. A pena para o aborto será cadeia de verdade! **Parece até um sonho diante da impunidade reinante neste país para quem mata criancinha** (sic).[573]
>
> (4) **A certeza de penas mais brandas e até de impunidade perpetua esse tipo de violência**, e a absolvição em si dá mais força ao agressor, que se sente livre para continuar cometendo esses crimes, além de gerar danos secundários nas vítimas e seus familiares.[574]

Os PLs acima referem-se a crimes que tem apelo junto ao público: (i) homicídio culposo no trânsito sob efeito de álcool ou drogas; (ii) abuso de autoridade; (iii) aborto; e (iv) submissão de criança ou adolescente a constrangimento. (i) Drogas e volante representam perigosa combinação. Mas medidas educativas e preventivas, incrementadas por uma maior *law enforcement* nas ruas tem potencial de eficácia maior do que a aposta simbólica no aumento de pena. (ii) Corporificados nas polícias, os agentes da autoridade tem histórico de transgressão e violência contra o cidadão, principalmente

---

to de drogas. Disponível em <http://www.camara.gov.br/proposicoesWeb/fichadetramitacao?idProposicao=347986>. Acesso em 21 de julho de 2015.

572 (Grifo nosso) BRASIL. Câmara dos Deputados. Projeto de Lei n. 2179/2007. Autoria do Deputado Arnaldo Faria de Sá, PTB/SP. Aumenta a pena do delito de abuso de autoridade, previsto no art. 6º, Lei nº 4.898/65 (Crimes de abuso de autoridade). Disponível em <http://www.camara.gov.br/proposicoesWeb/fichadetramitacao?idProposicao=371036>. Acesso em 21 de julho de 2015.

573 (Grifo nosso) BRASIL. Câmara dos Deputados. Projeto de Lei n. 489/2007. Autoria do Deputado Odair Cunha, PT/MG. Aumenta penas de crimes de aborto, previstos nos arts. 125 e 126 do Código Penal. Disponível em <http://www.camara.gov.br/proposicoesWeb/fichadetramitacao?idProposicao=345301>. Acesso em 21 de julho de 2015.

574 (Grifo nosso) BRASIL. Câmara dos Deputados. Projeto de Lei n. 6770/2010. Autoria do Deputado Francisco Rossi, PMDB/SP. Aumenta a pena do crime de constrangimento ou vexame de crianças e adolescentes por parte de quem mantém autoridade, guarda ou vigilância sobre elas, previsto no art. 232 da Lei 8.069/90 (Estatuto da Criança e Adolescente). Disponível em <http://www.camara.gov.br/proposicoesWeb/fichadetramitacao?idProposicao=465860>. Acesso em 21 de julho de 2015.

vulnerando os mais pobres. São responsáveis por grande parte da cifra oculta do sistema penal subterrâneo, como expomos acima. A punição do *longa manus* do Estado, que se excede no exercício de suas funções, aviltando o cidadão, merece intervenção penal. Mas será inútil se a cultura de violência que tem caracterizado nossas instituições policiais não mudar. (iii) O aborto é uma questão de saúde pública. Pretender tratá-lo como questão penal é negar o debate internacional em torno das hipóteses autorizativas da interrupção da gravidez[575], bem como a questão de gênero que atravessa a discussão sobre o aborto.[576] (iv) Aumentar a pena do crime de "submeter crianças e adolescentes a constrangimento" é exemplo genuíno de direito penal simbólico. Aposta-se no símbolo da lei penal como forma de resolver o problema social relativo a esse grupo vulnerável. Todos os quatro PLs são expressão do populismo penal. A verdadeira impunidade não está nesses crimes. Tampouco nos crimes de sangue. Está na criminalidade econômica. Mas cremos que também aqui o Direito Penal não exercerá o papel messiânico que muitos acreditam que ele tem. Como observa Hulsman, "a máquina penal continua sendo um mau sistema, qualquer que seja o julgamento moral e social que se possa ter sobre determinado comportamento".[577] Quer seja um comportamento próprio dos crimes de sangue, quer seja um comportamento próprio dos crimes econômicos.

---

[575] A OMS (Organização Mundial de Saúde) distingue 7 (sete) hipóteses permissivas do aborto: salvar a vida da mãe (*To save the woman's life*); preservar a saúde física da mãe (*To preserve physical health*); preservar a saúde mental mãe (*To preserve mental health*); gravidez resultante de estupro ou incesto (*Rape or incest*); malformação fetal (*Fetal impairment*); motivos econômicos ou sociais da mãe (*Economic or social reasons*); a pedido da mãe (*On request*). Cf. World Health Organization. **Safe abortion**: technical and policy guidance for health systems. 2nd ed., 2012, p. 25. Disponível em <http://apps.who.int/iris/bitstream/10665/70914/1/9789241548434_eng.pdf>. Acesso em 21 de julho.

[576] Sobre o tema, cf. nossa contribuição em MENDES, André P. Teixeira. **Direito Penal, Bem Jurídico e Saúde Pública: proteção ineficaz?** *In*: ASENSI, Felipe & PINHEIRO, Roseni (Orgs). **Direito Sanitário.** Rio de Janeiro: Elsevier, 2012, pp. 305-318.

[577] "E os colarinhos brancos? [...] Sei perfeitamente que os que fazem esse tipo de proposta [colocar na prisão] são movidos pela indignação, que com eles partilho, com o escândalo de uma organização político-social que utiliza dois pesos e duas medidas, conforme a categoria social visada; e que gostariam de, por esse meio, tentar restabelecer a igualdade dos cidadãos perante a lei. Mas, a máquina penal continua sendo um mau sistema, qualquer que seja o julgamento moral e social que se possa ter sobre determinado comportamento. (Inserção nossa) HULSMAN, Louk & CELIS, Jacqueline Bernat de. **Penas Perdidas**, *op. cit.*, 121.

Pouco menos de um quinto das proposições referiram-se à "eficácia do combate ao crime". No total de 191 PLs, 33 (trinta e três), ou 17,27% deles trazem a ideia de *eficácia, eficiência* ou *efetividade* do aumento de pena como forma de controle do crime.

Previsto no *caput* do art. 37 da Constituição[578], o princípio da eficiência deve nortear o funcionamento da administração pública. Trata-se de um princípio econômico que, ao lado da eficácia e efetividade, são figuras recorrentes na linguagem da gestão. (i) Eficácia diz respeito à produção/alcance de um resultado/objetivo/meta: a lei é eficaz quando produz o *resultado* esperado, independente dos custos, ou seja, reduz o crime e ponto. (ii) Eficiência diz respeito aos custos envolvidos para a produção do resultado/objetivo/meta: a lei é eficiente quando produz o resultado com o menor *custo,* ou seja, reduz o crime com o menor custo possível. (iii) Efetividade diz respeito aos impactos decorrentes do alcance do resultado: a lei é efetiva quando produz o impacto de reduzir o crime, atingindo o resultado e com o menor custo possível. Quando previmos a variável "eficácia do combate ao crime", não buscamos um rigor no tratamento desses termos. O legislador se refere indistintamente a eficácia, eficiência e efetividade da lei penal como forma de reduzir crimes. Nossa hipótese central é que ele não especifica de maneira alguma como o aumento de pena seria eficaz, eficiente e efetivo no controle do crime. Nossa posição em particular aponta para a ideia segundo a qual o Direito Penal não é eficaz, nem eficiente, tampouco efetivo em termos de redução de taxas criminais. E os números que temos trazido confirmariam essa hipótese.

De todo modo, trazemos três menções parlamentares ao discurso da "eficácia do combate ao crime" nas justificativas abaixo:

> (1) O tráfico de crack é crime mais grave que o crime de envenenamento de água potável. [...] Considerando que o crime de envenenamento de água potável tem pena mínima de dez anos, independentemente, o dobro da pena mínima do tráfico de droga, **propomos aumento de pena para o tráfico de crack em dois terços até o dobro**. [...] Ante o exposto,

---

578 "Art. 37. A administração pública direta e indireta de qualquer dos Poderes da União, dos Estados, do Distrito Federal e dos Municípios obedecerá aos **princípios** de legalidade, impessoalidade, moralidade, publicidade e **eficiência** e, também, ao seguinte: [...]" (Grifo nosso) BRASIL. Constituição da República Federativa do Brasil de 1988. Disponível em <http://www.planalto.gov.br/ccivil_03/constituicao/constituicao.htm>. Acesso em 21 de julho de 2015.

> conclamo os Pares a apoiar essa iniciativa, **de forma a dar maior eficácia ao combate ao crime de tráfico de crack.**[579]
>
> (2) É necessário atuar em diversas frentes para conter o avanço deste mal (tráfico de drogas). Uma delas, sem dúvida, é o **aperfeiçoamento da legislação penal que deve, para manter-se eficaz, trazer sanções adequadas à realidade que busca enfrentar**. Nesse sentido, sugerimos uma sutil correção legal, mas que visa à maior proteção das crianças e adolescente. **Trata-se de elevar a causa de aumento de pena já existente**, que pune mais gravosamente quem pratica o crime de tráfico envolvendo ou visando atingir criança ou adolescente. [...] Com isso, estaremos dando um recado consistente aos traficantes que vislumbram, nos mais vulneráveis, a chance de elevar seus ganhos criminosos.[580]
>
> (3) As [...] alterações propostas são relativas ao aumento de pena e foram apresentadas com a justificativa "de que merecem limites abstratos de punição mais severos em homenagem ao princípio da proporcionalidade e **eficiente proteção à dignidade dos idosos**, determinada no art. 228 da Constituição Federal".[581]

De que forma o aumento na pena do crime de tráfico de *crack* seria um meio eficaz/eficiente/efetivo para atingir o resultado de reduzir esse crime? De que forma o aumento na pena do crime de tráfico de drogas envolvendo menor de idade seria um meio eficaz/eficiente/efetivo para atingir o resultado de reduzir esse crime? De que forma o aumento na pena dos crimes

---

579 (Grifo nosso) BRASIL. Câmara dos Deputados. Projeto de Lei n. 5444/2009. Autoria do Deputado Paulo Pimenta, PT/RS. Altera o art. 33 da Lei nº 11.343, de 23 de agosto de 2006, que Institui o Sistema Nacional de Políticas Públicas sobre Drogas - Sisnad; prescreve medidas para prevenção do uso indevido, atenção e reinserção social de usuários e dependentes de drogas; estabelece normas para repressão à produção não autorizada e ao tráfico ilícito de drogas; define crimes e dá outras providências, para aumentar a pena para o crime de tráfico de entorpecente no caso especificado. Disponível em <http://www.camara.gov.br/proposicoesWeb/fichadetramitacao?idProposicao=439148>. Acesso em 21 de julho de 2015.

580 (Grifo nosso) BRASIL. Câmara dos Deputados. Projeto de Lei n. 1853/2011. Autoria da Deputada Lauriete, PSC/ES. Altera a Lei nº 11.343, de 23 de agosto de 2006, para majorar a pena relativa quando se tratar de criança ou adolescente na prática dos crimes previstos e dá outras providências. Disponível em <http://www.camara.gov.br/proposicoesWeb/fichadetramitacao?idProposicao=512582>. Acesso em 21 de julho de 2015.

581 (Grifo nosso) BRASIL. Câmara dos Deputados. Projeto de Lei n. 4901/2012. Autoria da Comissão de Constituição e Justiça e de Cidadania (CCJC). Altera os arts. 94, 96, 97, 98 e 99 da Lei nº 10.741, de 1º de outubro 2003, que dispõe sobre o Estatuto do Idoso e dá outras providências. Disponível em <http://www.camara.gov.br/proposicoesWeb/fichadetramitacao?idProposicao=564101>. Acesso em 21 de julho de 2015.

contra o idoso seria um meio eficaz/eficiente/efetivo para atingir o resultado de conferir mais proteção a esse grupo vulnerável? O político não explica. E os números indicam o contrário. Aumento de pena e mais punição não são caminhos eficazes/eficientes/efetivos para a consecução do objetivo de diminuir a criminalidade.

Encontrada em 15 (quinze) PLs, a referência à proteção das vítimas representou 7,85% do total de projetos analisados. Esse recurso discursivo aparece de duas formas: (i) "proteger direitos das vítimas" como reivindicação de maior proteção para grupos vulneráveis, como por exemplo crianças e adolescentes, idosos, e pessoas com deficiência; e (ii) "proteger direitos das vítimas" como expressão do direito da vítima de ver punido o autor do crime. Ambas as formas se inscrevem na ordem do populismo penal e da cultura do controle do crime que caracterizam o nosso tempo. Garland já havia observado esse fenômeno, que teria iniciado por volta da década de 70 do século passado. O autor afirma que:

> Ao longo das últimas três décadas tem havido um claro regresso da vítima ao centro da cena na política da justiça penal. [...] Os interesses e os sentimentos das vítimas – as vítimas mesmas, as famílias das vítimas, as vítimas potenciais, a figura abstrata da "vítima" – se invocam agora rotineiramente para apoiar medidas de segregação punitiva.[582]

Um sinal claro desse papel desempenhado pela figura simbólica da vítima estaria no processo a partir do qual se aprovam leis que levam os nomes das vítimas. Dessa forma, "o novo imperativo político é que as vítimas devem ser protegidas, deve-se escutar suas vozes, honrar sua memória, devem poder expressar sua ira e deve haver repostas a seus temores".[583] Pratt também identificou essa dinâmica no quadro do populismo penal:

> A maneira como algumas leis em particular vem sendo nomeadas após vítimas de crime torna-se uma forma de honrar suas perdas enquanto também as levam à memória por meio da proteção que a legislação inspirada por elas fornece para vítimas potencias no futuro. Isso rompe o

[582] (Tradução nossa) "A lo largo de las últimas tres décadas ha habido un claro regreso de la víctima al centro de la escena en la política de la justicia penal. [...] Los intereses y los sentimientos de las víctimas -las víctimas mismas, las familias de las víctimas, las víctimas potenciales, la figura abstracta de «la víctima»- se invocan ahora rutinariamente para apoyar medidas de segregación punitiva". GARLAND, David. **La cultura del control**, *op. cit.*, p. 46.

[583] (Tradução nossa) "El nuevo imperativo político es que las víctimas deben ser protegidas, se deben escuchar sus voces, honrar su memoria, deben poder expresar su ira y debe haber respuestas a sus temores". *Ibidem*.

> anonimato do procedimento de justiça criminal e captura a força emotiva que a vitimização traz com ela [...].[584]

No Brasil, temos alguns exemplos, como a *Lei Maria da Penha* (Lei n. 11.340 de 2006[585]), que trata da violência doméstica e familiar contra a mulher, e a *Lei Carolina Dieckmann* (Lei n. 12.737 de 2012[586]), que trata de delitos informáticos. Note-se que não está em questão a gravidade dos fatos subjacentes a essas leis. O ponto nevrálgico é a forma como o político captura a força emotiva da vitimização para obter vantagem eleitoral, mas que, na imensa maioria das vezes, resulta no desenvolvimento de política criminal legislativa irracional, como temos tentado demonstrar ao longo dessa pesquisa. No caso específico de *Maria da Penha Maia Fernandes*, que empresta nome a lei, ela foi vitimada pelo próprio marido, em tentativa de homicídio com emprego de arma de fogo em 1983[587]. Diante das falhas no sistema de justiça criminal brasileira na punição do autor do crime[588], a Comissão Interamericana de Direitos Humanos recomendou uma série de modificações na legislação penal brasileira[589]. Mas essa não é a regra na propositura e aprovação de leis penais no Brasil.

---

[584] PRATT, John. **Penal Populism**. Routledge: London and New York, 2007, p. 18. E o autor cita o nome das leis: "the New Jersey Megan's Law in 1994; the 1994 Jacob Wetterling Act; Jessica's Law, or the 2005 California Sexual Predator Punishment and Control Act; Christopher's Law in 2001, more formally known as the Ontario Sex Offender Registry Law; proposals for 'Sarah's Law' in Britain in 2000."

[585] Disponível em <http://www.planalto.gov.br/ccivil_03/_ato2004-2006/2006/lei/l11340.htm>. Acesso em 21 de julho de 2015.

[586] Disponível em <http://www.planalto.gov.br/ccivil_03/_ato2011-2014/2012/lei/l12737.htm>. Acesso em 21 de julho de 2015.

[587] Cf. o depoimento da própria vítima no vídeo disponível em <https://www.youtube.com/watch?v=capw5BbMYTM>. Acesso em 21 de julho de 2015.

[588] "A denúncia alega a tolerância da República Federativa do Brasil (doravante denominada "Brasil" ou "o Estado") para com a violência cometida por Marco Antônio Heredia Viveiros em seu domicílio na cidade de Fortaleza, Estado do Ceará, contra a sua então esposa Maria da Penha Maia Fernandes durante os anos de convivência matrimonial, que culminou numa tentativa de homicídio e novas agressões em maio e junho de 1983. Maria da Penha, em decorrência dessas agressões, sofre de paraplegia irreversível e outras enfermidades desde esse ano. Denuncia-se a tolerância do Estado, por não haver efetivamente tomado por mais de 15 anos as medidas necessárias para processar e punir o agressor, apesar das denúncias efetuadas". ORGANIZAÇÃO DOS ESTADOS AMERICANOS. Comissão Interamericana de Direitos Humanos. **Relatório n. 54/01. Caso 12.051 Maria da Penha Maia Fernandes**, Brasil, 4 de abril de 2001. Disponível em <www.cidh.oas.org/annualrep/2000port/12051.htm>. Acesso em 21 de julho de 2015.

[589] *Ibidem*.

O que temos como padrão de justificativa para o recrudescimento da lei penal com referência às vítimas pode ser evidenciado nas três proposições que se seguem:

> (1) **O objetivo desta proposta legislativa é a proteção das crianças e adolescentes** e a correta adequação da lei aos fatos sociais em evolução. Tem-se presenciado com assustadora frequência a utilização de crianças e adolescentes na prática de delitos por adultos, por quadrilhas e pelo crime organizado. [...] A solução mais adequada é punir com maior rigor a corrupção de menores, que envolve não só a prática de crime contra menores, mas também a utilização destes na prática de ato infracional.[590]
>
> (2) Embora a Lei nº 11.705, de 2008, conhecida como Lei Seca, tenha endurecido as sanções para o motorista flagrado ao dirigir sob efeito de bebida alcoólica ou droga, **pensamos que esse motorista deve ser punido com mais severidade se estiver conduzindo criança menor de doze anos, gestante, idoso e pessoa com deficiência ou com mobilidade reduzida. [...] Pretende-se, com este projeto de lei, contribuir para a proteção das categorias referidas, enquanto segmentos vulneráveis da população.**[591]
>
> (3) [...] apresentamos a proposta de dobrar a pena para a infração relativa à publicidade enganosa ou abusiva quando dirigida à criança. [...] **Nosso projeto** vai de encontro aos anseios do ECA, pois **pretende proteger as crianças de publicidade enganosa ou abusiva pelo aumento das penas** estabelecidas no art. 67 do CDC.[592]

590 (Grifo nosso) BRASIL. Câmara dos Deputados. Projeto de Lei n. 3566/2012. Autoria da Deputada Keiko Ota, PSB/SP. Altera o art. 244-B da Lei nº 8.069, de 13 de julho de 1990. Disponível em <http://www.camara.gov.br/proposicoesWeb/fichadetramitacao?idProposicao=539304>. Acesso em 21 de julho de 2015.

591 (Grifo nosso) BRASIL. Câmara dos Deputados. Projeto de Lei n. 2895/2011. Autoria do Deputado Roberto de Lucena, PV/SP. Altera a Lei nº 9.503, de 23 de setembro de 1997, para dispor sobre a condução sob efeito de álcool ou substância psicoativa. Disponível em <http://www.camara.gov.br/proposicoesWeb/fichadetramitacao?idProposicao=530598>. Acesso em 21 de julho de 2015.

592 (Grifo nosso) BRASIL. Câmara dos Deputados. Projeto de Lei n. 4315/2008. Autoria do Deputado Vinicius Carvalho, PTdoB/RJ. Altera o art. 67 da Lei nº 8.078, de 11 de setembro de 1990. Disponível em <http://www.camara.gov.br/proposicoesWeb/fichadetramitacao?idProposicao=416023>. Acesso em 21 de julho de 2015.

Esse é o tipo de atenção que o político dirige às vítimas como forma de aumentar penas. Segundo Pratt, o próprio processo de democratização deu voz as vítimas.

> Como a democratização proporcionou a oportunidade para as experiências emotivas e opiniões de pessoas comuns se tornarem o quadro através do qual o crime é conhecido, em vez da análise objetiva de certos especialistas, a vitimização passou a ser considerada uma expressão particularmente autêntica dessa forma de conhecimento.[593]

Essa seria a razão pela qual o parlamentar justificaria o aumento de pena: porque apoia a vítima ou defende a vítima. E a vítima busca ser ouvida. Aceita o apoio político. Retribui com voto.

A expressão "proteger a sociedade" foi identificada em 13 (treze) PLs, formando 6,80% do total de proposições. Trata-se de um recurso discursivo com significado muito abrangente. Se a função declarada atribuída ao Direito Penal é a proteção subsidiária de bens jurídicos fundamentais, então a norma penal deve sempre "proteger a sociedade" em alguma medida. Mas essa pretensa proteção à sociedade a que se refere o parlamentar vem, na maioria das vezes, sob uma forma de resposta imediata à sociedade. Como exemplo, dois desses PLs foram apresentados no contexto da onda de violência ocorrida em maio de 2006 no estado de São Paulo, sobre a qual comentaremos na análise qualitativa relativa a "episódio divulgado na mídia". Dos projetos extrai-se a clara intenção de satisfação ao público.

O PL-7085/2006, de autoria do Deputado Celso Russomanno, PP/SP, prevê aumento na pena do crime de fuga de pessoa presa ou submetida a medida de segurança (art. 351 do Código Penal[594]). O parlamentar assim justifica:

---

593 (Tradução nossa) "As democratization has provided the opportunity for the emotive experiences and opinions of ordinary people rather than detached objective expert analysis to become the framework through which crime is understood, victimization has come to be regarded as a particularly authentic expression of this mode of knowledge". PRATT, John. **Penal Populism**, *op. cit.*, p. 85.

594 "Art. 351 - Promover ou facilitar a fuga de pessoa legalmente presa ou submetida a medida de segurança detentiva: Pena - detenção, de seis meses a dois anos. § 1º - Se o crime é praticado a mão armada, ou por mais de uma pessoa, ou mediante arrombamento, a pena é de reclusão, de dois a seis anos. § 2º - Se há emprego de violência contra pessoa, aplica-se também a pena correspondente à violência. § 3º - A pena é de reclusão, de um a quatro anos, se o crime é praticado por pessoa sob cuja custódia ou guarda está o preso ou o internado. § 4º - No caso de culpa do funcionário incumbido da custódia ou guarda, aplica-se a pena de

> A violência disseminada na sociedade, hoje em dia, é tão grande que tornou-se (sic) preocupante.
> A paz e a segurança públicas são vulneráveis pela ação dos delinquentes que contam com a impunidade.
> Se o preso foge facilmente dos presídios, com o auxílio de pessoas que têm a sua guarda ou custódia, ou de qualquer pessoa ou bando que possa invadir as casas de detenção, a pena privativa de liberdade torna-se ineficaz.
> Como a fuga de detentos nessa situação tem ocorrido com frequência, especialmente porque os presídios estão superlotados, torna-se necessário aumentar a pena para punir as pessoas que têm promovido ou facilitado a fuga de presos ou pessoas sujeitas a medidas de segurança.
> A presente proposição foi elaborada com essa finalidade, passando a pena para reclusão em lugar de detenção e tornando mais elevada a pena mínima do § 1º, **para maior segurança da sociedade**. [...][595]

Apresentada em 18 de maio de 2006, no calor dos episódios de violência, a proposta é claramente uma expressão do populismo penal legislativo. Emergencial, panfletário e sem lastro em dados estatísticos, o PL se adstringe a servir de símbolo como pretensa ação do legislador no clima de pânico instaurado pela onda de ataques vividas em São Paulo. Na mesma linha segue o PL-7137/2006, de autoria do Deputado Moroni Torgan[596],

---

detenção, de três meses a um ano, ou multa". BRASIL. Decreto-Lei 2.849 de 1940. Código Penal. Disponível em <http://www.planalto.gov.br/ccivil_03/decreto-lei/Del2848compilado.htm>. Acesso em 21 de julho de 2015.

595 (Grifo nosso) BRASIL. Câmara dos Deputados. Projeto de Lei n. 7085/2006. Autoria do Deputado Celso Russomano, PP/SP. Altera o art. 351 do Decreto-Lei nº 2.848, de 07 de dezembro de 1940, Código Penal. Disponível em <http://www.camara.gov.br/proposicoesWeb/fichadetramitacao?idProposicao=324950>. Acesso em 21 de julho de 2015.

596 O Deputado Moroni Torgan é Delegado de Polícia Federal. Cf. <http://www2.camara.leg.br/deputados/pesquisa/layouts_deputados_biografia?pk=74457>. Acesso em 21 de julho de 2015. E integra a alcunhada "bancada da bala". Note-se recente declaração (09/06/2015) na Câmara, extraída dos Discursos e Notas Taquigráficas: **O SR. PRESIDENTE (Delegado Edson Moreira) - Concedo a palavra ao Deputado Moroni Torgan, da bancada da bala. O SR. MORONI TORGAN (DEM/CE. Sem revisão do orador.) Bancada da vida, Sr. Presidente!** (Grifo nosso) Disponível em <http://www.camara.leg.br/internet/sitaqweb/TextoHTML.asp?etapa=3&nuSessao=143.1.55.O&nuQuarto=17&nuOrador=2&nuInsercao=0&dtHorarioQuarto=14:32&sgFaseSessao=PE%20%20%20%20%20%20%20%20&Data=09/06/2015&txApelido=MORONI%20TORGAN&txFaseSessao=Pequeno%20Expediente%20%20%20%20%20%20%20%20%20%20%20%20&dtHoraQuarto=14:32&txEtapa=Com%20reda%C3%A7%C3%A3o%20final>. Acesso em 21 de julho de 2015.

PFL/CE, que aumenta a pena do crime de motim de presos (art. 354 do Código Penal[597]):

> Os recentes acontecimentos nas prisões do Estado de São Paulo revelaram a gravidade da situação de nosso sistema carcerário.
>
> As organizações criminosas como o PCC ou o Comando Vermelho estendem seus tentáculos para fora das prisões e já são capazes de conturbar gravemente a vida das maiores cidades do país, com ocorrências de mortes e danos ao patrimônio, pânico generalizado e violência que não poupa ninguém.
>
> É preciso que o direito penal dê respostas aos bandidos, é preciso que não mais se seja tolerante com aqueles que lideram motins em prisões, que são a semente desse tipo de crime organizado. Com o aumento da pena para os motins, os condenados pensarão duas vezes antes de se associarem a essa (sic) organizações, uma vez que uma pena gravíssima se somará a suas penas originárias. **Se houver uma política de tolerância zero em relação ao comportamento dos presos, essas organizações terão sua fonte de poder corroída pelas bases e não mais intimidarão nossa sociedade.**
>
> Cabe a nós legisladores aprovarmos essas medidas que exigem coragem e decisão, ação conjunta dos poderes Legislativo, Executivo e Judiciário.[598]

A linguagem do parlamentar é representativa de sua visão de mundo. Expressa os recursos discursivos sobre os quais temos tratado, que forjam o populismo penal. "Proteger uma sociedade intimidada pelo crime" é um desses recursos.

As variáveis "evitar a substituição da pena (art. 44 do CP)" e "impedir a suspensão condicional do processo (art. 89 da lei 9.099/95)" exprimem a mesma face da moeda punitiva. São expressão do *main tool* do populismo penal: a prisão. Embora o impedimento à suspensão condicional do processo não signifique encarceramento, o obstáculo a essa medida despenalizadora caminha

---

597 "Art. 354 - Amotinarem-se presos, perturbando a ordem ou disciplina da prisão: Pena - detenção, de seis meses a dois anos, além da pena correspondente à violência". BRASIL. Decreto-Lei 2.849 de 1940. Código Penal. Disponível em <http://www.planalto.gov.br/ccivil_03/decreto-lei/Del2848compilado.htm>. Acesso em 21 de julho de 2015.

598 (Grifo nosso) BRASIL. Câmara dos Deputados. Projeto de Lei n. 7137/2006. Autoria do Deputado Moroni Torgan, PFL/CE. Define nova pena para o crime de motim de presos. Disponível em <http://www.camara.gov.br/proposicoesWeb/fichadetramitacao?idProposicao=326245>. Acesso em 21 de julho de 2015.

junto com o obstáculo à pena alternativa por apostar no símbolo do cárcere como figura central no controle do crime.

"Evitar a substituição da pena" apareceu em 12 (doze) PLs, correspondendo a 6,28% dos 191 PLs. "Impedir a suspensão condicional do processo" figurou em 9 (nove) PLs, representando 4,71% do universo de proposições.

Eventualmente, o aumento de pena pretendido sequer teria o condão efetivo de evitar a substituição de pena privativa de liberdade. Como é o caso do PL-3033/2011, de autoria do Deputado Aguinaldo Ribeiro, PP/PB, que prevê aumento das penas cominadas aos três crimes contra a honra previstos no Código Penal[599]. Embora o parlamentar se queixe na justificativa da substituição da pena, o aumento proposto não seria capaz de evitá-la, a considerar a cominação de valores abaixo de quatro anos. Veja-se abaixo:

O texto atual do Código Penal referente aos crimes contra a honra deve-se ainda às características da sociedade da época de sua criação. Hoje esses crimes acontecem não apenas de boca a boca, mas através, principalmente, dos meios de comunicação em massa, como as redes sociais, cujo poder de difusão é instantâneo e devastador. [...] Ocorre que um terço sobre uma pena pequena significa muito pouco, **ainda mais tendo em conta que as pequenas penas privativas de liberdade são substituídas por penas alternativas**, principalmente cestas básicas, que nem sequer são percebidas como penas pelas pessoas de posses (sic).[600]

A proposta chama ainda atenção pela inusitada afirmação do político segundo a qual as "cestas básicas" - uma forma de aplicação de pena alternativa - não "são percebidas como penas pelas pessoas de posses". Em verdade, parece-nos que a maioria da população não perceberia as penas alternativas como "verdadeiras" penas em razão da própria cultura punitivista na qual está inscrita. O senso comum em torno da punição repousa na ideia de pena como prisão. A figura central da punição como prisão remonta à própria história do encarceramento moderno. Foucault explica que "no fim do século XVIII e

---

599 Calúnia, (art. 138 do CP), Difamação (art. 139 do CP) e Injúria (art. 140 do CP). BRASIL. Decreto-Lei 2.849 de 1940. Código Penal. Disponível em <http://www.planalto.gov.br/ccivil_03/decreto-lei/Del2848compilado.htm>. Acesso em 21 de julho de 2015.

600 (Grifo nosso) BRASIL. Câmara dos Deputados. Projeto de Lei n. 3033/2011. Autoria do Deputado Aguinaldo Ribeiro, PP/PB. Modifica os arts. 138 a 140 do Decreto-lei nº 2.848, de 7 de dezembro de 1940, Código Penal. Disponível em <http://www.camara.gov.br/proposicoesWeb/fichadetramitacao?idProposicao=533001>. Acesso em 21 de julho de 2015.

começo do XIX, a despeito de algumas grandes fogueiras, a melancólica festa da punição vai-se extinguindo".[601] Em princípios do século XIX, a punição-espetáculo, o teatro punitivo das ruas é aos poucos levado para a instituição da prisão, inaugurando uma "época da sobriedade punitiva".[602] A relação castigo-corpo muda, passando da pena física violenta dos suplícios, das marcas de ferro quente, para a pena física (violenta) da privação da liberdade na instituição total do cárcere.[603] Não que o encarceramento tenha se iniciado no século XVIII. Marsh ressalta que a história do encarceramento de pessoas surge bem antes disso. Já no século XII, Henrique II tentou viabilizar prisões privadas em toda a Inglaterra.[604] De todo modo, a tecnologia penal de controle do corpo e resposta ao crime por meio da privação da liberdade em prisões foi "generalizada ao longo do século XIX, e só a partir de então em todo o mundo ocidental"[605], conforme atesta Anitua. E nós acrescentamos: continua generalizada até hoje, princípios do século XXI. As justificativas encontradas neste trabalho de pesquisa são sintomáticas e confirmam a permanência da prisão como paradigma de punição:

> A finalidade deste projeto é coibir efetivamente o agente [...]. Não obstante sabermos que a agravação da pena não é o melhor remédio para coibir a prática de crimes, no entanto, o que traremos com a aprovação do **presente projeto é o impedimento da aplicação dos benefícios da Lei 9099/95 no crime capitulado no artigo 178 da Lei de Falências.**[606]

---

[601] FOUCAULT, Michel. **Vigiar e punir**: nascimento da prisão. Tradução: Raquel Ramalhete. 35ª ed. Petrópolis, RJ: Vozes, 2008, p. 12.

[602] *Ibidem*, p. 16.

[603] *Ibidem*, p. 14.

[604] "Prisões privadas existiram pelo menos desde 1166 (quando Henrique II tentou montar uma prisão em todo condado da Inglaterra) [...]" (Tradução nossa) "Private gaols existed from at least 1166 (when Henry II tried to set up a gaol in every English county) [...]". Cf. MARSH, Ian, COCHRANE, John & MELVILLE, Gaynor. **Criminal Justice**: An introduction to philosophies, theories and practice. Routledge: London and New York, 2004, p. 187.

[605] ANITUA, Gabriel Ignacio. **Histórias dos pensamentos criminológicos**. Trad.: Sérgio Lamarão. Rio de Janeiro: Revan; Instituto Carioca de Criminologia, 2008, p. 203.

[606] (Grifo nosso) BRASIL. Câmara dos Deputados. Projeto de Lei n. 4116/2008. Autoria do Deputado Bernardo Ariston, PMDB/RJ. Aumenta para dois a quatro anos a pena de detenção para o crime de omissão de documentos contábeis obrigatórios, previsto no art, 178 da Lei 11.101/05 (Crimes falimentares). Disponível em <http://www.camara.gov.br/proposicoesWeb/fichadetramitacao?idProposicao=412017>. Acesso em 21 de julho de 2015.

> O principal problema na legislação brasileira, e que vem causando uma grande sensação de impunidade na sociedade civil, reside na imputação, ao autor de um delito fundado na discriminação, do crime de injúria racial, ao invés do crime de racismo. [...] **A pena para o crime em questão, sendo menor de quatro anos, enseja sua substituição por penas alternativas - o que reforça a sensação de impunidade.**[607]
>
> [...] Ainda, como forma de ajuste na legislação, de forma a caracterizar e punir com maior rigor o crime de adulteração de combustíveis, propõe-se o aumento da pena mínima de um para dois anos. **Esta medida evitará que o acusado pela prática destes delitos seja beneficiado pela suspensão do processo, nos termos do art. 89 da Lei 9.099/95.**[608]
>
> [...] aumentamos a pena máxima para os ilícitos penais tipificados pelos arts. 98, 99, §1.º, 102, 106 e 108 do Estatuto, a fim de que a estes delitos **não se apliquem os beneplácitos legais consubstanciados no art. 44 do Código Penal - substituição da pena privativa de liberdade pela restritiva de direitos.**[609]

Crimes econômicos, ofensa racial, violações contra idosos. Crimes cujas causas são distintas. Para todos eles, há quatro séculos, a mesma resposta estatal: prisão. E assim também tem insistido o legislador.

Quatro proposições (2,09% do total) se inseriram na variável "não há". Ou seja, não apresentaram uma justificativa explícita, declarada, sugestiva no sentido das variáveis que previmos como senso comum parlamentar; o motivo pelo qual a pena deveria ser aumentada.

---

607 (Grifo nosso) BRASIL. Câmara dos Deputados. Projeto de Lei n. 8127/2014. Autoria da Comissão Externa da Câmara dos Deputados. Aumenta a pena do crime de injúria qualificada pela utilização de elementos referentes a raça, cor, etnia, religião, origem ou a condição de pessoa idosa ou portadora de deficiência. Disponível em <http://www.camara.gov.br/proposicoesWeb/fichadetramitacao?idProposicao=796188>. Acesso em 21 de julho de 2015.

608 (Grifo nosso) BRASIL. Câmara dos Deputados. Projeto de Lei n. 6974/2006. Autoria do Deputado Dimas Ramalho, PPS/SP. Aumenta a pena do crime de adulteração de combustíveis, previsto na Lei 8.176/91 (Crimes contra a ordem econômica [combustíveis]). Disponível em <http://www.camara.gov.br/proposicoesWeb/fichadetramitacao?idProposicao=323005>. Acesso em 21 de julho de 2015.

609 (Grifo nosso) BRASIL. Câmara dos Deputados. Projeto de Lei n. 2268/2011. Autoria do Deputado Rogério Peninha Mendonça, PMDB/SC. Aumenta penas de crimes contra o idoso, previstos na Lei 10.741/03 (Estatuto do Idoso). Disponível em <http://www.camara.gov.br/proposicoesWeb/fichadetramitacao?idProposicao=519352>. Acesso em 21 de julho de 2015.

O PL-4671/2009, de autoria do Deputado Carlos Sampaio, PSDB/SP, prevê aumento de pena dos crimes de homicídio e lesão corporal quando ocorridos em razão da prática de trote em alunos de estabelecimentos educacionais. O parlamentar afirma que:

> A cada início de ano letivo, a sociedade brasileira se depara com atos atrozes praticados por "veteranos" de universidades públicas e privadas de nosso país. Essas práticas, infelizmente, há muito, deixaram de ser uma saudável brincadeira, realizada com os novos alunos, para se transformarem em inaceitáveis atos de violência com consequências irreparáveis, como, por exemplo, a morte de universitários.[610]

O projeto "proíbe a realização de trote nos estabelecimentos educacionais públicos e privados". Estabelece sanções civis e administrativas. E não perde a oportunidade de lançar mão da lei penal simbólica como forma de mostrar que está adotando medidas contra trotes violentos. Mas não estabelece uma justificativa dentro das categorias que previmos. Vale ressaltar ainda que, tendo sido apresentado em 17 de fevereiro de 2009, logo no início do ano legislativo, o PL pode ser uma resposta à onda de trotes violentos em São Paulo – base eleitoral do proponente – divulgados pela mídia: "Estudante grávida sofre queimaduras em trote em Santa Fé do Sul (SP)", de acordo com a Folha Online em 11 de fevereiro de 2009.[611]

O PL-5524/2013, de autoria do Deputado Eduardo da Fonte, PPS/PE, aumenta a pena do crime de corrupção de menores, previsto no art. 244-B da lei 8.069/90. Trata-se de uma proposta de alteração penal que vem no contexto de profunda alteração no Estatuto da Criança e do Adolescente (ECA) "para aumentar o tempo de internação e prever a reincidência em caso de ato infracional equivalente a crime hediondo e elevar a pena para o crime de corrupção de menor". [612] Na justificativa, o parlamentar se esmera em explicar as razões

---

[610] BRASIL. Câmara dos Deputados. Projeto de Lei n. 4671/2009. Autoria do Deputado Carlos Sampaio, PSDB/SP. Proíbe a realização de trote nos estabelecimentos educacionais públicos e privados e dá outras providências. Disponível em <http://www.camara.gov.br/proposicoesWeb/fichadetramitacao?idProposicao=423764>. Acesso em 21 de julho de 2015.

[611] Cf. <http://www1.folha.uol.com.br/cotidiano/2009/02/502394-estudante-gravida-sofre-queimaduras-em-trote-em-santa-fe-do-sul-sp.shtml>. Acesso em 21 de julho de 2015.

[612] BRASIL. Câmara dos Deputados. Projeto de Lei n. 5524/2013. Autoria do Deputado Eduardo da Fonte, PPS/PE. Aumenta a pena do crime de corrupção de menores, previsto no Art. 244-B da lei 8.069/90. Disponível em <http://www.camara.gov.br/proposicoesWeb/fichadetramitacao?idProposicao=575959>. Acesso em 21 de julho de 2015.

pelas quais busca com o PL obter o efeito de "redução da maioridade penal". Mas acaba por não apresentar nenhuma justificação específica para o aumento expressivo no crime de corrupção de menores.

O PL-7063/2014, de autoria do Deputado Rogério Peninha Mendonça, PMDB/SC, objetiva aumentar a pena de reclusão e de banimento dos estádios, em casos de tumulto e violência, na forma do art 41-B da lei 10.671/2003 (Estatuto de Defesa do Torcedor). Esse PL também aparece em nossa análise quanto às referências extrapenais, pois se justifica pela influência de "episódio divulgado na mídia". Baseado nas repercussões negativas de uma briga de torcida na partida de futebol entre Vasco e Atlético Paranaense em 2013, o projeto não apresenta nenhum argumento para o aumento de pena senão a menção ao episódio de violência nas arquibancadas:

> **Em razão dos diversos incidentes de violência provocados por torcidas brasileiras em jogos de futebol profissional em 2013**, em que um dos mais recentes, e com repercussão mundial, foi a tragédia na arena de Joinville, no jogo entre Atlético Paranaense e Vasco da Gama - equipes já penalizadas com perda de mando de campo devido a outras episódios e distúrbios provocados por suas torcidas -, **venho propor o agravamento das penas atualmente impostas a quem provocar tumulto ou praticar ou incitar a violência em eventos esportivos.** [613]

Por fim, o PL-7817/2014, de autoria do então Deputado Romário, PSB/RJ, busca aumentar a pena do crime de venda de ingressos de evento esportivo, por preço superior ao estampado no bilhete (atividade de cambista), conforme dispõe o art. 41-F da lei 10.671/03 (Estatuto de Defesa do Torcedor). A proposição "estabelece a política e os instrumentos de fiscalização e controle sobre as entidades responsáveis pelo futebol brasileiro"[614], e é apresentada como forma

[613] (Grifo nosso) BRASIL. Câmara dos Deputados. Projeto de Lei n. 7063/2014. Autoria do Deputado Rogério Peninha Mendonça, PMDB/SC. Aumenta a pena de reclusão e de banimento dos estádios, em casos de tumulto e violência, Art 41-B da lei 10.671/2003 (Estatuto de Defesa do Torcedor). Disponível em <http://www.camara.gov.br/proposicoesWeb/fichadetramitacao?idProposicao=605581>. Acesso em 21 de julho de 2015.

[614] (Grifo nosso) BRASIL. Câmara dos Deputados. Projeto de Lei n. 7817/2014. Autoria do Deputado Romário, PSB/RJ. Estabelece a política e os instrumentos de fiscalização e controle sobre as entidades responsáveis pelo futebol brasileiro e dá outras providências. Disponível em <http://www.camara.gov.br/proposicoesWeb/fichadetramitacao?idProposicao=620445>. Acesso em 21 de julho de 2015.

de regular as atividades da CBF (Confederação Brasileira de Futebol). Como já havíamos advertido nas notas metodológicas, esse PL traz em seu penúltimo parágrafo um aumento de pena para o crime de cambista de ingressos. Contudo, não apresenta na justificação uma linha sequer que aponte razões para essa elevação na punição.

Trotes violentos universitários, brigas entre torcidas em estádios de futebol e "delinquência juvenil" são fatos da vida social facilmente percebidos pela população em geral. Constantemente capturada pela mídia, a violência subjacente a esses episódios sugere ao público a necessidade de intervenção penal. Aderindo a esse apelo, o parlamentar parece não ter sequer o ônus de explicar as razões pelas quais o Direito Penal deveria ser invocado.

4.2.7. Análise quantitativa dos PLs quanto à referência à Teoria dos Fins da Pena

Se o legislador propõe um aumento na pena de um crime, então ele espera que essa pena atinja alguma finalidade. Como vimos, o discurso oficial dos fins da pena assenta em que ela deve (i) retribuir a culpa do autor do crime (retribuição), (ii) desestimular outros potenciais autores de crime (prevenção geral negativa), (iii) reforçar a confiança/fidelidade na ordem jurídica/instituições (prevenção geral positiva), (iv) neutralizar o comportamento criminoso do autor do crime (prevenção especial negativa), e (v) reeducar o autor do crime (prevenção especial positiva).

A hipótese a ser testada em nossa pesquisa é a de que as ideias de retribuição e prevenção geral negativa (dissuasão) seriam as mais frequentes no quadro do fenômeno do populismo penal legislativo. Por meio da análise dos motivos recorrentes nas justificativas, já havíamos identificado que o senso comum do legislador apontou quase na metade dos casos para a noção de "desestímulo na prática de crimes" como forma de legitimar o recrudescimento punitivo. Por isso afirmamos que a prevenção geral negativa é a finalidade da pena expoente no populismo penal legislativo brasileiro. Isso foi corroborado na categorização quanto às referências às finalidades da pena. Vejamos os gráficos abaixo.

Número de PLs que fizeram referência às finalidades de pena

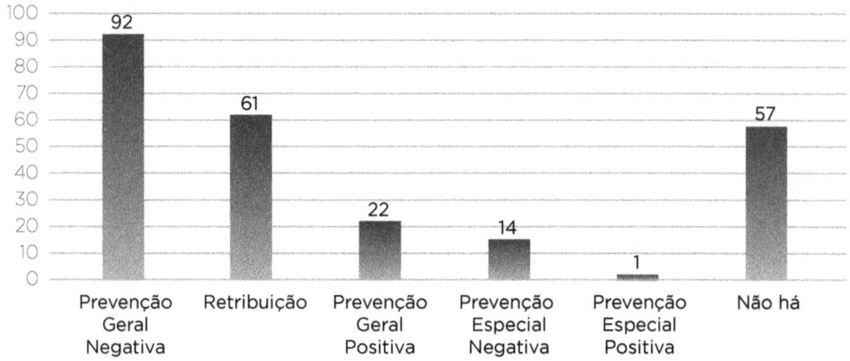

Percentual de PLs que fizeram referência às finalidades de pena

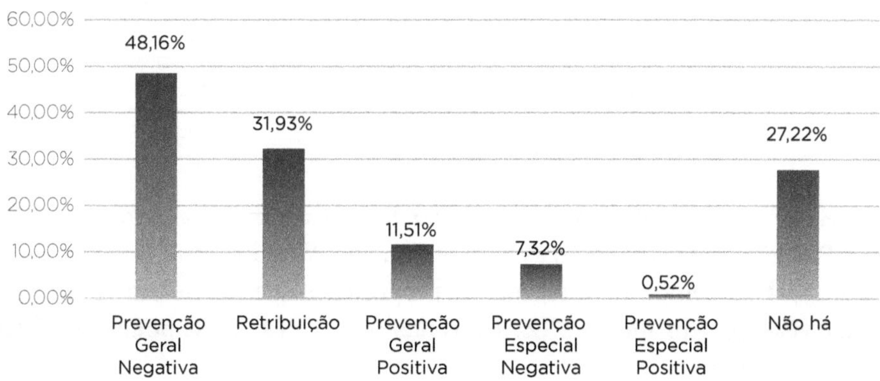

Realizada pela Escola de Direito da Fundação Getulio Vargas de São Paulo (FGV Direito SP), a pesquisa *Pensando o Direito* Nº 32 (set/2010) chegou a resultados semelhantes no universo de pesquisa relativo a 100 (cem) PLs no período compreendido entre 1987 e 2006. Vale dizer que, assim como em nossa pesquisa, seus achados indicaram as ideias de retribuição e dissuasão (prevenção geral negativa) como as mais recorrentes nas justificações. Confira o quadro abaixo extraído da publicação:[615]

[615] BRASIL. **Série Pensando o Direito nº 32/2010**, *op. cit.* p. 27.

Total de justificativas: distribuição por teorias da pena

TEORIAS DA PENA		TOTAL DE PROPOSIÇÕES
Sim	Retribuição	10
	Dissuasão	14
	Reabilitação dentro do cárcere	3
	Reabilitação fora do cárcere	0
	Neutralização	0
	Denunciação	2
	Retribuição e dissuação	2
	Dissuasão e denunciação	4
Não		65
Total		**100**

Fonte: Direito GV

A pesquisa publicada pelo Ministério da Justiça também apontou que 65% dos PLs não fizeram menção às teorias da pena. Por outro lado, nossa pesquisa sinaliza aumento no percentual de proposições que se referem aos fins da pena, visto que em apenas 27,22% dos nossos 191 PLs não se pôde identificar alguma referência.

Portanto, conjugando as pesquisas, podemos concluir (i) por um padrão do legislador no sentido da aposta na retribuição e na prevenção geral negativa como finalidades da pena; e (ii) por um incremento do recurso discursivo a essas ideias a partir de 2006.[616]

A única proposição que identificamos, no universo de 191 PLs, que fez referência à prevenção especial positiva (ideologia "re") foi o PL-5120/2009, de autoria do Deputado Capitão Assumção, PSB/ES, que aumenta penas de crimes relativos à sexualidade e exploração sexual de crianças e adolescentes. O projeto traz elevados aumentos às penas cominadas aos crimes previstos nos

[616] Vale advertir que esse incremento poder ter variado em função de diferenças metodológicas de pesquisa.

arts. 240, 241-A, 241-B, 241-C, 241-D, 241-E, 244-A, todos da Lei 8.069/90 (ECA). Em extensa justificativa, fora do padrão usualmente encontrado, o parlamentar afirma:

> [...] parece não haver dúvida de que pedófilos e abusadores sexuais representam um grande risco para a criança, para o adolescente, para a família, e também para a sociedade, uma vez que se aumentam as penas de forma a encontrar o equilíbrio entre castigo, segurança social e **reabilitação**. [...][617]

Não nos surpreendeu o fato do político não se referir à recuperação do preso. A reabilitação como finalidade da pena tem estado em declínio, como vimos. Considerando o padrão punitivista, por vezes "raivoso" dos parlamentares, e considerando a natureza mesma do populismo penal, o foco de atenção do legislador são as vítimas, os grupos vulneráveis e os grupos de pressão, não o preso.

4.2.8. Análise quantitativa dos PLs quanto às referências extrapenais

Quais seriam os "gatilhos" declarados que impulsionariam o legislador a propor esses PLs? Pela via da categoria de análise que nomeamos "referências extrapenais", queremos designar os dados, fatos ou acontecimentos em relação aos quais o legislador responderia com a proposta de aumento de pena. Essas referências seriam extrapenais por estarem *além* ou *fora* do discurso penal relativo à dogmática penal, princípios penais e teorias da pena. Nesse contexto, o quão responsivo o legislador seria a "dados empíricos", "audiência pública", "cenário internacional", "decisão judicial" e "episódio divulgado na mídia"?

Os resultados de pesquisa contidos na *Série Pensando o Direito* N° 32 (set/2010) - cuja base de análise foram 100 projetos no período de 1988 a 2006 - evidenciaram que a referência a "episódio concreto" apareceu em 15% das proposições. Os "dados empíricos" foram identificados em 12% dos PLs. "Decisão judicial ou jurisprudência" foram apontados em 11%, enquanto "cenário internacional" em 20% dos projetos. Da tabela reproduzida abaixo, é possível extrair as porcentagens supracitadas:[618]

---

[617] (Grifo nosso) BRASIL. Câmara dos Deputados. Projeto de Lei n. 5120/2009. Autoria do Deputado Capitão Assumção, PSB/ES. Altera a Lei nº 8.069, de 13 de julho de 1990 com o objetivo de aperfeiçoar a disciplina legal penal no combate à pedofilia. Disponível em <http://www.camara.gov.br/proposicoesWeb/fichadetramitacao?idProposicao=432105>. Acesso em 21 de julho de 2015.

[618] BRASIL. **Série Pensando o Direito nº 32/2010**, *op. cit.* p. 24.

Total de justificativas:
distribuição por referências externas

REFERÊNCIAS EXTERNAS	SIM	NÃO
Episódio concreto	15	85
Dados empíricos	12	88
Decisão judicial ou jurisprudência	11	89
Cenário internacional	20	80

Fonte: Direito GV

Nossos achados de pesquisa diferem nos resultados. Mas sugere convergência em relação ao percentual de referências a episódios divulgados na mídia. Apresentamos abaixo o gráfico que expõe nossos *research findings*:

Número e percentual de PLs quanto às referências extrapenais

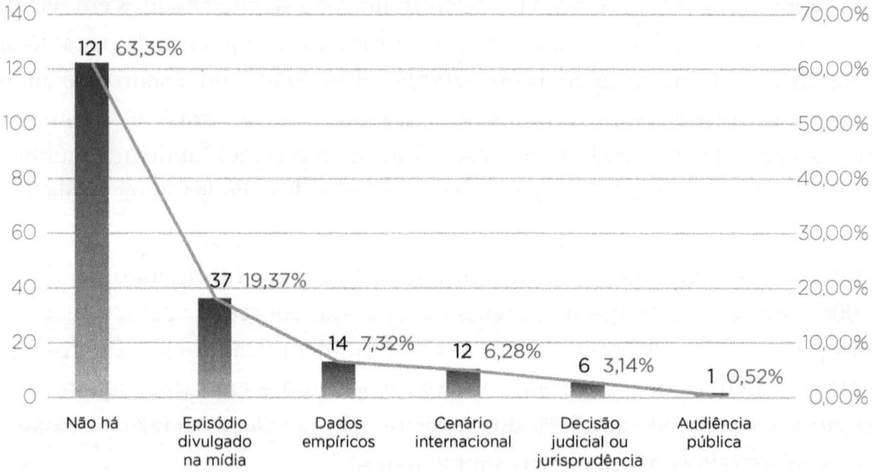

Em 63,35% dos 191 PLs – 121 PLs –, não se identificou uma referência extrapenal conforme nossa categorização. Esse dado sugere descompromisso do legislador com a contextualização da proposta de aumento de pena. Fundado em quê? Responsivo a quê? Por que aumentar a pena? A omissão quanto aos fatos da vida social na qual se inscreve a norma que se quer alterar oculta as reais intenções do legislador.

Em 14 (catorze) PLs (número correspondente a 7,32% do total) notamos menção a dados empíricos que estariam a justificar a majoração a pena. O padrão que percebemos é que esses dados empíricos dizem respeito a números de vítimas dos crimes cuja pena se quer majorar. Não se cuida de números, dados e estatísticas relativas ao impacto que a alteração pode promover, ou a (in) eficácia da pena tal como é atualmente, bem como demais variáveis relativas às instituições penais.

Desse modo, os números centram-se nas vítimas dos delitos. Esse é o caso do já citado PL-5120/2009, de autoria do Deputado Capitão Assumção, PSB/ES, que afirma: "[...] Estima-se, que no Brasil, a cada dia, 165 (cento e sessenta e cinco) crianças e adolescentes sejam vítimas de abusos sexuais e de práticas pedofílicas".[619] E também do PL-6622/2013, autoria do Deputado Carlos Sampaio, PSDB/SP, no qual o parlamentar expõe:

> Nos últimos trinta anos, cerca de 92 mil mulheres foram assassinadas, sendo que, desse montante, 43,7 mil homicídios contra mulheres foram praticados na última década, o que evidencia um aumento substancial no número de ocorrências de tais práticas criminosas, a partir de meados da década de 90 do século passado.
>
> No primeiro ano de vigência da Lei n.º 11.300 – Lei Maria da Penha, promulgada em 07 de agosto de 2006, constatou-se um discreto decréscimo nas taxas de homicídios contra mulheres. Esse quadro, contudo, foi rapidamente alterado e as taxas voltaram a crescer.
>
> Apurou-se, com relação aos tipos de violência, que prepondera a violência física (44,2%), seguida da violência psicológica (20,8%) e da sexual (12,2%).[620]

---

[619] BRASIL. Câmara dos Deputados. Projeto de Lei n. 5120/2009. Autoria do Deputado Capitão Assumção, PSB/ES. Altera a Lei nº 8.069, de 13 de julho de 1990 com o objetivo de aperfeiçoar a disciplina legal penal no combate à pedofilia. Disponível em <http://www.camara.gov.br/proposicoesWeb/fichadetramitacao?idProposicao=432105>. Acesso em 21 de julho de 2015.

[620] BRASIL. Câmara dos Deputados. Projeto de Lei n. 5120/2009. Autoria do Deputado Carlos Sampaio, PSDB/SP. Altera o Decreto-Lei nº 2.848, de 7 de dezembro de 1940 (Código Penal) para tipificar o crime de feminicídio; modifica o § 11 do art. 129 do Decreto-Lei nº 2.848, de 7 de dezembro de 1940 (Código Penal) para aumentar a pena da lesão corporal decorrente de violência doméstica, se o crime constituir violência de gênero contra as mulheres e acrescenta o art. 132-A ao Decreto-Lei nº 2.848, de 7 de dezembro de 1940 (Código Penal), para tipificar a violência psicológica contra a mulher; e altera o inciso I do art. 1º da Lei nº 8.072, de 25 de julho de 1990 (Lei de Crimes Hediondos) para incluir o feminicídio

Além disso, identificamos que, das 14 proposições, 6 (seis) se referiram a crimes de trânsito.[621] Isso nos chamou atenção pois, do ponto de vista do populismo penal legislativo, delitos de trânsito tem muita reverberação na mídia, principalmente quando envolvem morte e embriaguez ao volante. Não por coincidência, 4 (quatro)[622] desses 6 PLs versam sobre o crime de homicídio culposo na direção de veículo automotor, o qual sempre causa consternação pública.[623] Outros 3 (três)[624] PLs tem por objeto aumento de pena do crime de embriaguez ao volante[625]. Inscrito na ordem da simbólica "lei seca", esse delito tem enorme atenção midiática e, como tal, ganha também atenção do político.

Doze PLs apontaram para o cenário internacional em suas justificativas, o que equivale a 6,28% das proposições. Algumas referências são simplórias, sem o condão de consubstanciar verdadeiro motivo para lastrear a proposta. Como no caso do PL-6069/2013, de autoria da Deputada Aline Corrêa, PP/SP, que prevê aumento de pena para o crime de maus-tratos aos animais, art. 32 da Lei 9.605/98. A parlamentar sinaliza:

> **A Unesco proferiu, no ano de 1978, a "Declaração Universal dos Direitos Animais", pouquíssimo discutida aqui no Brasil. De acordo com suas diretrizes, todo animal tem direito à vida.** Nenhum animal deve ser maltratado. [...] A Lei vigente não tem sido suficiente para

---

entre os crimes considerados hediondos. Disponível em <http://www.camara.gov.br/proposicoesWeb/fichadetramitacao?idProposicao=597943>. Acesso em 21 de julho de 2015.

621 PL-2592/2007; PL-7596/2010; PL-2782/2011; PL-2895/2011; PL-311/2011; PL-7838/2014.

622 PL-2592/2007; PL-7596/2010; PL-311/2011; PL-7838/2014.

623 "Art. 302. Praticar homicídio culposo na direção de veículo automotor: Penas - detenção, de dois a quatro anos, e suspensão ou proibição de se obter a permissão ou a habilitação para dirigir veículo automotor." Lei nº 9.503, de 1997, que institui o Código de Trânsito Brasileiro. Disponível em <http://www.planalto.gov.br/ccivil_03/LEIS/L9503.htm>. Acesso em 21 de julho de 2015.

624 E não dois, pois um deles (PL-2592/2007) traz alterações tanto para o art. 302 quanto para o art. 306 da Lei 9.503/97. Portanto os três são: PL-2592/2007; PL-2782/2011; PL-2895/2011.

625 "Art. 306. Conduzir veículo automotor com capacidade psicomotora alterada em razão da influência de álcool ou de outra substância psicoativa que determine dependência: Penas - detenção, de seis meses a três anos, multa e suspensão ou proibição de se obter a permissão ou a habilitação para dirigir veículo automotor." Lei nº 9.503, de 1997, que institui o Código de Trânsito Brasileiro. Disponível em <http://www.planalto.gov.br/ccivil_03/LEIS/L9503.htm>. Acesso em 21 de julho de 2015.

> inibir a crueldade cometida contra a fauna brasileira, seja ela doméstica ou silvestre. [...].[626]

Mas outros PLs trazem considerações importantes advindas de organismos internacionais, de forma a robustecer as razões pelas quais se entende deve a pena ser aumentada. Como no exemplo do PL-4017/2012, de autoria do Deputado Arnaldo Jordy, PPS/PA, que aumenta a pena do crime de redução a condição análoga à de escravo, previsto no art. 149 do Código Penal. A justificação informa:

> [...] os números alarmantes da escravidão contemporânea no Brasil, à marca aproximada de 25 mil trabalhadores em 2003, exigiam medidas legislativas ingentes no sentido de recrudescer os dispositivos de repressão e aperfeiçoar os mecanismos de prevenção. [...] seguem raríssimas no Brasil as condenações definitivas (transitadas em julgado) pelo crime do art. 149 do CP, o que já foi percebido e denunciado pela própria Organização Internacional do Trabalho (OIT). [...] **Para a Organização Internacional do Trabalho (OIT), desde 1995, quando reconheceu oficialmente a existência de trabalho análogo à escravidão, o Brasil tem avançado no combate à exploração de trabalhadores, mas ainda precisa ampliar as políticas para diminuir a vulnerabilidade social das vítimas e garantir a punição dos criminosos.** [...] **a OIT entende que a impunidade ainda é um dos principais gargalos do enfrentamento do trabalho escravo no Brasil, em virtude de que a punição efetiva dos escravagistas é um dos elementos que faltam para uma mudança definitiva nesse cenário.** [...] apesar de não ser, como sabemos a única forma de combate à exploração do trabalhador, a responsabilização penal dos infratores representa indispensável ferramenta para a mudança do quadro que atualmente verificamos em nosso País. [...].[627]

---

[626] (Grifo nosso) BRASIL. Câmara dos Deputados. Projeto de Lei n. 6069/2013. Altera a pena do art. 32 da Lei nº 9.605, de 12 de fevereiro de 1998, para quem pratica abuso, maus-tratos, ferimento ou mutilação de animais silvestres, domésticos ou domesticados, nativos ou exóticos. Disponível em <http://www.camara.gov.br/proposicoesWeb/fichadetramitacao?idProposicao=586498>. Acesso em 21 de julho de 2015.

[627] BRASIL. Câmara dos Deputados. Projeto de Lei n. 4017/2012. Autoria do Deputado Arnaldo Jordy, PPS/PA. Altera o Decreto-Lei nº 2.848, de 7 de dezembro de 1940 (Código Penal), alterado pela Lei 10.803/2003, para estabelecer penas ao crime nele tipificado e indicar as hipóteses em que se configura condição análoga à de escravo. Disponível em <http://www.camara.gov.br/proposicoesWeb/fichadetramitacao?idProposicao=547078>. Acesso em 21 de julho de 2015.

Com apenas 6 (seis)[628] PLs no universo de 191 nos quais o político se refere à decisão judicial/jurisprudência, podemos concluir pela baixíssima responsividade do legislador ao Judiciário. E no caso das audiências públicas, localizamos apenas e tão-somente 1 (um) projeto: o PL-7207/2014, de autoria da Deputada Sandra Rosado, PSB/RN, que aumenta a pena para o crime de contrabando, previsto no art. 334 do Código Penal. A parlamentar assim justifica:

> **Recentemente, debatedores em audiência pública apontaram o contrabando de cigarro como um dos grandes problemas nas fronteiras do país**. Segundo os expositores, mais rentável que o tráfico de drogas e tido como um "crime menor", o contrabando de cigarros é hoje um dos grandes problemas nas fronteiras brasileiras. Para que a lei não seja casuística, profligando tão-somente o tráfico de cigarros, e seja aplicada com a maior amplitude possível, achamos por bem elevar a pena do próprio crime de contrabando, que, nos moldes em que hoje se apresenta, é por demais irrisória.[629]

Por fim, 37 (trinta e sete) PLs referiram-se, explícita ou implicitamente, a episódio divulgado na mídia, totalizando 19,37% das proposições. Sobre esses projetos, discorreremos na análise qualitativa que se segue.

4.2.9. Referências extrapenais: análise *qualitativa* dos PLs quanto à categoria "episódio divulgado na mídia"

Neste item, buscamos encontrar evidências qualitativas (não numéricas) do populismo penal legislativo. Por meio da categoria de análise "episódio divulgado na mídia" reunimos elementos que indicam a responsividade penal do legislador aos fatos repercutidos na mídia. Uma demonstração empírica de que o Deputado *respondeu penalmente a ela* no período de 2006 a 2014 na Câmara dos Deputados. A escolha dessa análise qualitativa se funda na ideia segundo a qual a mídia é o combustível do populismo penal, como vimos no item 3.4 do plano teórico.

Nesse particular, Roberts observara que:

---

628 PL-7141/2006; PL-2297/2011; PL-1125/2011; PL-7321/2010; PL-6831/2010; PL-3901/2012.

629 (Grifo nosso) BRASIL. Câmara dos Deputados. Projeto de Lei n. 7207/2014. Autoria da Deputada Sandra Rosado, PSB/RN. Agrava a pena para o crime de contrabando. Disponível em <http://www.camara.gov.br/proposicoesWeb/fichadetramitacao?idProposicao=607235>. Acesso em 21 de julho de 2015.

> O mecanismo pelo qual soluções populistas emergem parece comum; frequentemente envolvem a ocorrência de uma tragédia de grande repercussão. A legislação frequentemente segue os passos de tais incidentes. Reformas no direito penal tendem a ser episódicas e moldadas por forças populistas, incluindo políticos da oposição e mídia populista. Além disso, os políticos populistas tendem a explorar esses incidentes defendendo respostas cada vez mais severas para o crime e levantando a possibilidade de que a tragédia poderia ter sido evitada, tivesse o governo adotado tais medidas, anteriormente.[630]

É esse mecanismo "tragédia de grande repercussão" (episódio divulgado na mídia) como gatilho para proposição legislativa que buscamos evidenciar.

No texto *Penal Policy and Penal Legislation in Recent American Experience*[631], Zimring descreve a relação entre legislação penal e política criminal como causas para o aumento do encarceramento nos EUA a partir do ano de 1973. Dentre os fatores que suscitam a transformação na lei penal está a influência da mídia. O autor propõe um modelo-padrão dessa indução na formulação de projetos que promovem alteração legal no nível e conteúdo das punições, conforme a imagem sequencial que a figura abaixo cria:[632]

How Penal Policy Gets Changed - A Standard Model

---

[630] (Tradução nossa) "The mechanism by which populist solutions emerge seems common; it frequently involves the occurrence of a high-profile tragedy. Legislation frequently follows on the heels of such incidents. Criminal law reform tends to be episodic and shaped by populist forces, including opposition politicians and populist news media. In addition, populist politicians tend to exploit these incidents by advocating ever-harsher responses to crime and raising the possibility that the tragedy could have been prevented, had the government adopted such measures in the first place". ROBERTS, Julian V. *et. al.* **Penal Populism and Public Opinion**, *op. cit.*, p. 59-60.

[631] ZIMRING, Franklin E. **Penal Policy and Penal Legislation in Recent American Experience**. Stanford Law Review, vol. 58, 2005, 323 a 338. Disponível em <http://scholarship.law.berkeley.edu/facpubs/1244>. Acesso em 21 de julho de 2015.

[632] *Ibidem*, p. 329.

Dessa forma, a política criminal poderia ser modificada como resultado de uma "sequência temporal e causal": (i) as "preocupações" públicas e midiáticas surgem/ocorrem/manifestam-se/inflam-se; (ii) dão causa às propostas legislativas; (iii) que geram novas leis; e que (iv), por sua vez, causam mudanças no nível e conteúdo das punições.[633]

Na mesma linha sugerida por Roberts, é esse modelo-padrão que pretendemos evidenciar na presente análise qualitativa dos 37 (trinta e sete) PLs quanto à referência extrapenal "episódio divulgado na mídia", quase 1/5 da composição do nosso universo de pesquisa (191 PLs). Como veremos, nenhum desses 37 PLs atinentes ao período de 2006 a 2014 foi aprovado, razão pela qual só podemos demonstrar a sequência temporal e causal do nível (i) *media and public concerns* ao nível (ii) *legislative proposals*. Portanto, a repercussão midiática certamente pode servir de gatilho para a *iniciativa* de lei. Mas não é garantia de *aprovação* de lei. De todo modo, o fluxo sugerido por Zimring é demonstrável.

Para exemplificar essa demonstrabilidade, basta recordar a aprovação da Lei n. 12.978, de 21 de maio de 2014[634], que alterou o nome jurídico do art. 218-B do Código Penal, passando a prever o crime de "favorecimento da prostituição ou de outra forma de exploração sexual de criança ou adolescente ou de vulnerável", e o incluiu no rol dos crimes hediondos (Lei 8.072/90). Em 18 de janeiro de 2014, o programa *Fantástico*, da emissora de televisão Rede Globo, noticiava que o "Prefeito de Coari (AM) é acusado de abusar de meninas de 9 a 15 anos"; "Segundo denúncia, Adail Pinheiro oferecia dinheiro e presentes em troca de práticas sexuais com menores de idade".[635] Em 11 de março de 2014, com origem em projeto de 2010 do Senador Alfredo Nascimento, PR/AM[636],

---

633 "The figure imagines both a temporal and a causal sequence, in which public and media concerns happen prior to and cause legislative proposals that change the content of the law, which in turn changes the level and content of punishment." *Ibidem*, 330.

634 BRASIL. Lei nº 12.978, de 21 de maio de 2014. Altera o nome jurídico do art. 218-B do Decreto-Lei nº 2.848, de 7 de dezembro de 1940 - Código Penal; e acrescenta inciso ao art. 1º da Lei nº 8.072, de 25 de julho de 1990, para classificar como hediondo o crime de favorecimento da prostituição ou de outra forma de exploração sexual de criança ou adolescente ou de vulnerável. Disponível em <http://www.planalto.gov.br/CCivil_03/_Ato2011-2014/2014/Lei/L12978.htm#art2>. Acesso em 21 de julho de 2015

635 Cf. <http://g1.globo.com/fantastico/noticia/2014/01/prefeito-de-coari-am-e-acusado-de-abuso-sexual-em-meninas-de-9-15.html>. Acesso em 21 de julho de 2015.

636 BRASIL. Senado Federal. Projeto de Lei do Senado n. 243/2010. Autoria do Senador Alfredo Nascimento, PR/AM. Altera a Lei nº 8.072, de 25 de julho de 1990, para classificar como

chega à Câmara dos Deputados o PL-7220/2014[637], para tornar hediondo o crime de "prostituição infantil". Em 14 de maio de 2014, a casa aprova o projeto.[638] E em 22 de maio de 2014, após sanção presidencial, a Lei 12.978/2014 entra em vigor: prostituição infantil passa a ser crime hediondo. Já em 16 de maio de 2014, após a aprovação da proposição na Câmara, a Deputada Erika Kokay, do PT/DF, afirmava:

> Há uma urgência em proteger nossas crianças e nossos adolescentes desse tipo de crime que muitas vezes fica impune. Vimos esse temor de denunciar em **Coari**, em que as pessoas tiveram suas casas apedrejadas e foram espancadas ao denunciar um prefeito que criou uma rede de exploração sexual com recursos públicos naquele município.[639]

Interessante pontuar que a Deputada era, à época, a presidente da Comissão Parlamentar de Inquérito (CPI) da Exploração Sexual de Crianças e Adolescentes. Instaurada em 9 de fevereiro de 2012, com Relatório Final em 4 de junho de 2014, a CPI destinava-se a apurar denúncias de turismo sexual e exploração sexual de crianças e adolescentes, conforme...diversas matérias publicadas pela imprensa.[640] Bastou um gatilho midiático (1. *media concern*) para o legislador apresentar sua resposta penal (2. (*legislative proposal*)), convertê-la em lei (3. *new law*), e mudar o nível de punição do crime de prostituição infantil (4. *change in the level of punishment*), agora com os rigores da lei de crimes hediondos.

---

hediondo o crime de exploração sexual de criança ou adolescente. Disponível em <http://www.senado.gov.br/atividade/materia/detalhes.asp?p_cod_mate=98112>. Acesso em 21 de julho de 2015.

637 Cf. <http://www.camara.gov.br/proposicoesWeb/fichadetramitacao?idProposicao=607589>. Acesso em 21 de julho de 2015.

638 "Câmara aprova projeto que torna crime hediondo a exploração sexual de crianças". Cf. <http://www2.camara.leg.br/camaranoticias/noticias/DIREITOS-HUMANOS/468026-CAMARA-APROVA-PROJETO-QUE-TORNA-CRIME-HEDIONDO-A-EXPLORACAO-SEXUAL-DE-CRIANCAS.html>. Acesso em 21 de julho de 2015.

639 (Grifo nosso) Cf. <http://www.conjur.com.br/2014-mai-16/camara-aprova-projeto-torna--exploracao-sexual-crime-hediondo>. Acesso em 21 de julho de 2015.

640 Cf. o Relatório Final da CPI disponível em <http://www2.camara.leg.br/atividade-legislativa/comissoes/comissoes-temporarias/parlamentar-de-inquerito/54a-legislatura/cpi-exploracao-sexual-de-criancas-e-adolescentes/relatorio-final-aprovado/RelatrioaprovadoVERSOFINALcomautenticao.pdf>.. Acesso em 21 de julho de 2015.

Note-se, em relação ao desfecho do episódio de Coari/AM, que em 18 de novembro de 2014, Adail Pinheiro era condenado em primeira instância no Tribunal de Justiça do Amazonas (TJ/AM) a 11 anos e 10 meses de prisão em regime fechado.[641] E em 17 de dezembro de 2014, o Tribunal Superior Eleitoral (TSE) cassava o mandato do político.[642]

Nas linhas que se seguem, tentaremos estabelecer a *sequência temporal e causal* sobre a qual nos referimos: entre repercussão midiática de um fato e proposição legislativa. Em alguns dos PLs a menção à mídia é explícita, por vezes com indicação do veículo de comunicação. Em outras proposições, a referência à mídia é tergiversativa, mas, na maioria dos casos, logramos identificar a qual episódio/fato notório elas podem estar se referindo. Portanto, nossa análise qualitativa passa pela exposição dos 37 projetos, ainda que de forma breve.

(1) O PL-7000/2013, de autoria do Deputado Acelino Popó, PRB/BA, aumenta a pena do crime de corrupção de menores, previsto no art. 218 do Código Penal.[643] Em sua justificativa, declara que:

> [...] acreditamos que a pena para tamanha hediondez esta (sic) definida de forma branda e precisa ser majorada. Uma pessoa de catorze anos de idade, fase na qual nem sonha em descobrir as maldades engendradas pela sociedade no campo das relações sexuais, não pode ficar a mercê de mentes doentias, que não respeitam a capacidade mental ainda incompleta ou em fase de desenvolvimento. [...] **a pena** para o delito estabelecido no art. 218 do Código Penal **deve ser majorada, para que haja um desestímulo por parte de pedófilos, que precisam ficar mais tempo na prisão, em favor da sociedade, que já não suporta ver delitos desse crime todos os dias estampados nas manchetes de jornais.**[644]

---

[641] Cf. <http://g1.globo.com/am/amazonas/noticia/2014/11/justica-condena-adail-pinheiro--mais-de-11-anos-de-prisao-no-am.html>. Acesso em 21 de julho de 2015.

[642] Cf. <http://g1.globo.com/am/amazonas/noticia/2014/12/tse-cassa-mandato-de-prefeito-suspeito-de-pedofilia-no-amazonas.html>. Acesso em 21 de julho de 2015.

[643] "Corrupção de menores: Art. 218. Induzir alguém menor de 14 (catorze) anos a satisfazer a lascívia de outrem: Pena - reclusão, de 2 (dois) a 5 (cinco) anos". BRASIL. Decreto-Lei 2.849 de 1940. Código Penal. Disponível em <http://www.planalto.gov.br/ccivil_03/decreto-lei/Del2848compilado.htm>. Acesso em 21 de julho de 2015.

[644] (Grifo nosso) BRASIL. Câmara dos Deputados. Projeto de Lei n. 7000/2013. Aumenta a Pena do Crime de Corrupção de menores. Disponível em <http://www.camara.gov.br/proposicoesWeb/fichadetramitacao?idProposicao=604858>. Acesso em 21 de julho de 2015.

Apostando nas finalidades dissuasória (prevenção geral negativa) e neutralizadora (prevenção especial negativa), o parlamentar propõe aumentar a pena do crime de corrupção de menores de 2 (dois) a 5 (cinco) para 4 (quatro) a 8 (oito) anos de prisão, tendo como alvo os pedófilos. O PL fora apresentado em 18 de dezembro de 2013.

Cerca de um mês antes, em 19 de novembro de 2013, a Polícia Federal deflagrava a **Operação Glasnost** para "combate à pedofilia em 11 estados brasileiros".[645] A diligência foi amplamente divulgada na mídia.[646] Realizada ao longo de dois anos, a investigação teria identificado cerca 100 (cem) brasileiros que compartilhavam imagens relacionadas à exploração sexual de crianças e adolescentes na internet. Esse tipo de conduta pode caracterizar o que se entende por "pornografia infantil", conforme dispõe o art. 2º, alínea "c", do *Protocolo Facultativo à Convenção sobre os Direitos da Criança referente à venda de crianças, à prostituição infantil e à pornografia infantil*[647], promulgado no Brasil pelo Decreto nº 5.007, de 8 de março de 2004. A pornografia seria uma espécie que deflui do gênero "exploração sexual", ao lado de três outras espécies: venda de crianças, a prostituição infantil, e o turismo sexual infantil.[648] Embora o PL do Deputado Popó não abranja propriamente essas figuras, a sua

---

645 "Operação Glasnost combate a pedofilia em 11 estados brasileiros". Disponível em <http://www.dpf.gov.br/agencia/noticias/2013/11/operacao-glasnost-combate-a-pedofilia-em--11-estados-brasileiros>. Acesso em 21 de julho de 2015. "O nome da operação, 'Glasnost', é uma referência ao termo russo que significa transparência. A palavra foi escolhida porque a maior parte dos investigados utilizava servidores russos para a divulgação de imagens de menores na internet e para realizar contatos com outros pedófilos ao redor do mundo".

646 Cf. <http://g1.globo.com/pr/parana/noticia/2013/11/pf-faz-operacao-para-combater--crime-de-pedofilia-em-11-estados-brasileiros.html>;<http://www.opovo.com.br/app/fortaleza/2013/11/19/noticiafortaleza,3165170/pf-realiza-operacao-para-combater--pedofilia-em-onze-estados-do-brasil.shtml>;<http://www.cbnfoz.com.br/editorial/brasil/19112013-47464-policia-federal-operacao-glasnost-contra-pedofilia-abuso-preso-pai>;<http://www.gazetadopovo.com.br/vida-e-cidadania/operacao-de-combate-a--abuso-sexual-de-criancas-prende-sete-no-pr-38p7desrwxp7983qja8mv3bda>. Acesso em 21 de julho de 2105.

647 "Pornografia infantil significa qualquer representação, por qualquer meio, de uma criança envolvida em atividades sexuais explícitas reais ou simuladas, ou qualquer representação dos órgãos sexuais de uma criança para fins primordialmente sexuais." Disponível em <http://www.planalto.gov.br/ccivil_03/_ato2004-2006/2004/decreto/d5007.htm>. Acesso em 21 de julho de 2015.

648 Art. 10º do *Protocolo Facultativo à Convenção sobre os Direitos da Criança referente à venda de crianças, à prostituição infantil e à pornografia infantil*. Disponível em <http://www.planalto.gov.br/ccivil_03/_ato2004-2006/2004/decreto/d5007.htm>. Acesso em 21 de julho de 2015.

referência aos "pedófilos", no contexto de fato relativo à "pedofilia" de enorme repercussão, dentro de um mês de sua ocorrência, sugere que a proposição veio como resposta a ele.[649]

De acordo com a Classificação Internacional de Doenças (CID) da Organização Mundial de Saúde (OMS), a pedofilia é considerada uma "desordem de preferência sexual". É assim conceituada: "uma preferência sexual por crianças, meninos ou meninas ou ambos, geralmente de idade de início de puberdade ou pré-puberdade".[650]

O psiquiatra Patrice Dunaigre, especialista em pedofilia internacionalmente reconhecido, estabelece uma classificação geral que distingue duas formas de pedofilia em relação à pessoa do agressor: pedofilia *situacional* e pedofilia *preferencial*. Na primeira, os "adultos abusam sexualmente de crianças sem necessariamente sentir nenhuma atração sexual real em relação a elas. São frequentemente atos isolados, impulsivos, cometidos por indivíduos com personalidades patológicas".[651] A segunda trata da "forma convencional de pedofilia que envolve desvio sexual em relação a crianças impúberes com ações em várias formas".[652] Em geral, o legislador não se preocupa em identificar as formas de violência atribuídas ao que denomina pedofilia. Com isso, o político pode

---

649 Outro fato relevante: Treze dias antes da apresentação do PL, em 5 de dezembro, veículos divulgavam a prisão de suspeitos (incluindo um assessor parlamentar, um radialista e um professor) de participarem de uma rede de "pedofilia" em Minas Gerais: "Cinco suspeitos de pedofilia contra adolescentes são presos em Minas" e "Assessor parlamentar, radialista e professor são presos por rede de pedofilia em MG", respectivamente disponíveis em <http://g1.globo.com/minas-gerais/noticia/2013/12/cinco-suspeitos-de-pedofilia-contra-adolescentes-sao-presos-em-minas.html> e <http://www.hojeemdia.com.br/horizontes/assessor-parlamentar-radialista-e-professor-s-o-presos-por-rede-de-pedofilia-em-mg-1.198736>. Acesso em 21 de julho de 2015.

650 (Tradução nossa) Cf. item "F65. Disorders of sexual preference. [...] F65.4: Paedophilia: A sexual preference for children, boys or girls or both, usually of prepubertal or early pubertal age." Disponível em <http://apps.who.int/classifications/icd10/browse/2015/en#/F60-F69>. Acesso em 21 de julho de 2015.

651 (Tradução nossa) "Some adults sexually assault children without necessarily feeling any real sexual attraction towards them. These are often isolated, impulsive acts committed by individuals with pathological personalities." DUNAIGRE, Patrice. **Expert Meeting on: Sexual Abuse of Children, Child Pornography and Paedophilia on the Internet: an international challenge**. UNESCO, Paris, Room II, 18-19 January 1999. Disponível em <http://unesdoc.unesco.org/images/0011/001147/114746eo.pdf>. Acesso em 21 de julho de 2015.

652 (Tradução nossa) "This is the conventional form of paedophilia that involves sexual deviance regarding prepubescent children acted out in various forms". *Ibidem*.

propor aumento do crime de *corrupção de menores*, e o que está em jogo é *pornografia infantil*. Ou buscar recrudescer o tratamento da *prostituição infantil*, enquanto o que está em jogo é a figura do *estupro de vulnerável*. E pode ocorrer de nenhuma dessas condutas ser reputada prática de pedofilia, nos sentidos atribuídos pelo saber científico-psiquiátrico. O uso indiscriminado do termo, seja por políticos, seja pela mídia, criando uma figura unívoca da pedofilia para designar atos e comportamentos de múltiplas dimensões, só contribui para a má compreensão do tema da pedofilia. Nesse sentido, adverte Dunaigre "o uso deliberado [do termo] apenas levará ao silenciamento de outras questões, que em vários aspectos, e no contexto social, também contribuem para o mutismo em torno do fato da pedofilia".[653] De todo modo, como vimos, o populismo penal elege seus "inimigos", e o pedófilo é um deles.

(2) O PL-6069/2013, de autoria da Deputada Aline Corrêa, PP/SP, aumenta a pena do crime de maus-tratos aos animais.[654] Vimos que esse crime (art. 32 da Lei 9.605/98) apareceu em 8 (oito) dos 191 PLs objeto dessa pesquisa, ou seja, 4,18% do total. Não é pouco. É mais do que os PLs apresentados que versavam sobre delitos contra o idoso (2,61%) e crimes de armas de fogo (2,09%).

Na justificativa da proposição apresentada em 8 de agosto de 2013, a parlamentar argumenta que "[...] a violência contra os animais domésticos tem se tornado uma manchete recorrente em jornais, na televisão e nas redes sociais".[655] A referência à mídia é explícita, mas sem destacar um episódio em particular. Considerando a base eleitoral da Deputada, São Paulo, em breve pesquisa, identificamos uma ocorrência relacionada ao tema. Em 19 de julho de 2013, mês anterior à apresentação do PL, em período de recesso parlamentar, a TV TEM, afiliada da Rede Globo na região de Sorocaba[656], interior de São Paulo, divulgava uma reportagem sobre maus-tratos a cavalos, cães e pássaros

[653] (Tradução nossa) "[...] unconsidered use will only lead to silencing other issues, which in various ways, and in the social context, also contribute to the mutism surrounding the fact of paedophilia". *Ibidem*, p. 10.

[654] BRASIL. Câmara dos Deputados. Projeto de Lei n. 6069/2013. Altera a pena do art. 32 da Lei nº 9.605, de 12 de fevereiro de 1998, para quem pratica abuso, maus-tratos, ferimento ou mutilação de animais silvestres, domésticos ou domesticados, nativos ou exóticos. Disponível em <http://www.camara.gov.br/proposicoesWeb/fichadetramitacao?idProposicao=586498>. Acesso em 21 de julho de 2015.

[655] *Ibidem*.

[656] Cf. <redeglobo.globo.com/sp/tvtem/>. Acesso em 21 de julho de 2015.

que eram mantidos em cativeiro em um sítio, no município de Jumirim/SP.[657] Contudo, não é possível asseverar a relação de sequência temporal e causal entre esse fato e o projeto mencionado.

Há outros episódios repercutidos na mídia de abuso cometido contra animais que antecederam o PL da Deputada Aline Côrrea, os quais sugerem sua responsividade. Em outubro de 2012, reportagem do *Jornal Hoje*, da Rede Globo, noticiava cachorros sendo maltratados no *pet shop* Quatro Patas, no bairro de Engenho de Dentro, Rio de Janeiro.[658] Em maio de 2013, um médico "jogou dois cachorros da janela do apartamento da mãe, no sexto andar de um prédio em Copacabana, Rio de Janeiro."[659] Também em maio de 2013, foi amplamente divulgado um vídeo de 10 minutos no qual uma mulher e seu filho torturavam um pequeno cão da raça *poodle toy*, em um condomínio na Zona Norte de Porto Alegre (RS).[660]

Mas é outro episódio ocorrido em 2013 que aponta para o populismo penal na Câmara dos Deputados relativamente à crueldade contra animais. Em 18 de outubro de 2013, ativistas pela defesa dos animais invadiram o Instituto Royal, em São Roque/SP, e retiraram "200 cachorros da raça *beagle*, 50 coelhos e alguns gatos mantidos como cobaias de experimentos científicos"[661], e que sofriam maus tratos. Em 24 de outubro de 2013, a Câmara apressou-se em resgatar antiga proposta. Aprovava assim urgência para votação do

---

657 "Animais vítimas de maus-tratos são recolhidos em Jumirim, SP". Disponível em: <http://g1.globo.com/sao-paulo/itapetininga-regiao/noticia/2013/07/animais-vitimas-de-maus-tratos-sao-recolhidos-em-jumirim-sp.html>. Acesso em 21 de julho de 2015.

658 Cf. <http://g1.globo.com/jornal-hoje/noticia/2012/10/funcionario-de-pet-shop-e-flagrado-em-gravacao-agredindo-animais.html>. Acesso em 21 de julho de 2015.

659 Cf. <http://veja.abril.com.br/noticia/brasil/homem-joga-dois-caes-do-sexto-andar-de-predio-no-rio>. Acesso em 3 de julho de 2015.

660 "Vizinho filma mulher e filho pequeno torturando poodle no RS". Disponível em <http://veja.abril.com.br/noticia/brasil/vizinho-filma-mulher-e-filho-pequeno-torturando-poodle-no-rs>. Acesso em 3 de julho de 2015.

661 Cf. "Instituto Royal alega nunca ter maltratado animais" <http://veja.abril.com.br/noticia/brasil/instituto-royal-diz-que-nunca-maltratou-animais/>; e "Após denúncia de maus-tratos, grupo invade laboratório e leva cães beagle" <http://g1.globo.com/sao-paulo/sorocaba-jundiai/noticia/2013/10/ativistas-invadem-e-levam-caes-de-laboratorio-suspeito-de-maus-tratos.html>. Acesso em 3 de julho de 2015.

PL-2833/2011[662], de autoria do Deputado Ricardo Tripoli, PSDB/SP. O projeto desafia todos os princípios do Direito Penal. Desafia qualquer conteúdo de racionalidade penal produzida desde Cesare Beccaria (1738-1794), o mais eloquente representante dos ideais iluministas em temas penais.[663]

A proposição prevê a desproporcional pena de reclusão de 5 (cinco) a 8 (oito) anos para quem "matar cão ou gato". "Se o crime é cometido para fins de controle zoonótico quando não houver comprovação irrefutável de enfermidade infecto-contagiosa não responsiva a tratamento preconizado e atual, ou para fins de controle populacional", a pena de reclusão sobe para impressionantes 6 (seis) a 10 (dez) anos (!). Se o crime for culposo, a absurda pena é de 3 (três) a 5 (cinco) anos.[664] Ou seja, mais grave do que matar gente, pessoa humana, já que a pena do homicídio culposo é de detenção de 1 (um) a 3 (três) anos.[665]

Em 29 de abril de 2015, baixada a poeira do pânico moral dos "crimes contra animais que chocaram o país"[666], o PL sofreu alterações, reduções de pena, foi aprovado na Câmara, e enviado ao Senado Federal. E assim nascem as leis populistas punitivas em nosso país.

(3) O PL-1340/2011, de Autoria do Deputado Anderson Ferreira, PR/PE, aumenta a pena (2/3 até o dobro) do crime de tráfico de drogas se a substância for o "OXI", nova droga derivada da pasta de cocaína, querosene/gasolina e cal

---

662 Cf. <http://g1.globo.com/politica/noticia/2013/10/camara-aprova-urgencia-para-votar-projeto-contra-maus-tratos-animais.html>. Acesso em 21 de julho de 2015. Esse projeto não foi selecionado para análise em nossa pesquisa porque trata de "novos crimes", e não de "aumento de pena de crime já existente", consoante nosso escopo.

663 Conforme atesta Anitua: "A reação contra o arbítrio dos soberanos é perceptível em todos os iluministas, e de forma mais eloquente em seu melhor e mais famoso representante nos temas penais, Cesare Bonesana, conhecido como marquês de Beccaria (1738-1794)". ANITUA, Gabriel Ignacio. **Histórias dos pensamentos criminológicos**. Trad.: Sérgio Lamarão. Rio de Janeiro: Revan; Instituto Carioca de Criminologia, 2008, p. 160.

664 BRASIL. Câmara dos Deputados. Projeto de Lei n. 2833/2011. Criminaliza condutas praticadas contra cães e gatos, e dá outras providências. Disponível em <http://www.camara.gov.br/proposicoesWeb/fichadetramitacao?idProposicao=529820>. Acesso em 21 de julho de 2015.

665 Conforme previsto no art. 121, § 3º, do Código Penal. Disponível em <http://www.planalto.gov.br/ccivil_03/decreto-lei/Del2848compilado.htm >.

666 Conforme veiculado em 21 de outubro de 2013 em <http://veja.abril.com.br/noticia/brasil/instituto-royal-diz-que-nunca-maltratou-animais/>. Acesso em 3 de julho de 2015.

virgem. A proposta foi apresentada em 12 de maio de 2011, com a seguinte justificativa:

> **Recentemente, surgiu na Região Norte, mais especificamente na fronteira com a Bolívia uma nova droga, o "OXI".** [...]
>
> Tem-se espalhado por quase todo Brasil, causando uma epidemia de vício pelo país. Já existem relatos na Região Centro-Oeste - em Goiás e Distrito Federal - em alguns Estados da Região Nordeste e também na Região Sudeste - na cidade de São Paulo - mais especificamente, na região da "cracolândia". [...]
>
> **Uma pesquisa realizada pela Associação Brasileira de Redução de Danos, em parceria com o Ministério da Saúde, mostrou que de cem pacientes acompanhados, um terço deles morre com um ano de uso do "OXI".** [...]
>
> O tráfico do "OXI" é um crime gravíssimo. Além dos efeitos causados nos usuários, perda de capacidade, perda da vida, crises de agressividade, há todo um efeito sobre a população em geral.
>
> Com isso, proponho que a pena para o crime de tráfico de "OXI" seja aumentada de dois terços até o dobro, se a substância entorpecente for a droga em questão.
>
> Diante do exposto, solicito apoio aos Pares para essa iniciativa, de forma a dar maior eficácia ao combate ao crime de tráfico de "OXI".[667]

Em 6 de maio de 2011, a *Veja* divulgava reportagem sobre a droga com chamativa manchete: "Óxi, uma nova e devastadora droga se espalha pelo país".[668] Em certo trecho, a matéria destaca que:

> A única pesquisa conhecida sobre a droga - conduzida por Álvaro Mendes, da Associação Brasileira de Redução de Danos, em parceria com o Ministério da Saúde - acompanhou cem pacientes que fumavam óxi. E chegou a uma terrível constatação: a droga matou um terço dos usuários no prazo de um ano.[669]

---

667 (Grifos nossos) BRASIL. Câmara dos Deputados. Projeto de Lei n. 1340/2011. Altera o art. 33 da Lei nº 11.343, de 23 de agosto de 2006, que Institui o Sistema Nacional de Políticas Públicas sobre Drogas, Sisnad. Aumenta pena para o crime de tráfico de "OXI". Disponível em <http://www.camara.gov.br/proposicoesWeb/fichadetramitacao?idProposicao=502068>. Acesso em 21 de julho de 2015.

668 Cf. <http://veja.abril.com.br/noticia/saude/oxi-e-mais-prejudicial-que-o-crack/>. Acesso em 21 de julho de 2015.

669 *Ibidem.*

E essa informação de pesquisa é justamente a apontada na justificativa do PL-1340/2011 (12 de maio), conforme nosso grifo acima. O parlamentar foi rápido e eficiente em sua responsividade, antecipando-se a outros veículos de imprensa. Pois, em 14 de maio de 2011, a revista Época anunciava[670]: "Oxi, uma droga ainda pior". E em 22 de maio de 2011, após a apresentação do projeto, o programa *Fantástico*, da Rede Globo, dava o seu destaque: "uma droga mais devastadora que o *crack* invade as ruas das cidades por todo Brasil".[671] O Deputado certamente teria dificuldades em explicar de que forma dobrar a pena do crime de tráfico de drogas seria uma estratégia eficaz/eficiente/efetiva para lidar com o problema social do comércio ilegal e uso da droga "oxi". Nós não temos dificuldade em apontar a proposta legislativa como um exemplo genuíno de oportunismo político: populismo penal legislativo.

(4) O PL-3898/2012, de autoria do Deputado Ângelo Agnolin, PDT/TO, aumenta a pena do crime de concussão e de crimes contra as licitações[672]. Apresentado em 22 de maio de 2012, assim se exibe a justificação:

> **Reportagens recentemente divulgadas pelo Fantástico e pelo Jornal Nacional, da Rede Globo, revelaram a facilidade com que licitações são fraudadas, com direcionamento em favor de determinada empresa, superfaturamento de preços e concessão de vantagem indevida ao agente responsável pelo certame licitatório.** A desfaçatez com que agem as pessoas envolvidas demonstra absoluta convicção de impunidade e indica a necessidade de agravamento das penas aplicáveis em virtude de tais práticas.
>
> [...] Propomos, portanto, a elevação da pena correspondente ao crime de concussão, atualmente de 2 a 8 anos, para entre 3 e 15 anos.

---

670 Cf. "Recente nos Estados mais ao sul do país, o oxi é velho conhecido dos viciados da Região Norte. Acredita-se que a droga entrou no Brasil ainda na década de 1980, a partir de Brasileia e Epitaciolândia, cidades do Acre que fazem fronteira com a Bolívia". <http://revistaepoca.globo.com/Revista/Epoca/0,,EMI233391-15223,00-UMA+DROGA+AINDA+-PIOR.html>. Acesso em 21 de julho de 2015.

671 Exatas palavras da jornalista Patrícia Poeta, à época apresentadora do programa. Cf. "Efeitos do Oxi (Fantástico 22/05/2011)". <https://www.youtube.com/watch?v=Z-MYTwhA4s4>. Acesso em 21 de julho de 2015.

672 BRASIL. Câmara dos Deputados. Projeto de Lei n. 3898/2012. Altera o Decreto-Lei nº 2.848, de 7 de dezembro de 1940 - Código Penal, a Lei nº 8.429, de 2 de junho de 1992, e a Lei nº 8.666, de 21 de junho de 1993, para estabelecer sanções mais severas para aqueles que fraudarem licitações públicas. Disponível em <http://www.camara.gov.br/proposicoesWeb/fichadetramitacao?idProposicao=545300>. Acesso em 21 de julho de 2015.

> [...] Finalmente, propõe-se a substituição da pena aplicável a quem, de forma ilícita, dispensar ou declarar inexigível licitação, fixada pela Lei das Licitações entre 3 e 5 anos de detenção, para entre 5 e 10 anos de reclusão. [...]

O parlamentar se refere à reportagem divulgada no programa *Fantástico*, da TV Globo, exibido em 18 de março de 2012: "Fantástico mostra como é feita fraude em licitações de saúde pública".[673] Apresentada cerca de dois meses depois da matéria de televisão, a proposta do político *descobre perplexamente* a corrupção e fraude em processos licitatórios no Brasil.

(5) O PL-1852/2007, de autoria do Deputado Bruno Araújo, PSDB/PE, aumenta a pena do crime de lesão corporal e homicídio contra servidor público no exercício da função ou em razão dela. A justificativa registra:

> A afirmação de que a violência se tornou no Brasil global e diuturna seria mera repetição da constatação do (sic) que a situação parece não mudar. [...]
>
> **Tem sido frequente a intimidação e mesmo morte de servidores públicos, para acobertar crimes, como ocorreu com a recente morte de fiscais em Unaí, Minas Gerais.** [...]
>
> É justo pois que se proteja esses representantes da Administração Pública; deve lhes ser proporcionada garantia para diminuir sua vulnerabilidade. [...][674]

Em janeiro de 2004, quatro auditores fiscais do Ministério do Trabalho foram mortos em Unaí, no Noroeste de Minas Gerais. Os servidores investigavam denúncias de trabalho escravo na fazenda de Norberto Mânica, que inclusive é acusado de participar da morte dos servidores, e será julgado pela

---

673 Cf. "Com o conhecimento do diretor e do vice-diretor do hospital pediátrico da Universidade Federal do Rio de Janeiro, o repórter Eduardo Faustini fingiu ser o novo gestor de compras da instituição. Todos os outros funcionários acreditavam que ele era mesmo o responsável pelo setor de compras, onde pôde acompanhar livremente todas as negociações e contratações de serviços." <http://g1.globo.com/rio-de-janeiro/noticia/2012/03/fantastico-mostra-como-e-desvio-de-dinheiro-em-um-hospital-publico.html>. Acesso em 21 de julho de 2015.

674 (Grifo nosso) BRASIL. Câmara dos Deputados. Projeto de Lei n. 3898/2012. Inclui inciso VI ao art. 121 e § 11 ao art. 129, ambos do Código Penal Brasileiro. Disponível em <http://www.camara.gov.br/proposicoesWeb/fichadetramitacao?idProposicao=364122>. Acesso em 21 de julho de 2015.

Justiça Federal em Belo Horizonte, conforme decisão da Primeira Turma do Supremo Tribunal Federal de 28 de abril de 2015.[675]

Em 28 de janeiro de 2007, uma caminhada silenciosa reuniu 150 (cento e cinquenta) pessoas em lembrança do terceiro ano de luto da morte dos auditores.[676] Sete meses depois, na retomada do recesso parlamentar, o projeto prevendo penas mais altas para homicídio de servidor público era apresentado em 22 de agosto de 2007 pelo Deputado Bruno Araújo, do PSDB/PE.

(6) O PL-6347/2013, de autoria do Deputado Carlos Sampaio, PSDB/SP, aumenta a pena do crime de dano nos casos em que o autor se aproveita de manifestação pacífica e do uso de máscaras, ou objeto que cubra o rosto, com o objetivo de tornar impossível sua identificação. O proponente expõe na justificativa:

> Este projeto de lei pretende punir aqueles que se aproveitam do anonimato proporcionado pelas manifestações para provocar danos ao patrimônio público ou privado [...]. "[...] A verdadeira intenção é aumentar a punição daqueles que provocam dano, valendo-se tanto da ocasião que a manifestação proporciona, quanto das máscaras, com o fim de causar prejuízos privados ou públicos." "[...] Com o objetivo de dar resposta penal adequada e proporcional a esse tipo de uso das manifestações e dos seus participantes, é que propusemos a inclusão de uma causa de aumento de pena no caso de crime de dano. "[...] No caso deste projeto, teríamos o crime de dano provocado por indivíduo utilizando-se das manifestações, como escudo humano, e de máscara, para impedir que a polícia o identifique em ação em uma manifestação, para poder impedi-lo de fazer o mesmo em uma futura manifestação.[677]

Apresentada em 13 de setembro de 2013, a proposta é uma evidente resposta ao levante da multidão de pessoas que saiu às ruas em junho de 2013. Os protestos iniciam-se contra o aumento no valor da passagem de transporte

[675] "Norberto Mânica, acusado da chacina de Unaí, será julgado em BH, diz STF". Disponível em <http://g1.globo.com/minas-gerais/noticia/2015/04/julgamento-do-fazendeiro-norberto-manica-sera-em-bh-diz-stf.html>. Acesso em 21 de julho de 2015.

[676] Disponível em: "Auditores cobram justiça pela morte dos colegas em Unaí". Disponível em <http://reporterbrasil.org.br/2007/01/auditores-cobram-justica-pela-morte-dos-colegas-em-unai/>. Acesso em 21 de julho de 2015.

[677] BRASIL. Câmara dos Deputados. Projeto de Lei n. 6347/2013. Acrescenta o § 2º ao art. 163, do Decreto-Lei nº 2.848, de 7 de dezembro de 1940, Código Penal Brasileiro. Disponível em <http://www.camara.gov.br/proposicoesWeb/fichadetramitacao?idProposicao=591911>. Acesso em 21 de julho de 2015.

público. Em seguida, a manifestação ganha forte adesão da população em todo país, diante da brutalidade policial na contenção dos manifestantes. Milhares de pessoas saíam às ruas. Em um movimento disforme, as reinvindicações variavam. Os protestos se diversificavam e, por vezes, eram caracterizados por episódios de violência contra alvos móveis e imóveis. Manifestantes usavam máscaras. À época, a mídia repercutia o movimento: "Milhares tomam as ruas e protestam pelo país" (Veja, em 17 de junho de 2013)[678]; "As manifestações pelo Brasil em 20 de junho" (Carta Capital, em 20 de junho de 2013)[679].

Vinda no bojo das manifestações, responsiva a ela, a proposta citada do parlamentar é uma particular forma de criminalizar um movimento social. A lei penal já prevê mecanismos de contenção de eventual excesso, como os crimes de dano, lesão corporal etc. De todo modo, entendemos que o Direito Penal é péssimo instrumento para lidar com conflitos sociais gerados por manifestações relativas à insatisfação com o poder público em um ambiente democrático.

(7) O PL-8082/2014, de autoria do Deputado César Halum, PRB/TO, aumenta a pena dos crimes relacionados com a divulgação de pesquisas eleitorais fraudulentas, bem como da conduta criminosa de retardar, impedir ou dificultar a ação fiscalizadora dos partidos quanto aos crimes relacionados à realização de pesquisas eleitorais fraudulentas. Eis a fundamentação da proposta:

> **Ao tempo em que os institutos de pesquisa têm cometido equívocos graves, mormente nas eleições gerais de 2014, parece-nos chegada a hora de aumentar o controle estatal sobre tais instrumentos e entidades que as produzem**. Com efeito, a pena prevista não nos parece adequada a um crime que põe em risco de das eleições e a própria democracia.[680]

---

678 Cf. <http://veja.abril.com.br/noticia/brasil/acompanhe-o-quinto-protesto-contra-o-reajuste-de-tarifas/>. Acesso em 21 de julho de 2015.

679 Disponível em <http://www.cartacapital.com.br/sociedade/as-manifestacoes-pelo-brasil-em-20-de-junho-4066.html>. Acesso em 21 de julho de 2015.

680 (Grifo nosso) BRASIL. Câmara dos Deputados. Projeto de Lei n. 8082/2014. Altera dispositivos da Lei nº 9.504, de 30 de setembro de 1997 (Lei das Eleições), para agravar as multas e as penas das infrações eleitorais e dos crimes relacionados às pesquisas eleitorais. Disponível em <http://www.camara.gov.br/proposicoesWeb/fichadetramitacao?idProposicao=744153>. Acesso em 21 de julho de 2015.

Apresentada em 11 de novembro de 2014, a proposição aparece no contexto dos polêmicos índices de intenção de voto divulgados por institutos de pesquisa. Por exemplo, em 17 de outubro de 2014, o Portal R7 destacava: "Pesquisa do Instituto Sensus coloca Aécio na liderança do segundo turno".[681] E em seguida, em 21 de outubro, "Aécio diz que institutos de pesquisa estão devendo explicações ao país".[682]

(8) O PL-5822/2009, de autoria do Deputado Ciro Nogueira, PP/PI, aumenta as penas para o crime de roubo de cargas e a sua receptação. Mantendo o padrão populista punitivo do apelo ao medo, insegurança e combate eficaz do crime, a justificativa brada:

> Este projeto de lei visa a criar um instrumento capaz de coibir a atuação de quadrilhas especializadas em furtar ou roubar cargas em todo País e que causam enormes prejuízos, inclusive de vidas humanas, disseminando, ainda, a insegurança e o medo. [...] O receptador, figura-chave da existência de quadrilhas, deve ser punido com pena mais pesada. A legislação precisa dar à polícia e ao Estado as condições para o combate ao crime organizado e a repressão mais eficaz. **Todos os dias há notícias de empresários que são vítimas ou mesmo sujeitos ativos do delito de roubo de carga**. É necessário por um basta a esta situação. Cremos que somente com o tornar mais severas as penas para os delitos de roubo e receptação de cargas poder-se-á minimizar a sensação de insegurança e desespero de motoristas, transportadoras e dos empresários que dependem da vinda de produtos de outros Estados.[683]

Não encontramos um episódio específico sobre roubo de carga que pudesse servir de impulso para esse PL. Entretanto, logramos identificar no próprio pronunciamento do autor da proposta mais uma confirmação de duas hipóteses de nossa pesquisa: (i) projetos de lei que pretendem aumentar penas sem que haja lastro em estudos, números e estatísticas (PLs de emergência, infundados e injustificados); e (ii) projetos de lei apresentados como resposta

---

681 Disponível em: <http://noticias.r7.com/eleicoes-2014/pesquisa-do-instituto-sensus-coloca-aecio-na-lideranca-do-segundo-turno-17102014>. Acesso em 21 de julho de 2015.

682 Disponível em <http://g1.globo.com/mato-grosso-do-sul/eleicoes/2014/noticia/2014/10/aecio-diz-que-institutos-de-pesquisa-estao-devendo-explicacoes-ao-pais.html>. Acesso em 21 de julho de 2015.

683 (Grifo nosso) BRASIL. Câmara dos Deputados. Projeto de Lei n. 5822/2009. Torna mais severas as penas para o roubo de cargas a sua receptação. Disponível em <http://www.camara.gov.br/proposicoesWeb/fichadetramitacao?idProposicao=445994>. Acesso em 21 de julho de 2015.

à mídia (comportamento responsivo do legislador às ansiedades do público e da mídia – *public and media concerns*). Colhidas dos *Discursos e Notas Taquigráficas* da Câmara dos Deputados, eis as palavras do Deputado proferidas em 7 de julho de 2009:

> Sr. Presidente, Sras. Deputadas, Srs. Deputados, nos últimos anos, o roubo de cargas vem figurando entre os crimes que mais têm crescido no País. **Embora não haja dados nacionais para fundamentar essa afirmação, acompanho o crescente destaque que esse tipo de crime tem recebido na mídia**, o que nos permite ter a dimensão que o problema vem adquirindo. Isso me fez pensar em uma solução, e é sobre isso que venho falar agora, nesta tribuna.[684]

Em 19 de agosto de 2009, o político apresentava sua solução. Todos sabemos qual é. Aumentem-se as penas. Populismo penal legislativo.

(9) O PL-8127/2014, de autoria da Comissão Externa da Câmara dos Deputados, aumenta a pena do crime de injúria qualificada pela utilização de elementos referentes a raça, cor, etnia, religião, origem ou a condição de pessoa idosa ou portadora de deficiência. A justificativa apresentada pela Comissão atesta:

> [...] os recentes casos de conduta discriminatória que têm sido registrados em nosso país, **com ênfase para aqueles ocorridos em partidas de futebol (como, por exemplo, os ocorridos com os jogadores Tinga, Arouca e Aranha)**, resultam em indiciamentos pelo crime de injúria racial, que é punido com a pena de reclusão de 1 a 3 anos. A pena para o crime em questão, sendo menor de quatro anos, enseja sua substituição por penas alternativas – o que reforça a sensação de impunidade.[685]

Pretendendo o aumento da pena do crime de injúria racial de 1 (um) a 3 (três) para 2 (dois) a 5 (cinco) anos, a Comissão se refere expressamente a três episódios ocorridos com jogadores de futebol. (i) Em 12 de fevereiro de

---

684 Disponível em: <http://www.camara.gov.br/internet/sitaqweb/TextoHTML.asp?etapa=3&nuSessao=172.3.53.O&nuQuarto=38&nuOrador=1&nuInsercao=28&dtHorarioQuarto=15:14&sgFaseSessao=PE%20%20%20%20%20%20%20%20&Data=07/07/2009&txApelido=CIRO%20NOGUEIRA&txFaseSessao=Pequeno%20Expediente%20%20%20%20%20%20%20%20%20%20%20&dtHoraQuarto=15:14&txEtapa=Com%20reda%C3%A7%C3%A3o%20final>. Acesso em 21 de julho de 2015.

685 (Grifo nosso) BRASIL. Câmara dos Deputados. Projeto de Lei n. 8127/2014. Altera a redação dos arts. 140 e 145 do Decreto Lei nº 2.848, de 7 dezembro de 1940, Código Penal. Disponível em <http://www.camara.gov.br/proposicoesWeb/fichadetramitacao?idProposicao=796188>. Acesso em 21 de julho de 2015.

2014: "Com imitação de macacos, cruzeirense é alvo de racismo em jogo no Peru".[686] (ii) Em 6 de março de 2014: "Principal jogador do Santos na vitória por 5 a 2 sobre o Mogi Mirim [...], na noite desta quinta-feira, pela 12ª rodada do Campeonato Paulista, o volante Arouca foi chamado de "macaco" após o duelo."[687] (iii) E em 28 de agosto de 2014: "Goleiro Aranha é alvo de ofensas racistas na Arena do Grêmio".[688]

A sucessão de lastimáveis ocorrências racistas, com ampla divulgação na mídia, tendo como personagens atletas de futebol, criou campo fértil para a resposta legislativa fundada no recrudescimento da pena, em 20 de novembro de 2014.

(10) O PL-6979/2006, de autoria do Deputado Dr. Rosinha, PT/PR, aumenta a pena mínima do crime de evasão de divisas, previsto no art. 22 da lei 7.492/1986, de 2 (dois) para 4 (quatro). Como destacado por nós[689], no universo de 191 PLs, esse foi o único que versava sobre crime contra o Sistema Financeiro Nacional, ou seja, 0,52% do total. O projeto veio assim justificado:

> Os recentes escândalos relativos à existência de "caixa dois" em campanhas eleitorais e a malfadada CPMI do Banestado demonstram a fragilidade da legislação que visa a coibir a evasão de divisas no País. Segundo a edição de 09 de novembro de 2005 do jornal Valor Econômico, até o Uruguai, país cujo abrigo de recursos não sujeitos à tributação é notório, está mudando sua posição com relação ao assunto. [...] com vistas a adequar a penalidade aplicável ao crime de evasão de divisas ao malefício produzido à sociedade e, adicionalmente, reduzir os efeitos das intrincadas operações financeiras, societárias e contábeis que são

---

686 "O meio-campista Tinga, do Cruzeiro, foi alvo de insultos racistas durante a partida contra o Real Garcilaso, do Peru, válida pela primeira rodada da fase de grupos da Copa Libertadores da América." Disponível em <http://esportes.terra.com.br/cruzeiro/com-imitacao-de-macacos-cruzeirense-e-alvo-de-racismo-em-jogo-no-peru,6cc3c4d59e824410VgnVCM4000009bcceb0aRCRD.html>. Acesso em 21 de julho de 2015.

687 Cf. "Arouca é chamado de 'macaco' após goleada do Santos: 'Bom nem ouvir'". Disponível em <http://globoesporte.globo.com/futebol/times/santos/noticia/2014/03/arouca-e-chamado-de-macaco-apos-goleada-do-santos-bom-nem-ouvir.html>. Acesso em 21 de julho de 2015.

688 Disponível em <http://esportes.terra.com.br/santos/goleiro-aranha-e-alvo-de-ofensas-racistas-na-arena-do-gremio,a35122e4c2f18410VgnVCM3000009af154d0RCRD.html>. Acesso em 21 de julho de 2015.

689 No item 4.2.5, relativo à *análise quantitativa dos PLs quanto à norma penal a ser alterada (bem jurídico).*

> produzidas com a finalidade de impedir a ação da justiça, julgamos que a pena mínima prevista para aquele crime deva ser aumentada de dois para quatro anos.[690]

Encerrada em fins de dezembro de 2004, a CPMI (Comissão Parlamentar Mista de Inquérito) do Banestado "investigou o envio de remessa ilegal de cerca de R$ 30 bilhões para o exterior, por meio das chamadas contas CC-5" (contas de pessoas não residentes no país), conforme noticiava a Folha de S. Paulo em 14 de dezembro de 2004[691], e na mesma data, o site Consultor Jurídico.[692] No final de fevereiro de 2005, o Deputado José Mentor, PT/SP, relator da conturbada CPMI do Banestado, apresentava seu controvertido relatório.[693]

Em 25 de abril de 2006, a CPMI volta à cena. A Folha veicula notícia segundo a qual o doleiro Richard Van Otterloo afirmara em depoimento ao Ministério Público que teria pagado R$ 300 mil para o Deputado José Mentor "excluí-lo do relatório final da CPI do Banestado".[694] De fato, o nome do doleiro não constou do relatório. Não é possível afirmar que esse retorno do episódio ao *mainstream* foi a "causa" do PL do Deputado Rosinha. Mas é uma variável a

---

690 BRASIL. Câmara dos Deputados. Projeto de Lei n. 6979/2006. Dispõe sobre a responsabilidade solidária do mandatário cujo mandato seja outorgado por empresa domiciliada em território ou país com tributação favorecida, inclui crimes como antecedentes para crime de "lavagem" ou ocultação de bens, direitos e valores e dá outras providências. Disponível em <http://www.camara.gov.br/proposicoesWeb/fichadetramitacao?idProposicao=323150>. Acesso em 21 de julho de 2015.

691 "Relatório da CPI do Banestado pede 91 indiciamentos". Disponível em <www1.folha.uol.com.br/folha/brasil/ult96u66258.shtml>. Acesso em 21 de julho de 2015.

692 "Relatório da CPI do Banestado aponta evasão de R$ 150 bilhões" Cf. <http://www.conjur.com.br/2004-dez-14/relatorio_cpi_banestado_aponta_evasao_150_bi>. Acesso em 21 de julho de 2015.

693 "José Mentor apresenta relatório final da CPI do Banestado". Disponível em <http://www2.camara.leg.br/camaranoticias/radio/materias/ULTIMAS-NOTICIAS/327230-JOS%C3%89-MENTOR-APRESENTA-RELAT%C3%93RIO-FINAL-DA-CPI-DO-BANESTADO-(-02'-53%22-).html>. Acesso em 21 de julho de 2015.

694 "Doleiro diz que pagou R$ 300 mil a Mentor". Disponível em <www1.folha.uol.com.br/fsp/brasil/fc2504200604.htm>. Acesso em 21 de julho de 2015. No mesmo sentido: "Um dos doleiros mais investigados do país diz que deu R$ 300 mil ao deputado José Mentor (PT) paulista. A propina teria sido paga para que o nome dele ficasse fora da CPI do Banestado." Disponível em <http://g1.globo.com/jornalhoje/0,,MUL1151786-16022,00-DENUNCIA+DE+PROPINA.html>. Acesso em 21 de julho de 2015. E ainda cf. <http://noticias.terra.com.br/brasil/noticias/0,,OI977030-EI306,00-Doleiro+diz+que+pagou+R+mil+a+Jose+Mentor.html> Acesso em 21 de julho de 2015.

ser considerada, haja vista que a proposição foi apresentada no dia 3 de maio de 2006, uma semana após a repercussão do fato novo.

(11) O PL-2518/2011, de autoria do Deputado Duarte Nogueira, PSDB/SP, aumenta a pena de crimes contra a administração pública (Arts. 312, 313, 315, 316, 317, 333 do Código Penal) quando os valores se referirem à ações destinadas à saúde e educação. Proclama o parlamentar:

> Como a saúde e a educação devem ser prioridades primeiras em qualquer instância governamental, o que deflui da própria Constituição Federal, na medida em que são as verbas destinadas a esses fins as únicas de caráter obrigatório, conforme arts. 60 e 77 dos Atos das Disposições Constitucionais Transitórias faz-se necessário que os desvios realizados em relação a essas verbas sejam apenadas de forma mais gravosa, até mesmo como medida de prevenção. **Para exemplificar a gravidade do que vem ocorrendo em relação às verbas destinadas à saúde e à educação, transcrevemos, abaixo, a seguinte notícia divulgada pelo jornal o Globo de 04 de outubro de 2010 (sic - a matéria é de 2011):** [...].
>
> Como se verifica desta notícia, a ganância dos gestores públicos chega ao cúmulo de desviar dinheiro público destinado à merenda escolar! Nada mais há que se comentar. Por essas razões, espero de meus pares a especial atenção a este projeto para fins de se obter sua aprovação no menor espaço de tempo possível a fim de se proteger, de forma especial, as verbas destinadas à saúde e educação no país. [695]

O parlamentar transcreve na justificativa do projeto o inteiro teor da matéria publicada pelo jornal OGLOBO em 4 de outubro de 2011.[696] Apresentado em 11 de outubro de 2011, estamos diante de concreto exemplo de responsividade parlamentar à mídia, que alia o populismo penal do combate ao desvio de "dinheiro público destinado à merenda escolar" (apelo junto ao público), ao simbolismo da lei penal como forma de conferir maior proteção (falsa; que jamais se realizará) ao bem jurídico *administração pública*.

---

[695] (Grifo nosso e retificação nossa após "sic") BRASIL. Câmara dos Deputados. Projeto de Lei n. 2518/2011. Altera dispositivos do Decreto-lei 2.848, de 7 de dezembro de 1940, Código Penal, para estipular pena mais grave para os crimes de peculato, concussão, emprego irregular de verbas e rendas públicas, corrupção ativa e passiva quando referir-se a ações destinadas à saúde e educação. Disponível em <http://www.camara.gov.br/proposicoesWeb/fichadetramitacao?idProposicao=523483>. Acesso em 21 de julho de 2015.

[696] Disponível em: <http://oglobo.globo.com/politica/procuradoria-vai-justica-para-fnde-apurar-indicios-de-desvio-de-dinheiro-destinado-merenda-escolar-no-interior-de-sp-2744505>. Acesso em 21 de julho de 2015.

(12) O PL-1237/2007, de autoria do Deputado Eduardo Gomes, PSDB/TO, aumenta a pena do crime de lesão corporal quando praticado em concurso de pessoas. O político assim fundamenta:

> **O presente Projeto originou-se da preocupação do legislador com os diversos eventos ligados à agressões perpetradas pelos chamados "pit-boys"**, em casas noturnas, onde geralmente ocorre as lesões corporais perpetradas covardemente por grupos de 2 (dois), 3 (três), ou mais agressores, que não têm agravada sua pena, por essa associação para a prática de tumultos, desordens e agressões. "Tal conduta, em sendo punida com o aumento de pena sugerido, poderá diminuir a quantidade de lesões corporais praticadas por mais de uma pessoa. Sendo certo, que uma lesão de mesma gravidade, deve ser punida de forma mais severa quando praticada com covardia em conjunto.[697]

Embora o Deputado se refira explicitamente à violência praticada por *pitboys*, nossa pesquisa não conseguiu identificar um episódio contemporâneo à apresentação do projeto, 31 de maio de 2007, que possa revelar a relação sequencial tempo-causa entre mídia e proposição legislativa.

De todo modo, a violência perpetrada por jovens de classe média e alta (público comum que conforma os *pitboys*), em espaços públicos e privados, é pública e notória. Pouco menos de um mês após o protocolo do projeto acima, um episódio teve enorme repercussão midiática. Cinco jovens de classe média roubavam e agrediam "a socos e pontapés a empregada doméstica Sirlei Dias Carvalho Pinto, de 32 anos, que estava em um ponto de ônibus na Barra da Tijuca, bairro de elite na zona oeste do Rio"[698], na manhã do dia 23 de junho de 2007. Os jovens também a teriam xingado muito. Na delegacia, teriam afirmado que pensaram tratar-se de uma "prostituta". Como se isso lhes justificasse a violência. Em 31 de janeiro de 2008, era proferida sentença de condenação pelo crime de roubo dos cinco jovens envolvidos.[699]

---

697 BRASIL. Câmara dos Deputados. Projeto de Lei n. 1237/2007. Acrescenta o § 9º ao art. 129 do Código Penal brasileiro. Disponível em <http://www.camara.gov.br/proposicoesWeb/fichadetramitacao?idProposicao=353985>. Acesso em 21 de julho de 2015.

698 "Jovens de classe média roubam e espancam doméstica". Disponível em <http://g1.globo.com/Noticias/Brasil/0,,AA1571751-5598,00.html >. Acesso em 21 de julho de 2015.

699 Disponível em <http://www4.tjrj.jus.br/consultaProcessoWebV2/consultaMov.do?v=2&numProcesso=2007.001.089312-2&acessoIP=internet&tipoUsuario=>. Acesso em 21 de julho de 2015.

Os *pitboys* expressam uma forma particular de violência em nossa sociedade narcísica[700] e espetacular[701]. Descarregam suas frustrações na forma de eliminação do *outro*. Nesse sentido, ensina Birman:

> O que justamente caracteriza a subjetividade na cultura do narcisismo é a impossibilidade de poder admirar o outro em sua diferença radical, já que não consegue se descentrar de si mesma. Referido sempre a seu próprio umbigo e sem poder enxergar um palmo além do próprio nariz, o sujeito da cultura do espetáculo encara o outro apenas como um objeto para seu usufruto. Seria apenas no horizonte macabro de um corpo a ser infinitamente manipulado para o gozo que o outro se apresenta para o sujeito no horizonte da atualidade. [...] Este é o cenário para a estridente explosão da violência na cultura da atualidade [...].[702]

Inscritos em uma cultura atual de desprezo pelo outro, de ausência de alteridade, de negação do outro, temos muito pouco a esperar do Direito Penal para lidar com essa ordem de coisas. E revertê-las. A violência dos *pitboys* pode merecer a intervenção penal. Mas as condições de possibilidade para essas práticas violentas estão longe, muito longe de serem resolvidas pela tecnologia penal.

(13) O PL-3693/2012, de autoria da Deputada Eliene Lima, PSD/MT, aumenta a pena do crime ambiental de fabricar, vender, transportar ou soltar balões, previsto no art. 42 da Lei 9.605/1998.[703] Eis a panfletária justificativa:

> A sociedade brasileira está cansada de assistir aos estragos provocados pelos balões, tanto nas cidades e quanto nas zonas rurais. Um desses casos ocorreu no último dia 19 de Junho, quando um incêndio de grandes proporções atingiu a região do Morro dos Cabritos, na zona sul da cidade do Rio de Janeiro. [...]

---

[700] LASCH, Christopher. **The culture of narcissism**: american life in an age of diminishing expectations. New York: W.W. Norton & Company, 1991.

[701] DEBORD, Guy. **A sociedade do espetáculo**. Trad.: Estela dos Santos Abreu. Rio de Janeiro: Contraponto, 1997.

[702] BIRMAN, Joel. **Mal-estar na atualidade**: a psicanálise e as novas formas de subjetivação. Rio de Janeiro: Civilização Brasileira, 1999, p. 25.

[703] "Art. 42. Fabricar, vender, transportar ou soltar balões que possam provocar incêndios nas florestas e demais formas de vegetação, em áreas urbanas ou qualquer tipo de assentamento humano: Pena - detenção de um a três anos ou multa, ou ambas as penas cumulativamente." Disponível em <http://www.planalto.gov.br/ccivil_03/LEIS/L9605.htm>. Acesso em 21 de julho de 2015.

> Diversas são as causas dessa mazela. Entre elas figura a certeza da impunidade causada pelas penas brandas, previstas em nosso ordenamento jurídico, incapazes de inibir a prática de fabricar, vender, transportar ou soltar balões. Assim, diante desse contexto, o Estado tem de reagir, não pode ficar inerte. É nesse sentido que aponta a proposição ora em debate, permitindo uma pequena reforma legal, que adapte os conceitos de prevenção e repressão às necessidades da sociedade contemporânea.
>
> Nesse diapasão, verifica-se que a atual cominação prevista para a conduta tipificada no artigo 42 da Lei nº 9.605, de 1998, é demasiadamente pequena.
>
> Forte nesses argumentos, merece a sociedade uma maior proteção do arcabouço jurídico, já que a impunidade em seu seio, criada com a previsão de penas brandas, tem estimulado a disseminação de danos causados pela soltura de balões.[704]

O projeto pretende o aumento da atual pena de detenção de 1 (um) a 3 (três) anos para reclusão de 2 (dois) a 5 (cinco) anos. A parlamentar quer "punir com rigor", "enfrentar a impunidade", "adequar a pena à gravidade do crime", "desestimular a prática de crimes" e "proteger a sociedade", conforme o *senso comum teórico* que expusemos. Aposta na retribuição, prevenção geral negativa e positiva. Apresentado em 16 de abril de 2012, o projeto é, com atributos do populismo punitivo, uma evidente resposta ao episódio mencionado de incêndio causado por balão. Em 19 de junho de 2010, um balão teria originado o fogo que se alastrou por um morro localizado na Zona Sul, área nobre da cidade do Rio de Janeiro.[705]

No entanto, antes da proposição da Deputada Eliene Lima em 2012, o Deputado Hugo Leal, PSC/RJ, apresentava no dia 17 de março de 2011, início da 54ª legislatura da Câmara, o PL-753/2011. A proposta teve o mesmo objeto: aumentar a pena do crime de soltar balões que podem provocar incêndio, estabelecido no art. 42 da Lei 9.605/1998. Em três parágrafos, o político decreta:

---

704 BRASIL. Câmara dos Deputados. Projeto de Lei n. 3693/2012. Altera o art. 42 da Lei nº 9.605, de 12 de fevereiro de 1998, que dispõe sobre as sanções penais e administrativas derivadas de condutas atividades lesivas ao meio ambiente, e dá outras providências. Disponível em <http://www.camara.gov.br/proposicoesWeb/fichadetramitacao?idProposicao=541286>. Acesso em 21 de julho de 2015.

705 "Resgatados restos de balão que provocou fogo no Morro dos Cabritos". Disponível em <http://g1.globo.com/rio-de-janeiro/noticia/2010/08/resgatados-restos-de-balao-que-provocou-fogo-no-morro-dos-cabritos.html>. Acesso em 21 de julho de 2015.

> A pena atual, em valores baixos, não tem inibido a prática desse crime de tão graves consequências. Como o incêndio causado pela queda dos balões é de difícil identificação da autoria, os criminosos ficam impunes.
>
> Então, outra não pode ser a reação estatal a não ser anteceder ao dano mediante o agravamento da pena do crime de perigo que consiste o artigo que se propõe alterar. [...]
>
> Com a alteração proposta a norma terá potencializada seu efeito inibidor sobre a prática desse crime ao afastar a sensação de impunidade, razão pela qual solicito o apoio dos nobres Pares para a aprovação dessa proposição.[706]

O PL reproduz o senso comum teórico do discurso da "impunidade", da pretensa "proporcionalidade" e do falso efeito de "dissuasão" da pena, também presentes no PL de 2012. Responsivas e oportunistas, as duas proposições são evidências que confirmam a hipótese do populismo penal legislativo.

(14) E já em 2009, a Deputada Eliene Lima, PP/MT, dava sinais dessa responsividade. O PL-6645/2009, aumenta a pena do homicídio doloso caso o crime seja cometido contra policial. Na justificativa, a parlamentar menciona importante episódio ocorrido na cidade do Rio de Janeiro:

> A sociedade brasileira está estarrecida com a forma pela qual os bandidos estão tratando os policiais. **No dia 17 de outubro do presente ano, sábado, traficantes obrigaram um helicóptero da Polícia Militar carioca a realizar um pouso forçado no Morro dos Macacos, na zona norte do Rio de Janeiro.** A aeronave foi alvejada por vários tiros enquanto monitorava um protesto na favela e pegou fogo no ar. O helicóptero explodiu ao tocar o chão, depois do piloto ter feito o pouso forçado em um campo de futebol. Quatro policiais estavam na aeronave. Dois deles ficaram presos e morreram carbonizados. [...] Diversas são as causas dessa mazela. Entre elas figura a certeza da impunidade causada pelas penas brandas, previstas em nosso ordenamento jurídico, incapazes de inibir a prática de delitos contra os policiais. [...] Assim, diante desse contexto, o Estado tem de reagir, não pode ficar inerte. É nesse sentido que aponta a proposição ora em debate, permitindo uma pequena reforma legal, que adapte os conceitos de prevenção e repressão às

---

[706] BRASIL. Câmara dos Deputados. Projeto de Lei n. PL-753/2011. Altera a pena do art. 42 da Lei nº 9.605, de 12 de fevereiro de 1998, para agravar a pena para quem fabricar, vender, transportar ou soltar balões que possam provocar incêndios nas florestas e demais formas de vegetação, em áreas urbanas ou qualquer tipo de assentamento humano. Disponível em <http://www.camara.gov.br/proposicoesWeb/fichadetramitacao?idProposicao=495103>. Acesso em 21 de julho de 2015.

> necessidades da sociedade contemporânea. [...] Forte nesses argumentos, merece a sociedade uma maior proteção do arcabouço jurídico, já que a impunidade em seu seio, criada com a previsão de penas brandas, tem estimulado a disseminação de crimes cometidos contra policiais.[707]

No dia 17 de outubro de 2009, um helicóptero da Polícia Militar do Rio de Janeiro foi alvejado por "traficantes" na Zona Norte do município do Rio de Janeiro. Dois policiais morreram. Evidentemente, o fato foi amplamente noticiado pela mídia:

> "Explosão de helicóptero atingido por traficantes deixa 2 mortos" (Estadão, 17 de outubro de 2009)[708]
>
> "Veja fotos do helicóptero da PM abatido no Rio" (Portal G1, 17 de outubro de 2009)[709]
>
> "Dois policiais morrem em queda de helicóptero da PM no Rio" (Portal R7, 17 de outubro de 2009)[710]
>
> "Traficantes derrubam helicóptero da polícia no Morro dos Macacos" (Vídeo no Portal OGLOBO, 17 de outubro de 2009)[711]

É nesse contexto que a Deputada apresenta, no dia 16 de dezembro de 2009, dois meses depois da ocorrência, o PL prevendo causa especial de aumento, que dobra a pena do crime de homicídio doloso nos casos em que a vítima for policial.[712]

---

707 BRASIL. Câmara dos Deputados. Projeto de Lei n. PL-6645/2009. Altera o art. 121 do Decreto-Lei nº 2.848, de 7 de dezembro de 1940, Código Penal. Disponível em < http://www.camara.gov.br/proposicoesWeb/fichadetramitacao?idProposicao=464829>. Acesso em 21 de julho de 2015.

708 Disponível em <http://brasil.estadao.com.br/noticias/geral,explosao-de-helicoptero-atingido-por-traficantes-deixa-2-mortos,452115>. Acesso em 21 de julho de 2015.

709 Disponível em <http://g1.globo.com/VCnoG1/0,,MUL1345166-8491,00-VEJA+FOTOS+-DO+HELICOPTERO+DA+PM+ABATIDO+NO+RIO.html>. Acesso em 21 de julho de 2015.

710 Disponível em <http://noticias.r7.com/cidades/noticias/dois-morrem-e-dois-ficam-feridos-em-queda-de-helicoptero-no-rio-20091017.html>. Acesso em 21 de julho de 2015.

711 Disponível em <http://oglobo.globo.com/videos/v/traficantes-derrubam-helicoptero-da-policia-no-morro-dos-macacos/1357202/>. Acesso em 21 de julho de 2015.

712 "Art. 121 ... § 4o: No homicídio culposo, a pena é aumentada de 1/3 (um terço), se o crime resulta de inobservância de regra técnica de profissão, arte ou ofício, ou se o agente deixa de prestar imediato socorro à vítima, não procura diminuir as consequências do seu ato, ou foge para evitar prisão em flagrante. Sendo doloso o homicídio, a pena é aumentada de 1/3 (um terço) se o crime é praticado contra pessoa menor de 14 (quatorze) ou maior de 60 (ses-

(15) Também nesse exato contexto no qual foi abatido o helicóptero, o Deputado Marcelo Itagiba, PMDB/RJ, apresentava o PL-6267/2009 em 21 de outubro de 2009, quatro dias após o fato. Mas a proposição do parlamentar tem objeto distinto. Não busca aumento de pena do homicídio doloso contra policial. Pretende aumentar a pena do crime de posse ou porte ilegal de arma de fogo de uso restrito, previsto no art. 16 da Lei 10.826/2003[713], estabelecendo novas causas especiais de aumento de pena. E assim discorre em sua justificativa:

> **Uma onda de crimes que teve início na manhã do último dia 17 de outubro, na cidade do Rio de Janeiro,** quando traficantes de uma facção rival criminosa invadiram o Morro dos Macacos (Zona Norte do Rio) para tomar pontos de venda de drogas, demonstra a necessidade de o Estado brasileiro reagir à criminalidade, não só com ação executiva. É preciso, também, endurecer a legislação penal, mormente no que se refere ao crime de posse ou porte ilegal de arma de fogo de uso restrito.
>
> **Vale o registro de que, durante o confronto entre os bandidos, no malfadado episódio, um helicóptero da Polícia Militar foi alvejado pelos traficantes, e acabou explodindo após um pouso forçado.** Dos seis policiais que estavam a bordo, dois morreram e outros dois sofreram queimaduras, sendo que um está em estado grave. Tudo à plena vista de todo o mundo, que vê bandidos brasileiros portando armas de fogo que só poderiam estar nas mãos de nossas Forças Armadas
>
> [...] É evidente a alta reprovabilidade da conduta que deixa em xeque toda uma cidade, havendo um sentimento comum de que a pena prevista no Estatuto do Desarmamento, a Lei nº 10.826, de 22 de dezembro de 2003, de 3 (três) a 6 (seis) anos de reclusão e multa, é pequena demais em face da lesividade que provoca ao pleno convívio social.[714]

---

senta) anos, **ou é dobrada se o crime é cometido contra policial**". (Grifo nosso) BRASIL. Câmara dos Deputados. Projeto de Lei n. PL-6645/2009, *op. cit.*

[713] "Art. 16. Possuir, deter, portar, adquirir, fornecer, receber, ter em depósito, transportar, ceder, ainda que gratuitamente, emprestar, remeter, empregar, manter sob sua guarda ou ocultar arma de fogo, acessório ou munição de uso proibido ou restrito, sem autorização e em desacordo com determinação legal ou regulamentar: Pena - reclusão, de 3 (três) a 6 (seis) anos, e multa." Disponível em <http://www.planalto.gov.br/ccivil_03/leis/2003/L10.826.htm>. Acesso em 21 de julho de 2015.

[714] (Grifo nosso) BRASIL. Câmara dos Deputados. Projeto de Lei n. PL-6267/2009. Altera a Lei nº 10.826, de 22 de dezembro de 2003, com o objetivo de agravar a pena do crime de posse ou porte ilegal de arma de fogo de uso restrito. Disponível em <http://www.camara.gov.br/proposicoesWeb/fichadetramitacao?idProposicao=456364>. Acesso em 21 de julho de 2015.

Diante desse quadro, o parlamentar pretende aumentar a pena do crime de *porte de arma de fogo de uso restrito* em razão do alto calibre da arma utilizada para atingir o helicóptero. Na justificação, há inclusive menção à fala do então Chefe de Polícia Civil, Alan Turnowski, divulgada pelo Correio Braziliense: "Nós sabemos que os criminosos têm armas longas, fuzis de calibre 7.62 e 5.56. São armas que o projétil alcança longas distâncias e tem alto poder de perfuração de chapas. Ainda não sabemos qual foi a arma que derrubou o helicóptero".[715]

(16) O PL-2506/2011, da Deputada Erika Kokay, PT/DF, prevê aumento para a pena dos crimes de corrupção passiva (art. 317 do Código Penal) e de corrupção ativa (art. 333 do Código Penal), equiparando-os à pena do crime de latrocínio. Argumenta a proponente:

> **Conforme amplamente noticiado pela imprensa, com frequência são desarticuladas verdadeiras organizações criminosas, especializadas em promover o desvio de recursos nas mais diferentes áreas da administração pública.** [...] por conta de tais fraudes e atos de corrupção, em suas diferentes formas, que resultam no desvio de recursos públicos para as contas de particulares, muitos e muitos cidadãos terminam perdendo as suas vidas. Nesse sentido, é natural considerar que a prática da corrupção não deixa de caracterizar uma forma especial de latrocínio, pois uma de suas consequências mais graves, abstraindo-se os aspectos morais, é o resultado morte de centenas de pessoas por falta de atendimento médico-hospitalar em decorrência da apropriação indébita de recursos públicos pelos beneficiários da corrupção. Parece correto, portanto, que os envolvidos em tais esquemas criminosos sejam responsabilizados pela morte dos pacientes que vierem a óbito pela falta de assistência médica adequada no momento oportuno, inclusive pela ausência de medicamentos, exames e outros procedimentos terapêuticos indispensáveis para a preservação de suas vidas. É nesse sentido que tais condutas criminosas podem e devem ser equiparadas ao crime de latrocínio, devendo, portanto, merecer idêntico tratamento do Direito Penal. Naturalmente, que é uma forma especial de latrocínio, mas que deve ser tratada com igual ou maior rigor do que a sua forma comum por representar um tipo específico de roubo que termina resultando na morte coletiva, lenta e silenciosa de centenas de pessoas, após agonizarem nas

[715] *Ibidem.*

> filas dos hospitais até a morte por falta do necessário atendimento médico. [...][716]

Apresentada em 10 de outubro de 2011, a proposta estabelece relação de causalidade entre desvio de recurso público e morte de cidadãos para, a partir desse raciocínio, prever a pena do crime de latrocínio de 20 (vinte) a 30 (trinta) anos para os crimes de corrupção passiva e ativa. É controvertida essa lógica de imputação de responsabilidade penal pelo resultado morte em razão do desvio do dinheiro público. No mais, a pena pretendida é absolutamente desproporcional. Como cominar uma pena mínima em 20 anos para um tipo penal tão abrangente? O crime abrange desde a corrupção daquele particular que paga vinte reais ao policial para não ser multado, até o funcionário público que recebe milhões para reverter indevidamente uma multa fiscal imposta a uma sociedade empresária.[717]

De todo modo, não nos cumpre aqui o exame da proposta em si, senão demonstrar que ela parece ter sido gerada pela repercussão da *Operação Saúde*, desencadeada pela Polícia Federal em 16 de maio de 2011. "58 são presos em operação contra desvio de verbas de medicamentos"[718], noticiava a imprensa naquele dia. A Operação investigava justamente o que posteriormente viria a constituir o objeto do PL: desvio de verbas destinadas à compra de medicamentos. Nesse sentido, dos 58 indivíduos presos em seis unidades da federação (RS, SC, PR, MS, MT e RO), 30 (trinta) eram servidores públicos municipais. Esse cenário sugere que a parlamentar apresenta uma proposição com pena tão simbólica, altíssima[719], imbuída da vantagem eleitoral que talvez possa obter com a bandeira da luta contra a corrupção.

---

716 (Grifo nosso) BRASIL. Câmara dos Deputados. Projeto de Lei n. PL-2506/2011. Acrescenta dispositivos ao Decreto-lei nº 2.848, de 7 de dezembro de 1940, Código Penal, alterando a pena dos crimes de corrupção passiva e ativa. Disponível em <http://www.camara.gov.br/proposicoesWeb/fichadetramitacao?idProposicao=523312>. Acesso em 21 de julho de 2015.

717 Por exemplo, a *Operação Zelotes* deflagrada pela Polícia Federal em 26 de março de 2015 tem por objetivo ""Desarticular organizações criminosas que atuavam junto ao Conselho Administrativo de Recursos Fiscais (CARF), manipulando o trâmite de processos e o resultado de julgamentos". Cf. <http://www.dpf.gov.br/agencia/estatisticas/2015>. Acesso em 21 de julho de 2015.

718 Disponível em <http://g1.globo.com/brasil/noticia/2011/05/58-sao-presos-em-operacao-contra-desvio-de-verbas-de-medicamentos.html>. Acesso em 21 de julho de 2015.

719 A maior pena do Direito Penal brasileiro é do crime de *extorsão mediante sequestro qualificada pelo resultado morte*: 24 (vinte e quatro) a 30 (trinta) anos, conforme previsto no art. 159, § 3º, do Código Penal.

(17) O PL-6701/2013, de autoria do Deputado Fabio Reis, PMDB/SE, aumenta a pena do crime de prevaricação especial relativa à vedação ao preso do acesso a aparelho telefônico, de rádio ou similar, previsto no art. 319-A do Código Penal. O projeto vem assim fundamentado:

> **A sociedade brasileira assiste, estarrecida, a reportagens mostrando a liberdade de muitos presidiários que, não rara (sic) vezes, controlam suas facções criminosas de dentro das prisões.** [...]
>
> É certo que se tentou inibir tal pratica criminalizando a conduta do "diretor de penitenciária e/ou agente público que deixa de cumprir seu dever de vedar ao preso o acesso a aparelho telefônico, de rádio ou similar, que permita a comunicação com outros presos ou com o ambiente externo". Ocorre que a pena imposta ao crime é irrisória.
>
> Não se pode perder de vista que o princípio da proporcionalidade não deve ser visto somente para coibir o excesso da punibilidade. Há um outro ângulo igualmente nefasto que é o da insuficiente intervenção estatal que redunda em impunidade.
>
> Esta modalidade do crime de prevaricação não é uma ação de menor potencial ofensivo. Longe disso, o acesso de presidiários a este tipo de comunicação fragiliza a punibilidade e põe toda a sociedade em perigo vez que criminosos de alta periculosidade, apesar de cumprindo pena, estão livres para comandar suas facções criminosas.
>
> Nesse sentido, o agente público que, tendo obrigação de impedir o acesso do preso a "aparelho telefônico, de rádio ou similar" e não o faz, precisa ser punido com rigor.[720]

Em 2007, a Lei n. 11.466 inseriu no Código Penal uma forma especial do crime de prevaricação: o supracitado art. 319-A do Código Penal. Assim, criminalizava a conduta do Diretor de Penitenciária ou agente público que deixasse de vedar ao preso o acesso a aparelho telefônico, de rádio ou similar. Essa lei surgiu a partir da votação do Projeto de Lei do Senado (PLS) n. 136/2006, de autoria do então Senador César Borges, do DEM/BA. Apresentado em 16

---

720 (Grifo nosso) BRASIL. Câmara dos Deputados. Projeto de Lei n. PL-6701/2013. Altera o art. 319-A do Decreto-Lei nº 2.848, de 7 de dezembro de 1940 que institui o "Código Penal" para aumentar a pena pelo crime praticado por diretor de penitenciária e/ou agente público que deixa de cumprir seu dever de vedar ao preso o acesso a aparelho telefônico, de rádio ou similar, que permita a comunicação com outros presos ou com o ambiente externo. Disponível em <http://www.camara.gov.br/proposicoesWeb/fichadetramitacao?idProposicao=599599>. Acesso em 21 de julho de 2015.

de maio de 2006, o PLS inseria dispositivo na Lei de Execução Penal[721], para prever como falta grave[722] do preso a conduta de "ter em sua posse, utilizar ou fornecer aparelho telefônico, de rádio ou similar, que permita a comunicação com outros presos ou com o ambiente externo." O Senador justificou da seguinte forma:

> É injustificável a ausência de previsão do uso do aparelho de telefone celular no rol das faltas disciplinares graves de nossa Lei de Execução Penal (LEP). O uso do telefone celular para comandar e articular ações criminosas a partir dos estabelecimentos penais é prática conhecida e corriqueira no Brasil. A recente onda de violência no Estado de São Paulo, em que o PCC alvejou várias instituições públicas e privadas da capital, foi toda orquestrada a partir das penitenciárias pelos líderes da organização criminosa, conforme declarações feitas pelo Departamento de Investigação do Crime Organizado da Polícia Civil de São Paulo. Fato semelhante aconteceu no Rio de Janeiro em 2003. [...][723]

Como se vê, a proposta teve como motivação uma sucessão de episódios de violência ocorridos em São Paulo a partir do dia 12 de maio de 2006, os quais teriam sido realizados pela organização criminosa denominada PCC (Primeiro Comando da Capital).[724] Esse importante fato ocorrido na história recente do país impulsionou o legislador à apresentação de diversos PLs punitivos, principalmente voltados para o sistema carcerário. Nesse sentido, o processo legislativo em torno do PLS acima evolui para culminar na aprovação da lei 11.466/2007. Ela não só previu infração do preso pego com celular (mudança no art. 50 da Lei de Execução Penal), mas também crime para o funcionário público que não vedar o acesso do celular ao preso (inserção do art. 319-A no

---

[721] BRASIL. Lei nº 7.210, de 11 de julho de 1984. Institui a Lei de Execução Penal. Disponível em <http://www.planalto.gov.br/ccivil_03/LEIS/L7210.htm>. Acesso em 21 de julho de 2015.

[722] Falta grave não é crime. Não tem natureza de *infração penal*. É uma infração disciplinar de natureza *administrativa*, punida no âmbito da execução penal.

[723] BRASIL. Senado Federal. Projeto de Lei do Senado n. 136/2006. Autoria do Senador César Borges, DEM/BA. Altera a Lei nº 7.210, de 11 de julho de 1984, Lei de Execução Penal, para prever como falta disciplinar grave a utilização de telefone celular pelo preso. Disponível em <http://legis.senado.leg.br/mateweb/arquivos/mate-pdf/8189.pdf>. Acesso em 21 de julho de 2015.

[724] Em 13 de maio de 2006, a Folha de S. Paulo divulgava: "Onda de ataques do PCC mata ao menos 14 em São Paulo". Disponível em <http://www1.folha.uol.com.br/folha/cotidiano/ult95u121412.shtml>. Acesso em 21 de julho de 2015.

Código Penal). E é esse crime que, passados 4 anos, o Deputado Fábio Reis quer modificar com o PL-6701/2013.

O que se esperaria minimamente seriam dados relativos à incidência do crime, eficácia da punição, número de aparelhos recolhidos etc, desde a edição da lei em 2007. Qual foi o impacto da lei que agora, em quatro anos, já se pretende alterar? Mas, a essa altura, sabemos que o nosso legislador não responde a isso. E não traz dados. O que ele faz é apresentar uma nova proposição aumentando a pena de um crime quando a mídia noticia um fato relevante. E em 27 de setembro de 2013, o Jornal *Hoje*, da TV Globo, divulgava o áudio de conversas de presos – interceptadas com autorização judicial – no presídio Tremembé, no interior paulista. A matéria informa que no primeiro semestre de 2013 foram mais de 6.300 celulares apreendidos, contra 13.248 em 2012, tudo no estado de São Paulo.[725] Em 5 de novembro, o Deputado Fábio Reis protocolava o PL aumentando a pena do crime que pune o funcionário que permite a entrada dos aparelhos nos estabelecimentos penais.

(18) O PL-2594/2011, de autoria do Deputado João Pizzolatti, PP/SC, aumenta a pena dos crimes de abandono de incapaz e exposição e abandono de recém-nascido, com a fundamentação a seguir:

> **O tema da violência contra a vida humana do recém-nascido, em especial, tem ocupado os espaços da mídia, mormente quando se constata o abandono de algum bebê por sua própria mãe.** E, a legislação brasileira não está fazendo jus a uma punição adequada a essa vil demonstração de desprezo, mesmo que, explicada por questões atinentes a uma possível ideia de ocultar a desonra própria, como que, conceber um filho fosse um ato de vergonha. Conceito ultrapassado que deve ser banido da legislação. Abandonar uma vida humana, expondo-a a todos os riscos dessa ação não se justifica, não se aceita, não se admite e, a lei brasileira prevendo uma punição de apenas seis meses de detenção, torna-se injusta e incoerente diante da valorização que se deve conferir, em razão dos pactos internacionais dos quais o Brasil é signatário e, mais ainda, pelo próprio sentido da vida humana. [...] E, o Congresso Nacional deve fazer sua parte aceitando o desafio da sociedade e prevendo punições mais duras para esse crime ignóbil, não se olvidando, todavia, de promover a revisão dos currículos escolares e, ao tempo

[725] "Governo de SP instala equipamentos para bloquear celulares em presídios". Disponível em <http://g1.globo.com/jornal-hoje/noticia/2013/09/governo-de-sp-instala-equipamentos-para-bloquear-celulares-em-presidios.html >. Acesso em 21 de julho de 2015.

> certo, instituir, a partir das unidades escolares, disciplinas que contemplem as questões educacionais, com base legal.[726]

Conseguimos identificar diversas notícias sobre abandonos de recém-nascidos pela mãe ocorridos no país ao longo do ano de 2011:

> Mãe abandona bebê e é ameaçada por vizinhos na Grande SP (3 de março de 2011)[727]
>
> Mãe abandona bebê recém-nascido no meio de mato em Ananindeua (PA) (17 de março de 2011)[728]
>
> Mãe abandona bebê em Aparecida (Goiás) (29 de maio de 2011)[729]
>
> Mãe abandona bebê de 28 dias dentro de bolsa no Distrito Federal (16 de setembro de 2011)[730]
>
> Mãe usuária de crack abandona recém-nascido, diz maternidade (Goiânia) (24 de setembro de 2011)[731]

O PL afirma que os abandonos ocupam os "espaços da mídia". Esses episódios sugerem a responsividade penal do parlamentar.

(19) O PL-8018/2014, de autoria do Deputado José Carlos Araújo, PSD/BA, aumenta as penas dos crimes de furto qualificado e roubo "quando a violência ocorrer mediante emprego de arma de fogo, explosivos ou artefatos que produzam efeito análogo e cause dano ao patrimônio e perigo comum." Justifica conforme abaixo:

---

[726] BRASIL. Câmara dos Deputados. Projeto de Lei n. PL-2594/2011. Altera dispositivos do Decreto-Lei nº 2.848, de 7 de dezembro de 1940, Código Penal, para aumenta a pena dos crimes de abandono de incapaz e exposição e abandono de recém nascido. Disponível em <http://www.camara.gov.br/proposicoesWeb/fichadetramitacao?idProposicao=525192>. Acesso em 21 de julho de 2015.

[727] Disponível em <http://g1.globo.com/sao-paulo/noticia/2011/03/mae-abandona-bebe-e-e-ameacada-por-vizinhos-na-grande-sp.html>. Acesso em 4 de julho de 2015.

[728] Disponível em <http://noticias.r7.com/videos/mae-abandona-bebe-recem-nascido-no-meio-de-mato-em-ananindeua-pa-/idmedia/ca9d93cfbaba940c7eae8ea839e79214.html>. Acesso em 4 de julho de 2015.

[729] Disponível em <http://www.opopular.com.br/editorias/cidades/m%C3%A3e-abandona-beb%C3%AA-em-aparecida-1.5491>. Acesso em 4 de julho de 2015.

[730] Disponível em <http://brasil.estadao.com.br/noticias/geral,mae-abandona-bebe-de-28-dias-dentro-de-bolsa-no-distrito-federal,773560>. Acesso em 4 de julho de 2015.

[731] Disponível em <http://g1.globo.com/goias/noticia/2011/09/mae-usuaria-de-crack-abandona-recem-nascido-diz-maternidade.html>. Acesso em 4 de julho de 2015.

> O presente projeto de lei tem por objetivo promover aperfeiçoamentos na legislação penal brasileira, sobretudo no nosso Código Penal e na Lei que tipifica os crimes hediondos, como uma resposta do Poder Legislativo ao preocupante quadro de crescimento da violência no Pais, em especial dos crimes contra o patrimônio. **Temos assistindo, em todo o Pais, inclusive e lamentavelmente na minha Bahia, a proliferação de assaltos à bancos, tanto públicos como privados, à caixas eletrônicos, à agências de correios, à instituições diversas que lidam com guarda de valores e veículos transportadores de numerários, com o emprego de violência e sofisticados meios, sobretudo uso de armamento pesado e explosivos, para subtração da coisa guardada.** [...] A sociedade não suporta mais esse quadro de violência e de afronta à segurança pública. A nosso ver, a punição hoje aplicável pela legislação penal para crimes desta natureza não se mostra suficientemente forte para inibir a continuação desse tipo de atividade criminosa. [...] entendemos que a ocorrência de ilícito dessa natureza poderá ser reduzida significativamente pela previsão de uma punição mais rigorosa, com aumento de penas e sua tipificação como hediondos, nos termos propostos no projeto.[732]

O próprio parlamentar se refere ao gatilho da proposição: crimes noticiados em "sua" Bahia. Identificamos as notícias abaixo diretamente relacionadas à preocupação do político:

> Dois suspeitos de assalto a banco morrem em troca de tiros (Conceição do Jacuípe, Bahia, 3 de setembro de 2014).[733]

---

[732] BRASIL. Câmara dos Deputados. Projeto de Lei n. PL-8018/2014. Altera dispositivos da Lei 8.072, de 25 de julho de 1990 (Crimes Hediondos) e do Decreto-lei 2.848, de 7 de dezembro de 1940 (Código Penal) para qualificar como hediondos e aumentar as penas dos crimes de furto qualificado e roubo, quando a violência ocorrer mediante emprego de arma de fogo, explosivos ou artefatos que produzam efeito análogo e cause dano ao patrimônio e perigo comum. Disponível em <http://www.camara.gov.br/proposicoesWeb/fichadetramitacao?idProposicao=623451>. Acesso em 21 de julho de 2015.

[733] "Dois suspeitos de assalto a banco morreram em troca de tiros com policiais federais em Conceição do Jacuípe na madrugada desta terça-feira, 3. Outros quatro homens da mesma quadrilha foram presos e encaminhados à Superintendência Regional da Polícia Federal. Segundo informações da Polícia Federal, a quadrilha foi flagrada na residência de um dos suspeitos se preparando para explodir terminais de auto-atendimento bancário em Coração de Maria." Disponível em <http://atarde.uol.com.br/bahia/noticias/dois-suspeitos-de-assalto-a-banco-morrem-em-troca-de-tiros-1619865>. Acesso em 4 de julho de 2015.

> Assaltantes presos após explodir caixas eletrônicos em Maiquinique foram surpreendidos com dinheiro, armas e explosivos (Maiquinique, Bahia, 3 de setembro de 2014).[734]
> Grupo tranca delegacia antes de assaltar banco em Irará (Feira de Santana, Bahia, 13 de setembro de 2014).[735]

As três ocorrências têm em comum o emprego de explosivos para realização do crime patrimonial no mês de setembro (dias 3 e 13). No dia 14 de setembro de 2014, o Deputado José Carlos Araújo, PSD/BA, trazia sua solução. Para "frear o aumento da criminalidade" e "desestimular a prática do crime", há que se "punir com rigor", realizando "prevenção geral negativa" e "retribuição". Seu PL então propõe aumento das penas dos crimes de furto e roubo. Conforme vimos nos dados relativos ao encarceramento para esses crimes, até junho de 2013, furto (78.326), roubo (147.623) e latrocínio (16.716), somados, totalizavam 242.665 indivíduos presos. Ou seja, 42,27% de toda população carcerária brasileira.[736] O Estado brasileiro pune esses crimes. E vem punindo cada vez mais desde 2006. Mas não impediu que os indivíduos das reportagens cometessem esses crimes explodindo os bancos e caixas eletrônicos.

(20) O PL-2406/2011, de autoria do Deputado Junji Abe, DEM/SP, aumenta a pena de crimes sexuais quando o autor é padre, pastor ou assemelhado, ou em situação que inspire a confiança da vítima. A justificação registra a atenção à mídia:

---

[734] Disponível em <http://noticias.r7.com/bahia/assaltantes-presos-apos-explodir-caixas-eletronicos-em-maiquinique-foram-surpreendidos-com-dinheiro-armas-e-explosivos-03102014>. Acesso em 4 de julho de 2015.

[735] "Um grupo de 12 homens armados trancou os portões da delegacia de Irará, na região de Feira de Santana, e amarrou as rodas das viaturas com correntes, antes de assaltar uma agência do Banco do Brasil, na madrugada deste sábado (13). De acordo com informações dos agentes da delegacia, os criminosos estavam encapuzados e chegaram a render quatro pessoas que estavam na rua durante a ação. Dois caixas eletrônicos da agência foram explodidos e o local ficou destruído." Disponível em <http://www.bahianoticias.com.br/noticia/160264-grupo-tranca-delegacia-antes-de-assaltar-banco-em-irara.html>. Acesso em 4 de julho de 2015.

[736] 242.665 de 574.027 indivíduos presos, conforme relatório de população prisional referente a junho de 2013. Dados disponíveis em <http://www.justica.gov.br/seus-direitos/politica-penal/transparencia-institucional/estatisticas-prisional/anexos-sistema-prisional/total-brasil-junho-2013.pdf>. Acesso em 20 de maio de 2015.

> **São cada vez mais frequentes as denúncias de pedofilia praticada por pessoas que valem da posição familiar ou de autoridade, ou ainda da confiança que inspiram na vítima.** [...] Uma situação que não se encontra contemplada no dispositivo mencionado da legislação penal diz respeito a líderes religiosos, como padres e pastores, que, valendo-se da influência religiosa que exercem sobre os membros de suas igrejas, utilizam-se desse poder religioso para o cometimento de crimes, entre eles o de pedofilia. **Assim, comumente vemos nos noticiários denúncias de padres ou pastores pedófilos, que deveriam cuidar e proteger essas pessoas que lhes confiam seus problemas, suas angústias e até mesmo suas intimidades em busca de ajuda espiritual.** Por esse motivo e dada a gravidade dessas condutas delituosas praticadas com abuso de poder, de autoridade ou confiança, entendemos que o Código Penal deve ser atualizado, para incluir entre os casos de aumento de pena o fato de ser o crime sexual contra vulnerável praticado por padres, pastores ou pessoas que inspirem confiança na vítima. Com essa medida, estaremos protegendo melhor nossas crianças e adolescentes contra líderes religiosos inescrupulosos, que se aproveitam do cargo para a prática de delitos e violação de direitos humanos.[737]

Apresentado em 27 de setembro de 2011, o PL parece evidente resposta ao caso de Aldo Bertoni. Líder religioso da *Igreja Apostólica*, foi denunciado pelo Ministério Público de São Paulo no dia 13 de setembro de 2011, acusado de ter abusado sexualmente de pelo menos 15 vítimas "fiéis", oferecendo "cura" em troca de atos sexuais.[738] O episódio foi amplamente divulgado, inclusive no programa *Brasil Urgente*, da TV Bandeirantes, ancorado pelo jornalista sensacionalista José Luiz Datena.[739]

---

[737] BRASIL. Câmara dos Deputados. Projeto de Lei n. PL-2406/2011. Altera a redação do inciso II do art. 226 do Decreto lei nº 2.848, de 7 de dezembro de 1940, Código Penal. Disponível em <http://www.camara.gov.br/proposicoesWeb/fichadetramitacao?idProposicao=521485>. Acesso em 21 de julho de 2015.

[738] "Ministério Público de SP denuncia líder religioso por abuso sexual". "Os promotores ressaltaram na denúncia que os abusos cometidos, por vezes, não foram assimilados de pronto pelas vítimas, pois estas eram induzidas por Aldo Bertoni a acreditar que havia algum motivo sagrado em suas atitudes, quando, na verdade, ele utilizava-se de sua falsa imagem de 'santo' para se satisfazer sexualmente", informou o MP." Disponível em <http://g1.globo.com/sao-paulo/noticia/2011/09/ministerio-publico-de-sp-denuncia-lider-religioso-por-abuso-sexual.html>. Acesso em 4 de julho de 2015.

[739] Em 8 de setembro de 2011. "Abuso sexual: líder de igreja oferecia cura em troca de sexo". Vídeo Disponível em <http://noticias.band.uol.com.br/brasilurgente/video/2014/01/11/13159178/abuso-sexual-lider-de-igreja-oferecia-cura-em-troca-de-sexo.html>. Acesso em 4 de julho de 2015.

(21) O PL-3189/2012, também de autoria do Deputado Junji Abe, agora filiado ao PSD/SP, aumenta a pena dos crimes de constrangimento ilegal e ameaça cometidos contra professores, em ambiente escolar. A justificativa mantém o padrão da anterior, revelando a preocupação do parlamentar com os fatos veiculados na mídia:

> O objetivo desta proposta é coibir de forma adequada a violência praticada contra professores, servidores de escolas e colegas. Esse tipo de delito tem aumentado a cada dia e os professores encontram-se com medo de exercer o seu mister. [...] **Temos observado, na mídia, a prática de lesões corporais, ameaças e até mesmo de homicídio perpetrados contra professores de diversos níveis de ensino.** Essa situação chegou a um limite intolerável, diante do que compete às autoridades tomarem providências eficazes e urgentes para salvaguardar a integridade física e a vida dos professores no Brasil. [...] Desse modo, proponho um endurecimento das penas cominadas aos crimes praticados em ambiente escolar e em suas proximidades, de forma a desestimular esses delitos, punindo-os com o devido rigor. Assim, estaremos contribuindo para diminuir a violência praticada nas escolas, contra professores, servidores e demais estudantes, garantindo em ambiente saudável de desenvolvimento da personalidade e de formação profissional.[740]

O PL foi apresentado rigorosamente no início do ano legislativo em 2012, no dia 9 de fevereiro. Não encontramos um episódio específico. Apenas uma importante reportagem da Folha de S. Paulo em 24 de setembro de 2011[741], sobre o incremento da violência no ambiente escolar em São Paulo, base eleitoral do parlamentar proponente.

(22) O PL-257/2007, de autoria do Deputado Jutahy Junior, PSDB/BA, aumenta a pena de crimes que atentem contra a incolumidade pública e contra a segurança dos meios de comunicação, transporte e outros serviços públicos.[742] A justificativa vem assim ementada:

---

[740] Modifica os arts. 121, 129, 146 e 147 do Decreto-lei nº 2.848, de 7 de dezembro de 1940, Código Penal. http://www.camara.gov.br/proposicoesWeb/fichadetramitacao?idProposicao=534414

[741] "Agressão escolar virou rotina, afirma sindicato". Disponível em <http://www1.folha.uol.com.br/cotidiano/980391-agressao-escolar-virou-rotina-afirma-sindicato.shtml>. Acesso em 4 de julho de 2015.

[742] Artigos 250 (Incêndio), 251 (Explosão), 260 (Perigo de desastre ferroviário), 261 (Atentado contra a segurança de transporte marítimo, fluvial ou aéreo), 262 (Atentado contra a segurança de outro meio de transporte) e 265 (Atentado contra a segurança de serviço de utilidade pública), todos do Código Penal.

> [...] o Código Penal (.....) previu, entretanto, penas muito suaves, insuficientes como desestímulo a essas condutas e que já não refletem sua enorme gravidade, sobretudo quando praticadas para intimidar a população e desafiar o Estado." "**Os recentes acontecimentos do Rio de Janeiro e os fatos notórios de maio de 2006, ocorridos no Estado de São Paulo, deixaram muito claro que incendiar ônibus ou colocar explosivo em trens causa intenso pavor na população e pode abalar a confiança pública na possibilidade utilização segura dos serviços de transporte coletivo**." "Na opção por novas escalas penais, o projeto adotou o critério de aproximá-las das penas que o Código Penal prevê para a punição do roubo, figura cuja gravidade é consensual entre nós, mas que é comparável à dos crimes acima referidos, pela intranquilidade social que esse crime gera.[743]

Apresentado em 28 de fevereiro de 2007, também é uma resposta à onda de violência ocorrida em São Paulo em maio de 2006.

Uma versão oficial sobre esse período brutal da história recente do Brasil pode ser encontrada no *Relatório sobre os crimes de maio de 2006*.[744] Foi elaborado pela Comissão Especial do Conselho de Defesa dos Direitos da Pessoa Humana (CDDPH), vinculada à Secretaria de Direitos Humanos, da Presidência da República.

O documento aponta que, em 12 de maio de 2006, a organização alcunhada "Primeiro Comando da Capital" (PCC) desencadeou várias rebeliões em estabelecimentos penais de todo estado de São Paulo. Vários presos tomaram diversas pessoas de reféns. Paralelamente, extramuros, postos, viaturas, delegacias de polícia, prédios públicos eram alvejados, sendo policiais e agentes penitenciários os alvos preferenciais. Conforme atesta o Relatório, as ações imputadas ao PCC foram motivadas por: "corrupção no sistema carcerário e nas investigações policiais; sequestro de familiar de membro da facção criminosa,

---

743 BRASIL. Câmara dos Deputados. Projeto de Lei n. PL-257/2007. Altera dispositivos do Decreto-Lei nº 2.848, de 7 de dezembro de 1940, Código Penal, aumentando a pena de crimes que atentem contra a incolumidade pública e contra a segurança dos meios de comunicação, transporte e outros serviços públicos. Disponível em <http://www.camara.gov.br/proposicoesWeb/fichadetramitacao?idProposicao=342912>. Acesso em 21 de julho de 2015.

744 BRASIL. **Relatório sobre os crimes de maio de 2006**. Presidência da República. Secretaria de Direitos Humanos (SDH). Comissão Especial do Conselho de Defesa dos Direitos da Pessoa Humana (CDDPH) criada pela Resolução n. 16/2012. Brasília/DF. Disponível em <http://www.sdh.gov.br/sobre/participacao-social/cddph/relatorios/relatorio-c.e-crimes-de-maio>. Acesso em 10 de janeiro de 2015.

executado por oficiais públicos; prisões da alta cúpula do PCC e suas transferências; e total descaso com a execução penal no Estado de São Paulo."[745]

Em um contexto retaliativo, a polícia passou a responder aos ataques. Deu assim início à "violência exacerbada, execuções sumárias, chacinas, centenas de homicídios e diversos desaparecimentos".[746] Eis o resultado do banho de sangue de 12 a 21 de maio de 2006[747]:

- 564 (quinhentas e sessenta e quatro) mortos e 110 (cento e dez) feridos;
- 505 (quinhentas e cinco) civis mortos;
- 59 (cinquenta e nove) agentes públicos mortos.

Quanto à resposta estatal na esfera judicial criminal relativa ao massacre, o Relatório identificou que:

> A quase totalidade dos inquéritos policiais, envolvendo a morte de civis, foi arquivada pelo Poder Judiciário, a pedido do Ministério Público. Por outro lado, as mortes de agentes públicos foram esclarecidas. Existiu uma **investigação seletiva**, na qual os familiares das vítimas civis não tiveram o direito de saber as reais circunstâncias, executores e motivações das mortes de seus entes queridos.[748]

Foi diante desse cenário que, em 28 de fevereiro de 2007, o Deputado Jutahy Junior, PSDB/BA, apresentou o PL-257/2007 prevendo aumento para os crimes de incêndio; explosão; perigo de desastre ferroviário; atentado contra a segurança de transporte marítimo, fluvial ou aéreo; atentado contra a segurança de outro meio de transporte; e atentado contra a segurança de serviço de utilidade pública. De que forma esses aumentos contribuiriam em qualquer medida para compor o problema social subjacente ao episódio: violência nas prisões e violência policial? Nenhuma forma. É populismo penal legislativo. E assim o parlamentar é responsivo à *media and public concerns*.

---

[745] *Ibidem*, p. 1-2.

[746] *Ibidem*, p. 2.

[747] *Ibidem*.

[748] (Grifo nosso) *Ibidem*, p. 6. Essa "Investigação seletiva" é mais um exemplo que comprova o atributo da seletividade do sistema penal. Nesse particular, seletividade de agências penais que compõem os processos de criminalização secundária, como apontado por nós no item 4.2.5, *análise quantitativa dos PLs quanto à norma penal a ser alterada (bem jurídico)*, oportunidade na qual acenamos para a seletividade do processo de criminalização primária, foco deste trabalho.

(23) No mesmo enredo se insere o PL-7137/2006, de autoria do Deputado Moroni Torgan, PFL/CE, que aumenta a pena do crime de motim de presos[749]. Novamente, eis a remissão explícita aos "crimes de maio":

> **Os recentes acontecimentos nas prisões do Estado de São Paulo revelaram a gravidade da situação de nosso sistema carcerário.** As organizações criminosas como o PCC ou o Comando Vermelho estendem seus tentáculos para fora das prisões e já são capazes de conturbar gravemente a vida das maiores cidades do país, com ocorrências de mortes e danos ao patrimônio, pânico generalizado e violência que não poupa ninguém. É preciso que o direito penal dê respostas aos bandidos, é preciso que não mais se seja tolerante com aqueles que lideram motins em prisões, que são a semente desse tipo de crime organizado. Com o aumento da pena para os motins, os condenados pensarão duas vezes antes de se associarem a essa (sic) organizações, uma vez que uma pena gravíssima se somará a suas penas originárias. Se houver uma política de tolerância zero em relação ao comportamento dos presos, essas organizações terão sua fonte de poder corroída pelas bases e não mais intimidarão nossa sociedade. Cabe a nós legisladores aprovarmos essas medidas que exigem coragem e decisão, ação conjunta dos poderes Legislativo, Executivo e Judiciário.[750]

Nessa proposição, há inclusive referência expressa a um dos slogans do populismo penal: a tolerância zero com o crime. A controvertida política do *zero tolerance for crime* é tratada de forma crítica em vasta literatura que orientou nossa reflexão de pesquisa.[751] Por conta das rebeliões nos presídios de São Paulo, o parlamentar propõe aumentar a pena atual do crime de *motim de presos* de 6 (seis) meses a 2 (dois) anos para 4 (quatro) a 10 (dez) anos. Uma proposta manifestamente emergencial, inútil, desproporcional e indevida.

---

749 Previsto no Código Penal: "Art. 354 - Amotinarem-se presos, perturbando a ordem ou disciplina da prisão: Pena - detenção, de seis meses a dois anos, além da pena correspondente à violência." Disponível em <http://www.planalto.gov.br/ccivil_03/decreto-lei/Del-2848compilado.htm>. Acesso em 4 de julho de 2015.

750 BRASIL. Câmara dos Deputados. Projeto de Lei n. PL-7137/2006. Define nova pena para o crime de motim de presos. Disponível em <http://www.camara.gov.br/proposicoesWeb/fichadetramitacao?idProposicao=326245>. Acesso em 21 de julho de 2015.

751 PRATT, John. **Penal Populism**, *op. cit.*, p. 22. ROBERTS, Julian V. *et. al.* **Penal Populism and Public Opinion**, *op. cit.*, p. 36. GARLAND, David. **On the concept of moral panic**. *In*: Crime, Media, Culture: 2008, p. 23. Disponível em <http://cmc.sagepub.com/content/4/1/9>. ANITUA, Gabriel Ignacio. **Histórias dos pensamentos criminológicos**, *op. cit.*, p. 785. GARLAND, David. La cultura del control, *op. cit.* p. 49. CHRISTIE, Nils. **Una sensata cantidad de delito**. 1' ed. Buenos Aires: Editores del Puerto, 2004, p. 172. REINER, Robert. **Casino capital's crimes**: political economy, crime, and criminal justice.

Convém ressaltar que, na mesma esteira da proposta acima, outros dois PLs identificados em nossa pesquisa trazem aumentos motivados pelos "crimes de maio", embora não tenham feito referência a eles em suas justificativas: (i) o PL-7085/2006[752], de autoria do Deputado Celso Russomano, PP/SP, aumenta a pena do crime de fuga de pessoa presa ou submetida a medida de segurança; e (ii) o PL-7345/2006[753], de autoria do Deputado Dimas Ramalho, PPS/SP, que também prevê aumento de pena do crime de motim de presos. Todas propostas que evidenciam o populismo penal legislativo.

(24) O PL-6920/2010, de autoria do Deputado Márcio Marinho, PRB/BA, aumenta a pena do crime de estelionato cometido contra idoso.

> "Cresce a cada dia o número de estelionatos praticados contra pessoas idosas, valendo-se os criminosos da fragilidade dessas pessoas para aplicarem golpes dos mais variados tipos." [...] **Podemos citar como exemplo matéria veiculada no jornal Tribuna da Bahia de 26 de setembro de 2009 onde a delegacia do Idoso revela um aumento de crimes de estelionato praticado por terceiros contra os idosos. Outro exemplo foi o que aconteceu em Curitiba, conforme noticiado pela Gazeta do Povo de 29 de setembro de 2009**. De acordo com a reportagem, uma quadrilha induzia os idosos a crerem que tinham dinheiro para receber do Fundo 157, um fundo de ações que foi criado pelo governo militar no final dos anos sessenta. Para resgatar essa quantia, os idosos deveriam pagar determinada quantia, o que rendia entre sete e quinze mil reais, por golpe para a quadrilha, de acordo com a citada notícia. [...] Dada a gravidade dessa conduta, em que criminosos se valem da vulnerabilidade da vítima para dela tirar proveito, a pena deve

In: MAGUIRE, Mike, MORGAN, Rod & REINER, Robert. The Oxford Handbook of Criminology. Fifth Edition. Oxford University Press: United Kingdom, 2012, p. 327. DÍEZ-RIPOLLÉS, José Luis. **La política legislativa penal iberoamericana a principios del siglo XXI**. Polít. crim., Nº 5, 2008, A7-5, p. 28. <http://www.politicacriminal.cl/n_06/a_7_5.pdf>. TONRY, Michael H. **Thinking About Crime**: Sense and Sensibility in American Penal Culture. Oxford University Press: New York, 2004, p. 113; WACQUANT, Loïc. **As prisões da miséria**, *op. cit.*, p. 30-39.

752 BRASIL. Câmara dos Deputados. Projeto de Lei n. PL-7085/2006. Autoria do Deputado Celso Russomano, PP/SP. Altera o art. 351 do Decreto-Lei nº 2.848, de 07 de dezembro de 1940, Código Penal. Disponível em <http://www.camara.gov.br/proposicoesWeb/fichadetramitacao?idProposicao=324950>. Acesso em 21 de julho de 2015.

753 BRASIL. Câmara dos Deputados. Projeto de Lei n. PL-7345/2006. Autoria do Deputado Dimas Ramalho, PPS/SP. Dá nova redação ao art. 354 do Decreto-Lei nº 2.848, de 07 de dezembro de 1940, Código Penal. Disponível em <http://www.camara.gov.br/proposicoesWeb/fichadetramitacao?idProposicao=330297>. Acesso em 21 de julho de 2015.

> ser adequadamente aplicada, a fim de desestimular esse tipo de crime e também punir com o devido rigor aquele que lança mão desses ardis. Por essa razão, propomos o aumento da pena aplicada ao crime de estelionato em metade. Assim, acreditamos que esse delito receberá a punição adequada, proporcional à reprovabilidade social da ação criminosa, contribuindo para a devida proteção das pessoas idosas, como determina o texto constitucional.[754]

Prevendo uma causa especial de aumento de pena na fração de metade, o PL apresentado em 9 de março de 2010 se revela mera prestação de contas aos episódios divulgados na mídia em setembro de 2009, como explicitamente pontuado pela parlamentar.

(25) O PL-7478/2014, de autoria da Deputada Maria do Rosário, PT/RS, prevê causa especial de aumento de pena se o crime de homicídio for praticado contra funcionário público. Expõe a justificativa na forma abaixo:

> Nos últimos anos, diversos foram os crimes que comoveram o Brasil envolvendo como vítimas funcionários públicos, das mais diferentes atividades, que tiveram por motivação exatamente a vingança contra atividades exercidas por estes cidadãos no combate ao crime organizado.[755]

Trata-se de uma resposta legislativo-penal aos seguintes crimes mencionados pela parlamentar:

> Juíza de Direito Patrícia Lourival Acioli foi morta em 11 de agosto de 2011, na cidade de Niterói (RJ), porque havia julgado e condenado diversos policiais acusados de corrupção e vinculação a milícias.
>
> Juiz Alexandre Martins de Castro Filho, em 24 de março de 2003, foi motivada por vingança contra o seu trabalho, que vinha se notabilizando no combate ao crime organizado no estado do Espírito Santo.
>
> Em janeiro de 2004, quatro servidores do Ministério do Trabalho – os auditores Nélson José da Silva, João Batista Soares Lage, Eratóstenes de Almeida Gonçalves e o motorista Aílton Pereira de Oliveira – foram

---

[754] BRASIL. Câmara dos Deputados. Projeto de Lei n. PL-6920/2010. Autoria do Deputado Márcio Marinho, PRB/BA. Altera o Decreto-Lei nº 2.848, de 7 de dezembro de 1940, Código Penal, para estabelecer causa de aumento de pena para o caso de estelionato cometido contra idoso. Disponível em <http://www.camara.gov.br/proposicoesWeb/fichadetramitacao?idProposicao=468486 >. Acesso em 21 de julho de 2015.

[755] BRASIL. Câmara dos Deputados. Projeto de Lei n. PL-7478/2014. Autoria da Deputada Maria do Rosário, PT/RS. Insere o § 7º ao art. 121 e o § 12 ao art. 129 do Decreto-Lei nº 2.848, de 7 de Dezembro de 1940, Código Penal. Disponível em <http://www.camara.gov.br/proposicoesWeb/fichadetramitacao?idProposicao=613762>. Acesso em 21 de julho de 2015.

> mortos numa emboscada quando investigavam uma denúncia de trabalho escravo em fazendas da região de Unaí (MG).
>
> Policial federal Fábio Ricardo Paiva Luciano, 38 anos, foi morto ao tentar deflagrar operação de enfrentamento ao tráfico, em setembro de 2013, no município de Bocaina (SP).[756]

Mencionando "afirmação dos direitos humanos" e "resgate da memória" dos funcionários públicos vitimados, a Deputada propõe o recrudescimento da lei penal. É duvidoso que o Direito Penal possa afirmar direitos humanos. E é inadequado usar a ferramenta penal para produzir memória.

(26) O PL-6074/2013, de autoria do Deputado Mendonça Filho, DEM/PE, aumenta a pena do crime de maus-tratos, previsto no art. 136 do Código Penal.

> Com assustadora frequência, a sociedade brasileira, nos mais diferentes pontos do país, toma conhecimento da ocorrência de agressões e maus-tratos contra crianças, idosos e portadores de necessidades especiais colocados sob a responsabilidade de terceiros, normalmente cuidadores, a quem foi confiada sua guarda. **O episódio mais recente, com repercussão nacional, foram as cenas de agressões praticadas por uma babá contra uma criança de 1 ano e 5 meses em Recife (PE).** Flagrada pelos pais da criança praticando as agressões, através de imagens de câmaras de segurança da residência, a babá foi demitida, mas antes de ser encontrada pela polícia já estava trabalhando em outra residência na mesma função. Ela responderá ao processo em liberdade. [...] as penas atualmente cominadas são incompatíveis com a lesividade da conduta, a repercussão social e a gravidade das consequências à saúde e integridade física e emocional das vítimas, gerando um sentimento de impunidade extremamente danoso para a harmonia social. A tipificação penal também não prevê de forma taxativa o agravamento da pena quando a prática for dirigida contra idosos ou pessoas portadoras de necessidades especiais, igualmente suscetíveis de serem vítimas deste tipo de violência e abuso, em razão da sua própria condição de vulnerabilidade. Assim, faz-se necessária a inclusão destes nas causas majoração. [...] como medida de suma importância para a segurança da sociedade e dos cidadãos, a aprovação da presente proposição se impõe[...].[757]

---

[756] *Ibidem.*

[757] BRASIL. Câmara dos Deputados. Projeto de Lei n. PL-6074/2013. Autoria do Deputado Mendonça Filho, DEM/PE. Dá nova redação ao art. 136 do Decreto-Lei 2.848, de 7 de dezembro de 1940 (Código Penal), que tipifica a conduta de maus-tratos, agravando as penas cominadas, dentre outras providências. Disponível em <http://www.camara.gov.br/proposicoesWeb/fichadetramitacao?idProposicao=586584>. Acesso em 21 de julho de 2015.

O parlamentar atesta sua responsividade à mídia. Refere-se à episódio divulgado em 5 de agosto de 2013, com imagens fortes da agressão de uma babá em uma criança de um ano e meio[758]. Eficiente, o político apresenta seu PL três dias depois, em 8 de agosto de 2013.

(27) O PL-7439/2014, de autoria do Deputado Enio Bacci, PDT/RS, prevê causa especial de aumento de pena (na fração de 2/3) se o crime de homicídio doloso é praticado contra pessoa menor de 14 anos[759]. O representante político destaca em sua justificativa:

> [...] A intenção é a de que não se pode deixar de punir com rigor barbáries que acontecem no nosso cotidiano, como o triste **caso do menino Bernardo Boldini** (sic), brutalmente assassinado no Rio Grande do Sul, entre tantos outros que sabemos ocorrer no país afora.[760]

O projeto se refere ao "caso Bernardo Boldrini"[761], crime que "chocou o país"[762] em 2014. Visto vivo pela última vez no dia 4 de abril de 2014 por um policial rodoviário, "o corpo do menino de 11 anos foi encontrado enterrado em um matagal na área rural de Frederico Westphalen, a cerca de 80 quilômetros

[758] Cf. <http://g1.globo.com/pernambuco/noticia/2013/08/cameras-flagram-agressoes-de-baba-crianca-de-1-ano-e-meio-no-recife.html> & <http://rederecord.r7.com/video/casal-flagra-baba-agredindo-menina-de-um-ano-e-meio-no-recife-veja-as-imagens-52003c730cf-26c5058b32b58/>. Acesso em 4 de julho de 2015.

[759] "Art. 121. Matar alguém: [...] § 4º. [...] Sendo doloso o homicídio, **a pena é aumentada de 1/3 (um terço) se o crime é praticado contra pessoa menor de 14 (quatorze)** ou maior de 60 (sessenta) anos." (Grifo nosso) Disponível em <http://www.planalto.gov.br/ccivil_03/decreto-lei/Del2848.htm>. Acesso em 4 de julho de 2015.

[760] (Grifo nosso) BRASIL. Câmara dos Deputados. Projeto de Lei n. PL-7439/2014. Autoria do Deputado Enio Bacci, PDT/RS. Altera o § 4º, do art. 121, do Decreto-Lei nº 2.848, de 07 de dezembro 1940, Código Penal e dá outras providências. Disponível em <http://www.camara.gov.br/proposicoesWeb/fichadetramitacao?idProposicao=613053>. Acesso em 21 de julho de 2015.

[761] O site *g1.globo.com* conta com uma página inteiramente dedicada ao "caso Bernardo Boldrini". Disponível em <http://g1.globo.com/rs/rio-grande-do-sul/caso-bernardo-boldrini/index.html>. Acesso em 4 de julho de 2015.

[762] Conforme lembrava a jornalista Leilane Neubarth, da GloboNews, em vídeo de 13 de agosto de 2015: "Pai, madrasta e 2 acusados de matar Bernardo Boldrini vão a júri popular". Disponível em <http://globotv.globo.com/globo-news/jornal-globo-news/v/pai-madrasta-e-2-acusados-de-matar-bernardo-boldrini-vao-a-juri-popular/4391500/>. Acesso em 23 de agosto de 2015.

de Três Passos, no Noroeste do estado" do Rio Grande do Sul[763], no dia 14 de abril de 2014. O pai, a madrasta e mais duas pessoas são acusados de terem matado a criança. Nove dias depois, o Deputado Enio Bacci, do PDT do Rio Grande do Sul (região do crime e sua base eleitoral), protocolava no dia 23 de abril de 2014, o projeto aumentando a pena do crime de homicídio quando a vítima for menor de 14 anos. Evidentemente, a proposta legislativa teve como *causa* o apelo público do fato e sua enorme repercussão midiática, confirmando mais uma vez nossa hipótese.

É importante salientar que o dispositivo penal que o parlamentar pretende alterar já havia sido modificado para prever pena maior para o crime de homicídio doloso que envolve vítima menor de 14 anos. Em 1990, a Lei 8.069 (Estatuto da Criança e do Adolescente - ECA) incluíra no §4º do art. 121 do Código Penal a seguinte norma penal: "Sendo doloso o homicídio, a pena é aumentada de **um terço**, se o crime é praticado contra pessoa menor de catorze anos".[764] Passados vinte e quatro anos, impulsionado pelo "caso Bernardo Boldrini", o político busca o aumento simbólico e populista da fração de aumento de 1/3 para 2/3. E a justificativa apresenta o padrão discursivo legitimador do punitivismo: "punir com rigor", "frear aumento da criminalidade", "proteção das vítimas".[765]

---

763 Cf. <http://g1.globo.com/rs/rio-grande-do-sul/caso-bernardo-boldrini/noticia/2015/07/antes-de-morrer-mae-de-bernardo-registrou-ocorrencia-por-ameaca.html>. Acesso em 21 de julho de 2015.

764 (Grifo nosso) Disponível em <http://www.planalto.gov.br/ccivil_03/decreto-lei/Del2848.htm>. Acesso em 4 de julho de 2015.

765 "Este Projeto de Lei visa a alterar o Código Penal, em seu artigo 121, § 4º, no que se refere ao aumento de pena, que passa de 1/3 (um terço) para 2/3 (dois terços), quando o homicídio doloso for praticado contra menor de 14 (quatorze) anos. Na busca da solução ideal para os conflitos sociais, o direito procura atender as demandas da humanidade e tomou para si a legitimidade para aplicação de reprimendas àqueles que vierem atentar contra regras legais que limitam e norteiam a ação de todos nós. **O Brasil enfrenta índices crescentes de crimes cometidos contra toda a população.** A proposta em questão pretende **aumentar a proteção contra um grupo específico de pessoas** vítimas de homicídio, quais sejam, menores de 14 (quatorze) anos dotados do atributo da inocência presumida e ainda por não oferecer resistência. Para exemplificar, esta proposta permitiria que na prática, se alguém fosse condenado a 18 anos de prisão, teria de cumprir 30 anos, pois a pena estaria aumentada em 2/3. [...]". (Grifos nossos) BRASIL. Câmara dos Deputados. Projeto de Lei n. PL-7439/2014. Autoria do Deputado Enio Bacci, PDT/RS, *op. cit.*

(28) O PL-2398/2011, de autoria do Deputado Nelson Bornier, PMDB/RJ, aumenta a pena para o crime de maus tratos contra idosos praticado por funcionário ou dirigente de entidade de atendimento ao idoso. Assinala o autor em sua justificação:

> [...] **ainda se noticia frequentemente que, nas instituições prestadoras de atendimento ao idoso como asilos, casas-lares e outras de longa permanência, verificam-se casos de omissões, negligências, imprudências e imperícias praticadas contra idosos lá hospedados** [...]. Assim, no intuito de aprimorar o Estatuto do Idoso e tornar mais efetivas diversas normas de proteção nele já albergadas para se obter, em última análise, uma diminuição dos casos mencionados, propõe-se nesta oportunidade o acréscimo de parágrafos aos seus artigos 35 e 99 [...].[766]

A proposta não se refere a nenhum episódio em específico. Mas vídeos com maus tratos, lamentavelmente, são comuns nos noticiários e redes sociais.[767] O PL tem por alvo os abrigos, asilos, estabelecimentos de cuidado ao idoso, nos quais funcionários seriam autores de violência contra pessoas idosas. Prevendo uma nova causa especial de aumento[768] de pena para o crime previsto no art. 99 do Estatuto do Idoso[769], o projeto é contemporâneo da matéria exibida no Jornal Hoje, da TV Globo, em 9 de agosto de 2011: "A cada dez minutos um idoso é vítima de violência no Brasil".[770] O PL fora apresentado em 27 de setembro de 2011.

---

[766] (Grifo nosso) BRASIL. Câmara dos Deputados. Projeto de Lei n. 2398/2011, de autoria do Deputado Nelson Bornier, PMDB/RJ. Altera a Lei nº 10.741, de 1º de outubro de 2003 (Estatuto do Idoso) e dá outras providências. Disponível em <http://www.camara.gov.br/proposicoesWeb/fichadetramitacao?idProposicao=521320>. Acesso em 21 de julho de 2015.

[767] Diversos vídeos e imagens com agressões a idosos podem ser encontrados no popular site de vídeos *youtube.com*.

[768] "Aumenta-se a pena de um terço se o crime é praticado por dirigente ou funcionário de entidade de atendimento ao idoso." BRASIL. Câmara dos Deputados. Projeto de Lei n. 2398/2011, de autoria do Deputado Nelson Bornier, PMDB/RJ, *op. cit.*

[769] "Art. 99. Expor a perigo a integridade e a saúde, física ou psíquica, do idoso, submetendo-o a condições desumanas ou degradantes ou privando-o de alimentos e cuidados indispensáveis, quando obrigado a fazê-lo, ou sujeitando-o a trabalho excessivo ou inadequado: Pena – detenção de 2 (dois) meses a 1 (um) ano e multa." Disponível em <http://www.planalto.gov.br/ccivil_03/leis/2003/L10.741.htm>. Acesso em 21 de julho de 2015.

[770] Disponível em <http://g1.globo.com/jornal-hoje/noticia/2011/08/cada-dez-minutos-um-idoso-e-vitima-de-violencia-no-brasil.html>. Acesso em 21 de julho de 2015.

(29) O PL-2662/2011, de autoria do Deputado Onofre Santos Agostini, PSD/SC, aumenta a pena do crime de embriaguez ao volante. A proposta registra:

> Sabe-se do grande avanço em matéria de legislação de trânsito que houve com o advento da chamada Lei Seca (Lei 11.705). No entanto, apesar da redução dos índices de acidentes, estes não foram suficientes para inibir o desrespeito à lei. **A todo o momento os meios de comunicação noticiam os acidentes de trânsito provocados por motoristas alcoolizados, inclusive, reincidentes.** [...] Ante o exposto, acreditamos que a nossa proposição contribuirá de forma legítima e efetiva para modificação da dura realidade que passa a população brasileira, em razão dos acidentes trágicos decorrentes da combinação de álcool e direção.[771]

Apresentado em 9 de novembro de 2011, não identificamos um evento em particular que pudesse dar causa ao PL. Como grifado, o parlamentar afirma que "a todo o momento os meios de comunicação noticiam os acidentes de trânsito provocados por motoristas alcoolizados". Contudo, o parlamentar não propõe aumento de pena para os crimes violentos de lesão corporal[772] e homicídio[773] no trânsito. Ele propõe aumento da pena do crime de embriaguez ao volante[774](!). E uma elevação na pena máxima para 5 (cinco) anos, o que resulta em um valor maior do que a pena máxima do homicídio de trânsito. Um desafio ao princípio da proporcionalidade.

---

771 (Grifo nosso) BRASIL. Câmara dos Deputados. Projeto de Lei n. 2662/2011, de autoria do Deputado Onofre Santos Agostini, PSD/SC. Altera a Lei nº 9.503, de 1997, que institui o Código de Trânsito Brasileiro. Disponível em <http://www.camara.gov.br/proposicoesWeb/fichadetramitacao?idProposicao=526634>. Acesso em 21 de julho de 2015.

772 Lei 9.503/1997, Código de Trânsito Brasileiro: "Art. 303. Praticar lesão corporal culposa na direção de veículo automotor: Penas - detenção, de seis meses a dois anos e suspensão ou proibição de se obter a permissão ou a habilitação para dirigir veículo automotor." Disponível em <http://www.planalto.gov.br/ccivil_03/LEIS/L9503.htm>. Acesso em 21 de julho de 2015.

773 Lei 9.503/1997, Código de Trânsito Brasileiro: "Art. 302. Praticar homicídio culposo na direção de veículo automotor: Penas: detenção, de dois a quatro anos, e suspensão ou proibição de se obter a permissão ou a habilitação para dirigir veículo automotor." Disponível em <http://www.planalto.gov.br/ccivil_03/LEIS/L9503.htm>. Acesso em 21 de julho de 2015.

774 Lei 9.503/1997, Código de Trânsito Brasileiro: "Art. 306. Conduzir veículo automotor com capacidade psicomotora alterada em razão da influência de álcool ou de outra substância psicoativa que determine dependência: Penas - detenção, de seis meses a três anos, multa e suspensão ou proibição de se obter a permissão ou a habilitação para dirigir veículo automotor". Disponível em <http://www.planalto.gov.br/ccivil_03/LEIS/L9503.htm>. Acesso em 21 de julho de 2015.

(30) O PL-8136/2014, de autoria do Deputado Pauderney Avelino, DEM/AM, aumenta a pena de reclusão e a multa dos crimes de furto qualificado quando houver utilização de artefatos explosivos. O proponente se refere à constante divulgação desse tipo de delito:

> Entendemos que devido a potencialidade lesiva do uso de explosivo para atingir o objeto do furto, a pena aplicada é totalmente desproporcional. **Constantemente são divulgados crimes de explosão a caixa eletrônicos** e não raras vezes, o imóvel fica parcialmente destruído devido a capacidade do artefato utilizado.[775]

A proposta, registrada em 24 de novembro de 2014, atesta a mesma preocupação do já examinado PL-8018/2014, de autoria do Deputado José Carlos Araújo, PSD/BA (14 de outubro de 2014): crimes patrimoniais praticados contra bancos, caixas eletrônicos e similares com o emprego de artefatos que causam explosão. Dessa sorte, desnecessário retomar o tema. A responsividade está demonstrada.[776]

(31) O PL-1963/2007, de autoria do Deputado Paulo Pimenta, PT/RS, aumenta a pena para homicídio cometido contra autoridade policial, juiz, membros do Ministério Público e agentes públicos. Abaixo, a justificativa da proposta:

> O agravamento das penas deve servir também, como fator de inibição dos criminosos, que hoje, não temem a ação da justiça na responsabilização de seus atos." "O problema da violência neste País e neste Estado, é mais grave do que se imagina e requer, na mesma proporção, medidas

---

[775] (Grifo nosso) BRASIL. Câmara dos Deputados. Projeto de Lei n. 8136/2014, de autoria do Deputado Pauderney Avelino, DEM/AM. Altera o art. 155 do Decreto-lei nº 2.848, de 7 de dezembro de 1940 (Código Penal). Disponível em <http://www.camara.gov.br/proposicoesWeb/fichadetramitacao?idProposicao=796318>. Acesso em 21 de julho de 2015.

[776] É de se ressaltar que um importante *player* nesse cenário é a FEBRABAN (Federação Brasileira de Bancos), principal entidade representativa do setor bancário brasileiro. Tem relação ativa com o poder público e pode influenciar na tomada de decisão relativa ao tema dos crimes contra bancos. Cf. na Bahia, em 5 de junho de 2014: "Governo e Febraban assinam termo para combater crimes contra bancos" Disponível em <http://www.correio24horas.com.br/detalhe/noticia/governo-e-febraban-assinam-termo-para-combater-crimes-contra-bancos/?cHash=ef74017af1a6a0ee0d2b24e4cd37afe9 >. Acesso em 4 de julho de 2015. E cf. em São Paulo, em 11 de fevereiro de 2015: "Alckmin quer que BC [Banco Central] mude lei para impedir explosão de caixa eletrônico". (Inserção nossa) Disponível em <http://g1.globo.com/sao-paulo/noticia/2015/02/alckmin-quer-que-bc-mude-lei-para-impedir-explosao-de-caixa-eletronico.html >. Acesso em 21 de julho de 2015.

> sérias, eficazes de curto, médio e longo alcance." **A "Associação dos Magistrados Brasileiros - AMB, ao ensejo do homicídio do juiz-corregedor José Antonio Machado Dias, manifestou-se publicamente da seguinte forma: [...] É necessário que os agentes do Estado que tratam da questão da criminalidade tenham especial proteção contra a mesma, inclusive com legislação que agrave as penas daqueles que atentem contra a sua vida e a sua integridade física.**[777]

Apresentado 7 (sete) anos antes do PL-7478/2014, de autoria da Deputada Maria do Rosário, colega de partido, o PL de Paulo Pimenta tem a mesma causa: dar uma resposta penal-legislativa para a morte de um agente público. O episódio ao qual o parlamentar se refere foi o homicídio do segundo juiz na história de São Paulo.[778] Marcos Willians Herbas Camacho, vulgo "Marcola", foi condenado pela morte do magistrado José Antonio Machado Dias, que à época atuava na Vara de Execuções Penais de Presidente Prudente, São Paulo.[779]

(32) O PL-379/2007, de autoria do Deputado Paulo Rubem Santiago, PT/PE, aumenta a pena dos crimes de corrupção passiva e ativa quando a conduta é praticada em detrimento de órgãos encarregados de atividades vinculadas à saúde, à educação, à alimentação, a medicamentos, ao saneamento básico, ao abastecimento de água e ao controle de resíduos sólidos. Discorre o autor na proposição:

> **Os recentes acontecimentos no mundo político e na realidade administrativa brasileira desaconselham a preservação do ordenamento jurídico vigente.** É óbvio que a legislação, por si só, não é capaz de coibir crimes, mas também não se pode negar que um arcabouço normativo suave os estimule. Nesse sentido, a proposta que ora se justifica busca

---

[777] (Grifo nosso) BRASIL. Câmara dos Deputados. Projeto de Lei n. 1963/2007, de autoria do Deputado Paulo Pimenta, PT/RS. Aumenta em um terço até metade a pena para homicídio cometido contra autoridade policial, juiz, membros do Ministério Público e agentes públicos que tenham a função de prevenção, combate, julgamento de crimes, bem como de fixação e execução de penas criminais. Disponível em <http://www.camara.gov.br/proposicoesWeb/fichadetramitacao?idProposicao=366361>. Acesso em 21 de julho de 2015.

[778] Em 15 de março de 2003: "Machado Dias é o segundo juiz a ser morto em SP". Cf. em <http://brasil.estadao.com.br/noticias/geral,machado-dias-e-o-segundo-juiz-a-ser-morto-em-sp,20030315p5979 >. Acesso em 21 de julho de 2015.

[779] "Justiça nega recurso sobre júri que condenou Marcola por morte de juiz". Disponível em <http://noticias.r7.com/sao-paulo/justica-nega-recurso-sobre-juri-que-condenou-marcola-por-morte-de-juiz-12042013>. Acesso em 21 de julho de 2015.

> desatar alguns dos nós que hoje disseminam em todos os recantos do país uma desagradável sensação de impunidade. [...] o projeto endurece, como já deveria ter sido feito, o tratamento atribuído a uma série de práticas criminosas que vêm atormentando a Nação.[780]

O projeto é de 13 de março de 2007 e se refere a "recentes acontecimentos no mundo político". Sem especificar um episódio, é difícil estabelecer a relação sequencial causal e temporal *mídia → projeto de lei*. Apresentado no início do ano legislativo, o PL pode ter sido motivado pela Operação Alcaides, deflagrada pela Polícia Federal (PF) no dia 14 de novembro de 2006, em Pernambuco, base eleitoral do parlamentar. A ação da PF buscava desarticular quadrilha especializada nos crimes de fraude a licitações, lavagem de dinheiro, falsidade ideologia, corrupção, tráfico de influência, advocacia administrativa e formação de quadrilha, que atuava no interior do Estado de Pernambuco, sobretudo em municípios com índices de desenvolvimento humano (IDH) baixos.[781]

Outro caso corrido em 2006 de grande notoriedade foi a chamada "máfia das ambulâncias", que inclusive rendeu condenações à políticos.[782] Em 04 de maio de 2006, a PF deflagrava a Operação Sanguessuga. Tinha o "objetivo de desarticular uma organização criminosa especializada na prática de crimes contra a ordem tributária e fraudes em licitações na área da saúde que agia desde o ano de 2001".[783] A ação policial correu o país. Abrangeu os estados do

---

780 (Grifo nosso) BRASIL. Câmara dos Deputados. Projeto de Lei n. 379/2007, de autoria do Deputado Paulo Rubem Santiago, PT/PE. Dá nova redação aos arts. 317 e 333 do Decreto-Lei nº 2.848, de 7 de dezembro de 1940 (Código Penal), ao art. 84 do Decreto-Lei nº 3.689, de 3 de outubro de 1941 (Código de Processo Penal), ao art. 1º da Lei nº 8.072, de 25 de julho de 1990, que "dispõe sobre os crimes hediondos, nos termos do art. 5º, inciso XLIII, da Constituição Federal, e determina outras providências", e ao art. 12 da Lei nº 8.429, de 2 de junho de 1992, que trata dos atos de improbidade. Disponível em <http://www.camara.gov.br/proposicoesWeb/fichadetramitacao?idProposicao=344428>. Acesso em 21 de julho de 2015.

781 Informações da Polícia Federal disponíveis em <http://www.dpf.gov.br/agencia/estatisticas/2006#Alcaides>. Acesso em 21 de julho de 2015.

782 "Ex-deputados são condenados por corrupção na *Máfia das Ambulâncias*", *Valor Econômico*, em 22 de outubro de 2014. Disponível em <http://www.valor.com.br/politica/3744378/ex-deputados-sao-condenados-por-corrupcao-na-mafia-das-ambulancias/>. Acesso em 21 de julho de 2015.

783 Disponível em <http://www.dpf.gov.br/agencia/estatisticas/2006#Sanguessuga>. Acesso em 21 de julho de 2015.

Acre, Amapá, Mato Grosso, Minas Gerais, Paraná, Rio de Janeiro e no Distrito Federal.

É nesse contexto que o PL do Deputado Paulo Rubem Santiago, PT/PE, foi apresentado.

(33) O PL-3550/2008, de autoria do Deputado Raul Jungmann, PPS/PE, aumenta a pena dos crimes de homicídio e lesão praticados por grupos de extermínio ou milícias privadas. Explica o autor da proposição:

> [...] em geral, os grupos de extermínio estão imunes ao poder punitivo do Estado, devido à inação, conivência ou até mesmo o envolvimento direto de autoridades dos poderes públicos. Hoje, infelizmente, a matéria permanece atual. **Somam-se a antigos casos emblemáticos como o massacre de presos no Carandiru e a chacina da Candelária, ocorrências recentes, como a tortura dos jornalistas de "O Dia", por milicianos do Rio de Janeiro**, além de outras não tão divulgadas pela imprensa, talvez até "invisíveis", por serem tão cotidianas na realidade das populações mais humildes do Brasil. Estas as razões, portanto, que me levam a reapresentar o projeto, nos termos do Substitutivo que apresentei à Comissão de Segurança Pública, certo de que se trata de avanço contra o crime organizado.[784]

Como se pode depreender do destaque na justificativa, apresentada em 11 de junho de 2008, a proposição é uma clara resposta ao episódio de tortura de uma equipe de jornalismo do jornal "O Dia", capturados em 14 de maio de 2008 por milicianos da Favela do Batan, em Realengo, Zona Oeste do Rio de Janeiro.[785]

---

[784] (Grifo nosso) BRASIL. Câmara dos Deputados. Projeto de Lei n. 3550/2008, de autoria do Deputado Raul Jungmann, PPS/PE. Altera o Decreto-Lei nº 2.848, de 7 de dezembro de 1940, Código Penal - para dispor sobre os crimes praticados por grupos de extermínio ou milícias privadas e dá outras providências. Disponível em <http://www.camara.gov.br/proposicoesWeb/fichadetramitacao?idProposicao=399212>. Acesso em 21 de julho de 2015. Informações da Polícia Federal disponíveis em <http://www.dpf.gov.br/agencia/estatisticas/2006#Alcaides>. Acesso em 21 de julho de 2015.

[785] "Jornalistas torturados reconheceram suspeitos, diz polícia". Disponível em <http://g1.globo.com/Noticias/Rio/0,,MUL589764-5606,00-JORNALISTAS+TORTURADOS+RECONHECERAM+SUSPEITOS+DIZ+POLICIA.html>. Acesso em 21 de julho de 2015. "Tortura de equipe de jornalistas do jornal 'O Dia' causa indignação em leitores", *Extra*, 1º de junho de 2008. Disponível em <http://extra.globo.com/noticias/rio/tortura-de-equipe-de-jornalistas-do-jornal-dia-causa-indignacao-em-leitores-519913.html>. Acesso em 21 de julho de 2015.

(34) O PL-3639/2008, de autoria da Deputada Rebecca Garcia, PP/AM, aumenta a pena de dois crimes contra o meio ambiente.[786] A representante expõe seus motivos:

> [...] A razão para o recrudescimento das penas está no relatório "O Estado Real das Águas no Brasil", feito pela ONG Defensoria da Água. De acordo com tal documento, há vinte e uma mil áreas contaminadas no país e um alerta de que a contaminação dos cursos d'água cresceu 280% entre 2004 e 2007, com cerca de cinco milhões de pessoas afetadas diretamente e outras 15 milhões vítimas de impactos indiretos. (**Notícia publicada no Correio Braziliense de 18/03/2008**). Ora, desnecessário dizer da importância da água para a vida humana e de como esse bem da vida vem sendo escasseado nos últimos anos. É hora de bloquearmos essas condutas nocivas ao meio ambiente, mais especificamente ao mananciais aquíferos, sob pena de, no futuro, não termos mais vida.[787]

Como indica a justificativa, o impulso para a proposta de recrudescimento da lei penal, com foco nos crimes que cuidam de poluição ambiental, foi a notícia veiculada pelo jornal Correio Braziliense em 18 de março de 2008. Ela repercutia informações resultantes de entidade da sociedade civil sobre o aumento na contaminação da água. Em 1º de julho de 2008, quase quatro meses após a reportagem, a parlamentar socorre-se da ferramenta penal a pretexto de resolver o problema socioambiental em questão.

(35) O PL-7063/2014, de autoria do Deputado Rogério Peninha Mendonça, PMDB/SC, aumenta a pena de reclusão e de banimento dos estádios, em casos de tumulto e violência. O político consigna o episódio que lhe motivou a propor a elevação na punição:

> **Em razão dos diversos incidentes de violência provocados por torcidas brasileiras em jogos de futebol profissional em 2013, em que um dos mais recentes, e com repercussão mundial, foi a tragédia na arena de Joinville, no jogo entre Atlético Paranaense e Vasco da Gama** - equipes já penalizadas com perda de mando de campo devido a outras

[786] Arts. 33 e 54, §2º, da Lei 9.605/98.

[787] (Grifo nosso) BRASIL. Câmara dos Deputados. Projeto de Lei n. 3639/2008, de autoria da Deputada Rebecca Garcia, PP/AM. Majora a pena de condutas lesivas ao meio ambiente. Disponível em <http://www.camara.gov.br/proposicoesWeb/fichadetramitacao?idProposicao=402633>. Acesso em 21 de julho de 2015.

> episódios e distúrbios provocados por suas torcidas -, venho propor o agravamento das penas atualmente impostas a quem provocar tumulto ou praticar ou incitar a violência em eventos esportivos.[788]

Em julho de 2010, foi publicada a Lei nº 12.299 que, alterando a lei nº 10.671 de 2003 (Estatuto do Torcedor)[789], criminalizou diversas condutas. Nesse sentido, fez inserir o art. 41-B, que previu pena de reclusão de 1 a 2 anos para o crime daquele que: "Promover tumulto, praticar ou incitar a violência, ou invadir local restrito aos competidores em eventos esportivos".

Passados quatro anos desde a criminalização da violência em estádio (2010), o parlamentar quer tornar a punição mais dura. Elevar a pena para 3 (três) para 6 (seis) anos.

E na justificativa, além da referência ao evento concreto ocorrido em 2013, não aponta sequer outro motivo. Um PL que segue o padrão de omissão de lastro em avaliações, estudos e números que possam sugerir a necessidade de alteração.

(36) O PL-3318/2012, de autoria do Deputado Sandes Júnior, PP/GO, busca aumentar a pena do crime de maus tratos aos animais, do sempre presente art. 32 da lei 9.605/98. Assim vem justificado:

> Busca-se, com esta iniciativa legislativa, aumentar o rigor na repressão penal das condutas lesivas aos animais que configuram o aludido crime e, nesta esteira, sobretudo impedir em tais hipóteses a transação penal e outros benefícios previstos na Lei dos Juizados Especiais Criminais (Lei no 9.099, de 26 de setembro de 1995) [...]. [...] **Um exemplo concreto e contemporâneo foi o caso da enfermeira que espancou e matou um cachorro yorkshire em Formosa (GO), cidade do Entorno do Distrito Federal, em novembro do ano passado.** As redes sociais e toda a imprensa publicaram maciçamente o vídeo com as agressões, o que deixou a sociedade perplexa com tamanha crueldade. Assim, não resta dúvida

---

788 (Grifo nosso) BRASIL. Câmara dos Deputados. Projeto de Lei n. 7063/2014, de autoria do Deputado Rogério Peninha Mendonça, PMDB/SC. Altera a Lei nº 10.671, de 15 de maio de 2003, que dispõe sobre o Estatuto de Defesa do Torcedor e dá outras providências. Disponível em <http://www.camara.gov.br/proposicoesWeb/fichadetramitacao?idProposicao=605581>. Acesso em 21 de julho de 2015.

789 BRASIL. Lei nº 10.671 de 15 de maio de 2013. Disponível em <http://www.planalto.gov.br/ccivil_03/leis/2003/L10.671compilado.htm> Acesso em 9 de julho de 2014.

> que a sociedade deseja aumentar o poder punitivo do Estado, a fim de eliminar do meio social essas práticas cruéis a animais.[790]

Apresentado em 1º de março de 2012, início do ano legislativo, a proposição cita o caso de um cachorro agredido e morto, cujos vídeos se popularizaram nas redes sociais e notícias em dezembro de 2011.[791] Assim como no caso do PL-6069/2013, da Deputada Aline Corrêa, PP/SP, que tem o mesmo objeto (maus-tratos a animais) e examinamos acima, cuida-se de mais um exemplo de oportunismo político do legislador. Um indicativo de seu populismo penal.

(37) Por fim, o PL-6744/2010, de autoria do Deputado Silas Brasileiro, PMDB/MG, prevê aumento de pena do crime de exposição do idoso a perigo praticado por dirigente ou funcionário de entidade de atendimento ao idoso. Argumenta o autor em sua fundamentação:

> [...] **ainda se noticia frequentemente que, nas instituições prestadoras de atendimento ao idoso como asilos, casas-lares e outras de longa permanência, verificam-se casos de omissões, negligências, imprudências e imperícias praticadas contra idosos lá hospedados** [...]. Assim, no intuito de aprimorar o Estatuto do Idoso e tornar mais efetivas diversas normas de proteção nele já albergadas para se obter, em última análise, uma diminuição dos casos mencionados, propõe-se nesta oportunidade o acréscimo de parágrafos aos seus artigos 35 e 99 [...].[792]

Notamos que essa proposta tem rigorosamente a mesma redação que o PL-2398/2011, de autoria do Deputado Nelson Bornier, PMDB/RJ, acima analisado. Como o PL do Deputado Silas Brasileiro foi apresentado em 4 de fevereiro de 2010, e o de Nelson Bornier em 27 de setembro de 2011, em uma nova

---

[790] (Grifo nosso) BRASIL. Câmara dos Deputados. Projeto de Lei n. 3318/2012, de autoria do Deputado Sandes Júnior, PP/GO. Altera o caput do art. 32 da Lei nº 9.605, de 12 de fevereiro de 1998. Disponível em <http://www.camara.gov.br/proposicoesWeb/fichadetramitacao?idProposicao=535692>. Acesso em 21 de julho de 2015.

[791] "Novo vídeo mostra cachorro de Formosa (GO) após ser agredido pela dona" <http://www.correiobraziliense.com.br/app/noticia/cidades/2011/12/19/interna_cidadesdf,283443/novo-video-mostra-cachorro-de-formosa-go-apos-ser-agredido-pela-dona.shtml>. Acesso em 21 de julho de 2015.

[792] (Grifo nosso) BRASIL. Câmara dos Deputados. Projeto de Lei n. 6744/2010, de autoria do Deputado Silas Brasileiro, PMDB/MG. Acresce parágrafos aos arts. 35 e 99 da Lei nº 10.741, de 1º de outubro de 2003. Disponível em <http://www.camara.gov.br/proposicoesWeb/fichadetramitacao?idProposicao=465811>. Acesso em 21 de julho de 2015.

legislatura, queremos crer que se trata de reapresentação de projeto (sem que se tenha dado o crédito explícito), a considerar que os parlamentares são da mesma sigla, PMDB.

Esses foram os 37 PLs que compuseram a categoria relativa às referências extrapenais "episódio divulgado na mídia". Com a análise qualitativa das proposições, buscamos demonstrar com evidências não-numéricas o populismo penal do legislador, por meio de sua inexorável responsividade à mídia.

Outros PLs poderiam ter figurado nessa lista, se nosso escopo de pesquisa não se adstringisse ao "aumento de penas de crimes já existentes". Eles tratam de novas criminalizações.

Por exemplo, o PL-5185/2013[793], apresentado em 20 de março de 2013, foi uma resposta legislativo-penal ao "caso Kevin Espada". O adolescente de 14 anos morreu após ser atingido por um sinalizador náutico, durante a partida de futebol entre Corinthians e San Jose, no Estádio Jesús Bermudez, em 19 de fevereiro de 2013.[794]

Bem como o PL-3610/2012, de autoria do Deputado Jonas Donizette, PSB/SP. A proposta é responsiva à enorme repercussão da morte de Grazielly Almeida Lames, de 3 anos, atropelada por um *jet ski* no dia 18 de fevereiro de 2012, na praia de Guaratuba, em Bertioga, no litoral de São Paulo.[795] Em 3 de abril de 2012, menos de dois meses depois do ocorrido, o parlamentar apresentava projeto criando crimes relacionados a *jet ski* e declamava em sua justificativa:

---

793 BRASIL. Câmara dos Deputados. Projeto de Lei n. 5185/2013, de autoria do Deputado Décio Lima, PT/SC. Acrescenta o art. 41-H à Lei nº 10.671, de 15 de maio de 2003, que "dispõe sobre o Estatuto de Defesa do Torcedor e dá outras providências". Disponível em <http://www.camara.gov.br/proposicoesWeb/fichadetramitacao?idProposicao=568439>. Acesso em 21 de julho de 2015.

794 A proposta criminaliza a seguinte conduta: "Art. 41-H. Vender, distribuir, **utilizar** ou portar **artigo pirotécnico** ou qualquer outro artefato **que produza fogo**, faísca ou fumaça, **em estádio de futebol**, ginásio de esportes ou estabelecimento congênere, e em agremiações ou eventos esportivos. Pena – reclusão, de 2 (dois) a 4 (quatro) anos. e multa." (Grifos nossos) *Ibidem.*

795 Em 20 de fevereiro de 2012: "Morte de garota atropelada por jet ski é registrada como homicídio culposo. Criança brincava com a mãe na areia quando foi atingida em Bertioga, SP." Disponível em <http://g1.globo.com/sao-paulo/noticia/2012/02/morte-de-garota-atropelada-por-jet-ski-e-registrada-como-homicidio-culposo.html>. Acesso em 21 de julho de 2015.

> O sorriso e a alegria de Grazielly, que comoveu e encantou o País, foram brutalmente esmagados pelo jet-ski desgovernado, que navegava onde não se pode navegar, conduzido pelas mãos inábeis e incompetentes e de um adolescente, sem a idade, sem a experiência, sem a habilidade e sem a habilitação exigidos por lei para conduzir embarcações.[796]

E assim, entendemos que demonstramos a maneira pela qual os parlamentares responderam a mídia utilizando-se de proposições legislativas em matéria penal no período de 2006 a 2014 na Câmara dos Deputados, forjando assim um quadro de populismo penal legislativo.

796 BRASIL. Câmara dos Deputados. Projeto de Lei n. 3610/2012, de autoria do Deputado Jonas Donizette, PSB/SP. Proíbe a navegação com uso de moto-aquática (jet-ski) e de outras embarcações em praias do litoral e demais locais que especifica e dá outras providências. Disponível em <http://www.camara.gov.br/proposicoesWeb/fichadetramitacao?idProposicao=539957>. Acesso em 21 de julho de 2015.

5

CONSIDERAÇÕES FINAIS

Saudosa amnésia
Memória é coisa recente.
Até ontem, quem lembrava?
A coisa veio antes,
ou, antes, foi a palavra?
Ao perder a lembrança,
grande coisa não se perde.
Nuvens, são sempre brancas.
O mar? Continua verde.[797]

Nosso tema central de investigação foi o populismo penal. Um conjunto de práticas e discursos que impõe e reivindica intervenção penal mais dura. Uma das institucionalidades afetadas é o Poder Legislativo. Buscamos neste trabalho as evidências numéricas e não numéricas que pudessem comprovar o fenômeno do populismo punitivo no âmbito da atividade legislativa da Câmara dos Deputados, no período de 2006 a 2014 no Brasil.

Para realizar a análise dos dados resultantes da pesquisa, partimos de algumas premissas teóricas.

No capítulo 2, destacamos os princípios penais que devem informar a tomada de decisão legislativa em matéria criminal. O legislador não pode tudo.

[797] LEMINSKI, Paulo. **Toda poesia**. 1ª edição. São Paulo: Companhia das Letras, 2013, p. 180.

Não deve recorrer à ferramenta penal quando o programa legislativo que pretende instalar se mostrar (i) contingencial quanto à resposta ao problema, (ii) inútil quanto a produção dos efeitos esperados, (iii) desproporcional quanto ao atingimento da finalidade pretendida, (iv) indevido quanto ao nível da intervenção para remediar o problema, pois podem existir soluções não penais menos gravosas, e (v) inexequível quanto às possibilidades de sua implementação. Nesse sentido, o populismo penal estaria em eterno choque com os princípios da resposta não contingente, da idoneidade, da proporcionalidade, da subsidiariedade e da implementação administrativa. Suas medidas legislativas se mostram, em regra, emergenciais, inúteis, discrepantes, indevidas e irrealizáveis.

Ainda no capítulo 2, firmamos as bases do discurso oficial da penologia, que reconhece como finalidades da pena os ideais de retribuição, dissuasão, afirmação da ordem jurídica, reabilitação e neutralização. Essa premissa teórica revelou-se fundamental para a compreensão histórica da crítica à finalidade reabilitadora, com a consequente retomada das funções retributiva, dissuasória e incapacitante. Fins da pena que voltam a predominar no discurso criminológico do realismo de direita (*right realism*). E que estarão presentes nas intenções declaradas do nosso legislador, como vimos.

No capítulo 3, exploramos as doze mudanças na cultura do controle do crime nos fins do século XX e início do XXI, diagnosticadas por David Garland, que viriam a ser repercutidas no mundo. O quadro cultural punitivo emergente sinaliza para a (i) corrosão da função de ressocialização da pena. Uma posição conveniente para a política neoliberal, que quer um Estado menos social, com um consequente Estado mais penal. (ii) Vamos assistir à volta do retribucionismo penal. A punição pela punição. O "justo merecimento" da pena. O *punir* porque *pecou*. A lógica talionar. A sanção vingativa. (iii) O tom da política-criminal se transforma. Dá lugar às emoções. Às expressões emotivas vingativas. (iv) A vítima aparece no centro do debate penal. É preciso ouvi-la. Dar voz a sua dor. Punir para lhe apaziguar. (v) A sociedade está amedrontada. Sente-se abandonada por políticos desacreditados. Público e vítimas sentem que foram deixados de lado em relação aos direitos dos infratores. A sociedade precisa ser protegida. Seus direitos têm de ter precedência em relação aos dos criminosos. (vi) É o chamado para uma nova politização das instituições penais. Com seu prestígio em baixa, os políticos vão atender aos reclamos do público e vítimas. Vão recorrer à ferramenta penal como forma de lhes responder. Vão aderir às práticas populistas. (vii) A prisão se reinventa. Com a sede social por punição, o Estado vai lhes dar de beber com uma política de encarceramento em massa. (viii) Essa providência político-criminal vai assentar-se em um novo saber criminológico. Esqueça a multiplicidade das teorias que buscam explicar as causas do crime. Rasguem as teorias sociológicas, a criminologia crítica. O ser humano é um calculador de prazeres. O crime é escolha racional. *Thinks tanks* de direita, a análise econômica do direito, vai reduzir o crime a uma escolha. Grupos perigosos devem ser identificados, classificados e o risco que criam deve ser gerenciado. *Managerialism*, Justiça atuarial. (ix) Novos atores emergem na cena delitiva. O trabalho interagencial vai dar o passo da política-criminal. Dos agentes públicos aos privados, das ações de bairro à polícia de proximidade, a infraestrutura da cultura do controle do crime se reconfigura. (x) O crime e o castigo penal viram negócio. O corpo é mercadoria. É o surgimento das prisões privadas. O capitalista ganha dinheiro com mais gente presa. E financia o político que vai endurecer a lei penal. Para gerar mais prisões. E mais lucro. (xi) Controles situacionais, preventivos e gestão de grupos e indivíduos tachados de perigosos vão moldar as práticas dos atores principais do sistema penal. "Bem intencionado", o eficientismo penal vai se converter em uma fábrica de inimigos, indesejáveis. A eficiência na alocação de recursos vai ceder diante de políticas populistas que vão generalizar o encarceramento. (xii) Uma sensação permanente de crise. As instituições penais agora sofrem com o descrédito de sua *expertise*. Políticos darão menos atenção à teorias e práticas do passado. É preciso ouvir o que o povo pede.

Nesse cenário, o populismo penal frutifica. Ainda no capítulo 3, vimos que o fenômeno está diluído no mundo. Assim como algo inerente às dinâmicas das democracias contemporâneas. Observamos, de acordo com Pratt, que esse populismo punitivo (i) aparece como um discurso que fala em nome do povo desprotegido. (ii) Apoia-se em sentimentos e intuições para a tomada de decisão política. (iii) Veicula a imagem segundo a qual o sistema de justiça leva à impunidade, é condescendente com o crime. (iv) Substitui o conhecimento técnico, estudado, apurado por uma natureza anti-intelectual baseada no senso comum simplista. (v) Faz da punição um espetáculo de humilhação do desviante e show vingativo para o público. Uma catarse generalizada.

Chegamos a nossa própria definição: populismo penal seria um *fenômeno* representado por um conjunto de *práticas* e *discursos* que traduzem e reivindicam endurecimento penal, com afetação das *instituições* que compõem o sistema criminal. A instituição que nos interessou investigar é o Poder Legislativo. Mas antes dessa análise, discutimos o papel da mídia como fio condutor do populismo penal.

A mídia em geral evoluiu nas últimas décadas. Houve (i) mudança nas notícias; (ii) *glamourização* da transmissão; (iii) nova tecnologias, com ampliação do acesso (democratização); e (iv) globalização e *sloganização* dos discursos e práticas populistas. Verificou-se alteração quantitativa e qualitativa no que é noticiado. Mais notícias sobre crimes. E mais crimes de sangue, violentos e chocantes. Há uma onipresença da criminalidade *representada* no cotidiano de todos. O crime não é só notícia. É entretenimento. A punição-espetáculo do populismo penal vai se expressar na glamourização do crime nos programas e documentos da mídia. As novas tecnologias e a ampliação do acesso a elas vão romper a barreira da representação do crime. Da relação do público com os políticos. Apresentadores, políticos e público em geral vão repercutir a percepção da criminalidade de forma irrefletida e distorcida. Ideias fora do lugar vão forjar a percepção deslocada do crime. Esse ambiente vai favorecer a linguagem franca, simples e comum que vai caracterizar o discurso populista baseado em senso comum e impressões. O senso comum punitivista vai se globalizar. E terá *slogans*. Fáceis de entender. Comunicativos. Linguagem franca, simples e comum. "Três golpes e você está fora" (*three strikes and you are out*)! É a emergência, consolidação e legitimação do populismo penal. Um dos seus símbolos maiores: *Three Strikes Law*. Não para crimes de colarinho branco. Mas para os crimes patrimoniais. Ainda que não violentos. É a comprovação genuína da violência penal. O que diz nosso legislador sobre todo esse caldo de cultura no qual estamos mergulhados?

No capítulo 4, nossa hipótese parece ter se confirmado. Nossos achados de pesquisa sugerem que nosso legislador está inscrito nessa cultura punitivista. Senão vejamos, conforme o elencado em nossa introdução.

No período de 2006 a 2014, do ponto de vista do fenômeno do populismo penal, o político:

(i) apostou nas finalidades retributiva e dissuasória da pena?

- 48,16% dos PLs indicaram a o efeito dissuasório da pena. Ou seja, quase metade das proposições adere à prevenção geral negativa.
- 31,93% dos PLs indicaram o efeito retributivo da pena. Isto é, quase um terço das proposições apostam no retribucionismo.
- 27,22% dos PLs não se referiram a finalidades da pena, o que revela um empobrecimento do debate parlamentar.

(ii) ignorou dados, estudos e estatísticas relativos aos crimes cujas penas quer aumentar, confirmando uma espécie de *epistemologia do senso comum* no qual se assenta o populismo penal?

- 63,35% dos PLs não fizeram quaisquer referências extrapenais a dados, estudos e estatísticas relacionadas a norma que pretende alterar. Isso confirma o processo de *desestatisticalização* do populismo penal, a ausência do conhecimento técnico e a supremacia do senso comum.
- 19,37% dos PLs fundamentaram-se em episódios repercutidos na mídia. Ou seja, quase 1/5 das proposições.
- 17,26% dos PLs referiram-se a dados empíricos, audiência pública, cenário internacional, ou decisão judicial. Menos de 1/5 das proposições preocupou-se em trazer elementos que robustecessem a medida proposta.

(iii) escolheu crimes que tem apelo junto ao público para endurecer penas (principalmente crimes de *sangue*), aprofundando o caráter seletivo do sistema penal?

- 20,41% dos PLs versavam sobre crimes contra a pessoa. Sendo que 14 PLs cuidavam de homicídio, o que equivale a 7,32% de todas as 191 proposições.
- 11,51% dos PLs tratavam de crimes ambientais, sendo certo que o crime de maus tratos aos animais, de forte apelo junto ao público, mostrou-se frequente.
- 10,99% dos PLs versavam sobre os crimes contra o patrimônio (furto, roubo, extorsão, entre outros).
- 9,94% dos PLs pretendiam aumentos nos crimes contra a administração pública. O "combate à corrupção" é lema que tem aderência com o público.
- 2,09% dos PLs compuseram o chamado Direito Penal Econômico. A seletividade do legislador está demonstrada.

(iv) propôs PLs ineficazes para resolução dos conflitos, consubstanciando medidas legislativas contingentes, inúteis, desproporcionais, indevidas e inexequíveis?

- 48,16% dos PLs pretendem *desestimular a prática de crimes* pelo aumento de pena. É ineficaz. Nenhum estudo ou literatura comprova esse efeito.
- 44,50% dos PLs pretendem *adequar a pena à gravidade do crime*. Sem testes de proporcionalidade, o legislador não fundamenta, não indica as razões pelas quais deveria ser promovido o aumento.
- 40,83% dos PLs pretendem *punir com rigor*. Se o populismo penal se baseia no endurecimento penal, então sob essa ótica a alteração legislativa seria eficaz.
- 24,60% dos PLs pretendem *frear aumento da criminalidade*. Sem referência a comparativos sobre os alegados aumentos de fatos criminosos, o mero aumento na pena cominada não tem o condão de reduzir o crime. Essa redução pode estar mais associada às atividades das agências de criminalização secundária, e não primária (legislador). É ineficaz.
- 19,37% dos PLs referiram-se ao *enfrentamento da impunidade*. Em primeiro lugar, vimos que não se pode falar de impunidade quanto à cifra não oculta do sistema penal brasileiro no que tange aos crimes violentos. Em segundo lugar, também a redução da impunidade não depende da ação do legislador que promove aumentos de pena.
- 7,85% dos PLs apontaram para a *proteção dos direitos das vítimas*. Confessamos que esperávamos mais recorrências. A eficácia dessas propostas está ligada à satisfação das vítimas, a uma espécie de *accountability* em relação a elas. Como vimos ao longo desse trabalho, a vítima está no centro do debate penal.
- 6,80% dos PLs declararam *proteção da sociedade* nas justificativas. Também esperávamos mais incidências desse recurso discursivo. De todo modo, aumentos na pena não geram mais "proteção da sociedade".
- 6,28% dos PLs sinalizaram para o aumento de pena com o fim de *evitar substituição da pena (art. 44 do CP)*, enquanto 4,71% pretenderam *impedir suspensão condicional do processo (art. 89, Lei 9.099/95)*. Medidas legislativas que apostam no encarceramento, a ferramenta central do populismo penal.

(v) apresentou PLs de forma responsiva à mídia, buscando dar respostas para uma sociedade insegura, insatisfeita e clamante por punição?

- Conforme avaliamos no item 4.2.9. (Referências extrapenais: análise qualitativa dos PLs quanto à categoria "episódio divulgado na mídia"), entendemos que logramos demonstrar a relação de responsividade entre legislador e mídia. Quase 1/5 das proposições que conformaram o escopo de nossa pesquisa revelam a afetação do legislador pela repercussão midiática criminal. Como vimos, propostas ineficazes pululam em uma sequência temporal e causal, sugerindo um comportamento populista punitivo dos parlamentares.

(vi) esteve espalhado pelos diversos partidos políticos, indicando que o populismo penal é um fenômeno suprapartidário?

- Os PLs mostram-se diluídos entre os diversos partidos políticos de maior representatividade, conforme o quadro abaixo:

PARTIDO	NÚMERO DE PLs APRESENTADOS
PMDB	22
PP	20
PSB	19
DEM/PFL	18
PT	16
PSDB	13
Comissões	13
PDT	12
PPS	11

Esse achado de pesquisa parece confirmar o caráter suprapartidário do populismo penal.

Em vista do exposto, acreditamos ter testado e confirmado em grade parte nossa hipótese. Supomos ter atingido nosso objetivo de pesquisa: coleta e resumo de dados, com a posterior análise à luz da abordagem teórica do populismo penal. As evidências numéricas e não numéricas do fenômeno no parlamento brasileiro estão dadas.

Os parlamentares que temos são esses. Não outros. Para além de sua aderência ao espetáculo do populismo punitivo, a qualidade técnica, o uso do vernáculo, o conteúdo e a precisão dos PLs mostrou-se sofrível.

Um aspecto positivo foi a constatação de que apenas duas proposições, no universo de 191, foram aprovadas. Acaso fossem aprovados os 191 PLs, no período de 9 (nove) anos (2006 a 2014), teríamos uma média de 1,76 PLs aprovados por mês no Brasil. Uma irracionalidade. Todo mês, um aumento de pena. Se considerássemos os 758 PLs que compuseram a base total de dados, teríamos 7 (sete) novos PLs/mês no país. Uma insanidade.

Christie adverte que os sistemas penais são como sinais. Contém profundas mensagens. São meios pelos quais se transmitem informações sobre os atributos fundamentais dos Estados que representam. "Nada fala mais sobre a Alemanha nazista, sobre a URSS, ou sobre a China maoísta que sua máquina penal".[798] Quais os crimes contra os quais o Estado reage? A seletividade é um problema. Quais são os processos de tomada de decisão? Eles não podem conduzir à supressão de direitos e garantias fundamentais de contenção do poder punitivo. Quem são os destinatários da *violência penal*? Uma população carcerária representada por um padrão de idade, gênero, raça e classe pode indicar graves problemas no sistema. Qual o volume e o tipo de castigo? Números extremados de punição e castigos penais *dolorosos* podem indicar peculiaridades deploráveis no sistema.[799] As advertências do norueguês devem ser refletidas por nós.

Toda atenção é necessária no momento em que o populismo penal parece vicejar na sociedade brasileira. E se mistura com o trágico sistema penal subterrâneo e suas práticas de extermínio institucionalizadas. Uma combinação explosiva entre política populista e violência estatal que perfazem uma institucionalidade penal excludente. Que corrói o sistema constitucional de direitos e garantias. Que dilacera vidas.

Os sentimentos e intuições não podem levar à política-criminal irresponsável. A história conhece os perigos do *sentimento popular* no sistema criminal.

---

[798] CHRISTIE, Nils. **Una sensata cantidad de delito**. 1' ed. Buenos Aires: Editores del Puerto, 2004, p. 151.

[799] *Ibidem*, p. 152.

Roxin lembra que boa parte das modificações do Direito Penal que tomaram assento no período do nacional-socialismo serviram à destruição do Estado de Direito e à transformação em um regime totalitário que se pretendia resguardar juridicamente.[800] Um exemplo trágico foi o alargamento do princípio da legalidade, segundo o qual não há crime nem pena sem lei. O aumento do espectro de incidência do princípio vai anular a garantia nele contida. Isso porque uma lei de 1935 reformulou o princípio para prever que um fato criminoso "merece pena segundo a ideia fundamental de uma lei penal e segundo o sentimento popular saudável".[801]

O populismo penal se funda em sentimentos e intuições. Quer homogeneizar o público (povo). Unificar seu ressentimento. Depositar suas esperanças na lei penal. Na punição. Deixar o "sentimento popular" guiar as decisões político-criminais é perigoso. A história mostra isso. É importante revisitá-la. Sempre. Resgatar a memória. Para que não se repitam práticas autoritárias de outrora. É preciso lembrar...o mar...não é verde.

[800] ROXIN, Claus. **Derecho penal**, *op. cit.* 120.

[801] *Ibidem*, p. 120.

6

REFERÊNCIAS BIBLIOGRÁFICAS

ANISTIA INTERNACIONAL. **Você matou meu filho!: homicídios cometidos pela polícia militar na cidade do Rio de Janeiro**. Rio de Janeiro: Anistia Internacional, 2015. Disponível em: <https://anistia.org.br/wp-content/uploads/2015/07/Voce-matou-meu-filho_Anistia-Internacional-2015.pdf>. Acesso em 4 de agosto de 2015.

ANITUA, Gabriel Ignacio. **Histórias dos pensamentos criminológicos**. Trad.: Sérgio Lamarão. Rio de Janeiro: Revan; Instituto Carioca de Criminologia, 2008;

ATIENZA, Manuel. **Contribución para una teoría de la legislación**. Doxa. N. 06 (1989). ISSN 0214-8876, pp. 385-403;

BACIGALUPO, Enrique. **Derecho penal**: parte general. 2ª Ed. Buenos Aires: Hammurabi, 1999;

BARATTA, Alessandro. **Criminología crítica y crítica del derecho penal: introducción a la sociología jurídico penal.**- 1ª ed. 1ª reimp. Buenos Aires: Siglo XXI Editores Argentina, 2004;

BARATTA, Alessandro. **Funciones instrumentales y simbólicas del derecho penal:** una discusión en la perspectiva de la criminología critica. *In:* RAMÍREZ, Juan Bustos (Dir.) *et. al.* **Pena y Estado**: Función simbólica de la pena. Santiago de Chile: Editorial Jurídica ConoSur, 1995, pp. 37-55;

BARATTA, Alessandro. **Principios de Derecho Penal Mínimo.** *In*: Criminología y Sistema Penal (Compilación *in memoriam*)», Editorial B de F, Buenos Aires, Argentina, 2004, pp. 299-333;

BARATTA, Alessandro. **Ressocialização ou controle social**: uma abordagem crítica da "reintegração social" do sentenciado. Disponível em: <http://www.juareztavares.com/textos/baratta_ressocializacao.pdf>. Acesso em 9 de julho;

BATISTA, Nilo. **Só Carolina não viu**: violência doméstica e políticas criminais no Brasil. *In*: Adriana Ramos de Mello. (Org.). Cometários à Lei de Violência Doméstica e Familiar contra a Mulhar. 1ed. Rio de Janeiro: Lumen Juris Editores, 2007. Disponível em <http://www.crprj.org.br/publicacoes/jornal/jornal17-nilobatista.pdf>. Acesso em 4 de julho de 2015;

BATISTA, Vera Malaguti. **Criminologia e Política Criminal**. *In*: Revista Internacional de História Política e Cultura Jurídica, Rio de Janeiro: vol. 1. no.2, julho/dezembro 2009, p. 20 a 39. Disponível em <http://www.historia.uff.br/revistapassagens/artigos/v1n2a22009.pdf>. Acesso em 4 de julho de 2015.

BATISTA, Vera Malaguti. **O medo na cidade**. *In*: PLASTINO, Carlos Alberto (Org.). Transgressões. Rio de Janeiro: Contra Capa, 2002, pp. 205-211.

BECK, Ulrich. **La sociedad del riesgo**: hacia uma nueva modernidad. Trad.: Jorge Navarro, Daniel Jiménez e M.ª Rosa Borrás. Barcelona: Paidós, 2006;

BIRMAN, Joel. **Mal-estar na atualidade**: a psicanálise e as novas formas de subjetivação. Rio de Janeiro: Civilização Brasileira, 1999;

BITENCOURT, Cezar Roberto. **Tratado de Direito Penal**: parte geral. Vol. 1. 13ª Ed. São Paulo: Saraiva, 2008;

BRASIL. Congresso. Câmara dos Deputados. **Regimento Interno**. 15ª Edição. Brasília: Câmara dos Deputados, 2015. Disponível em: <http://bd.camara.gov.br/bd/bitstream/handle/bdcamara/18847/regimento_interno_15ed.pdf?sequence=40>. Acesso em 21 de julho de 2015

BRASIL. Congresso. Senado Federal. **Regimento Interno** – Brasília: Senado Federal. 2011. Disponível em <http://www.senado.gov.br/legislacao/regsf/RegimentoInternoSF_alt_2014_versao_PLE.pdf>. Acesso em: 27 de janeiro de 2015

BRASIL. **Constituição da República Federativa do Brasil de 1988**. Disponível em <http://www.planalto.gov.br/ccivil_03/constituicao/constituicao.htm>. Acesso em 21 de julho de 2015;

BRASIL. **Decreto-Lei 2.849 de 1940. Código Penal**. Disponível em <http://www.planalto.gov.br/ccivil_03/decreto-lei/Del2848compilado.htm>. Acesso em 21 de julho de 2015;

BRASIL. Fórum Brasileiro de Segurança Pública. **Anuário Brasileiro de Segurança Pública**. Ano 9, 2015. Disponível em: <http://www.forumseguranca.org.br/storage/download//anuario_2015.pdf>. Acesso em 4 de agosto de 2015;

BRASIL. **Lei Complementar n. 95 de 26 de fevereiro de 1998**. Dispõe sobre a elaboração, a redação, a alteração e a consolidação das leis, conforme determina o parágrafo único do art. 59 da Constituição Federal, e estabelece normas para a consolidação dos atos normativos que menciona. Disponível em < http://www.planalto.gov.br/ccivil_03/leis/lcp/lcp95.htm>. Acesso em 21 de julho de 2015;

BRASIL. **Levantamento Nacional de Informações Penitenciárias.** Departamento Penitenciário Nacional - Ministério da Justiça: Infopen, Dezembro de 2014. Disponível em <http://www.justica.gov.br/seus-direitos/politica-penal/documentos/infopen_dez14.pdf>. Acesso em 14 de setembro de 2017;

BRASIL. **Levantamento Nacional de Informações Penitenciárias.** Departamento Penitenciário Nacional - Ministério da Justiça: Infopen, Junho de 2014. Disponível em <http://www.justica.gov.br/noticias/mj-divulgara-novo-relatorio-do-infopen-nesta-terca-feira/relatorio-depen-versao-web.pdf>. Acesso em 30 de julho de 2015;

BRASIL. **Novo Diagnóstico de Pessoas Presas no Brasil. Conselho Nacional de Justiça.** Departamento de Monitoramento e Fiscalização do Sistema Carcerário e do Sistema de Execução de Medidas Socioeducativas – DMF. Brasília/DF, junho de 2014. Disponível em: <http://www.cnj.jus.br/images/imprensa/pessoas_presas_no_brasil_final.pdf>. Acesso em 9 de julho de 2014.

BRASIL. **Relatório sobre os crimes de maio de 2006**. Presidência da República. Secretaria de Direitos Humanos (SDH). Comissão Especial do Conselho De Defesa dos Direitos da Pessoa Humana (CDDPH) criada pela Resolução n.16/2012. Brasília/DF. Disponível em <http://www.sdh.gov.br/sobre/participacao-social/cddph/relatorios/relatorio-c.e-crimes-de-maio>. Acesso em 10 de janeiro de 2015.

BRASIL. **Série Pensando o Direito nº 32/2010: Análise das justificativas para a produção de normas penais**. Secretaria de Assuntos Legislativos (SAL) do Ministério da Justiça. São Paulo, setembro de 2010;

BULFINCH, Thomas. **O livro de ouro da mitologia**: (a idade da fábula): histórias de deuses e heróis. 26ª ed. Tradução de David Jardim Júnior. Rio de janeiro: Ediouro, 2002;

BOBBIO, Norberto; MATTEUCCI, Nicola & PASQUINO, Gianfranco. **Dicionário de Política**. Vol. I e II. 11a. ed. Trad. Carmen C, Varriale *et al.* Coord. trad. João Ferreira. Rev. geral João Ferreira e Luis Guerreiro Pinto Cacais. Brasília: Editora Universidade de Brasília, 1998;

CALLEGARI, André Luis, e WERMUTH, Maiquel Ângelo Dezordi. **"Deu no jornal": notas sobre a contribuição da mídia para a (ir)racionalidade da produção legislativa no bojo do processo de expansão do direito penal.** *In*: Revista Liberdades - nº 2 – Instituto Brasileiro de Ciências Criminais: setembro -dezembro, 2009, pp. 56-77;

CARRIÓN M., Fernando. **¿Por qué todos los caminos conducen a la miseria del panóptico?**. *In*: URVIO: Revista Latinoamericana de Seguridad Ciudadana.- Quito: FLACSO- Ecuador, 2007, pp. 5-9;

CARVALHO, Salo de. **Antimanual de Criminologia**. 6ª Ed. rev. e ampl. São Paulo: Saraiva, 2015;

CARVALHO, Salo de. **Em defesa da lei de responsabilidade político-criminal**. *In*: Boletim Ibccrim. Nº 193. Dezembro/2008.

CARVALHO, Salo de. & WUNDERLICH, Alexandre. **Reformas legislativas e populismo punitivo: é possível controlar a sedução pelo poder penal?** *In*: Boletim Ibccrim. No. 214. Setembro/2010.

CATALANO, Shannan M. **The Measurement of Crime**: Victim Reporting and Police Recording. New York: LFB Scholarly Publishing LLC, 2006;

CHEMERINSKY, Erwin. **The Conservative Assault on the Constitution**. New York, London, Toronto, Sydney: Simon & Schuster, 2010;

CHRISTIE, Nils. **La industria del control del delito**: ¿la nueva forma del holocausto?. Prólogo de Eugenio Rául Zaffaroni. Traducción de Sara Costa. Editores del Puerto: Buenos Aires, 1993;

CHRISTIE, Nils. **Una sensata cantidad de delito**. 1ª ed. Buenos Aires: Editores del Puerto, 2004;

CIRINO DOS SANTOS, Juarez. **A Criminologia Crítica e a Reforma da Legislação Penal.** Disponível em: <http://www.cirino.com.br/artigos/jcs/criminologia_critica_reforma_legis_penal.pdf>

__________________________. **Direito Penal do Inimigo**. Disponível em: <http://www.cirino.com.br/artigos/jcs/Direito%20penal%20do%20inimigo.pdf>. Acesso em 9 de julho de 2014;

__________________________. **Direito Penal**: parte geral. Curitiba: ICPC; Lumen Juris, 2006;

__________________________. **Realidades e Ilusões do Discurso Penal.** Disponível em: <http://www.cirino.com.br/artigos/jcs/realidades_ilusoes_discurso_penal.pdf>. Acesso em 9 de julho de 2014;

DAHRENDORF, Ralf. **Law and Order.** STEVENS & SONS: Londres, 1985. Disponível em: <http://socialsciences.exeter.ac.uk/media/universityofexeter/schoolofhumanitiesandsocialsciences/law/pdfs/Law_and_Order.pdf>. Acesso em 9 de julho de 2014;

DEBORD, Guy. **A sociedade do espetáculo**. Trad.: Estela dos Santos Abreu. Rio de Janeiro: Contraponto, 1997;

DIETER, Mauricio Stegemann & SOUZA, Luciano Anderson de. **Irracionalismo e redução da maioridade penal**. *In*: Boletim Ibccrim. No. 271. Junho/2015.

DÍEZ-RIPOLLÉS, José Luis. **De la sociedad del riesgo a la seguridad ciudadana**: Un debate desenfocado. *In*: Revista Electrónica de Ciencia Penal y Criminología (en línea). 2005, núm. 07-01, p. 01:1-01:37. Disponível em: <http://criminet.ugr.es/recpc/07/recpc07-01.pdf>. Acesso em 14 de julho de 2015.

__________________________. **El derecho penal simbólico y los efectos de la pena**. *In*: *Boletín Mexicano de Derecho Comparado*, nueva serie, año XXXV, núm. 103, enero-abril de 2002, pp. 63-97. Disponível em: <http://www.ejournal.unam.mx/bmd/bolmex103/BMD10303.pdf>. Acesso em 9 de julho;

__________________________. **El nuevo modelo penal de la seguridad ciudadana**. Revista Electrónica de Ciencia Penal y Criminología (en línea). 2004, núm. 06-03,

p. 03:1-03:34. Disponível em: <http://criminet.ugr.es/recpc/06/recpc06-03.pdf>. Acesso em 14 de julho de 2015.

________________________. **La política legislativa penal iberoamericana a principios del siglo XXI.** *Polít. crim.*, Nº 5, 2008, A7-5, pp. 1-37. <http://www.politicacriminal.cl/n_06/a_7_5.pdf>. Acesso em 9 de julho de 2014;

________________________. **Presupuestos de un modelo racional de legislación penal**. *In*: Cuadernos de Filosofía del Derecho. Doxa. N. 24 (2001). ISSN 0214-8876, pp. 485-523;

DOWNES, David and MORGAN, Rod. **Overtaking on the left? the politics of law and order in the 'big society'**. *In*: The Oxford Handbook of Criminology. Fifth Edition. Oxford University Press: United Kingdom, 2012, pp. 182-205;

DUNAIGRE, Patrice. **Expert Meeting on: Sexual Abuse of Children, Child Pornography and Paedophilia on the Internet: an international challenge**. UNESCO, Paris, Room II, 18-19 January 1999. Disponível em <http://unesdoc.unesco.org/images/0011/001147/114746eo.pdf>. Acesso em 21 de julho de 2015

EPSTEIN, Lee. **Pesquisa empírica em direito**: as regras de inferência. São Paulo: Direito GV, 2013. Disponível em <http://bibliotecadigital.fgv.br/dspace/handle/10438/11444>. Acesso em 23 de julho de 2015;

ESTRAMPES, Manuel Miranda. **El populismo penal** (Análisis crítico del modelo penal securitario). *In*: Jueces para la democracia. Nº 58, mar/2007, pp. 43-71. Disponível em <http://www.juecesdemocracia.es/revista/revista%2058%20marzo%202007.pdf>. Acesso em 8 de julho de 2015;

EUA. **Lockyer vs. Andrade** - No. 01-1127 - Suprema Corte dos Estados Unidos. *Certiorari To The United States Court Of Appeals For The Ninth Circuit*. Disponívelem<http://www.supremecourt.gov/oral_arguments/argument_transcripts/01-1127.pdf>. Acesso em 8 de julho de 2015;

FEELEY, Malcolm M. & SIMON, Jonathan. **The New Penology**: Notes on the Emerging Strategy of Corrections and Its Implications. In: Criminology. Vol. 30. No. 4, 1992, pp. 449 - 474. Disponível em <http://scholarship.law.berkeley.edu/facpubs/718>. Acesso em 8 de julho de 2015;

FERRAJOLI, Luigi. **Derecho y razón: Teoría del garantismo penal.** Tradução: Perfecto Andrés Ibáñez, Alfonso Ruiz Miguel, Juan Carlos Bayón Mohino, Juan Terradillos Basoco, Rocío Cantarero Bandrés. Madrid: Editorial Trotta, 1995;

__________________. **Derecho Penal Mínimo y Bienes Jurídicos Fundamentales.** Disponível em: <http://www.juareztavares.com/textos/ferrajoli_bens_minimo.pdf>. Acesso em 9 de julho;

FOUCAULT, Michel. **Vigiar e punir**: nascimento da prisão. Tradução: Raquel Ramalhete. 35ª ed. Petrópolis, RJ: Vozes, 2008;

GARAPON, Antoine; GROS, Frédéric; PECH, Thierry. **Punir em democracia. E a justiça será**. Lisboa: Instituto Piaget, 2001;

GARLAND, David. **La cultura del control**: crimen y orden social en la sociedad contemporánea. Traducción de Máximo Sozzo. Gedisa Editorial: Barcelona, 2005;

GARLAND, David. **On the concept of moral panic.** *In*: Crime, Media, Culture: 2008. Disponível em <http://cmc.sagepub.com/content/4/1/9>. Acesso em 21 de julho de 2015.

GAZOTO, Luís Wanderley. **Justificativas do congresso nacional brasileiro ao rigor penal legislativo**: o estabelecimento do populismo penal no Brasil contemporâneo. 2010. 377 f. Tese (Doutorado em Sociologia)-Universidade de Brasília, Brasília, 2010;

GLASSNER, Barry. **The Culture of Fear**: why americans are afraid of the wrong things. New York: Basic Books, 1999;

GOMES, Luiz Flávio & ALMEIDA, Débora de Souza de. **Populismo penal midiático**: caso mensalão, mídia disruptiva e direito penal crítico. São Paulo: Saraiva, 2013;

GRACIA MARTIN, Luis. **O horizonte do finalismo e o direito penal do inimigo**. Tradução: Luiz Regis Prado e Érika Mendes de Carvalho. São Paulo: Editora Revista dos Tribunais, 2007;

GRECO, Luís. **Sobre o chamado Direito Penal do Inimigo**. *In*: *Revista da Faculdade de Direito de Campos*. Ano VI, Nº 7 - Dezembro de 2005. Disponível em: <http://www.fdc.br/Arquivos/Mestrado/Revistas/Revista07/Docente/07.pdf>;

GOLLWITZER, Mario. *et. al.* **Differences in Punitiveness Across Three Cultures**: A Test of American Exceptionalism. *In*: Justice Attitudes, 103 J. Crim. L. & Criminology 1071 (2013). Disponível em: http://scholarlycommons.law.northwestern.edu/jclc/vol103/iss4/2>. Acesso em 30 de julho de 2015.

HASSEMER, Winfried. **Derecho penal simbólico y protección de bienes jurídicos**. *In:* "Nuevo Foro Penal", nº 51,1991;

____________________. **Direito penal: Fundamentos, Estrutura, Política.** Tradução: Adriana Beckman Meirelles et. al. Porto Alegre: Sergio Antonio Fabris Ed., 2008;

____________________. **Persona, mundo y responsabilidad**: bases para uma teoria de la imputacion en derecho penal. Traducción: Francisco Muñoz Conde y María del Mar Díaz Pita. Santa Fe de Bogotá: Editorial Temis, 1999;

____________________. **Perspectivas del derecho penal futuro**. Disponível em: <http://www.lfg.com.br/artigos/Blog/Perspectivas_do_Direito_penal_futuro_WinfriedHassemer.pdf>

____________________. **Por qué no debe suprimirse el derecho penal**. México: Instituto Nacional de Ciencias Penales, 2003;

HASSEMER, Winfried & MUÑOZ CONDE, Francisco. **Introducción a la criminología y al derecho penal**. Tirant Lo Blanch: Valencia, 1989;

HULSMAN, Louk & CELIS, Jacqueline Bernat de. **Penas Perdidas**: o sistema penal em questão. 1ª ed. Tradução: Maria Lúcia Karam. Editora Luam, 1993;

JAKOBS, Günther. **Ciência do Direito e Ciência do Direito Penal**. Tradução: Maurício Antônio Ribeiro Lopes. Barueri, SP: Manole, 2003;

_______________. **Direito Penal do Inimigo**: Noções e Críticas. 3ª Ed. Organização e tradução: André Luis Callegari e Nereu José Giacomolli. Porto Alegre: Livraria do Advogado Ed., 2008;

_______________. **Dogmática de Derecho Penal y la Configuración Normativa de la Sociedad**. 1ª Ed. Madrid: Thomson Civitas, 2004;

_______________. **Fundamentos do direito penal**. Tradução: André Luis Callegari. São Paulo: Editora Revista dos Tribunais, 2003;

_______________. **¿Qué protege el Derecho Penal: bienes jurídicos o la vigência de la norma?**. Mendoza: Ediciones Jurídicas Cuyo, 2004;

_______________. **Sobre la normativización de la dogmática jurídico-penal**. Traducción: Manuel Cancio Meliá y Bernardo Feiióo Sánchez. Madrid: Civitas, 2003;

_______________. **Sobre la teoria de la pena**. Bogotá: Universidad Externado de Colombia, 1998;

_______________. **Sociedad, norma y persona en una teoría de un Derecho penal funcional**. Traducción: Manuel Cancio Meliá y Bernardo Feiióo Sánchez. Madrid: Civitas, 2000;

_______________. **Uma teoria da obrigação jurídica**. Tradução: Maurício Antônio Ribeiro Lopes. Barueri, SP: Manole, 2003;

LACEY, Nicola & ZEDNER, Lucia. **Legal constructions of crime**. *In*: MAGUIRE, Mike, MORGAN, Rod & REINER, Robert. The Oxford Handbook of Criminology. Fifth Edition. Oxford University Press: United Kingdom, 2012, pp. 159-181;

LARRAURI, Elena. **Populismo punitivo... y cómo resistirlo**. *In*: Jueces para la democracia, Nº 55, mar/2006,p. 15 a 22. Disponível em http://www.juecesdemocracia.es/revista/revista%2055%20marzo%202006.pdf>. Acesso em 8 de julho de 2015;

LASCH, Christopher. **The culture of narcissism**: american life in an age of diminishing expectations. New York: W.W. Norton & Company, 1991;

LEMINSKI, Paulo. **Toda poesia**. 1a. Edição. São Paulo: Companhia das Letras, 2013;

LOADER, Ian & SPARKS, Richard. **Situating criminology:** on the production and consumption of knowledge about crime and justice. *In*: MAGUIRE, Mike, MORGAN, Rod & REINER, Robert. The Oxford Handbook of Criminology. Fifth Edition. Oxford University Press: United Kingdom, 2012, pp. 3-38;

LYNCH, Michael J. **Big prisons, big dreams**: crime and the failure of America's penal system. Rutgers University Press: New Brunswick, New Jersey, and London. 2007;

MAGUIRE, Mike, MORGAN, Rod & REINER, Robert. **The Oxford Handbook of Criminology**. Fifth Edition. Oxford University Press: United Kingdom, 2012;

MARSH, Ian, COCHRANE, John & MELVILLE, Gaynor. **Criminal Justice**: An introduction to philosophies, theories and practice. Routledge: London and New York, 2004;

MARSH, Ian, COCHRANE, John & MELVILLE, Gaynor. **Crime, Justice and The Media**. Routledge: London and New York, 2004;

MARSH, Ian, *et. al*. **Theories of Crime**. Routledge: London and New York, 2006;

MARTINSON, Robert. **What Works? - Questions and Answers About Prison Reform**. *In*: The Public Interest. NUMBER 35. New York: National Affairs, 1974. Disponível em <http://www.nationalaffairs.com/doclib/20080527_197403502whatworks-questionsandanswersaboutprisonreformrobertmartinson.pdf>. Acesso em 8 de julho de 2015;

MENDES, André T. **Direito Penal, Bem Jurídico e Saúde Pública: proteção ineficaz?** *In*: ASENSI, Felipe & PINHEIRO, Roseni (Orgs). Direito Sanitário. Rio de Janeiro: Elsevier, 2012, pp. 305-318;

________________. **Direito Penal do Inimigo: quando Jakobs se aproxima de Hobbes e Freud**. *In*: REVISTA EPOS: Genealogias, Subjetivações e Violências. Volume 2, Nº 1. Universidade do Estado do Rio de Janeiro (Uerj), Instituto de Medicina Social (IMS), Janeiro a Junho de 2011;

MIR PUIG, Santiago. **Direito penal**: fundamentos e teoria do delito. Tradução: Cláudia Vianna Garcia e José Carlos Nobre Porciúncula Neto. São Paulo: Editora Revista dos Tribunais, 2007;

MUÑOZ G., Jesús Antonio. **Derecho e impunidad**. *In*: RAMÍREZ, Juan Bustos (Dir.) *et. al*. **Pena y Estado**: Función simbólica de la pena. Santiago de Chile: Editorial Jurídica ConoSur, 1995;

NEUMANN, Caryn E. **Sexual crime**: a reference handbook. ABC CLIO: Santa Barbara, California; Denver, Colorado; Oxford, England, 2010.

NUCCI, Guilherme de Souza. **Leis penais e processuais comentadas**. 3ª edição rev. atual. e ampl. São Paulo: Revista dos Tribunais, 2008;

ORGANIZAÇÃO DOS ESTADOS AMERICANOS – OEA. Comissão Interamericana de Direitos Humanos. **Relatório n. 54/01. Caso 12.051 Maria da Penha Maia Fernandes**, Brasil, 4 de abril de 2001. Disponível em <www.cidh.oas.org/annualrep/2000port/12051.htm>

PAIVA, Luiz Guilherme Mendes de. **A Fábrica de Penas**: racionalidade legislativa e lei dos crimes hediondos. Rio de Janeiro: Revan, 2009;

PAVARINI, Massimo. **El orden carcelario**: Apuntes para una historia material de la pena. *In*: El derecho penal hoy. Homenaje al profesor David Baigún, traducido por Laura Martin. Buenos Aires: Editores del Puerto, 1995, pp. 567-596. Disponível em <http://ia600306.us.archive.org/35/items/Pavarini-ElOrdenCarcelario/Pavarini-ElOrdenCarcelario.pdf>. Acesso em 21 de junho de 2015;

PRADO, Luiz Regis. **Direito Penal Econômico**: ordem econômica, relações de consumo, sistema financeiro, ordem tributária, sistema previdenciário, lavagem de capitais. 2ª ed. São Paulo: Editora Revista dos Tribunais, 2007;

PRATT, John. **Penal Populism**. Routledge: London and New York, 2007;

PRATT, John. **Punishment and civilization**: Penal Tolerance and Intolerance in Modern Society. SAGE Publications: London, Thousand Oaks, New Delhi, 2002;

PRATT, John. **Punishment, Politics & Public Opinion**: The Sorcerer´s Apprentice Revisited. *In*: Report on the 2006 Conference -- 'Beyond Retribution.' Aukland, NZ: Prison Fellowship New Zealand, 2006, pp. 51-57. Disponível em <http://www.rethinking.org.nz/assets/Penal%20Populism/Pratt%20-%20Sorceror.pdf>. Acesso em 28 de julho de 2015;

PRATT, John. **When Penal Populism Stops**: Legitimacy, Scandal and the Power to Punish in New Zealand. *In*: The Australian and New Zealand Journal of Criminology. Volume 41. Number 3, 2008, pp. 364–383. Disponível em <http://www.rethinking.org.nz/images/newsletter%20PDF/Issue%2069/06%20%20pratt%202008.pdf>. Acesso em 8 de julho de 2015;

QUINTANA, Mario. **Quintana de bolso:** Rua dos Cataventos & outros poemas. Porto Alegre: L&PM, 2012;

RAMÍREZ, Juan Bustos (Dir.) *et. al.* **Pena y Estado**: Función simbólica de la pena. Santiago de Chile: Editorial Jurídica ConoSur, 1995;

RAYNOR, Peter. **Community penalties, probation, and offender management**. *In*: MAGUIRE, Mike, MORGAN, Rod & REINER, Robert. The Oxford Handbook of Criminology. Fifth Edition. Oxford University Press: United Kingdom, 2012, pp. 928-954;

REINER, Robert. **Casino capital's crimes**: political economy, crime, and criminal justice. *In*: MAGUIRE, Mike, MORGAN, Rod & REINER, Robert. The Oxford Handbook of Criminology. Fifth Edition. Oxford University Press: United Kingdom, 2012, pp. 301-335;

REINER, Robert & GREER, Chris. **Mediated mayhem: media, crime, criminal justice**. *In*: MAGUIRE, Mike, MORGAN, Rod & REINER, Robert. The Oxford Handbook of Criminology. Fifth Edition. Oxford University Press: United Kingdom, 2012, pp. 245-278;

ROBERTS, Julian V. **Fear of crime and attitudes to criminal justice in Canada**: A review of recent trends 2001 02. Ottawa: Ministry of the Solicitor General Canada. Retrieved 15 Apr, 2009. Disponível em <http://www.publicsafety.gc.ca/cnt/rsrcs/pblctns/fr-crm-tttds/fr-crm-tttds-eng.pdf>. Acesso em 31 de julho de 2015.

ROBERTS, Julian V. *et. al.* **Penal Populism and Public Opinion**: Lessons Form Five Countries. New York: Oxford University Press, 2003;

ROBERTS, Julian V. e HOUGH, Mike. **Public Opinion, Crime, and Criminal Justice**. In: MAGUIRE, Mike, MORGAN, Rod & REINER, Robert. The Oxford Handbook of Criminology. Fifth Edition. Oxford University Press: United Kingdom, 2012, pp. 279-297;

ROBERTS, Julian V., VON HIRSCH, Andrew; BOTTOMS, Anthony; ROACH, Kent; & SCHIFF, Mara. **Restorative Justice and Criminal Justice**: Competing or Reconcilable Paradigms?. Hart Publishing: Oxford and Portland, Oregon, 2003;

ROBERTS, Julian V., ASHWORTH, Andrew. **Sentencing: theory, principle, and practice**. In: MAGUIRE, Mike, MORGAN, Rod & REINER, Robert. The Oxford Handbook of Criminology. Fifth Edition. Oxford University Press: United Kingdom, 2012, pp. 866-894;

ROBERTS, Julian V. **The Virtual Prison**: Community Custody and the Evolution of Imprisonment. Cambridge University Press: Cambridge, 2004;

ROXIN, Claus. **Derecho penal**: parte general. Tomo I. Fundamentos. La estructura de la teoria del delito. 2ª Ed. Trad.: Diego-Manuel Luzon Peña *et. al.* Madrid: Editorial Civitas, 1997;

______________. **Estudos de direito penal**. Trad.: Luís Greco. Rio de Janeiro: Renovar, 2006;

______________. **Politica criminal y sistema del derecho penal**. 2ª Ed. Trad.: Francisco Muñoz Conde. Buenos Aires: Hammurabi, 2002;

______________. **Problemas Fundamentais de Direito Penal**. 2ª ed. Lisboa: Veja, 1993;

ROXIN, Claus. **Que comportamentos pode o Estado proibir sob ameaça de pena? Sobre a legitimação das proibições penais.** *In*: Estudos de direito penal. Trad.: Luís Greco. Rio de Janeiro: Renovar, 2006, pp. 31-53.

ROXIN, Claus. **Tem futuro o Direito Penal?** *In*: Estudos de direito penal. Trad.: Luís Greco. Rio de Janeiro: Renovar, 2006, pp. 1-30.

RUSCHE, Georg & KIRCHHEIMER, Otto. **Pena Y Estructura Social**. Tradução: Emilio García Méndez. Editorial Temis Libreria: Bogotá, Colombia, 1984;

SALAS, Denis. **La volonté de punir**: essai sur le populisme pénal. Paris: Fayard, 2012;

SANTOS, Boaventura de Sousa. **A crítica da razão indolente**: contra o desperdício da experiência. 5ª Ed. São Paulo: Cortez, 2005;

SCHÜNEMANN, Bernd. **Sobre la crítica a la teoría de la prevención general positiva**. *In*: SILVA SÁNCHEZ, Jesús-Maria. Política criminal y nuevo derecho penal. Barcelona: Jose Maria Bosch Editor, 1997;

SIFAKIS, Carl. **The Encyclopedia Of American Crime**. 2a. ed. Volume I. Facts On File: Nova Iorque, 2001;

SIEGEL, Larry J. **Criminology**. 11th Edition. California: Wadsworth, Cengage Learning, 2012.

SILVA SÁNCHEZ, Jesús-Maria. **La expansión del derecho penal**: Aspectos de la política criminal en las sociedades postindustriales. Madrid: Cuadernos Civitas, 1999;

______________________________. **Política criminal y nuevo derecho penal**. Barcelona: Jose Maria Bosch Editor, 1997;

SILVEIRA, Fabiano Augusto Martins. **A grande mídia e a produção legislativa em matéria penal**. *In*: Mídia e Legislação. Senatus, Brasília, v.8, n.2, p.30-36, out. 2010, pp. 30 a 36. Disponível em <http://www2.senado.leg.br/bdsf/bitstream/handle/id/191801/grandemidia.pdf?sequence=4>. Acesso em 25 de julho de 2015;

SOZZO, Máximo. **¿Metamorfosis de la prisión? Proyecto normalizador, populismo punitivo y "prisión-depósito" en Argentina**. *In*: URVIO: Revista Latinoamericana de Seguridad Ciudadana.- Quito: FLACSO- Ecuador, 2007, pp. 88-116;

SUTHERLAND, Edwin. **White-collar crime**: The uncut version. New Haven: Yale University Press, 2002;

TAPIA, Manuel Bermúdez. **La fragilidad de la política criminal y los derechos fundamentales en el sistema penitenciario peruano**. *In*: URVIO: Revista Latinoamericana de Seguridad Ciudadana.- Quito: FLACSO- Ecuador, 2007, pp. 31-37;

TAVARES, Juarez. **Os objetos simbólicos da proibição**: o que se desvenda a partir da presunção de evidência. Disponível em: <http://www.juareztavares.com/Textos/os_objetos_simbolicos_da_proibicao.pdf>. Acesso em 9 de julho de 2014.

TERRADILLOS BASOCO, Juan. **Función simbólica y objeto de protección del derecho penal**. *In*: RAMÍREZ, Juan Bustos (Dir.) *et. al.* **Pena y Estado**: Función simbólica de la pena. Santiago de Chile: Editorial Jurídica ConoSur, 1995;

THOMPSON, Augusto. **Quem são os criminosos?** O crime e o criminoso: entes políticos. Rio de Janeiro: Lumen Juris, 1998;

TOLEDO, Francisco de Assis. **Princípios básicos de direito penal**. 5ª ed. São Paulo: Saraiva, 1994;

TONRY, Michael H. **Thinking About Crime**: Sense and Sensibility in American Penal Culture. Oxford University Press: New York, 2004.

TREADWELL, James. **Criminology**. Sage Publications: London, Thousand Oaks and New Delhi, 2006;

WACQUANT, Loïc. **As prisões da miséria**. Trad.: André Telles. Rio de Janeiro: Jorge Zahar Ed., 2001;

WACQUANT, Loïc. **Punishing the poor:** the neoliberal government of social insecurity. Duke University Press: Durham and London, 2009;

WELZEL, Hans. **Estudios de filosofia del derecho y derecho penal**. Montevideo-Buenos Aires: Editorial B de F, 2006;

______________. **El Nuevo Sistema del Derecho Penal:** una introducción a la doctrina de la acción finalista. Trad.: José Cerezo Mir. Montevideo-Buenos Aires: Editorial B de F, 2004;

______________. **Teoría de la acción finalista**. Trad.: Carlos Fontán Balestra e Eduardo Friker. Buenos Aires: Editorial Depalma, 1951;

WILSON, James Q. & KELLING, George L. **Broken Windows**: The police and neighborhood safety. *In*: The Atlantic. March, 1982. Disponível em <http://www.theatlantic.com/magazine/archive/1982/03/broken-windows/304465/>. Acesso em 8 de julho de 2015;

WORLD HEALTH ORGANIZATION. **Safe abortion**: technical and policy guidance for health systems. 2nd ed., 2012. Disponível em <http://apps.who.int/iris/bitstream/10665/70914/1/9789241548434_eng.pdf>;

WORLD HEALTH ORGANIZATION. **Global status report on violence prevention**. Luxembourg: WHO Library Cataloguing-in-Publication Data, 2014. Disponível em <http://www.who.int/violence_injury_prevention/violence/status_report/2014/en/>. Acesso em 15 de janeiro de 2015.

ZAFFARONI, Eugenio Raúl. **La cuestión criminal**. *In*: Suplemento especial de Página 12. Fascículos 1 a 25. Argentina, 2011. Disponível em <http://www.pagina12.com.ar/diario/especiales/18-175157-2011-08-23.html>. Acesso em 8 de julho de 2015;

ZAFFARONI, Eugenio Raúl, ALAGIA, Alejandro & SLOKAR, Alejandro. **Derecho Penal**: Parte General. 2ª ed. Buenos Aires: Ediar, 2002.

ZAFFARONI, Eugenio Raúl. **En busca de las penas perdidas**: deslegitimacion y dogmatica juridico-penal. Segunda reimpresión. Ediar: Buenos Aires, 1998;

______________________. **O inimigo no direito penal**. 2ª Ed. Tradução: Sérgio Lamarão. Rio de Janeiro: Revan, 2007;

ZIMRING, Franklin E. **Penal Policy and Penal Legislation in Recent American Experience**. Stanford Law Review, vol. 58, 2005, 323-338. Disponível em <http://scholarship.law.berkeley.edu/facpubs/1244>. Acesso em 21 de julho de 2015.

ZIMRING, Franklin E. **Populism, Democratic Government, and the Decline of Expert Authority**: Some Reflections on Three Strikes in California. 28 *Pac. L.J.*, (iv)

7

ANEXOS

7.1. Lista dos 758 Projetos de Lei da Câmara dos Deputados

1 – 7665/2006
2 – 7624/2006
3 – 7623/2006
4 – 7622/2006
5 – 7614/2006
6 – 7551/2006
7 – 7540/2006
8 – 7485/2006
9 – 7439/2006
10 – 7416/2006
11 – 7400/2006
12 – 7367/2006
13 – 7351/2006
14 – 7349/2006
15 – 7345/2006
16 – 7342/2006
17 – 7316/2006
18 – 7308/2006
19 – 7287/2006
20 – 7275/2006
21 – 7244/2006
22 – 7228/2006
23 – 7224/2006
24 – 7221/2006
25 – 7220/2006
26 – 7181/2006
27 – 7154/2006
28 – 7141/2006
29 – 7139/2006
30 – 7138/2006
31 – 7137/2006
32 – 7135/2006
33 – 7101/2006
34 – 7085/2006
35 – 7084/2006
36 – 7080/2006
37 – 7078/2006
38 – 7067/2006
39 – 7063/2006
40 – 7056/2006
41 – 7053/2006
42 – 7047/2006
43 – 7042/2006
44 – 7035/2006
45 – 7030/2006
46 – 6984/2006
47 – 6979/2006
48 – 6974/2006
49 – 6937/2006
50 – 6933/2006
51 – 6931/2006
52 – 6916/2006
53 – 6884/2006
54 – 6883/2006
55 – 6873/2006
56 – 6844/2006
57 – 6842/2006
58 – 6830/2006
59 – 6799/2006
60 – 6794/2006
61 – 6793/2006
62 – 6769/2006
63 – 6714/2006
64 – 6695/2006
65 – 6662/2006
66 – 6658/2006
67 – 6629/2006
68 – 6620/2006
69 – 6539/2006
70 – 6518/2006
71 – 6503/2006
72 – 6491/2006
73 – 7710/2007
74 – 2693/2007
75 – 2690/2007
76 – 2665/2007
77 – 2662/2007
78 – 2658/2007
79 – 2612/2007
80 – 2592/2007
81 – 2587/2007
82 – 2555/2007
83 – 2554/2007
84 – 2524/2007
85 – 2443/2007
86 – 2433/2007
87 – 2366/2007
88 – 2360/2007
89 – 2358/2007
90 – 2356/2007
91 – 2343/2007
92 – 2334/2007
93 – 2315/2007
94 – 2312/2007
95 – 2283/2007
96 – 2262/2007

97 – 2243/2007
98 – 2179/2007
99 – 2057/2007
100 – 2025/2007
101 – 2024/2007
102 – 1984/2007
103 – 1965/2007
104 – 1963/2007
105 – 1952/2007
106 – 1949/2007
107 – 1947/2007
108 – 1936/2007
109 – 1925/2007
110 – 1905/2007
111 – 1889/2007
112 – 1852/2007
113 – 1823/2007
114 – 1807/2007
115 – 1795/2007
116 – 1765/2007
117 – 1764/2007
118 – 1725/2007
119 – 1710/2007
120 – 1704/2007
121 – 1678/2007
122 – 1655/2007
123 – 1613/2007
124 – 1606/2007
125 – 1589/2007
126 – 1572/2007
127 – 1537/2007
128 – 1532/2007
129 – 1529/2007
130 – 1525/2007
131 – 1519/2007
132 – 1455/2007
133 – 1443/2007
134 – 1441/2007
135 – 1440/2007
136 – 1405/2007
137 – 1378/2007
138 – 1318/2007
139 – 1307/2007
140 – 1295/2007
141 – 1294/2007
142 – 1288/2007
143 – 1256/2007
144 – 1237/2007
145 – 1199/2007
146 – 1184/2007
147 – 1182/2007
148 – 1167/2007
149 – 1142/2007
150 – 1090/2007
151 – 1057/2007
152 – 1055/2007
153 – 1008/2007
154 – 983/2007
155 – 961/2007
156 – 947/2007
157 – 941/2007
158 – 938/2007
159 – 909/2007
160 – 896/2007
161 – 871/2007
162 – 869/2007
163 – 854/2007
164 – 848/2007
165 – 841/2007
166 – 835/2007
167 – 798/2007
168 – 788/2007
169 – 775/2007
170 – 755/2007
171 – 722/2007
172 – 719/2007
173 – 670/2007
174 – 660/2007
175 – 633/2007
176 – 489/2007
177 – 486/2007
178 – 478/2007
179 – 470/2007
180 – 396/2007
181 – 379/2007
182 – 377/2007
183 – 370/2007
184 – 344/2007
185 – 313/2007
186 – 312/2007
187 – 308/2007
188 – 304/2007
189 – 287/2007
190 – 272/2007
191 – 269/2007
192 – 257/2007
193 – 243/2007
194 – 233/2007
195 – 183/2007
196 – 180/2007
197 – 169/2007
198 – 166/2007
199 – 157/2007
200 – 154/2007
201 – 151/2007
202 – 140/2007
203 – 139/2007
204 – 138/2007
205 – 121/2007
206 – 87/2007
207 – 80/2007
208 – 74/2007
209 – 67/2007
210 – 60/2007
211 – 4562/2008
212 – 4518/2008
213 – 4441/2008
214 – 4435/2008
215 – 4372/2008
216 – 4315/2008
217 – 4209/2008
218 – 4204/2008
219 – 4203/2008
220 – 4202/2008
221 – 4201/2008
222 – 4189/2008
223 – 4116/2008
224 – 4091/2008
225 – 4072/2008
226 – 4068/2008
227 – 4066/2008
228 – 4036/2008
229 – 4008/2008
230 – 3977/2008
231 – 3934/2008
232 – 3899/2008
233 – 3887/2008
234 – 3886/2008
235 – 3860/2008
236 – 3850/2008

237 – 3812/2008
238 – 3794/2008
239 – 3789/2008
240 – 3787/2008
241 – 3779/2008
242 – 3773/2008
243 – 3769/2008
244 – 3768/2008
245 – 3755/2008
246 – 3751/2008
247 – 3731/2008
248 – 3673/2008
249 – 3668/2008
250 – 3667/2008
251 – 3666/2008
252 – 3665/2008
253 – 3658/2008
254 – 3648/2008
255 – 3639/2008
256 – 3629/2008
257 – 3550/2008
258 – 3529/2008
259 – 3456/2008
260 – 3443/2008
261 – 3425/2008
262 – 3369/2008
263 – 3316/2008
264 – 3304/2008
265 – 3277/2008
266 – 3274/2008
267 – 3272/2008
268 – 3268/2008
269 – 3247/2008
270 – 3214/2008
271 – 3204/2008
272 – 3194/2008
273 – 3191/2008
274 – 3188/2008
275 – 3162/2008
276 – 3143/2008
277 – 3135/2008
278 – 3131/2008
279 – 3119/2008
280 – 3114/2008
281 – 3063/2008
282 – 3057/2008
283 – 3047/2008
284 – 3028/2008
285 – 3027/2008
286 – 3014/2008
287 – 2909/2008
288 – 2904/2008
289 – 2854/2008
290 – 2841/2008
291 – 2836/2008
292 – 2800/2008
293 – 2794/2008
294 – 2774/2008
295 – 2743/2008
296 – 6713/2009
297 – 6711/2009
298 – 6691/2009
299 – 6645/2009
300 – 6630/2009
301 – 6628/2009
302 – 6616/2009
303 – 6598/2009
304 – 6580/2009
305 – 6577/2009
306 – 6568/2009
307 – 6566/2009
308 – 6561/2009
309 – 6515/2009
310 – 6510/2009
311 – 6449/2009
312 – 6441/2009
313 – 6430/2009
314 – 6427/2009
315 – 6418/2009
316 – 6411/2009
317 – 6410/2009
318 – 6337/2009
319 – 6325/2009
320 – 6317/2009
321 – 6315/2009
322 – 6285/2009
323 – 6283/2009
324 – 6281/2009
325 – 6269/2009
326 – 6268/2009
327 – 6267/2009
328 – 6227/2009
329 – 6123/2009
330 – 6073/2009
331 – 6042/2009
332 – 6041/2009
333 – 5908/2009
334 – 5876/2009
335 – 5849/2009
336 – 5838/2009
337 – 5822/2009
338 – 5821/2009
339 – 5809/2009
340 – 5658/2009
341 – 5655/2009
342 – 5642/2009
343 – 5636/2009
344 – 5629/2009
345 – 5614/2009
346 – 5607/2009
347 – 5588/2009
348 – 5581/2009
349 – 5556/2009
350 – 5535/2009
351 – 5522/2009
352 – 5501/2009
353 – 5499/2009
354 – 5471/2009
355 – 5444/2009
356 – 5421/2009
357 – 5419/2009
358 – 5407/2009
359 – 5367/2009
360 – 5315/2009
361 – 5286/2009
362 – 5285/2009
363 – 5267/2009
364 – 5261/2009
365 – 5247/2009
366 – 5240/2009
367 – 5226/2009
368 – 5219/2009
369 – 5192/2009
370 – 5185/2009
371 – 5147/2009
372 – 5122/2009
373 – 5120/2009
374 – 5112/2009
375 – 5111/2009
376 – 5110/2009

377 – 5103/2009
378 – 5084/2009
379 – 5013/2009
380 – 4997/2009
381 – 4982/2009
382 – 4981/2009
383 – 4978/2009
384 – 4957/2009
385 – 4941/2009
386 – 4927/2009
387 – 4883/2009
388 – 4869/2009
389 – 4857/2009
390 – 4820/2009
391 – 4793/2009
392 – 4757/2009
393 – 4753/2009
394 – 4671/2009
395 – 4658/2009
396 – 4655/2009
397 – 4626/2009
398 – 4608/2009
399 – 4596/2009
400 – 8006/2010
401 – 8002/2010
402 – 7993/2010
403 – 7977/2010
404 – 7959/2010
405 – 7915/2010
406 – 7911/2010
407 – 7873/2010
408 – 7824/2010
409 – 7823/2010
410 – 7765/2010
411 – 7731/2010
412 – 7710/2010
413 – 7688/2010
414 – 7650/2010
415 – 7610/2010
416 – 7596/2010
417 – 7476/2010
418 – 7393/2010
419 – 7382/2010
420 – 7368/2010
421 – 7321/2010
422 – 7320/2010
423 – 7254/2010
424 – 7241/2010
425 – 7222/2010
426 – 7208/2010
427 – 7199/2010
428 – 7189/2010
429 – 7178/2010
430 – 7177/2010
431 – 7137/2010
432 – 7118/2010
433 – 7099/2010
434 – 7008/2010
435 – 6984/2010
436 – 6972/2010
437 – 6936/2010
438 – 6935/2010
439 – 6920/2010
440 – 6858/2010
441 – 6831/2010
442 – 6817/2010
443 – 6815/2010
444 – 6794/2010
445 – 6770/2010
446 – 6758/2010
447 – 6744/2010
448 – 6739/2010
449 – 8072/2011
450 – 8069/2011
451 – 3033/2011
452 – 2994/2011
453 – 2946/2011
454 – 2921/2011
455 – 2895/2011
456 – 2874/2011
457 – 2849/2011
458 – 2833/2011
459 – 2788/2011
460 – 2786/2011
461 – 2784/2011
462 – 2782/2011
463 – 2773/2011
464 – 2706/2011
465 – 2697/2011
466 – 2662/2011
467 – 2595/2011
468 – 2594/2011
469 – 2518/2011
470 – 2510/2011
471 – 2506/2011
472 – 2473/2011
473 – 2425/2011
474 – 2406/2011
475 – 2398/2011
476 – 2395/2011
477 – 2310/2011
478 – 2301/2011
479 – 2297/2011
480 – 2283/2011
481 – 2268/2011
482 – 2246/2011
483 – 2234/2011
484 – 2233/2011
485 – 2231/2011
486 – 2230/2011
487 – 2184/2011
488 – 2149/2011
489 – 2137/2011
490 – 2076/2011
491 – 2053/2011
492 – 2034/2011
493 – 2004/2011
494 – 1982/2011
495 – 1959/2011
496 – 1918/2011
497 – 1905/2011
498 – 1903/2011
499 – 1861/2011
500 – 1856/2011
501 – 1853/2011
502 – 1819/2011
503 – 1817/2011
504 – 1768/2011
505 – 1746/2011
506 – 1743/2011
507 – 1681/2011
508 – 1674/2011
509 – 1573/2011
510 – 1559/2011
511 – 1547/2011
512 – 1545/2011
513 – 1520/2011
514 – 1502/2011
515 – 1494/2011
516 – 1469/2011

517 – 1468/2011
518 – 1448/2011
519 – 1420/2011
520 – 1340/2011
521 – 1330/2011
522 – 1322/2011
523 – 1244/2011
524 – 1189/2011
525 – 1154/2011
526 – 1144/2011
527 – 1125/2011
528 – 1100/2011
529 – 1069/2011
530 – 1054/2011
531 – 1035/2011
532 – 1031/2011
533 – 954/2011
534 – 905/2011
535 – 887/2011
536 – 857/2011
537 – 814/2011
538 – 795/2011
539 – 793/2011
540 – 753/2011
541 – 693/2011
542 – 684/2011
543 – 660/2011
544 – 643/2011
545 – 597/2011
546 – 582/2011
547 – 517/2011
548 – 466/2011
549 – 453/2011
550 – 416/2011
551 – 377/2011
552 – 357/2011
553 – 349/2011
554 – 348/2011
555 – 344/2011
556 – 342/2011
557 – 341/2011
558 – 340/2011
559 – 311/2011
560 – 310/2011
561 – 308/2011
562 – 269/2011
563 – 229/2011
564 – 222/2011
565 – 175/2011
566 – 172/2011
567 – 4911/2012
568 – 4901/2012
569 – 4900/2012
570 – 4898/2012
571 – 4897/2012
572 – 4896/2012
573 – 4895/2012
574 – 4894/2012
575 – 4893/2012
576 – 4735/2012
577 – 4722/2012
578 – 4665/2012
579 – 4613/2012
580 – 4583/2012
581 – 4341/2012
582 – 4324/2012
583 – 4239/2012
584 – 4215/2012
585 – 4207/2012
586 – 4093/2012
587 – 4081/2012
588 – 4040/2012
589 – 4017/2012
590 – 4016/2012
591 – 3976/2012
592 – 3962/2012
593 – 3901/2012
594 – 3898/2012
595 – 3892/2012
596 – 3884/2012
597 – 3794/2012
598 – 3732/2012
599 – 3714/2012
600 – 3710/2012
601 – 3708/2012
602 – 3693/2012
603 – 3679/2012
604 – 3676/2012
605 – 3657/2012
606 – 3619/2012
607 – 3610/2012
608 – 3608/2012
609 – 3573/2012
610 – 3566/2012
611 – 3565/2012
612 – 3558/2012
613 – 3553/2012
614 – 3481/2012
615 – 3415/2012
616 – 3391/2012
617 – 3375/2012
618 – 3346/2012
619 – 3345/2012
620 – 3318/2012
621 – 3243/2012
622 – 3190/2012
623 – 3189/2012
624 – 3167/2012
625 – 3142/2012
626 – 3141/2012
627 – 3117/2012
628 – 7025/2013
629 – 7019/2013
630 – 7000/2013
631 – 6999/2013
632 – 6926/2013
633 – 6839/2013
634 – 6735/2013
635 – 6701/2013
636 – 6673/2013
637 – 6622/2013
638 – 6595/2013
639 – 6564/2013
640 – 6376/2013
641 – 6363/2013
642 – 6351/2013
643 – 6347/2013
644 – 6315/2013
645 – 6288/2013
646 – 6248/2013
647 – 6240/2013
648 – 6203/2013
649 – 6194/2013
650 – 6113/2013
651 – 6097/2013
652 – 6074/2013
653 – 6069/2013
654 – 6032/2013
655 – 5995/2013
656 – 5970/2013

657 – 5900/2013
658 – 5817/2013
659 – 5811/2013
660 – 5759/2013
661 – 5683/2013
662 – 5681/2013
663 – 5675/2013
664 – 5667/2013
665 – 5645/2013
666 – 5642/2013
667 – 5571/2013
668 – 5568/2013
669 – 5565/2013
670 – 5537/2013
671 – 5531/2013
672 – 5527/2013
673 – 5524/2013
674 – 5516/2013
675 – 5502/2013
676 – 5490/2013
677 – 5412/2013
678 – 5398/2013
679 – 5351/2013
680 – 5297/2013
681 – 5272/2013
682 – 5248/2013
683 – 5244/2013
684 – 5215/2013
685 – 5204/2013
686 – 5193/2013
687 – 5185/2013
688 – 5114/2013
689 – 5110/2013
690 – 5097/2013
691 – 5069/2013
692 – 4954/2013
693 – 4950/2013
694 – 8305/2014
695 – 8260/2014
696 – 8258/2014
697 – 8241/2014
698 – 8215/2014
699 – 8211/2014
700 – 8203/2014
701 – 8152/2014
702 – 8137/2014
703 – 8136/2014
704 – 8127/2014
705 – 8125/2014
706 – 8118/2014
707 – 8083/2014
708 – 8082/2014
709 – 8077/2014
710 – 8075/2014
711 – 8037/2014
712 – 8028/2014
713 – 8018/2014
714 – 7997/2014
715 – 7973/2014
716 – 7945/2014
717 – 7936/2014
718 – 7925/2014
719 – 7885/2014
720 – 7882/2014
721 – 7868/2014
722 – 7853/2014
723 – 7848/2014
724 – 7838/2014
725 – 7829/2014
726 – 7826/2014
727 – 7817/2014
728 – 7791/2014
729 – 7758/2014
730 – 7757/2014
731 – 7725/2014
732 – 7718/2014
733 – 7704/2014
734 – 7676/2014
735 – 7662/2014
736 – 7645/2014
737 – 7623/2014
738 – 7609/2014
739 – 7602/2014
740 – 7590/2014
741 – 7490/2014
742 – 7479/2014
743 – 7478/2014
744 – 7472/2014
745 – 7443/2014
746 – 7440/2014
747 – 7439/2014
748 – 7421/2014
749 – 7318/2014
750 – 7316/2014
751 – 7311/2014
752 – 7232/2014
753 – 7226/2014
754 – 7207/2014
755 – 7128/2014
756 – 7106/2014
757 – 7063/2014
758 – 7056/2014

7.2 Lista dos 191 Projetos de Lei da Câmara dos Deputados selecionados para a pesquisa

1 - PL 6539/2006
2 - PL 6620/2006
3 - PL 6884/2006
4 - PL 6974/2006
5 - PL 6979/2006
6 - PL 7078/2006
7 - PL 7085/2006
8 - PL 7137/2006
9 - PL 7141/2006
10 - PL 7345/2006
11 - PL 7349/2006
12 - PL 7367/2006
13 - PL 1237/2007
14 - PL 1307/2007
15 - PL 1532/2007
16 - PL 1613/2007
17 - PL 166/2007
18 - PL 1795/2007
19 - PL 1807/2007
20 - PL 1852/2007
21 - PL 1963/2007
22 - PL 1965/2007
23 - PL 1984/2007
24 - PL 2025/2007
25 - PL 2179/2007
26 - PL 2312/2007
27 - PL 243/2007
28 - PL 2433/2007
29 - PL 2524/2007
30 - PL 257/2007
31 - PL 2592/2007
32 - PL 2658/2007
33 - PL 308/2007
34 - PL 312/2007
35 - PL 377/2007
36 - PL 379/2007
37 - PL 478/2007
38 - PL 489/2007
39 - PL 60/2007
40 - PL 722/2007
41 - PL 7710/2007
42 - PL 788/2007
43 - PL 869/2007
44 - PL 2854/2008
45 - PL 2909/2008
46 - PL 3277/2008
47 - PL 3550/2008
48 - PL 3639/2008
49 - PL 3658/2008
50 - PL 3769/2008
51 - PL 3779/2008
52 - PL 3794/2008
53 - PL 3812/2008
54 - PL 4066/2008
55 - PL 4116/2008
56 - PL 4315/2008
57 - PL 4518/2008
58 - PL 4671/2009
59 - PL 4941/2009
60 - PL 5120/2009
61 - PL 5122/2009
62 - PL 5267/2009
63 - PL 5407/2009
64 - PL 5421/2009
65 - PL 5444/2009
66 - PL 5522/2009
67 - PL 5535/2009
68 - PL 5822/2009
69 - PL 5908/2009
70 - PL 6267/2009
71 - PL 6410/2009
72 - PL 6616/2009
73 - PL 6645/2009
74 - PL 6744/2010
75 - PL 6770/2010
76 - PL 6831/2010
77 - PL 6920/2010
78 - PL 6936/2010
79 - PL 6972/2010
80 - PL 7118/2010
81 - PL 7199/2010
82 - PL 7254/2010
83 - PL 7321/2010
84 - PL 7596/2010
85 - PL 7610/2010
86 - PL 7650/2010
87 - PL 7873/2010
88 - PL 8006/2010
89 - PL 1031/2011
90 - PL 1125/2011
91 - PL 1330/2011
92 - PL 1340/2011
93 - PL 1420/2011
94 - PL 172/2011
95 - PL 1743/2011
96 - PL 1853/2011
97 - PL 1856/2011
98 - PL 1861/2011
99 - PL 1918/2011
100 - PL 2004/2011
101 - PL 2149/2011
102 - PL 2268/2011
103 - PL 229/2011
104 - PL 2297/2011
105 - PL 2398/2011
106 - PL 2406/2011
107 - PL 2425/2011
108 - PL 2506/2011
109 - PL 2518/2011
110 - PL 2594/2011
111 - PL 2662/2011
112 - PL 2782/2011
113 - PL 2895/2011
114 - PL 2921/2011
115 - PL 3033/2011
116 - PL 311/2011
117 - PL 357/2011
118 - PL 466/2011
119 - PL 643/2011
120 - PL 753/2011
121 - PL 8072/2011
122 - PL 814/2011
123 - PL 3142/2012
124 - PL 3189/2012
125 - PL 3318/2012
126 - PL 3481/2012
127 - PL 3565/2012
128 - PL 3566/2012
129 - PL 3608/2012
130 - PL 3693/2012
131 - PL 3710/2012
132 - PL 3892/2012

133 – PL 3898/2012	141 – PL 4895/2012	149 – PL 5398/2013	157 – PL 6248/2013
134 – PL 3901/2012	142 – PL 4897/2012	150 – PL 5524/2013	158 – PL 6347/2013
135 – PL 3962/2012	143 – PL 4900/2012	151 – PL 5527/2013	159 – PL 6622/2013
136 – PL 4017/2012	144 – PL 4901/2012	152 – PL 5565/2013	160 – PL 6701/2013
137 – PL 4207/2012	145 – PL 5097/2013	153 – PL 5645/2013	161 – PL 6735/2013
138 – PL 4324/2012	146 – PL 5114/2013	154 – PL 5817/2013	
139 – PL 4613/2012	147 – PL 5244/2013	155 – PL 6069/2013	
140 – PL 4893/2012	148 – PL 5272/2013	156 – PL 6074/2013	